全面推进乡村振兴。全面建设社会主义现代化国家，最艰巨最繁重的任务仍然在农村。坚持农业农村优先发展，坚持城乡融合发展，畅通城乡要素流动。加快建设农业强国，扎实推动乡村产业、人才、文化、生态、组织振兴。

——习近平

《高举中国特色社会主义伟大旗帜　为全面建设社会主义现代化国家而团结奋斗

——在中国共产党第二十次全国代表大会上的报告》

党的二十大擘画了以中国式现代化全面推进中华民族伟大复兴的宏伟蓝图。全面建设社会主义现代化国家，最艰巨最繁重的任务仍然在农村。世界百年未有之大变局加速演进，我国发展进入战略机遇和风险挑战并存、不确定难预料因素增多的时期，守好"三农"基本盘至关重要、不容有失。党中央认为，必须坚持不懈把解决好"三农"问题作为全党工作重中之重，举全党全社会之力全面推进乡村振兴，加快农业农村现代化。强国必先强农，农强方能国强。要立足国情农情，体现中国特色，建设供给保障强、科技装备强、经营体系强、产业韧性强、竞争能力强的农业强国。

——《中共中央国务院关于做好2023年全面推进乡村振兴重点工作的意见》

本书编委会

主 编 单 位：仲恺农业工程学院
　　　　　　浙江省大地生态景观科学研究院
　　　　　　广州新城建筑设计院
　　　　　　上海同济城市规划设计研究院
　　　　　　中国城市发展研究院北方分院

指 导 单 位：中国镇长论坛组委会
编委会主任：许鸿飞　李文涛　李　卿
编委会副主任：何飞燕　姚天祥　陈　旭　李功强　郭德胜　丁贵玉
高 级 顾 问：姜家福　嵇　春　金楠楠　赵　军　吴志文　王启国
总 编 辑：姚长发　李兆敬　何业坤　吴余龙　吴美建
副 总 编 辑：彭静萍　佘祥信　温春阳　陈　波　徐　良
总 策 划：蒋健才　邓雪丽　张　乐　杨李益　曾绍文
总 编 审：史小予　徐江明　胡辉伦　梁月媚
主 编：林　蠡　曾永浩
副 主 编：江浩波　陈　璞　陈经文　万　方　周少君　严　冬
主 审 稿：庄海波　唐　恒　唐　薇　曾叶靖　黄　豪　曾　文
副 审 稿：周　娟　马文晨　梁伟雄　徐燕波　张　晋　李功华
美 编 设 计：唐钰华　万氏兄弟　江　虹　郭建华　汲　涛　刘兴中
编 辑 成 员：卢树彬　谢钦伟　陈　建　付旭阳　欧永坚　刘楚雄　杨　超
　　　　　　彭进孝　肖仰清　丁　力　方中健　刘　勇　陈　量　王永红
　　　　　　彭国斌　许冲勇　元绎喆　王月瑶　徐建华　黄译楝　何静秋
　　　　　　程玉慧　周春山　梁子茵　黎　烽　郑晓文　余奕勤　吴晓翠
　　　　　　何建华　李　海　李　阳　常彦兵　王丹怡　穆兰芳　吴丽花
　　　　　　姚丹霓　吴奕涛　吴　昊　麻济记　蔚俊杰　金　进　陈　志
　　　　　　蔡建辉　刘小勇　宋力飞　刘乡乡　刘常青　罗　俊　潘　杏
　　　　　　杨伟强　黄旭俊　蒋文涵　邓潇锋　邓钟尉　许　波　徐文雄
　　　　　　李庭坤　吴　李　邓永雄　李振华　谢兴恺　林金龙　张晓生
　　　　　　蹇海林　蒋丹鸿　薛成芳　王湘婉　张义科　吴克刚　庄永康
　　　　　　文永松　邓长胜　邓祎强　赖家木　唐海宁　黄俊凯　李晓军
　　　　　　谭建荣　徐　刚　卢遂斌　孙　涛　王　蒙　肖雅元　郭文平
　　　　　　陈伊璐　田立涛　王　磊　张　翔　谭宇文　简泳茵　闻雪浩
　　　　　　钱永俊　覃伯淇　程建群　蒋国平　赵　龙　陈　鹏　马本湘
　　　　　　吴永萍　胡富鹏　邓　钢　周　龙　李　彤　付　斌　王月瑶

新时代乡村振兴

理论研究与实践探索

Theoretical Research and Practical Exploration
of Rural Revitalization in the New Era

主　编◎林　蠡　曾永浩

副主编◎江浩波　陈　璞　陈经文

人民出版社

序 一

中国的大规模城镇化是 20 世纪末 21 世纪初人类社会最重大、最具历史影响力的事件之一。在这一过程中，经历了近代一个多世纪磨难的中华民族终于摆脱了贫困，实现了全面小康，并继续走向不断发展之路。中华民族伟大复兴的中国梦正在逐步成为现实。但我们也应该看到，在快速城镇化过程中，在中华民族不断走向富强的道路上，还存在着发展的不平衡不充分。城乡差距依然存在，"三农"问题依然突出。

民族要复兴，乡村必振兴。

2021 年中央"一号文件"《中共中央 国务院关于全面推进乡村振兴加快农业农村现代化的意见》对乡村振兴工作提出了具体要求。它有两个鲜明亮点：一是衔接；二是全面推进。"衔接"是为脱贫县设置五年过渡期，保障脱贫攻坚与乡村振兴有效衔接；"全面"是指乡村振兴要讲全面，要讲经济、政治、文化、社会、生态，要在解决"三农"问题上充分体现出来。这两个亮点紧密结合，高瞻远瞩，立足当前，突出年度性、时效性，部署当年必须完成的任务，又兼顾长远，着眼"十四五"开局，突出战略性及方向性。作为党和政府及全国人民今后"十四五"时期的工作思路和重点举措。

乡村现代化是我国全面现代化的重要前提，是我国城镇化进程中必须解决的核心问题，是新时代中国特色社会主义事业的重要组成部分。党中央历来重视乡村建设和发展问题。21 世纪以来连续 18 年的中央"一号文件"都聚焦"三农"问题，为我国乡村建设与发展不断指明方向。在以习近平同志为核心的党中央坚强领导下，我国先后通过统筹城乡发展和社会主义新农村建设重大部署，广大乡村发生了翻天覆地的变化。近年的脱贫攻坚战取得决定性胜利更是为我国实现全面小康攻克了最后的堡垒。在即将全面完成脱贫攻坚全面胜利之际，党的十九大及时提出了"乡村振兴"重大国家战略。党的十九届五中全会及六中全会进一步提出，要推动乡村振兴与脱贫攻坚有效衔接，将其作为"十四五"时期我国经济社会发展的大事和乡村发展的重要内容，一项必须完成的重要政治任务。乡村振兴，时不我待；乡村振兴，势在必行！广东作为我国改革开放的先行者，也一直处于乡村振兴事业的前沿。上海同济城市规划设计研究院、广州中大城乡规划设计研究院、中新数字集团、广东智景城市规划设计院、广州市尚景生态景观有限公司、岭南设计集团有限公司（深圳总院）、浙江省大地生态景观科学研究院同行们多年来在乡村规划建设、乡村产业振兴和乡村治理方面长期耕耘，硕果累累。他们的实践活动也早已走出广东，辐射全国各地，在国内外都产生了重大影响。这一次他们将多年的实践活动进行了全面的总结和凝练，对乡村振兴的一系列理论问题进行了深入思考，提出了关于乡村振兴的理论思考和实践探索，为下一阶段我国乡村振兴国家战略的全面推进和落实提供了极好的工作样本和启示。本书的作者们有很多是我熟悉的同道，也有不少是我的同学和校友，在这部著作完成之时嘱我写序。我对此主题极少研究，但深感意义重大，欣然应允，作此小序。我确信这本书会在我国乡村振兴的伟大实践中发挥重要作用。

伍 江

同济大学建筑与城市规划学院教授、原常务副校长

联合国环境与可持续发展学院院长

亚洲建筑师协会（ACARSIA）副主席

中国城市规划学会副理事长、上海市城市规划学会理事长

二〇二二年六月

序　二

当前，正是实施乡村振兴战略的运行期，关系"三农"领域的稳定和社会主义现代化的进程。

实施乡村振兴战略是解决好"三农"问题的重要保障，脱贫攻坚战则是乡村振兴战略有效实施和推进的基石。乡村振兴，要以提升人居环境、基础设施和公共服务质量为价值取向。习近平总书记强调"脱贫摘帽不是终点，而是新生活、新奋斗的起点"。乡村振兴是全面振兴，统筹推动农业全面升级、农村全面进步、农民全面发展，让广大农民在全面脱贫、乡村振兴中有更多获得感、幸福感、安全感。

在这个背景下，编辑出版《新时代乡村振兴战略理论研究与实践探索》具有特殊意义。

纵观全书，理论研究与规划实践相结合，紧扣新时代乡村振兴战略主题，有三个特色：

第一，理论阐述既全面又有深度。

乡村振兴包括产业振兴、人才振兴、文化振兴、生态振兴、组织振兴的全面振兴，这一战略的总体要求是产业兴旺、生态宜居、乡风文明、治理有效、生活富裕。本书是在深入学习、反复领会新时代中国《乡村振兴战略规划（2018—2022）》这一纲领性文件精神下，将理论研究与实践规划相结合，把握好党和国家方针政策，使之不偏不盲从，把握好乡村振兴的精神有一个清晰的路线方向和目标；又在实际操作中活学活用不失误，避免浪费财力、物力、人力。作者们系统和综合性分析出新的思路、方法、路径，总结出有特色代表性的案例，具有启发性和推广价值，使参与乡村振兴的不同层次的工作人员都能学以致用，指导落实到乡村振兴具体工作中。

第二，实践探索既有特色又易推广。

本书吸取国内乡村发展优秀案例，归纳出具有推广价值的模式来指导实际工作。更重要的是，所选的实际案例都是在全国有特色并得到好评的得奖项目，是广东省市内乃至全国优秀设计院老中青设计师们亲自参与和设计并落地的成功模式。这些实践案例可作为下一步乡村振兴的样板或标杆在全国推广学习。

实现乡村振兴是前无古人、后无来者的伟大创举，没有现成、可照抄照搬的经验。我国的耕地资源也不允许各地都像欧美那样搞大规模农业、大机械作业，只能根据客观条件发展农民合作社和家庭农场两类农业经营主体，实现小规模农户和现代农业发展的有机衔接，发展新型集体经济，走共同富裕的中国特色乡村振兴之路。实施乡村振兴战略是改革开放 40 余年来不断探索和不断丰富的结果，符合中国的乡村发展规律。从"美丽乡村"建设、社会主义新农村建设、特色小镇建设，再到乡村振兴战略的实施，对城乡关系的处理也经历了从城乡兼顾、统筹城乡，再到城乡融合的发展历程，探索出一条符合中国国情的乡村振兴之路。乡村振兴战略既是顶层设计，又符合中国国情，具有创新性。

本书的实践案例立足于广东粤港澳大湾区，以超大型广州市乡村地区的典型案例作为样板模式介绍；同时也放眼全国，更关注中西部，如贵州黔南地区的案例介绍。

第三，本书深入浅出，言简意赅，内涵丰富，既有历史综述，又立足于当下未来；既有理论高度引领乡村建设，又从实践角度具有针对性、指导性、可操作性。把不同地区乡村振兴的实例进行收集、整理、归类，并从中总结出共同的规律，开拓出各种新时代、新式样和法则，给奋斗在各条战线上的城镇乡村各级领导干部，各大专院校和设计院的规划工作者提供了宝贵的参考和借鉴价值；并以激发规划设计人员的新思路、新手法和新理念，开拓出了一条新的设计理念。为走中国特色社会主义乡村振兴道路、农业现代化和农村现代化一体推进、全面发展作出了应有贡献！

方胜浩

浙江省景观设计和建设行业协会会长

浙江省大地生态景观科学研究院院长兼支部书记

浙江启真城乡规划设计有限公司副董事长

浙江省景观设计技能大师（杭州市省领军人才）

中国民族建筑营造大师

浙江省景观设计和建设行业协会专家委员会主任委员

二〇二二年八月

序 三

2022 年是进入全面建设社会主义现代化国家、向第二个百年奋斗目标进军的重要一年，乡村振兴战略对于全面建设社会主义现代化国家、实现第二个百年奋斗目标具有全局性和历史性意义。只有深入学习和领会乡村振兴战略理论的伟大意义，才能有更高的站位，增强战略思维的自觉性，推进党的乡村振兴战略基本路线和基本方略落地生根。

《乡村振兴战略规划（2018—2022 年）》提出，要发展乡村特色文化产业，促进文化资源与现代消费需求有效对接，推动文化、旅游与其他产业深度融合、创新发展，并且对推动乡村振兴指明了方向、作出了部署、提出了要求，同时也让我们看到了艺术在助力乡村发展中所具有的特殊地位、作用和使命，可以为乡村蜕变升级、筑建美丽家园带来新的发展视角与思路，提供新的腾飞动力和潜能，不仅能够有效改变村容村貌、改善生态环境，而且对弘扬乡土文化、树立文明乡风、活跃乡村文艺氛围、提高村民审美水平、优化产业结构、带动地方旅游、增加村民收入与提升消费能力等方面，都将起到十分重要的作用。

文化振兴作为乡村振兴的精神基础，发挥着凝神聚气、滋润心田的作用。文艺创作要深入乡村振兴的文化与经济发展实践中，充分发挥文艺的教化作用，全面推进乡村文化振兴。近年来，我一直致力于为美丽乡村文化建设注入新的内涵与活力，不断探索并实践艺术助推乡村振兴，以实际行动带动乡村文旅产业发展。我在乡村采风过程中创作的很多作品，都是对真实乡村生活的反映，如《东乡绣娘》，展现了宁夏东乡的地方特色风貌，借助艺术作品，向不同地区的人们介绍东乡的特色物产、景色风光和生活文化，从而刺激带动当地旅游业发展。自 2020 年 5 月始，我在全国启动"许鸿飞雕塑艺术百村展"，至今已在广东省广州市的塱头古村、广东省清远市的连樟村、海南省博鳌镇的南强村、广东省云浮市的水东村等 17 个村落举办了展览，既为美丽乡村增添了人文气质，提升了村民的文化品位，又宣传了乡村特色产业，促进乡村文化旅游和产业发展。同时还通过文创方式助推乡村经济发展，在连樟村展览时，我为当地盛产的茶叶设计了茶饼礼盒包装，通过文化设计将当地特色农产品包装成旅游"伴手礼"，一步步丰富当地的旅游资源，同时也让村民形成产业化经营意识，将企业引入产业链中，源源不断地丰富乡村特色产品，进一步构建现代乡村产业体系，强化"一村一品"建设。

"十四五"时期我国经济社会发展主要目标包括人民精神文化生活日益丰富，中华文化影响力进一步提升。自 2013 年起，现携"自己的"系列雕塑到世界各地的标志性空间巡展，至今已举办 43 场展览，作品受到不同国家、不同肤色、不同信仰的人们喜爱。并且，连续四年于春节期间在西班牙萨拉曼卡举办展览，2022 年的展览以"你好虎年"为主题，在萨拉曼卡庆祝"欧洲文化之都"成立 20 周年的重要节点，带去了主题作品《虎虎生风》，特别融入了萨拉曼卡"欧洲文化之都"形象，将具有中国特色的"虎年味道"带去西班牙，与当地民众共庆佳节。2021 年的展览以"你好！中国牛！"为主题，带去了中国生肖文化，以及西班牙传统斗牛文化相结合的作品《逗牛》，促进中西文化的交流互鉴。文艺工作者必须牢记总书记的嘱托，积极主动作为，破除路径依赖，坚定文化自信，讲好中国故事，担当文明交流使者，推动文化事业高质量发展，更进一步提升中华文化影响力。

该书应时代之需，以国家《乡村振兴战略规划（2018—2022 年）》等一系列相关政策文件为依据，由广东省知名院校及研究、规划机构的长期工作战斗在农村农业第一线的资深理论专家及高中级规划师联手打造，聚焦县域经济城乡融合、乡村振兴前沿创新发展路径和进展，重点着墨于如何在县域经济发展中，全面融合实施乡村振兴战略。同时，汇集了社会、政治、经济、城乡建设、生态环保、乡村形象与风貌等研究成果，以丰富的规划实践和案例分享为基础，以系统的政策解读为先导，分析总结中国乡村建设的历史进程、理论与实践经验，并且深入分析了国内先进的城乡规划及已经落地实施的案例启示、发展模式、新业态等思路举措，围绕产业、生态、治理、生活和乡风振兴问题，探讨乡村振兴发展规划的技术路线、实施路径，以强化乡村振兴战略落地生根的生命力，力图为从事"三农"工作及学界、业界人士，特别是县乡基层工作者，为各级领导和广大建设者，提供系统的乡村振兴规划理论与实践支持，提供一个具有前瞻性和实用性的辅助工具和参考资料，为实现伟大的乡村振兴战略提供一份独特的软实力支撑。

许鸿飞

全国政协委员

中国美术家协会理事

广州雕塑院院长

二〇二二年八月

目　录

上篇　理论研究

下篇　实践探索

—————— 产业振兴 ——————

—————— 人才振兴 ——————

—————— 文化振兴 ——————

—————— 生态振兴 ——————

———————— 组织振兴 ————————

———————— 数字引领乡村发展 ————————

前　言

　　2022年金秋，习近平总书记在党的二十大报告中强调"要全面推进乡村振兴""坚持农业农村优先发展"。经过几年的努力，中国乡村振兴成效已经渐显，成为我国构建新发展格局、推动高质量发展的重要组成部分。新征程上再攀登，乡村振兴将在新时代里走向新境界，在新格局中展现新气象。百年来的中国现代化从"抄作业"到"创造作业"的新时代转折点到来了，这个转折点就是伟大的中国乡村振兴战略。

　　过去，我们走过了一条"千城一面、千镇一面"的弯路。在乡村振兴战略中，我们绝不能再走这个弯路了：一是农民赔不起、农村折腾不起、农业等待不起。二是中国文化有慎终追远之情操，我们要珍惜这个文明起源与再造之祖宗恩地。要以崇敬的心情和崇高的情怀，推动乡村振兴向着"中国特色、中国风格和中国气派"之境界华美转身，以"功成必然有我"的豪迈之情，扛起这份中国创造的使命和责任。

　　五大振兴是乡村振兴战略的总纲，我们将围绕这个纲领，展开我们的研究，展开我们对中国乡村振兴的实践探索。

　　第一，在产业振兴上，我们汇集了一些国内农村建设前沿探索的经典范例和成果，以辅助广大乡村建设工作者，实现超越性创造，在自己的家乡开创出一个产业兴旺繁荣的局面。

　　第二，在人才振兴上，我们鼓励闯出去的农村优秀儿女回归家乡创业，鼓励城市中的优秀人才投身乡村振兴事业。他们当中有企业家、有电商人才、有创意策划人才甚至金融人才、法律人才和组织人才等。同时，鼓励国家各级政府和机关的干部到乡村最艰苦的地方去锻炼、发挥才干。

第三，在文化振兴上，我们不仅主张要把乡村的文化硬件设施建设好；更重要的是，中国的文化之根在农村，我们力图在无形的层面上，复活中国文化之根。把中国文化中非功利的崇高性因子激活，让礼乐文明的新风重新回到祖国的大地上。并且在新的农村与城市的一体化融合互动中，通过农村中国文化之根的复活与新生，把中国城市文化的主导权从西方文化范式的束缚中夺回来，形成中国文化主导的中国特色之现代化局面，这是乡村文化振兴与中华文化复兴的内在必然联系。

第四，在生态振兴上，我们要形成自信的思想，把农业文明升华到诗意栖居的美学境界，实现生态宜居。

第五，在组织振兴上，经过这几年脱贫攻坚的推动，乡贤回乡进入并成为村组织骨干的行动做得比较有成效，大大优化了基层领导的能力和境界。组织振兴将会在农村形成坚强的战斗堡垒，成为村民们心中的"主心骨"。

让我们共同携起手来，投入到伟大的乡村振兴战略中，把中国广大而辽阔的农村，建设成为世界上最美的天人合一的人间天堂！

徐江明　何飞燕

上篇　理论研究

第一章
践行新时代乡村振兴战略基本理念

第一节　中国乡村各个时期发展理念及基本特征

一、新中国成立初期

新中国成立后，在计划经济体制之下，中国农村得到了一定程度的发展。中央提出"农业以粮为纲"的发展目标，这在一定程度上保障了粮食的供应，促使农民的温饱问题和物资匮乏问题得到一定缓解。然而，由于农业各类产品生产按国家和各级政府制订的计划进行，农民无权决定生产的品种和生产数量，农业的发展虽是强制的，但却是不科学的，同时，由于农村基础条件落后、公共服务设施残缺，农民的生活水平依然处于极其低级的状态。1958 年 8 月，中央政治局扩大会议作出了《中共中央关于在农村建立人民公社问题的决议》，要求人民公社快速发展，手工业、加工业、运输业等非农产业一并实现了集体化，管理体制上社营、队营并存，统称为"社队企业"。我国乡村在"社队企业"的影响下得到一定程度的发展，而平均生产的作业方式却没有解放人民的劳动力，生产率低下的问题仍然是中国乡村发展的巨大阻滞。

二、改革开放时期

1978 年，党的十一届三中全会召开，作出了实行改革开放的历史性决策。其后，家庭联产承包责任制在全国得以推广，农民的主观能动性得以释放，在农业生产方面，由于粮食所有制度的改变，我国粮食生产实现大幅度增产。非农产业方面，乡镇企业异军突起，乡村工业化快速推进，开启了具有中国特色的乡村工业化道路。在乡村居民就业方面，乡镇企业为"离土不离乡、进厂不进城"就地转移的两栖就业模式提供了条件，20 世纪 90 年代中期之后，乡镇企业历经产权制度改革，转变为支撑乡村经济的现代企业。乡镇企业的发展为乡村劳动力的转移和城镇化发展提供了条件。然而，在发展"两个大局"的战略背景下，农村资源流向东部地区和大中城市，国家改革重心再次向城市和工业倾斜，这无疑在一定程度上影响农村经济发展。

三、跨入 21 世纪时期

2000 年开始，我国城市化和工业化发展成就显著，城乡二元分割发展带来的"三农"问题凸显。国家提出工业反哺农村的发展战略，2004 年中央"一号文件"聚焦农民增收，这一时期我国农业农村重点工作围绕农业综合生产能力提升、社会主义新农村建设、加强农业基础设施建设、发展现代农业等主题展开，侧重统筹城乡一体化发展。2005 年 8 月，习近平同志在考察浙江省湖州市安吉县时提出"绿水青山就是金山银山"的科学论断，剖析了经济与生态的相互关系，"两山理论"强调了农村经济发展需要立足生态环境保护。同年 10 月，党的十六届五中全会提出建设社会主义新农村的重大历史任务，即保障落实农村"生产发展、生活宽裕、乡风文明、村容整洁、管理民主"的具体要求。2005 年是农村发展的重要一年，国家围绕推进社会主义新农村建设提出许多政策及具体落实措施，各省份纷纷响应，制定美丽乡村建设行动计划并付诸实施。同时随着政策的调整，我国农业产业结构不断优化，粮食安全得到保障，城乡居民收入不断缩小，农村基础设施和生活环境不断改善，农村社会事业和社会保障体系不断完善。在这一阶段，中国乡村建设与发展的重要程度得到一定的重视，但仍然难以和快速发展的城市相匹敌，中国发展的重任仍落在了城市上面，导致乡村的建设与发展缺乏足够的力量与基础，同时，由于我国乡村建设与发展的理论与实践经验都不完备，这一时期的各种理论与思路大多不具有完整的体系和深度，难以指导中国乡村建设与发展的实践工作。时代呼唤强有力的国家乡村战略，以引领中国乡村建设与发展。

四、乡村振兴战略时期

党的十八大以来，我国围绕推动农业农村现代化的总目标，采取了一系列措施，尤其是党的十九大报告提出乡村振兴战略，要求从宏观层面助推乡村经济建设，并且把发展乡村产业定位为乡村振兴的关键。乡村振兴战略成为引领中国乡村建设与发展的总纲领。全面实施乡村振兴战略，以保障粮食生产和重要农产品供给为首要任务，以坚持质量兴农、绿色兴农、产业兴农，增加农民收入为主线，通过推进农业集体产权制度改革，丰富集体产权实现形式，积极探索整合利用土地的模式等，尝试增加建设性用地的政策性支持，通过盘活资源的方式促进农业产业发展。同时，鼓励依托农业产业、特色自然景色、田园风光和乡土文化，发展具有特色的乡村非农产业，农产品加工、乡村观光、农家乐等新业态取得了长足发展。各级政府不断优化财政投入和金融支持政策，通过综合配套改革推动乡村产业体系不断完善，使乡村产业进一步向高质量发展迈进。

第二节　全面把握实现乡村振兴战略的重要内涵

一、全面了解乡村振兴战略发展背景

（一）时代背景

2017 年 10 月 18 日，党的十九大报告提出决胜全面建成小康社会，开启全面建设社会主义现代化国家新征程。农村的发展，一直以来是中国社会发展中一个突出的短板，乡村是否能繁荣有序地发展，农民是否能顺利地从

小康奔向富裕，很大程度上决定了"两个一百年"奋斗目标顺利实现与否。中国是个传统的农业大国，只有农民最终富裕了，才是真正实现全体人民共同富裕，这也是实现中华民族伟大复兴的重要一环。

中华文明五千年的发展历史中，但凡农民问题处理得妥当，农业发展得好，朝代必定多数繁荣富强、国力强盛；因此历代王朝都将农业问题视为安邦定国最重要的因素来思考。历史发展到21世纪的今天，中华民族比历史上任何朝代都更接近民族伟大复兴，我们在解决城市问题的同时，农民问题是我们迈向伟大复兴中不可逾越的关键一步。习近平总书记曾说，"小康不小康，关键看老乡"，只有特别贫困地区的同胞真正彻底脱贫了，才能全面实现小康生活；只有农业经济科学发展了，农村变美变好了，广大农民兄弟都富有了，农业强、农村美、农民富，社会主义现代化强国才有可能真正实现，伟大的民族复兴才算真正完成。

（二）经济背景

1. 农村宏观经济发展矛盾日益显著

农业供给侧结构性矛盾长期存在。由于市场机制等诸多因素，当前我国农业单位成本高，劳动生产率低，农民收入增长乏力，有效供给不足，低效无效供给过剩，市场竞争能力弱，供给侧与需求侧长期处于矛盾状态。2015年12月24日至25日在北京召开的中央农村工作会议，明确强调了要着力加强农业供给侧结构性改革，提高农业供给体系质量和效率，使农产品供给数量充足、品种和质量契合消费者需要，真正形成结构合理、保障有力的农产品有效供给。所以，农业供给侧结构性改革就是要解决农业上的结构性矛盾。

粮食安全问题日益紧张。一方面，大量的农村劳动力涌向城镇，另一方面，农村劳动力出现相对性短缺，部分地区大量土地被荒废，无人耕种；由于我国农村土地制度的特殊性，大量农村土地零散分布于个体农民手里，给规模化农业的发展带来了阻力，制约了农业现代化进程。与此同时，中国的粮食面临着粮食产需进口需求量大、水土资源制约性强等问题，整体上粮食安全问题日益紧张。

粮食安全是"国之大者",在这个问题上不能有丝毫麻痹大意。我们必须清醒认识到,我国有14亿多人口,每天需要消耗数十万吨粮食、数百万吨菜和肉类。党的十八大以来,以习近平同志为核心的党中央把粮食安全作为治国理政的头等大事,提出了粮食安全观,确立了国家粮食安全战略,引领推动了粮食安全理论创新、制度创新和实践创新,中国特色的粮食安全之路策略提到了新的高度。面对百年未有之变局和世纪疫情,农业地位尤其是"三农"压舱石作用进一步凸显,我国粮食安全基础将进一步巩固,保障粮食安全任务十分艰巨。

2. 中国城镇化进程有所递减

城镇化是国家现代化的重要指标之一,经过改革开放四十多年来的高速发展,中国城镇化进程取得了长足的发展,而城镇化也是拉动中国高速发展的重要动力源;截至 2020 年年末,全国城镇化总人口约 91425 万人,比上年年末增加 1205 万人,人口城镇化率达到 64.72%,比上年同比增长 0.83 个百分点。而从已有的数据来看,2018 年全球平均城镇化为 55%,其中发达国家城镇化平均水平约为 80%,由此粗略估算,我国到 2050 年达到社会主义现代化强国之际,还剩 20 个百分点。

城市科学专家鲍世行先生说,城镇化发展是呈现"S"形的,当一个国家农村人口达到 90% 以上的时候,城市发展就会很缓慢;当城镇化达到 30% 以上,城市又会急速地发展;而当城镇化达到 60% 以后,城市发展又会放缓下来。2019 年年末,中国城镇化已经步入 60% 中等收入国家的门槛了,接下来,城镇化的速率也将会逐步放缓。

3. 中国经济增长模式主动转变

从粗放式增长向高质量增长模式转变。城镇化作为中国高速发展的核心动力之一,刺激了投资、城市建设等指标的飙升。从改革开放至今,中国经济发展经历了两个大阶段:第一阶段,改革开放至 2011 年,这个阶段属于高速增长阶段;第二阶段,从 2012 年起,中国进入了高质量增长阶段。意味着传统上以牺牲环境为代价的粗放式增长模式开始转变为生态文明型发展模式。在这种新模式背景下，城乡统筹发展就提到了新的高度。

4.城乡区域发展差距较大

中国城乡区域发展，在产业、教育投入、城乡居民收入、医疗配套、消费、就业环境等方面差异都较大。其中城乡收入支出比最能直接反映城乡之间的差距情况。根据 2019 年 7 月国家统计局公布的数据来看：全国居民人均可支配收入 35128 元，城镇居民人均可支配收入 47412 元，实际增长8.2%；农村居民人均可支配收入 18931 元，实际增长 9.7%。城乡居民人均可支配收入比值为 2.50。2021 年，全国居民人均消费支出 24100 元。其中，城镇居民人均消费支出 30307 元，增长了 12.2%，扣除价格因素，实际增长了 11.1%；农村居民人均消费支出 15916 元，增长了 16.1%，扣除价格因素，实际增长了 15.3%。从数据分析，城乡区域发展差距虽然不断在缩小，但差距依旧是明显的且较大的。

（三）现实背景

中国的乡村文化是伴随着城乡发展路径发迹、形成、发展、变化的，乡村是中国传统文化的发源地。在新时代背景下，我们追求中国文化的自信回归，只有当我们这片国土上所有的农民都文化自信了，中华文化的复兴才算真正完成。

（四）理论背景

中国历代以来，农业始终是治国的首要任务。自新中国成立以来，党和国家更是始终把"三农"问题作为重中之重来对待。1949 年以后，毛泽东同志指导农民走上农业合作化道路。邓小平同志认为，家庭联产承包责任制，是农业生产关系的创新，提出要走中国特色农业现代化道路。江泽民同志提出，要统筹城乡发展，为新农村建设提供制度保障，始终维护农民群众的利益。胡锦涛同志坚持用科学发展观来指导"三农"问题，并提出"两个趋向"的重要论断。这些都为我们党和政府在新形势下发展"三农"事业奠定了重要的理论基础。

从习近平同志 2003 年在浙江实施的"千村示范万村整治"行动，到 2007 年 10 月党的十七大会议提出"要统筹城乡发展，推进社会主义新农村建设"，再到"十二五"时期（2011—2015 年），"中国美丽乡村"建设的实践，从中央到地方，这些实践和理论研究均为"乡村振兴战略"提供了充分有力的理论基础。

二、深度解读乡村振兴战略的科学内涵

（一）着力解决城乡发展不平衡、农村发展不充分问题

要解决城乡发展不平衡、农村发展不充分的问题，必须采取积极的政策措施，发现并纠正农村发展中存在的失衡问题，有效推进乡村的全面改革。

1. 统筹推进城乡区域协调发展

在加强乡村振兴战略规划、协同区域发展指导思想的基础上，加快城乡融合发展的制度设计和政策创新，推动城乡公共资源均等配置和基本公共服务均等化，促进城乡区域间要素自由流动，对发展滞后、协调不到位的地方加大支持力度，在干部配备上优先考虑，在要素配置上优先满足，在公共服务上优先安排，并鼓励省内外先行发展地区加大对这些地区的投资、帮扶力度，加快产业结构优化升级和产业转移。

2. 优化美丽宜居乡村建设空间布局

一要科学规划生产空间，明确优先发展区域，统筹推进农业产业园、科技园、创业园等各类园区建设，纠正"去农化"倾向；二要合理布局生活空间，遵循乡村传统格局，划定空间管控边界，坚持"小规模、组团式、微田园、生态化"建设模式，合理确定基础设施用地位置、规模和建设标准；三要严格保护生态空间，统筹推动生态屏障建设，加快构建生态安全格局，全面实施乡村产业准入负面清单制度，因地制宜制定禁止和限制发展产业目录，防止乡村建设"城市化"倾向。

3.优化提高农业综合竞争力要素投入结构

乡村振兴需要大量的资金、技术、劳动力等生产要素投入，并形成多元、合理的要素投入结构。一要健全工商资本下乡服务体系，发挥财政资金的杠杆撬动作用，引导金融、社会资本投向"三农"，同时提高土地出让金、政府债务资金等用于乡村振兴的比例；二要围绕提升农业劳动力职业化、组织化水平，培养新一代爱农业、懂技术、善经营的新型职业农民，并鼓励社会人才投身乡村建设，加大农民工返乡创业支持力度；三要盘活使用农村存量建设用地，采取简化现代农业发展所需配套设施用地审批程序等方式，将宅基地复垦、耕地占补平衡新增建设用地指标优先满足所在村乡村建设需求，推动节约指标跨区流转，交易资金全部用于支持乡村振兴。

4.深化提高农业供给质量和效益的供给侧结构性改革

一要以市场为导向调优产品结构，减少低端供给，拓展中高端供给。加快构建现代农业产业体系，加强品牌意识，提高优质农产品供给能力；二要推行绿色生产方式，大力拓展生态农业和循环农业，提高农业资源利用效率，减少农业面源污染，健全农产品质量安全体系；三要促进农村一二三产业融合，统筹推动初加工、精深加工、综合利用加工协调发展，充分利用互联网、大数据等信息技术，推进农业、林业与旅游、教育、文化、健康等产业深度融合，延伸产业链，增强服务链，提升价值链。

5.深化推进生态文明和社会治理和谐有序的良好氛围

一是加强生态文明建设，统筹山水林田湖草系统治理，保护好绿水青山和清新干净的田园风光，分类推进乡村新居、新村建设，留住独特的乡土味道和乡村风貌。二是充分利用红色文化、孝道文化等优秀文化资源，加强乡村文化建设，推进移风易俗，弘扬农耕文明和优良传统，提升农村文明程度，为乡村振兴"凝神""铸魂"。实施"文化+"战略，发展乡村特色文化产业。三是建立健全党委领导、政府负责、社会协同、公众参与、法治保障的现代乡村社会治理体制，实施"四议两公开一监督"等工作机制，大力推进"雪亮工程"建设，确保农村社会和谐、有序。

6. 深化形成政府与农民良性互动的强大合力

推进乡村振兴，既要发挥好政府的主导、引领作用，更应充分发挥农民主体和主战作用。政府应转变职能，增强服务意识，"有所为，有所不为"，将以前的直接干预管理转变为政策引导、规划组织和维护经营主体公平竞争秩序，建立农业风险保障体系。要增强农民主体意识，通过加强对农民宣传教育和培训，从环境、制度、政策等层面引导和扶持，培养一大批爱农业、懂技术、善经营的新型职业农民，增强广大农民对乡村振兴的认同感、归属感和责任感。由此，形成政府顶层设计、市场有效配置资源、社会各界合力帮扶的乡村振兴强大合力。

（二）实现城乡要素双向流动，有效促进农业现代化

自改革开放以来，中国在统筹城乡和城镇化建设方面取得了极大进展。尤其是党的十八大以来，中国乡村治理体系得到不断健全，农村土地制度改革绩效已初步显现，城乡一体的公共服务配置体系正逐步建立，城乡一体化的基础设施建设取得了显著进展等。党的十九大首次提出乡村振兴战略，并强调将建立健全城乡融合发展体制机制和政策体系作为党的一项重大决策部署，强调畅通城乡要素双向流动通道，改变农村要素单向流出格局，推动资源要素向农村流动，通过城乡协力为乡村振兴提供发展动能。

相较过去，中国城乡要素的配置流动在以下三个方面发生了明显变化，这些将成为城市赋能乡村、城乡协力促进城乡要素双向流动的重要基础。

1. 分散的城乡要素整合程度明显提升

城乡各种要素在城乡间自由流动和平等交换及高效率配置正逐步形成。过去几十年中，农业转移人口市民化改革进展顺利，户籍人口城镇化率由2013年的35.93%提高到2021年年底的45.4%。社会保障方面，全国范围内已基本建立起统一的城乡居民基本养老保险制度。截至2021年年底，参加城乡居民基本养老保险人数达10.25亿人。产业方面，农村土地流转更为规范，土地经营权得到进一步放活，专业化农业社会化服务体系更加健全。截至2020年年底，全国农业社会化服务组织数量超90万个，农业生产托管服务面积超 16 亿亩次，其中服务粮食作物面积超 9 亿亩次，服务带动小农户 7000 万户，助推了小农户与现代农业的有机衔接。

2. 城乡要素的流动性明显增强

近 20 年里，中国城乡要素流动更为活跃，人才交流、技术交流、信息交流越发便利，城乡生产要素活跃给城乡带来了合理利益回报。从人才要素来看，进城务工不再是乡村人口流动的唯一声音，乡村对城乡人口的吸引力也在逐年加大，"返乡创业"俨然已成为新的流行词。

3. 城乡要素的流向发生明显改观

与过去乡村要素单向流往城市，乡村发展缺乏要素支撑不同，随着国家扶持，当前乡村正在形成人才回归、技术回乡、资金回流的"集合效应"。不仅乡村的产业、医疗、生态、教育等方面获得了更多支持，更激发了乡村的主动性与发展活力，在乡村形成了人才、土地、资金、产业、信息汇聚的良性循环。

4. 加强人才"引""留"工作，实现多元化人才的聚集

实现乡村振兴，人才是关键。在推进乡村振兴战略过程中，乡村不仅要把握住流失的利润，更要把握住流失的人才，吸引人才，留住人才。吸引人才需要营造良好的乡村创业环境，吸引大学毕业生、技术人才、农民企业家返乡创业，通过政策要求、政策支持、政策鼓励搭建制度框架，破除限制城乡人口流动的制度障碍。乡村振兴的核心是留住人才，留住人才就要在乡村植入现代的就业形态、基础设施以及社会环境，缩小城乡差别，推动城乡一体的公共服务，让乡村人才愿意留在乡村，让城市人才愿意走进乡村，真正实现城乡人才要素的双向自由流动。

5. 突出城乡特色优势资源配置

振兴乡村并非消灭农村，城乡融合也非消除城乡之间的差异，而是要发挥城与乡之间各自的优势，合理统筹优化资源配置，实现优势互补，以促进要素间的相互吸引与流动。以乡村生态资源为例，良好生态环境是农村最大优势和宝贵财富。加快城乡融合发展，要突出乡村的现有资源优势，建立政

府主导、企业和社会力量参与、市场化运作、可持续的城乡生态产品价值实现机制，以实现城乡互补、全面融合、共同繁荣的新型城乡关系。

（三）打造强势农业，构建现代农业体系

1. 打造中国强势农业

就是要在农村土地制度改革、强化人才培训和加大政策扶持方面做好做大文章。一是把握"三权分置"格局。目前，我国农村土地制度正经历以两权分离到"三权分置"的巨大转变，随着工业化、城镇化快速发展，大量农村劳动力离开农村，将承包土地进行流转，形成了土地所有权、承包权、经营权分置的格局。截至 2020 年上半年，全国农户家庭承包耕地流转面积约53218.93 万亩，超过家庭承包耕地总面积的 1/3。其中，企业租赁农地也快速增长，超过 8000 万亩。2016 年 10 月底，中共中央办公厅、国务院办公厅印发了《关于完善农村土地所有权承包权经营权分置办法的意见》，对推进"三权分置"进行了总体部署。重点是加快放活经营权，在依法保护集体所有权和农户承包权的基础上，平等保护经营主体依法流转合同取得的土地经营权，保障其有稳定的经营预期。二是强化人才培训教育。人才是企业发展的基础。开展产业、财税、金融、税收、贸易等方面的政策培训，提高企业经营管理者对政策的敏锐性和应用能力。一方面，依托知名院校，开展更为长期和系统的企业负责人研修培训，提升他们的思维能力、管理能力和领导能力。探索开展对企业家的培训，培养他们的国家情怀和责任意识，顺利接过父辈的接力棒，成长为新一代企业家。另一方面，加强企业专业人才培养。鼓励和引导龙头企业建立产权清晰、权责明确的现代企业管理制度，引进职业经理人。举办龙头企业专场人才招聘会，定期组织企业赴高校招聘大中专毕业生。依托职业中专、技工学校等机构，建立培训基地，对企业人才开展"订单式"培养。三是加大扶持政策落实。要发挥龙头企业对农业的重要作用，必须在政策上优化企业环境，加快构建支持龙头企业发展的新型政策体系。首先是政策聚焦。按照中央要求，农业部已颁布《关于加快构建政

策体系培育新型农业经营主体的意见》，对包括龙头企业在内的新型农业经营主体，提出一系列政策措施。其次是政策创设。针对新形势下龙头企业发展的新问题，研究推动出台新政策，重要的是落实政策。《国务院关于支持农业产业化龙头企业发展的意见》出台以来，中央有关部门和地方已经出台了不少政策，关键是抓好落实。要通过第三方评估，对龙头企业进行随机抽样调查等方式，推动各项扶持政策真正落到实处。

2.构建现代农业体系

农业产业体系具体可分为几大体系：一是产业体系。它是集中食物保障、资源开发、原料供给、经济发展、文化传承为一体的体系，包含农产品产业体系、多功能产业体系、农业支撑产业体系，其中农产品包括粮食、棉花和水产各个产业。二是生产体系。它是将农产品的生产过程与先进科学技术相结合，主要通过实施良种优化、延长产业链、增加流通和销售等环节，构建生产体系，可以提高农业机械化、科技化、信息化和标准化水平。三是经营体系。它是将新型农业经营主体、农业社会化服务等进行结合，是衡量农业市场化程度和社会化程度的重要指标，要想构建农业经营体系，就要让农民往职业化方向发展，坚持适度规模经营等。

三、全面理解乡村振兴战略的时代主题

（一）加速推动中国农业现代化

乡村振兴的整体目标是实现农业农村现代化，其中农业现代化是乡村产业振兴的重点。农业现代化包括农民生活方式现代化、生产技术现代化、产业布局科学化、营销方式现代化、生态环境现代化等。没有产业振兴，就没有农业现代化，乡村振兴也就无从谈起，乡村振兴就是要主动作为，加速推动农业现代化。

（二）缩小城乡贫富差距，实现全民共同富裕

改革开放40多年，中国经济一直保持着较高速度的增长，2010年超过日本，成为世界第二大经济体。在经济高速发展的大背景下，要缩小贫富差

距，主动提高乡村农民的收入显得更为重要，而乡村振兴就是通过产业的振兴，实实在在地提高农民的收入；也只有农民富裕了，全民共同富裕的目标才可能实现。

（三）促进城乡一体化，加速城与乡之间的高度融合

过去很长一段时间内，城与乡总是相对立地存在，有意或无意地隔开着，资源总是相对单向地从乡村流向城市；2003 年 10 月，党的十六届三中全会在统筹发展思想上有了进一步的拓展，明确提出了统筹城乡发展、统筹经济社会发展、统筹人与自然和谐发展和统筹国内发展和对外开放，于是城市开始正式"带领"乡村协调发展。2018 年 9 月 26 日，中共中央、国务院印发了《乡村振兴战略规划（2018—2022 年）》提出："构建乡村振兴新格局、统筹城乡发展空间"。自此乡村振兴从本质上也主动积极地向城市靠拢，联动发展，形成了城与乡双向积极互动，统筹协同的城乡一体化新局面。

（四）为中国经济再发展提供新的原生动力

投资作为经济发展的"三驾马车"之一，根据中国基础设施建设协会2019 年统计数据表明，2019 年中国固定资产投资增速有所下滑，2010 年 1—12 月，固定资产投资增长了 2.9%，其中基建投资增速为 5.1% 左右。这反映出随着我国城市化的逐步推进，基础设施建设日益完善，基建逐步饱和，甚至在个别城市面临过剩的问题。

随着乡村振兴战略的实施、乡村建设的推进，农村基础设施投资近几年增长快速，主要投入水利、道路、公路、网络、公共服务设施等方面；现在看来，基础设施不配套依旧是乡村发展的主要短板，接下来一段时间内，农村的基础设施建设投资将会更有力地拉动经济发展。2014—2020 年中国农村基础设施建设的财政支出增速。

第三节　新常态下乡村振兴面临的机遇、挑战与对策思考

2017 年 12 月底，中央农村经济工作会议首次提出走中国特色社会主义

乡村振兴道路，并提纲挈领地提出了乡村振兴"七条路径"，制定了乡村振兴"总路线图"，以及"三步走"时间表。

2018 年中央"一号文件"，聚焦于乡村振兴战略，明确了乡村振兴战略的总要求、原则、目标、主要任务和规划保障等，为各地编制和实施乡村振兴提供了良好的政策依据和实施路径。

未来 30 年，乡村必将成为世人瞩目的风云之地，也将成为资本表演的绚丽舞台。但乡村到底应该如何去振兴？落实乡村振兴战略面临着哪些机遇与挑战，又应采取何种应对思考？有待我们在实践中不断去探索、总结。

一、乡村振兴带来的机遇

乡村振兴战略的实施使经济实力得以提升，企业获得广泛投资机会，农村投资潜力进一步激发。改革开放以来，我国经济得到快速发展，综合国力不断增强，"三农"工作明显推进，中央相关政策的发展和完善为乡村振兴提供了物质上的基础支撑。农村构建的农业产业特色小镇、共享、共赢生态平台，为许多励志农业产业的企业找到了新的商机，从提高农业基础设施建设、提升农业综合服务水平、打造农业全产业链和培养产业人才等方面找到发展新空间。投资农业农村的企业和个体逐步多了起来。

良好的政策环境和乡村振兴背景，涌现出一批科技与农业双头并进的龙头企业，他们逐渐成为农业产业的领跑者，在不断强化自身能力的情况下，不断在形成特色产业、集约化经营、供应链销售等方面找到更加适合发展的位置。

城乡资源转化发生明显变化，乡村振兴促使更多城镇居民、传统农民和常年务工的农民工向新农人转变。随着城市生活、生产成本的提升，农村广阔的土地、较低的土地成本、优惠政策的支持等优势促使城市的要素资源逐渐向农村流转。人才下乡政策释放的红利，土地和惠农金融释放的红利，农村绿水青山和田园风光、乡土文化等对消费者的吸引力，促使更多城镇居民把农村作为宜工宜居的向往地。

新农村的长期实践为乡村振兴提供了宝贵的经验。在推进农业现代化和建设社会主义新农村的长期实践中，全国各地根据当地农村条件的发展进行了许多关于农村建设的探索，积累了大量成功的做法，具有丰富的农村建设和发展的经验，这也为乡村振兴的实践提供了宝贵的经验借鉴。有机农业、休闲农业、农机租赁、互联网农业等为广大投资人和企业提供了新的发展机遇。

二、乡村振兴面临的挑战依然存在

顶层统筹难度大，基层思维转变难，组织协调难度大。乡村振兴涉及乡村经济、产业、文化、组织、管理、制度等方方面面，牵涉部门多，工作复杂，统筹难度较大，很容易出现不协调、不合理的现象。资金统筹难度大。乡村振兴所需资金数量大，财政资金供不应求，工商资本下乡束缚较多，地方融资筹资门槛较高；思想观念陈旧，受思维惯性影响大，故步自封，不敢为。发展意识淡薄，固守传统发展理念，缺乏求新、求变、求异的开放革新理念。

产业结构不平衡，商业运营模式缺乏。一二三产融合发展程度低，结构不合理。产品短缺与产品过剩同时并存，安全、绿色产品供不应求与低质产品产量过剩的现象时有发生。乡村土地、劳动力、技术等要素流动性弱，资源转化能力不强。产业发展项目同质化严重，产品、市场同质竞争等现象突出；因人才缺乏及信息掌握不及时，农业及其他乡村产业多数运营模式过时，对新的商业运营模式缺乏深度探索，阻碍了产业的后续发展，很难发挥全产业链的优势。

科技创新薄弱，品牌意识尚浅。科技创新动能不足，科技成果应用、转化率低；休闲农业、绿色农业等新型业态发展比较薄弱；农业企业自身研发能力较低；品牌多、散、乱，区域品牌、产品品牌体系不健全，有产品无品牌，无法形成品牌效应；产品品牌设计、包装、推广意识不强，低端化运营，有品牌无品位；地方品牌整合度不高，缺乏整体竞争力。

保护与开发难把握，文化参与性亟待加强。规划不科学，难以统筹全域发展；生态保护与修复成本高，生态补偿机制不健全；历史文化传承保护、非遗与传统技艺的传承保护难度较大。乡村文化日渐式微，一些传统文化、民俗文化逐渐淡化；文化资源利用程度低，文化资源优势未能转化为文化产业和文化资本优势；乡村文化活动缺乏参与性、体验性和代入感。

乡村治理情况复杂，农村利益机制不健全。乡村基本公共服务需求与供给矛盾日渐突出；劳动力大量输出造成建设主体缺位；行政村的职能难以转化，权力有资本化趋势；社区大规模调整使村民缺乏社区认同意识；地方宗族、黑恶势力干扰；村级发展成果的利益协调机制、成果共享机制等尚未健全。集体经济利益、土地规模化流转利益、投资者利益、人才利益、村民利益等协调、保障机制不健全，造成利益分配不均衡，矛盾凸显，导致产业项目难以落地，产业发展受阻。

三、全方面夯实乡村振兴发展基础

（一）夯实制度基础

以家庭经营为基础的经营制度是新时代农村制度建设的基石。乡村振兴战略实施的过程，就是巩固加强农村基本经济制度，合理配置资源，有效构建政策体系。稳定土地承包关系并长久不变，保持新时代农民和土地的和谐关系，是乡村振兴制度配置。

人地关系决定着乡村社会关系。农民与集体的关系明确，个人与集体的利益确定，消除了因产权关系不清而导致社会矛盾产生的制度弊端，避免了土地因个体间的无序交易带来的弊病，最大限度地发挥了资源合理配置和公平使用对乡村社会的稳定调节功能。

人地关系决定农民的基本权利、农民的基本利益。农村土地承包制度，是中国特色社会主义制度的组成部分，是社会主义制度优越性的体现。这种制度赋予农民之间平等的地位、公平的机会，实现了制度平等，消除了社会心理失衡根源，为社会的和谐稳定培植了制度文化土壤，从而为乡村社会的稳定奠定了坚实的基石。

（二）夯实产业基础

产业兴旺是实现乡村振兴的重要基础。乡村产业的健康稳定发展不仅直接关系到农民稳步增收，而且关系到巩固拓展脱贫攻坚成果同乡村全面振兴大局。夯实产业基础包括提升农业生产力，完善农业基础设施；加强农业科技攻关和推广应用，加快推进种业振兴，提高农机装备水平；提升农业气象灾害防控和动植物疫病防治能力，保证种子、土地、农机装备、防灾控病等各环节均稳步提升；在强化耕地用途和规模管控的同时注重提升耕地质量，加大中低产田改造力度，提升耕地地力等级，完善水网配套设施，增加高标准农田比重，为"藏粮于地"提供基础。

同时，还要因地施策加大农业机械补贴力度，加大地域性农业机械研发投入，注重发挥农民主观能动性，鼓励农民自主研发微型农业机械，保护农民知识产权。着力提升农村种养殖过程中设施农业比重，提高农业机械化水平，鼓励有条件的地区发展塑料大棚、日光温室、连栋温室等设施，注重水肥一体化、喂养自动化、环境控制智能化设备在农村推广，构建高效、低碳、智能的现代农业发展基础。

（三）夯实人才基础

产业兴旺需要人才支撑，人才是关键。一是要激发"存量"人才潜能，让乡土人才"香"起来。要善用大用乡土人才，让农业产业人才、技艺引领人才成为带强产业发展、带动群众致富的"领头羊"。要大力发展乡土人才专业合作社，支持农民工就业创业，形成创业就业集群，让广大农民有更多务工增收的渠道。二是要加快"增量"人才培育。一方面研究建立有效激励机制和制定人才柔性引进管理办法，引导各类高层次人才向乡村集聚，积极鼓励支持企业家、党政干部、专家学者、技能人才、退伍军人、外出务工人员等返乡创业，用好高校毕业生"三支一扶"乡村成长计划，鼓励高校毕业生到乡村从事支教、支农、支医和扶贫等服务。另一方面注重本土人才素质提升，开展大规模职业技能培训，注重乡村科技人才培育，实施新型职业农民培育工程，发挥职业教育和科技下乡作用，培育生产经营型、专业技能型、社会服务型职业农民，增强基层劳动力综合素质和职业能力；针对农业技术人员和农村各类实用技术人才，建立健全政府主导的多元化投入机制，设立"乡村科技人才发展专项资金"，壮大乡村实用技术人才队伍，让更多劳动者掌握一技之长，让三百六十行行行人才辈出。

（四）强化金融服务

加快发展乡村金融服务发展体系，强化资本充分为农业农村市场服务的意识，因地制宜地创新发展农业金融机构、金融产品、金融服务制度体系建立，大力支撑农业产业发展，用好普惠小微贷款支持工具，增加支农支小再贷款，激活金融机构内生动力，撬动资本力量，引导金融活水流到最需要的地方，有效提升助农、兴农、富农的效果。

要用产业链思维结合农业发展特点找准金融发力点，广泛与银行金融、风投创投等机构合作，开发适合乡村产业发展的金融产品，定向提供"乡村人才投""乡村特色产业基金"等金融服务，形成个性化农业产业金融产品。

要千方百计满足乡村振兴多样化的融资需求，进一步疏通货币政策传导机制，拓宽农业农村抵质押物范围，引导金融资源向现代农业产业园、农业产业强镇等重点领域和关键环节倾斜，创新金融产品和服务模式，提高产品适配性，加大对产村融合、产城融合等方向的金融支持力度，扩大普惠金融覆盖面。

要着重发展农村数字普惠金融，不断扩大和完善政策性农险产品体系，尽力提高农机具的涉农保险参保率，完善农村金融消费权益保护措施，提升金融服务乡村振兴质效。

要发挥金融机构专业优势、人脉优势，在提供信贷产品的同时，及时传递市场信息、产业动态，为乡村和企业经营发展出谋划策。

四、寻求乡村振兴突破点

思路决定出路，乡村振兴战略需要具备新乡村发展的思维模式，敢于创新，勇于突破。

培育共享意识，从开放资源上突破。乡村有很多可资开发利用的资源，譬如土地、森林、河湖、建筑等不可胜数。然而，相当一部分处于闲置或休眠状态。需要有共享思维的理念，将资源化为吸引核，吸引企业资金、社会资本投建乡村，实现共同发展、共同富裕。

培育商业思维，从市场主导上突破。坚持市场主导、企业为主体的原则，走市场化道路推动乡村的可持续发展。打破单一政府支持发展模式，开放市场，引入更多的企业和投资主体投入到乡村建设中去。企业型经营主体是纲，纲举目张，解决好经营主体问题，其他问题就迎刃而解。

注重产业带动，从政策扶持上突破。以产业扶持、金融政策扶持、人才培育扶持为主，尤其要注重产业发展，提升产业的发展力、辐射力和带动性。只有扶大、扶强乡村产业，才能增强乡村的造血功能，激活乡村的内生活力。

注入发展活力，从吸引人才上突破。引导乡村营造良好的生态环境，完善公共服务设施，打造宜居宜业的创业基地，结合人才战略，吸引创业人才、技术人才、管理人才入驻乡村，为乡村建设提供智力支撑。

重视规划引领，从策划规划上突破。在遵循乡村原有山脉、水脉、文脉的基础上，加入创意元素、时代元素，优化乡村功能布局，强化乡村本土特色化发展。

助推产业升级，从产业融合上突破。产业兴旺是乡村振兴的重点。农村产业融合发展是基于技术创新或制度创新形成的产业和产业发展一体化现象。以农村一二三产业之间的融合渗透和交叉重组为路径，以产业链延伸、产业范围拓展和产业功能转型为特征，通过形成新技术、新业态、新商业模式，带动资源、要素、技术、市场需求在农村的整合集成和优化重组，全方位、多元化实现农村产业全面融合。农村经济发展不只是依靠单一产业发展，而是靠区域整体的发展。比如齐全的基础设施建设、完善的道路交通网络、健全的对外交通体系、快捷的网络通信设施、良好的生态环境、淳朴的乡土文化、方便的生活服务，要把这些元素添加到产业融合发展中进行混搭发展。农业除了产品经济功能以外，还具有政治、文化、社会、生态方面的功能，通过开发和拓展农业产品经济功能的同时，释放出政治、文化、生态、社会功能，围绕农业的多种功能实现产业融合发展。

提供土地保障，从用地政策上突破。深化土地改革，在不改变原有土地用途的前提下，活用集体用地、四荒用地、增减挂钩、异地置换等系列政策，适当调整农业、旅游、康养等项目建设用地指标，为产业发展提供保障。

打破农业信贷瓶颈，从金融改革上突破。金融是实体经济的血脉。要打破现有金融供给不足、农业经营主体信贷可获得性较差的困局，构建联结银行、合作社、经营主体的农村金融服务机制，政府部门制定鼓励政策，引导乡村筹建发展基金，打破信贷"瓶颈"。

搭建城乡信息桥梁，从宣传营销上突破。借助互联网、App、微信等现代新媒介，传播乡村生态农业理念，推广农业品牌，传播乡村生活方式，传播乡村文化，搭建城乡沟通的信息桥梁。通过网店电商、体验店、社区直营等线上线下结合的方式，创新营销模式，畅通乡村产品渠道。

编者单位：中新房数字集团

作者：陈经文、胡辉伦、卢树彬、许鸿飞

第二章
新时代乡村振兴战略实施路径探讨

党的二十大报告指出：全面推进乡村振兴。全面建设社会主义现代化国家，最艰巨最繁重的任务仍然在农村。坚持农业农村优先发展、坚持城乡融合发展，畅通城乡要素流动。加快建设农业强国，扎实推动乡村产业、人才、文化、生态、组织振兴。积极学习贯彻落实二十大精神要求。新时代乡村振兴战略实施路径既要有战略高度，也要贴合乡村发展实际，做到有思想、有系统、有路径、有抓手！

第一节　新时代乡村振兴是量到质的革命性创新

一、乡村发展由基础量变进入创新质变阶段

乡村振兴以推动乡村产业经济高质量和可持续发展为前提，可以分为三个阶段：第一阶段是经济振兴阶段；第二阶段是文化振兴阶段；第三阶段是产业与乡村相融的创新发展生态阶段。三个阶段没有绝对先后之分，只有不同时期的主要任务目标区别。目前乡村振兴仍然处于第一阶段的经济振兴阶段，其中经济振兴阶段又分为基础量变、创新质变和乡村产业经济集群化三个发展阶段。当前我国乡村经济发展基本完成了基础量变，已进入创新质变的发展阶段。创新质变的发展模式迥异于基础量变，是乡村产业经济发展中的一次重大转型升级，乡村产业经济发展必须面对许多前所未有的新问题，资源整合方式也由浅表向深层过渡，思考方式也由就事论事的现象到直击问

题的本质改变等，从"形象发展"到"抽象发展"的变革是机遇与风险同行，是乡村振兴能力的大考，处理得当则乡村经济发展进入高质量快速发展通道，彻底稳固此前的发展成果，并且打开新的蓝海；反之，则非但难以再创新高，还会有所衰落。

二、基础量变和创新质变的发展对比

基础量变阶段的发展本质是把各种闲置的生产资料充分利用起来，并更新落后的生产工具，改革陈旧的生产方式，从而推动乡村经济增长。而创新质变阶段的发展本质则是重新定义生产资料，创新产业形态，引入新的发展模式，打通乡村产业经济发展内外双循环的新格局。基础量变和创新质变的不同见表2—1。

表2—1　基础量变和创新质变的不同

基础量变	扬长避短，发挥产业优势	资源有效利用，减少资源闲置率	延长产业链条，提升产业效益	完善产业链条
创新质变	创新增量，为产业发展赋能	资源高效利用，提升资源利用效率	产业链有效串联，提升产业附加价值	优化产业结构

由于基础量变和创新质变的发展思维迥异，所以就会出现在基础量变时游刃有余而到了创新质变则进退维谷，表现出两个问题：一是不作为或少作为，错失机会、资源流失，导致乡村经济发展陷入停滞甚至倒退状态；二是胡乱作为，引发产业风险，造成严重的资源浪费，损害乡村产业经济发展成果。

三、乡村产业经济在推动创新质变进程中的问题和不足

乡村产业经济发展既有其特色优势，也存在许多先天不足。基础量变是基于乡村产业优势的产业延伸，而创新质变则是基于乡村产业传统优势所作的开拓创新，以优化乡村产业结构，实现高质量发展的转型升级。但是这些开拓创新举措通常缺乏基础支撑，空有其形，与预期目标相差甚远，例如：

—026—

技术创新成果。从乡村基础产业到乡村高新技术产业升级，由劳动密集型向技术密集型转型，是乡村产业经济实现高质量发展的重要路径，也是当前乡村振兴迫在眉睫的命题。实现这一目标的最重要动力是丰富的技术创新成果的涌现和导入，但是在乡村发展环境里，由于人才匮乏既无法产生涌现技术创新成果，也难以从外部顺利导入先进技术创新成果并有效转化。

乡村发展中的人才力量。人才是现代乡村振兴的重要驱动力，虽然近年来乡村发展快速，但是与城市相比，乡村舞台仍旧小而简陋，吸引力不足，无法持续吸引各类人才汇聚乡村、扎根乡村，这是不争的事实，所以除非另辟蹊径，否则乡村振兴将始终面临人才制约。

招商引资助力乡村振兴。招商引资是乡村振兴中的一剂强心剂，但普遍面临招商引资难的问题，尤其是对乡村经济可持续发展有重大意义的高附加价值产业，由于对人才、技术、创新、金融及其他高端现代服务的密集需求，乡村发展环境缺乏相应配套，因而这些产业很难成长发展。所以，目前乡村产业要么是价值比较低的基础产业，要么就是资源环境消耗严重的被转移产业，都无力推动乡村经济高质量发展和可持续发展。

高端现代服务业配套。随着乡村经济高速发展振兴，大多数乡村已经在有意布局发展高端现代服务业，以驱动乡村产业经济高质量发展转型。但高端现代服务业的蓬勃发展是基于繁荣的产业生态和商业生态，并且高端现代服务业具有集群化生存发展特征（相互之间有紧密联系，集群越大生存发展能力越强，集群越小则生存发展能力越薄弱），这就导致理论规划逻辑是"基于现有产业基础发展高端现代服务业，通过高端现代服务业驱动产业进一步发展壮大，进一步壮大的产业再反哺壮大高端现代服务业发展，从而实现良性循环"，看似良好，但这一逻辑忽略了高端现代服务业的集群化生存发展特征，所以实际上产业结构简陋的高端现代服务业并不足以驱动产业经济的高质量可持续发展，而并不强大的产业经济也难以支撑完善的高端现代服务业体系落成，所以乡村振兴中的高端现代服务业发展必定是需要突破性创新模式的，而非走传统发展道路。

乡村营商环境。乡村营商环境通常存在三大问题：第一是行政服务效率偏低，在笔者走访调研过的村镇企业中，普遍反映行政服务效率偏低，且与先进地区相比差距较大。第二是内部矛盾较多，影响企业正常发展。第三是生产、生活配套服务薄弱，尤其是生产性服务业，使企业发展得不到相应赋能。由于上述诸多不足长期得不到改善，不乏有崛起于本土的优质企业发展壮大之后反而迁离本地的现象。

第二节　乡村振兴核心在于全面激活要素市场

全面激活乡村要素市场要实施以下"五步曲战略"。

一、树立乡村振兴科学产业思想、加强顶层设计

城市与乡村发展的再平衡是乡村振兴的核心思想，既能有效解决就业问题和城市发展空间不足问题，又能解决乡村振兴中产业、人才、创新等问题。以创造增量、优化存量为乡村经济发展绕开内部矛盾问题的主旨思想；以创新力决定产业力为乡村产业发展创新的指导思想；以三个平衡（内环境与外环境的平衡、产业链内循环与外循环的平衡、短期生存与中长期发展的平衡）为乡村经济可持续发展的指导思想。

二、把握乡村振兴地缘战略、开放创新

地缘战略源于地缘政治，最早核心思想是控制心脏地带以达到政治上的制霸目的，引申到区域经济发展中也是同理，即谁掌握了世界经济发展的心脏地位，谁就足以支配世界经济发展走向，成为世界经济中心。乡村经济体虽然微小，但格局决定结局，地缘战略对乡村产业经济发展创新仍具有不可忽略的影响和价值。第一是适应国际政治、经济环境，并预知国际政治、经济未来变化趋势，预见机遇和危机，从而超前作出对应的准备和应对措施；第二是明确世界经济心脏所在及其所决定的经济产业发展规律、国际市场规律和世界产

业链分工定位，合理定义乡村经济当前所扮演的角色；第三是围绕乡村经济发展优势，谋划具有影响区域经济心脏能力甚至成为新的区域经济心脏的蓝图。

三、把握乡村振兴区域经济策略、统筹全局

区域经济很容易理解，但需要注意的是区域经济其实包含了两个层面，第一个层面即本区域内的经济发展基础、优势条件、基础设施等，区域经济发展定位就是如何更好地将这些资源充分利用起来，转变为更高的经济价值和经济收入。第二个层面则相对容易被忽略，即在定位本区域时，也要去思考和分析上一层级的区域经济发展定位，例如县域、市域经济发展定位。

四、把握乡村振兴产业链有效串联，壮大内能

产业链串联是否合理，决定乡村产业经济发展的整体协调性，也决定了乡村产业经济发展是否实现了"更好的利用方式""更加充分的利用方法""更高的价值转化模式"。我们常说的产业发展生态圈、产业集群等，主要依靠的就是产业链串联。产业链串联包含两个层面：一个是围绕乡村主导产业进行纵向延伸和横向展开，构建出一张以主导产业为骨架的网络结构，也即产业链内循环；另一个层面是在第一个层面的基础上，将整个乡村经济发展状态视为一个中心点，沿着"高地—基地—腹地"策略，形成跨区域的网络，也就是产业链外循环。

五、把握乡村振兴行业趋势发展规律、精准施策

行业发展趋势可分为八个阶段，即底部开始向上、加速上扬、暴涨、渐趋稳定、阳极点、开始向下、暴跌、底部盘整（阴极点），应对未来行业发展趋势需要乡村经济精准分析出行业现阶段所处的阶段，未来三到五年所处行业趋势阶段的改变情况。一般来说，在底部开始向上时就要加速引进和储备行业发展资源，在加速上扬时则需要全力发展，暴涨时则要开始维稳，当渐趋稳定时就要思考如何创造增量，盘活存量，当行业趋势处于阳极点时，

就要逐步谋划转型升级蓝图，改造传统产业，发展新兴产业。

第三节　打造乡村振兴"系统"与"智库＋平台"枢纽模式

一、乡村振兴"智库＋平台"

党的二十大报告提出"扎实推动乡村产业、人才、文化、生态、组织振兴。"这就要求乡村振兴要以更有力的举措、聚集更多元的智慧、吸引更广泛的资源、汇聚更强大的力量，从而全面推进乡村振兴。乡村经济发展进入创新质变阶段在这个进程中，乡村产业结构优化升级面临"人才、技术、创新、金融、资源"等困局，笔者提出"智库＋平台"的乡村产业发展模式以解决上述困局。所以要以更有力的举措、聚集更多元的智慧、吸引更广泛的资源、汇聚更强大的力量、笔者认为"智库＋平台"正是实现这一目标的有力抓手。因为无论是专业人才、先进技术、创新能力、金融资本还是其他高端现代要素，市场上都是十分充裕的，只不过富集于中心城市，乡村只需要用一种合理的模式引入进来，这种合理的模式就是"智库＋平台"！

打造"智库＋平台"，是把城市资源向乡村引导。践行二十大报告所提出的"坚持城乡融合发展畅通城乡要素流动"要求。一方面迅速填补乡村经济发展中的资源不足，另一方面又把所带来的巨大的人流、信息流在乡村实现本土化。最后凭借乡村"智库＋平台"枢纽，培育发展乡村本土人才、产业，实现乡村经济发展由"引进—转化—沉淀（本土化）—自强"的发展升华过程。

在"智库＋平台"系统中，"智库"是指乡村产业智库，通过与乡村共建智库的方式，为乡村经济发展导入各领域专家资源并帮助乡村运营好乡村产业智库，服务于乡村经济的顶层设计、战略规划、标准制定、诊断咨询等，并为乡村经济发展培养本土化的乡村产业智库人才。作为乡村产业智库，要能为乡村经济发展出思想、出系统、出路径、出抓手，既要有实战能力，也要有理论高度。"平台"是城市与乡村发展结合的资源枢纽，创新乡村资源整合模式。一是把各种发展资源、优势有效呈现出来并传递出去；二是梳理资源要素，科学管理和分类，形成大数据中心和检索中心；三是资源对接入口，打通乡村产业经济发展的内循环和外循环；四是高端现代服务体系对接乡村产业发展通道，把高端现代服务系统投射到乡村之中；五是培育和孵化乡村创新创业项目，帮助乡村搭建好平台、运营好平台，使平台真正成为乡村经济振兴的长期舞台。

"平台"还要有效向乡村产业经济发展的日常延伸，以"五入园"打造新时代的乡村产业集群，"五入园"包括商会协会入园、专家智库入园、项目入园、人才入园和资本入园。以"四给"打造新时代乡村创新创业孵化器，"四给"包括给项目、给团队、给专家指导和给启动资金。真正搭建起乡村产业发展创新的生态系统。

二、产业智库建设和乡村振兴的"产业智库"生态模式

产业智库是聚焦于产业经济研究的中观智库，主要研究推动行业可持续发展创新战略，具体包括产业链串联、产业结构优化、行业发展趋势等，能够为乡村产业发展出思想、出系统、出路径、出抓手。通过产业智库，能为乡村经济振兴解决很多问题。

（一）为乡村经济发展提供专家来源

通过共建产业智库，为乡村经济发展导入智库专家，提供专家咨询、指导和专家级培训。解决乡村产业经济发展中政策解读、行业趋势、市场分析、产品／服务剖析、先进商业模式设计等问题。

（二）为乡村经济高质量发展提供顶层设计

通过共建产业智库，组织考察—调研—诊断，优化和完善乡村产业经济发展顶层设计和总体规划，做到有思想、有系统、有路径、有抓手。

（三）建立乡村产业振兴人才培养体系

利用产业智库优势，设计一套完善的乡村产业振兴人才培训课程系统，

提升乡村产业从业人员技能和素质，发掘和培养创新创业人才。

（四）引导专家人才带团队进驻乡村创新创业

产业智库专家中不乏自身就是项目领头人的专家，通过共建产业智库，将这些项目和团队合理引入对应乡村，成为乡村产业经济振兴的创新增量。

（五）借助产业智库把关乡村产业项目价值

乡村产业经济振兴离不开创新，但创新是把"双刃剑"，有效创新项目固然会极大推动乡村经济振兴，无效创新则反而会制约乡村产业经济发展。围绕产业智库为核心，为乡村产业经济创新提供完善的诊断、咨询、评估、建议方案等，为乡村经济发展创新决策、项目决策等提供咨询保障。

三、乡村振兴枢纽平台

创新乡村资源整合模式，第一是把各种发展资源、优势有效呈现出来并传递出去；第二是梳理资源要素，科学管理和分类，形成大数据中心和检索中心；第三是资源对接入口，打通乡村产业经济发展的内循环和外循环；第四是高端现代服务体系对接乡村产业发展通道，把高端现代服务系统投射到乡村之中；第五是培育和孵化乡村创新创业项目。

（一）乡村产业集群搭载"五入园"

商协会入园，共建乡村商协会。商协会是乡村资源整合的良好方式之一，第一，可以规避原本的矛盾，顺利完成资源整合；第二，商协会是居于基层政府 / 村委会与企业之间的组织形式，兼有两者优势。乡村商协会应围绕本地主导产业强调"共建发展"，与外界优秀商协会联合共建，一方面把外部先进资源通过商协会导入乡村发展中来，另一方面则是把乡村特色产品、产业通过商协会渠道推广至全国去；除此之外，共建商协会还能够显著提高乡村商协会运营水平和能力，传递先进管理经验和产业发展模式，加强乡村与外界地区的人才互动和交流，繁荣当地商业、休闲旅游业等。

专家智库入园，共建乡村学研中心。推动乡村与各大高校、职业院校、科研院所等共建乡村学研中心。主要包括乡村技能人才教育培训中心、高校／职业院校乡村实践基地、大学生乡村创新创业中心、科技创新成果乡村实验基地等。

项目入园。依托"智库＋平台"（因为智库＋平台有策划设计能力、有标准评判能力、有资源、有宣传能力、有后续孵化和服务能力等），面向全国创业者举办"乡村产业振兴创新创业大赛"，遴选对乡村经济发展振兴有价值的优质项目，落地乡村，孵化成长，推动乡村产业经济创新发展。依托"智库＋平台"，承接优质产业转移项目（符合村镇产业定位、符合产业链配套或延伸原则、符合短期生存和中长期发展平衡），为乡村产业经济短期快速发展注入活力。

人才入园。在上述发展战略下，乡村发展已经具备了可观的人才流量，但为了长远发展目标，仍需进一步加强和稳定乡村人才根基，主要从三个方面着手：第一是以项目为驱动，提供高薪就业机会，引进人才，平衡人才结构，不留短板；第二是留住人才，通过完善和强化生活性服务业，例如医疗、教育、休闲娱乐、文化等，打造优质生活环境，以引导人才就地安家落户；第三是培养本地人才，旨在提升本地人才培养水平和层次，利用"智库＋平台"所带来的增益，抓住机会积极发展社会培训和职业教育事业，根据乡村发展实际和目标远景，定制化培养本土人才，为乡村产业经济发展振兴提供人才输送的内生源泉。

资本入园，共建产业金融供给系统。金融是乡村产业经济发展振兴不可或缺的力量，资本关心机会和风险，难以有效平衡机会和风险是中小实体经济一直难以获得资本青睐的症结。而"智库＋平台"所提供的生态，正可以有效平衡"机会"和"风险"，并且在金融机构与实体经济之间架起双方可互信的"桥梁"。"智库＋平台"一方面根据金融／资本思维辅助实体经济发展建立标准，另一方面根据"产业发展创新"思维推动金融机构创新金融产品，最后"智库＋平台"引入包括政府在内的多股社会力量参与到产融创新一体化中，为产融创新一体化提供更加可靠的信用担保。

（二）乡村创新创业"四给"

给项目。主要针对乡村本地居民，利用"智库＋平台"所带来的信息、资源等优势，根据乡村产业链，匹配符合乡村发展定位、符合行业趋势、符合短期生存和中长期发展平衡的创新创业项目，为乡村产业经济发展创造增量，带动存量。

给创业团队。主要是为扎根乡村的创业者匹配创新创业人才团队，填补创业团队中的短板和不足，例如专业技术人才、运营管理人才、营销人才、产业专家顾问等。在传统乡村经济发展模式中，上述结构完善的多元化人才是严重匮乏的稀缺资源，但是基于"智库＋平台"的优势，这些人才资源得以顺利导入到乡村产业经济发展中。

给专家指导。打造"智库＋平台"的乡村产业经济发展系统，通过"智库＋平台"这一模式整合全国专家资源，实现乡村撬动全国一流专家的目标，为乡村产业经济创新发展护航，提供产业、商业模式、经营管理、金融法律、研发创新等各类咨询指导，并使这种专家咨询指导在乡村发展中长期有序地进行。

给启动资金。通过平台把金融资源整合进来，构建起乡村产业发展的金融资源基础。通过产业智库打通实体经济与金融资本的屏障，一方面创新金融服务产品和模式，另一方面把关产业项目，指导产业项目良性发展，从金融供需体系上用系统性方法消除投资风险，促进产融一体化。

四、以培育现代乡村产业集群为抓手筑牢乡村发展动力引擎

（一）发展动力引擎

乡村经济发展的具体路径是"乡村产业集群打造＋高地—基地—腹地串联"。乡村产业经济发展需要更高水平的外循环系统，"高地—基地—腹地"是串联乡村与城市的纽带，能够助力打造乡村产业集群，构建起乡村产业经济发展的"内循环"和"外循环"的发展格局。

（二）补足产业短板

乡村产业集群建设的核心在于不同基础产业之间的平衡发展以及有效串联，而非单一产业的纵深推进。因为乡村产业底子薄弱，虽然基础资源丰

富，但开发程度偏低，中高端资源十分欠缺，在这种情况下，乡村产业发展必须稳扎稳打，整体推进，才能保证长期可持续。反之，单一产业的纵深推进，即使短期内发展顺遂，在发展到一定阶段后，也会出现诸多短板不足，后继无力。一方面浪费了时间和资源，另一方面也导致乡村产业结构失衡，被迫进入优化调整阶段。

（三）建立"三地"外循环系统

以"高地—基地—腹地"三个支撑点建立乡村产业经济的外循环系统，高地建立在区域经济发展的枢纽城市中心，承担信息发布（包括产品发布、优势资源发布、招商引资等）、学习交流先进技术、先进模式、先进理念等，关注最新的新兴产业／业态、商业模式创新，积极为乡村发展引入产业、人才、技术创新等高端资源和绿色消费等。基地建立在区域经济发展的产业重镇，重点对接产业转移、技术成果转化等。腹地即乡村自身。通过"高地—基地—腹地"，打通发达城市和乡村之间的资源互通和流动通道，促使资源由高位向低位流动（例如发达城市的人才、技术、创新处于高位而乡村处于低位，则这些要素由发达城市向乡村流动；而乡村农特产品、生态环境等处于高位而城市处于低位，则这些要素的价值向城市蔓延），从而实现城市与乡村的再平衡，实现乡村振兴。

第四节　城市就业的"积分银行"与"三个平衡"

一、乡村振兴"抓手"解决乡村人才和城市就业的"积分银行"

党的二十大报告指出：全面推进乡村振兴。坚持农业农村优先发展，坚持城乡融合发展，畅通城乡要素流动。其中城乡融合、畅通城乡要素流动是乡村振兴的关键一步！推动城市与乡村发展的再平衡是畅通城乡要素流动的重要路径，"积分银行"与"三个平衡"则是城市与乡村发展再平衡中的有力抓手。

乡村振兴就是"城市与乡村发展的再平衡",尤其是人才资源的再平衡。人才涌向大的城市,谋求大的舞台,而乡村成为区域经济发展中的人才空心地带。必须承认,当前的区域经济发展格局中,乡村既没有吸引人才的优势,也没有引进人才的资本。但是乡村经济振兴离不开大量各式各样的人才支撑,仅依靠国家或地方政策机制,向乡村输送有限的人才,是不足以全面带动、激活乡村经济发展创新的,为此,发展乡村经济要有主动策略,而不是被动等待。以认清现状为前提,破解乡村经济发展瓶颈需要从四个方面着手:第一是好钢用在刀刃上,厘清乡村经济发展中的轻重缓急,理顺乡村产业发展的逻辑关系;第二是要善于花未来的资本办现在的事,要看到未来乡村发展的前途;第三是要充分激发情怀的作用,把情怀转化为乡村经济发展中的一大助力;第四是要提倡并保障共建共享的平台价值观。综上四点,汇总起来的解决方案就是"积分银行"!

充分调动全国范围人才资源,需要有系统的体系做支撑,逐渐改变当前只有乡村主动出击全国范围找人才的现状,变为全国范围内的专家人才主动找到乡村共谋发展的新局面。只凭乡村按需寻找的局限性:首先在全国范围内筛选匹配最合适的人才就是一大难点,尤其是产业创新型人才,往往差强人意;其次只能是根据项目匹配人才,但当前的乡村经济发展趋势却是由人才创造机会、创造项目,也就是只有人才水平领先于产业发展水平时才能推动产业经济创新发展,在过去的乡村产业经济发展中,是根据项目匹配人才,但未来发展趋势中,更多的是依靠人才创新项目。

怎样才能令全国范围内的专家人才主动找到所在区域,并为乡村经济发展创新贡献所能?这就是平台的用处!无论是哪个领域的任何专家、人才,在推动社会主义经济发展创新中都存在两个方面,一方面是社会责任感,另一方面是希望获得一个舞台,能够发挥所长、所学、所能的舞台,并在这个舞台上实现自身价值和对等收益。因此,要充分调动全国范围的人才资源,需要搭建起这样一个系统,也就是"积分银行"。

所谓"积分银行"就是利用区块链技术创建的记录系统,并以平台化的方式运作。将人才对乡村经济发展所作出的贡献进行合理打分并累积进入"积分银行"中，积分可转化为多种形式对等的收益，既可累积也可随时支取。"积分银行"除了给乡村经济发展创新带来弥足珍贵的超前思想、创新、经验、人才等关键资源外，还将全面改变乡村产业经济发展面貌。

"积分银行"的设立，首先是确定了乡村产业经济发展的开放状态，并树立了"广聚天下英才"的旗帜，随着"积分银行"影响力的扩大，不但将大幅度减少乡村经济发展过程中人才引进工作量，而且能有效提高乡村发展中人才本土化转化比例，即使不是一线城市区域，同样将成为一个人才、信息的集聚中心。

其次是极大改革了乡村经济发展中的人才用留。在乡村经济发展中，必然会接触到众多区域外的不同行业、不同领域、不同层次的各类人才，这些人才会对乡村经济发展起到或小或大甚至是非常关键的推动作用，如果不考虑任何的不可能性，最理想的情况自然是将这些所接触到的各种人才统统引进到本区域中，服务乡村经济发展创新。但按传统方式显然是不可能的，包括所要付出的代价、人才本身意愿等。但是"积分银行"突破了这些制约，第一，因为"积分银行"是一个平台，加入平台不存在任何掣肘；第二，"积分银行"并非预付模式，而是积分累计的后付方式，只有为该区域经济发展作出了相应的贡献之后，区域才会付出与之对等的收益；第三，"积分银行"合理地为区域经济发展创造了一个规模无限庞大的人才智库集团，但又使区域完全不必担心消化问题；第四，"积分银行"的出现改变了区域对人才过早定性的局限，更能够从中长期对人才进行合理的定位和评价。

"积分银行"的设立将极大促进区域经济人才引进效率，使区域人才引进更加精准和高效，因为"积分银行"本身就是一个庞大、长期的人才"蓄水池"，并且在长期的共同发展中，建立了与各界人才良好且深厚的互信和友谊关系。

"积分银行"将给区域发展带来可观的人流和信息流，如果规划发展得当，极有可能使区域经济发展在质变转型期间实现弯道超车！

二、乡村可持续发展"三个平衡"关系

内环境与外环境平衡。"智库＋平台"打通乡村产业经济转型升级通道，强化成果、经验的内外交会，可进一步落地中国乡村产业论坛、乡村文化、产品、创新成果会展等枢纽，实现文化、产品（项目）、人才、资源等要素"引进来""走出去"。

产业链内循环和外循环平衡。以"智库＋平台"为枢纽，打造乡村产业集群，形成乡村经济发展内循环，实现乡村人才培育、技术创新、成果转化、资源整合、现代服务的结构闭环。"高地—基地—腹地"系统打造乡村产业经济外循环，高地瞄准一线城市中心，作为信息交互、人才互动、学习交流、先进资源要素的重点枢纽。以产业重镇为基地，作为招商引资、承接产业转移、研学、创新成果转化、新兴产业培育的重要目标区域，以自身为腹地，主抓产能供给为主，并兼研发设计、创新创业孵化、创新成果转化等延伸功能。"中国乡村产业论坛，乡村文化、产品、创新成果会展"可作为乡村产业经济内循环和外循环的结合点和平衡点，实现内循环和外循环的有效互通和互动。

短期生存和中长期发展的平衡。在乡村经济发展振兴过程中，不存在时时刻刻绝对的平衡状态，而是在发展、震荡中呈现出的平衡稳定态。发展震荡就意味着短期生存和中长期发展二者在不同发展时期的取舍及取舍程度问题，可能在某一时期内的重点是短期生存，但当发展到一定时期或满足触发一定条件时，就要调整目标以保障中长期发展利益。总而言之，短期生存是乡村经济可持续发展短时期内的妥协，点缀在乡村经济可持续发展的漫长道路上，而中长期发展才是区域经济可持续发展的长期任务，是乡村经济可持续发展振兴漫长道路的主旋律。

编者单位：广东省华商经济发展研究院
作者：蒋健才

第三章
乡村振兴发展中的难点问题应对

第一节　乡村人才建设问题与解决之道

乡村产业振兴面临最窘迫的问题是人才不足的挑战。事实上，乡村不仅人才不足，而且青壮年劳动力同样稀缺，大量青壮年人员长期在外打工，留守乡村的绝大多数是老弱病幼等缺乏生产能力的人群，乡村产业建设缺乏有力的人力资源支持，显得贫弱无力。

一、人与乡村产业的协同发展

长期以来乡村经济发展落后、产业结构单一、就业舞台小、就业机会少、就业层次低等原因，导致乡村劳动力长期以来处于持续外流的状态中，具体而言有以下几个方面：

目前乡村产业经济主要由农业经济、基础工业、基础商业和休闲旅游经济组成（休闲旅游经济发展程度不一，但绝大多数乡镇休闲旅游业非常薄弱甚至近乎于零）。农业经济是乡村的主体产业，虽然农业在快速发展，但农民收入仍然处于整个社会收入结构的底层，因此新一代年轻人鲜有愿意留在乡村务农的。并且当前乡村农业趋向于规模化和现代化的生产模式，对传统劳动力的依赖程度越来越小。

乡村工业近二十年来得到了长足发展，但依然没有摆脱零散乱、低端产业、成本依赖等特性。其发展程度远远落后于一二线城市工业发展，在乡村工厂就业对比于城市工厂就业，无论是就业机会、稳定性还是收入水平、中长期发展，都远远落后于城市，虽然能留住一部分乡村劳动力，但对于有一定技能的乡村人才吸引力不足。并且低端落后的工业对乡村产业振兴并不能起到推动作用。

乡村基础商业主要是一些包括餐饮、零售等在内的服务业。但是这些商业服务业本身就生存困难，更难以帮助乡村吸引和留住人才。一方面大量乡村青壮年人口长期在外，极大地降低了消费能力和活力；另一方面，电商的迅速崛起和发展，严重冲击传统乡村商业服务业。

乡村旅游是乡村产业经济振兴中的重要一环，乡村旅游是乡村产业振兴中的重头戏。但是目前乡村旅游业并没能如愿发展起来，虽然许多乡村具备独特的旅游资源，但发展乡村旅游经济并非易事，目前乡村旅游经济普遍存在以下问题：第一，缺乏有效的资源运作和文化包装宣传系统；第二，缺乏有效的多元创新和多重开发能力；第三，乡村旅游业的内外循环系统没有形成，在外没有主打名片和品牌路线，资源进不来，在内生活性服务业配套不足，产业链串联程度低，难以刺激消费，第四，旅游业是当前的热门经济，各地争相发展，竞争激烈；第五，自2020年以来，受疫情影响，跨国、跨省（市）的人员流动时常受限，休闲旅游业遭受影响较大。

除上述因素之外，乡村教育、医疗水平落后等因素，也使得从乡村走出去的人才很少再返回乡村发展，越来越多的年轻人争相离开。

二、乡村该如何留住人才、吸引人才

目前绝大多数乡村面对人才困窘事实上并无有效良策。而在乡村经济振兴中，人才与产业相互依存，而乡村产业经济正处于缺少人才所以产业发展低迷，产业发展低迷就越难聚拢人才的恶性循环中。打破恶性循环的突破口势必会落在"人才"上，并且以当前乡村发展现状有能力有机会突破乡村人才困境，这就是"城市与乡村发展中的人才再平衡"策略。

城市人才过剩而乡村人才不足，城市里边缘地位的人才对城市经济发展的作用已经微乎其微，但是对乡村经济发展却有重大推动作用，把城市中过剩的边缘人才合理引入乡村经济发展中，是乡村人才突破的重大契机。

乡村产业经济发展过程中，人才按优先度可以分为三级：

第一是产业智库和创业人才。产业智库关系到乡村产业经济发展的顶层设计，是乡村振兴的先决条件，因此要作为第一优先，产业智库要有思想、系统、路径和抓手，要有长期性和稳定性。

创业人才是具体盘活和真正发挥利用好乡村资源的关键人才。乡村创业人才初期瞄准两类人才：一类是从本乡村"走出去"，在外历经连续三年以上创业经历的年轻创业型人才，无论其创业成果是否显著，都是乡村应该重点关注的创业人才。这一类人才具有三大优势：一是具有一定的基础能力和创业素质；二是连续三年以上的创业经历无论其成果是否显著，都积累了丰富的创业经验和人脉资源，并且也进一步证明了其能力和心理素质；三是有乡土情结，在机会合适、政策合理的情况下很容易吸引返乡创业或投资。另一类是乡村本地具有一定的创业能力和素质的中年人，鼓励并引导其走上自主创业道路，但是想要将之培养成为创业领军人物，需要用到"四给"孵化系统。

第二是与乡村产业关联的专业技术人才。乡村产业初期是以实体产业为主的，因此专业技术人才是乡村人才中的第二优先梯队。在有一定的创业人才基数和以乡村为单位打造产业集群并以产业集群为主体的整体思维基础上，专业技术人才建设策略有三：一是传统招聘，但初期效果可能不显著；二是与高校尤其是专业技术院校达成产学共建关系，形成人才委培、代培、输送关系；三是乡村内开设技能人才培训教育，直接培养本地村民成为专业技术人才。

第三是职业经理人人才。职业经理人直接面向城市中处于危机期的年龄偏大的职业经理人，这些职业经理人有能力、有团队、有人脉、有资源，但是因为年龄增长、城市商业形态迭代升级过快、竞争越发激烈等客观原因，逐渐难以在城市产业经济发展中找到合适的定位。但对于慢节奏且发展相对滞后的乡村产业而言，是不可多得的人才资源！但是要把这些职业经理人人才顺利引入乡村经济振兴中，必须是乡村产业经济处于朝气勃勃的状态，这也是为什么职业经理人在乡村人才建设中放在第三梯队的原因。

在产业智库和职业经理人两个人才层级上，应秉持着不求所有但求所用的平台思维。

第二节　乡村产业创新思路与开发之策

创新是推动产业经济发展的核心动力，是产业经济由量变转质变的关键。乡村产业经济后发崛起，但又要快速适应新时期的经济发展特征，底子薄弱的同时又要跨历史时期的谋划质变，所以乡村产业经济发展离不开"创新"二字，并且乡村产业经济的创新有其新的产业特征、时代特征和环境特征，是不同于城市产业经济发展的新思路、新战略、新路径和新抓手。简单模仿城市产业经济发展经验的道路是行不通的。

由于缺少创新人才，现阶段乡村难以成为创新策源地，而要成为创新策源地首先就要解决人才问题。也就是说，只有乡村产业经济发展到中后期，才有成为创新策源地的可能。

乡村缺少创新成果转化能力。其实不仅仅是乡村，我国创新成果转化能力普遍偏低，而乡村的创新成果转化能力则近乎于零。这是因为乡村产业发展缺少活力并且以基础产业为主，创新成果转化通常衔接的是产业链的中高端；其次乡村产业链条短且单一，而创新成果转化绝大多数是基于产业链的有效串联，而非单一而短的产业链条；最后乡村没有良好的生产性服务业，尤其是高端现代服务业基本没有，而创新成果转化依赖于生产性服务业的支撑。

乡村产业经济底子薄弱、资源有限、产业链条单一等，且当前经济环境对乡村产业经济发展提出严苛而紧迫的要求，促使乡村产业创新的模式必须要另辟蹊径，并强调有效创新和有效串联！

促进乡村产业经济有效创新和有效串联所必需的要素包括智库、人才、生产性服务业、多元化的产业链条等要素，不但要有效提高乡村产业创新的活力和能力，而且要能迅速把创新成果转化为实际生产力和经济效益。但是基于乡村经济发展的实际现状，不可能短时间里依靠自身资源和能力打造出优良的创新环境，因此通过"智库＋平台"系统，直接把各种创新要素投射到乡村之中。

第三节　乡村产业集群发展思维与产业振兴

产业集群是产业发展到一定阶段后的必然趋势和结果。乡村产业经济发展应尽早树立集群化发展理念，围绕"乡村产业集群"进行顶层设计，乡村产业集群是以乡村为单位的产城人一体化成果。

乡村产业集群建设的核心在于不同基础产业之间的平衡发展以及有效串联，而非单一产业的纵深推进。因为乡村产业底子薄弱，虽然基础资源丰富，但开发程度偏低，中高端资源十分欠缺，在这种情况下，乡村产业发展必须稳扎稳打、整体推进，才能保证长期可持续。反之，单一产业的纵深推进，即使短期内发展顺利，但发展到一定阶段后必然会出现诸多短板，后继无力。一方面浪费了时间和资源，另一方面也导致乡村产业结构失衡，被迫进入再次的优化调整阶段。

乡村基础产业一般包括基础农业、基础工业、基础旅游业、基础商业和基础生产性服务业。如果基础产业之间发展不平衡，就会使产业处于价值链低端，例如基础农业强但是基础工业薄弱，则农业产品只能以最原始的方式向外销售。再如基础工业良好但生产性服务业不强，就会导致基础工业创新升级困难、产品受制于人、产品竞争力低下等。再如基础旅游业良好，有丰富的旅游资源，但是基础商业薄弱，则会导致空有旅游资源而不能促进旅游消费，为乡村创收。所以，不同基础产业之间平衡发展，会为乡村经济振兴带来第一波红利。

在乡村基础产业平衡发展的基础上，产业链有效串联是乡村产业经济振兴的第二步。产业链有效串联的基本收益是为原产业带来额外的附加价值，尤其是乡村旅游业对其他基础产业的赋能；而更为核心的是产业链有效串联是产业创新的重要抓手。乡村产业链有效串联的内涵并不高深，但是需要很强的前瞻性和大局观，是典型的根据未来做现在的事。以乡村旅游业为例，怎样才是产业链有效串联？第一，未来五到十年旅游业发展趋势是什么，当前的发展规划是否符合趋势？第二，未来十年乡村农业、工业、生活性服务业、生产性服务业的发展趋势，与旅游业的相互依存关系如何？第三，根据上述结论制定乡村旅游业发展路线图，而这一规划并非只涉及旅游业，同样涉及农业、工业和服务业。

产业链有效串联重在创新，从而迸发出新的产业概念和商业模式，创造巨大的社会效益和经济效益。在产业创新中，没有创新是凭空想象而出或突然横空出现的，所有创新都是基于已有产业链的有效串联而兴起，例如直播带货是直播＋传统电商的串联，打车是移动互联网＋租车（出租车）的串联，外卖是移动互联网＋餐饮的串联。所以乡村产业链有效串联的核心目标是产业创新，突破传统产业经济发展模式，推动乡村产业转型升级。

乡村产业链形成有效串联后必定符合三个平衡的标准，即内环境与外环境的平衡、产业链内循环和外循环的平衡以及短期生存和中长期发展的平衡。反之，是否符合三个平衡也是检验乡村产业链是否有效串联的标准。

产业平衡发展、产业链有效串联是乡村产业集群的雏形，而要形成强大的乡村产业集群还需要一个产业智库和一个平台，产业智库确保产业平衡发展和产业链有效串联，平台负责整合资源，也就是乡村经济振兴的"智库＋平台"系统。

第四节　乡村企业培育与发展推动

一、乡村产业发展受限的因素

受限于乡村产业发展环境，乡村企业通常以小微型的基础种养殖企业和基础生产加工业为主，具体包括乡村干部牵头的乡村扶贫企业、外来投资的中小微企业以及村民自主创业型企业，少部分乡村可能引进有大型企业投资的生产加工基地。乡村企业给人的第一印象通常是低端的，难以做大做强。乡村企业如何成长为乡村经济发展的顶梁柱？乡村主体又应该如何有效扶持和孵化乡村企业？首先应分析解读乡村企业的不足。

管理水平低下。在几大类乡村企业中，除了由大型企业投资的生产基地以外，管理水平普遍偏低。一方面，乡村企业创始人往往不具备企业管理才能，而乡村企业组织结构简单，没有正式的管理层，这就导致如果企业老板不会管理企业（包括管理战略和管理战术），则企业管理水平就很差。另一方面，乡村企业的员工以本地村民为主，人情往来多、亲朋关系复杂，许多管理制度难以推行，并且很多村民的思想觉悟低，加之报之以无所谓的心态，管理制度的约束性很差。

生产效率低下。一方面，乡村企业的生产工具落后，而且专业技术人才不足，经验法占据主导地位，虽然乡村企业老板有意愿积极学习先进的知识，但是由于获取知识的途径往往只是书本、网络，庞杂、散乱而不够系统，实践中只能自己摸索，缺少专业的指导，所以效果并不理想，甚至反而会造成亏损。另一方面，由于缺乏先进的生产管理模式，同等条件下，其生产效率比之具有先进生产管理模式的企业要低 20 个到 30 个百分点，导致成本上升，降低了企业在同行业中的竞争力。

风险应对能力低下。首先，乡村企业以基础的生产加工为主，在市场上缺乏品牌和竞争力，常常被渠道卡着脖子，利润微薄，周转资金少，一旦行业发生大的波动风险，订单减少或账期延长，就会使乡村企业面临资金链断裂的生死存亡危机。其次，乡村企业规模小、固定资产少、风险大、财务管理水平低等因素，很难得到有效的金融支持，所以乡村企业在面临风险时只能依靠自身渡过，在大的行业风险中显得非常脆弱，并且没有金融支持，乡村企业也难以快速扩大规模。

二、乡村该如何拓宽产业发展

企业发展同产业发展处于脱节状态。乡村企业的商业模式简单而粗陋，概括来说就是订单生产、一手钱一手货，主打优势就是价格便宜，虽然获得了短期订单和收益，但是从中长期发展来看，企业丧失议价能力，利润单薄，无力创新升级产品线，难以打造自主品牌，与产业发展趋势脱节，并且不可避免地面临中长期被淘汰的结果。

针对乡村企业的上述问题，解决策略有二：其一是强化乡村经济发展培训，包括产业经济发展培训、企业战略培训、企业管理培训、员工职业素质培训、专业技能培训等，产业智库负责顶层设计和制定体系、制定标准；其二是加强对企业的孵化培育，帮助企业整合各方资源，从而更好地打开思维、打开市场，提升附加价值，能有效完成这一使命的就是平台；也就是"智库＋平台"赋能乡村企业可持续发展，并与乡村人才建设、乡村创新相衔接，与乡村产业集群打造相呼应。

第五节　乡村创新业态与环境治理

乡村产业振兴需要关注新兴产业或业态的出现和发展，合理利用好新兴业态从萌生到爆发的契机，能够有力加速乡村产业的发展，并有可能成为乡村产业结构中的重要亮点！例如电商小镇、盲盒经济、网红直播等，部分乡村抓住了这些曾经的新兴产业（商业模式）从萌芽到暴涨的契机，带动了乡村产业快速发展、优化了乡村产业结构。

任何新兴业态都不是凭空出现的，而是基于现有产业的延伸、创新或者是对现有产业的赋能。所以关注新兴业态对乡村产业的发展创新具有重大作用，但是又不可以盲目，因为并非任何新兴业态都适应乡村经济，新兴业态需要基于一定的社会环境、经济环境和产业环境，如果不具备与之对应的条件，则新兴产业的发展就是空中楼阁。例如大数据产业，其实就很难随意落地，因为其需要高度繁荣的产学研环境、高度发展的生活性服务业和生产性服务业，不是仅就大数据产业而发展大数据产业，而是一个完整的产学研群落、生态系统，而大数据产业只是这个群落生态中的一员。虽然大数据产业是一个未来发展趋势极好的新兴产业，但通常只适合处于区域产业经济发展枢纽的城市。

乡村发展新兴产业，需要从产业链串联和行业趋势两个维度精准定位。

首先是产业链串联。乡村发展新兴产业尤其要注重产业链的有效串联，只有符合产业链串联的新兴产业才值得关注。产业链有效串联具体包括三个部分：第一是新兴产业与乡村原有产业间要具有配套或相互赋能关系；第二是乡村资源禀赋和产业基础足以支撑新兴产业在乡村的短期生存和中长期发展；第三是新兴产业能够与乡村原有的产业结构构成闭环。

其次是行业趋势。在符合产业链串联的基础上，精准研判新兴产业发展趋势，才能有效发展乡村新兴产业。第一，要从行业发展趋势预测分析目标新兴产业在当前阶段是概念炒作还是确有价值，虽然多数新兴产业是确有价值，但也不乏由市场催生的不符合经济、技术发展规律的所谓新兴产业，需要加以辨别。第二，要精准判断行业趋势所处阶段，不同阶段有着不同的策略，通常来说，在萌芽阶段的策略重点是抢先占位，在加速阶段的策略重点是运营能力，在暴涨阶段的策略重点是战略布局，而到了行业盘整阶段除非有强有力的创新抓手，否则不建议轻易介入。

乡村新兴产业于乡村产业经济而言，是创造增量，盘活存量，是乡村经济振兴的一大抓手，但一定要立足乡村发展实际，精准定位、科学规划，做到有思想、有系统、有路径、有抓手，才能真正利用新兴产业的爆发机遇，振兴乡村产业经济。

第六节　乡村经济发展的内循环和外循环格局

乡村经济发展的内循环是指乡村产业链具有内部"生产—消费"系统，

并且具备产业转型升级的内生动力；外循环是指乡村产业经济具备"引进来、走出去"的双向能力，"引进来"即是把资源从外部拿回来，然后内部消化吸收，创新升级内部产业链；"走出去"是指乡村内部产品外部畅销，并获得外部市场认可，树立起乡村产业品牌。乡村产业经济发展的三步曲是"产业链有效串联—乡村产业集群—乡村产业内循环和外循环平衡的乡村产业经济发展格局"。

从产业链有效串联到乡村产业集群打造，在这两个发展阶段乡村产业经济已经具备了内循环和外循环的内涵，不过这种内外循环是在市场的作用下自发形成的，存在循环通道并不高效，而且内外循环容易失衡且脆弱、抗风险能力低等问题。事实上，一个产业集群的优劣程度，很大程度上也是取决于内外循环的优质程度，当一个产业集群的内外循环流动高效，则产业集群呈现蓬勃发展的局面；反之，当内外循环阻塞不通或严重失衡时，该产业集群也会逐渐衰落。这也是为什么有的产业集群一段时间内极其兴旺，但过了一段时间之后，虽然底蕴深厚，方针百出，到仍旧难改逐渐衰败没落的趋势，其根本原因就是没有抓住产业集群内的"内外循环系统"本质（因为对内外循环没有明确的认识，而内外循环是随着国际国内政治经济环境、产业发展、技术环境等因素的变化而变化的，原本顺畅的内外循环系统由于时代变化、经济发展、技术进步、产业转型升级而阻塞甚至截断，而产业集群的运营者对此毫无所知，全然意识不到要重新理顺内外循环，所以自然任凭策略百出，最终也无济于事的结局）。

对于乡村产业发展而言，有意识强化和完善乡村产业经济的内循环和外循环系统，并持续优化内外循环，是保证乡村经济基业长青的根本战略。如何有意识地建立起牢靠高效的乡村产业内外循环？笔者提出以下内外循环战略：

以"高地—基地—腹地"三个支撑点建立乡村产业经济的外循环系统，高地建立在区域经济发展的枢纽城市中心，承担信息发布（包括产品发布、优势资源发布、招商引资等）、学习交流先进技术、先进模式、先进理念等，关注最新的新兴产业 / 业态、商业模式创新，积极为乡村发展引入产业、人才、技术创新等高端资源和绿色消费等。基地建立在区域经济发展的产业重镇，重点对接产业转移、技术成果转化等。腹地即乡村自身。通过"高地—基地—腹地"，打通发达城市和乡村之间的资源互通和流动通道，促使资源由高位向低位流动（例如发达城市的人才、技术、创新处于高位而乡村处于低位，则这些要素由发达城市向乡村流动；而乡村农特产品、生态环境等处于高位而城市处于低位，则这些要素的价值向城市蔓延），从而实现城市与乡村的再平衡，实现乡村振兴。

以"五入园""四给"建立起乡村产业经济发展的内循环。"四给"是创新创业孵化系统，具体包括给项目、给团队、给专家辅导和给启动资金，助力乡村特色的创新创业。"五入园"是产业园区软实力建设系统，包括"商会协会入园、专家智库入园、项目入园、人才入园和资本入园"。

乡村产业的内循环和外循环如何统一、如何具体落实执行，途径是打造"智库 + 平台"系统！

编者单位：广东省华商经济发展研究院
作者：蒋健才

第四章
精准预测未来发展趋势，
助力乡村产业经济高质量发展

第一节　把握政策导向紧扣未来趋势，破题现有县域经济枢纽和发展瓶颈

一、解决好乡村振兴的县域经济枢纽

2022 年 5 月，中共中央、国务院办公厅印发《关于推进以县城为载体的城镇化建设的意见》，文件精神指出："要因地制宜，强化以县域经济为主体的产业经济发展。"这一战略是进一步优化整合乡村资源，打造县级产业集群战略，作为一个县级大产业集群，在内部定位中，乡村是产业承载区，县城是"产业智库 + 产业平台"的定位，构成县域经济内循环系统。

文件中点名 1866 个县城，这些县城全部位于大城市周边，形成了明确的"高地—基地—腹地"发展机制，即以大城市为高地、县城为基地、乡村为腹地的县域经济发展产业链外循环。大城市是信息、市场、人才、技术等要素源地，乡村是生产、供应源地，要想完美串联大城市和乡村的产业供应和优势互补关系，在二者之间的县城定位就显得非常关键，需要成为市场、人才、信息、技术、产业、资源等要素相互有效转化和衔接发展的综合战略枢纽，所以在县域经济发展中，县城必须打造"产业智库 + 产业平台"系统，并进一步完善县域经济高质量发展路径。

2022 年 10 月，党的二十大报告指出：全面推进乡村振兴，坚持农业农

村优先发展，坚持城乡融合发展、畅通城乡要素流动。加快建设农业强国，扎实推进乡村产业、人才、文化、生态、组织振兴。"高地—基地—腹地"都发展机制正是"城乡融合发展，畅通城乡要素流动"的有力抓手，而乡村振兴的"智库＋平台"则正是"扎实推动乡村产业、人才、文化、组织振兴"的有力抓手。

二、紧扣未来趋势预测，打破乡村经济发展瓶颈

精准预测乡村经济未来发展趋势是制定乡村经济发展的基本依据。

谋划乡村经济发展，必须要对乡村经济的未来发展趋势、特征有精确的预见性，只有基于这一点，才是保障乡村经济发展把握乡村经济整体的发展趋势，首先，需创造增量，它包含两个层面：其一，本区域内适合什么行业？其二，本区域当前发展现状和未来发展预期适合上升周期多长的行业？或根据上升周期长短进行多个行业的合理配置，以满足乡村经济可持续发展的短、中、长期要求。

其次是必须有效盘活存量或优化存量。它包括两类情况，其一，该产业产能本身已经没有太大价值，但可转化形态，创造新的价值，这一类绝大多数与观光旅游、文化旅游相结合；其二，该产业只是处于行业发展趋势中的底部盘整期，未来会伴随新技术、新价值的出现而重新成长，进入新一轮上升期。无论是哪一类，乡村经济发展的策略是相通的，即通过超前的规划和布局从容引导增量与存量的未来发展趋势、状态相结合，帮助存量顺利、加速完成转型升级这一过程。

第二节　把握行业发展趋势，打造优质乡村产业园

乡村产业园发展深受行业发展波动影响，当行业发展趋势向上时，乡村产业园发展往往百事百顺，而当行业发展趋势向下或出现转折时，乡村产业园则会陷入多重困境。根据中国平衡预测分析法理论，行业发展趋势可分为

底部开始上扬、加速上扬、暴涨、最高点、开始向下、加速下跌、暴跌、底部盘整八个阶段。

在不同的行业发展阶段，乡村产业园发展状态、机遇与挑战各不相同。

第一个阶段是开始向上阶段，也就是种子破土萌芽阶段。在该阶段，所处行业已经有一种或若干种业态出现，但同一时期会有不同行业多种新兴业态涌出，这些新兴业态中，在开始向上的行业发展趋势中发展水平差异不大，很难分辨。该阶段对应行业的乡村产业园可能已经出现，但同样处在探索阶段，规模很小，或是同时容纳很多个新兴产业的综合园，专业化水平不高，数量、面积等都寥寥无几。

第二个阶段是加速上扬阶段。在该阶段中，表现出强劲的发展潜力和成长空间。同时该阶段市场需求快速上升，经常出现供不应求的局面，对应产业也以迅速扩充扩大产能、圈占瓜分市场为主要目标。该阶段乡村产业园保持一个相对较快的增长速度，早期布局的乡村产业园已经形成一定的品牌和资源优势，在竞争中处于优势地位，规模迅速扩张，基础设施配套加快完善。对于该阶段的乡村产业园来讲，其发展几乎是畅通无阻的，没有明显的危机和挑战。

第三个阶段是暴涨阶段，该阶段行业发展迅猛，大量从业者涌入，产能迅速扩张，并且在该阶段及该阶段之前，行业发展一般没有很完善的标准甚至没有标准，因此门槛低，虽然行业总体趋势是暴涨的，但行业鱼龙混杂、产能低端、竞争表浅化激烈化等同时存在。该阶段乡村产业园数量和规模同样呈现暴涨趋势，园区运营良好但开始出现招商难压力，乡村产业园之间竞争对立关系渐显。主要机遇在于规划布局园区软环境，发展园区内高端现代服务业，打造园区差异化核心竞争力。主要挑战该阶段乡村产业园同质化竞争态势也会爆发，如何留住企业、为乡村产业园内企业可持续发展赋能，创造附加价值，成为乡村产业园所要面临的主要挑战。

第四个阶段是最高点阶段。顾名思义，最高点就是行业野蛮生长所能达到或所被允许的天花板，行业调整势在必行，在这一阶段，行业标准初步建立，并且开始对行业中的乱象进行整顿，落后产能被淘汰换血，行业企业绝对数量停止增长并开始回落，行业整体开始由量变向质变转型。该阶段对应行业的乡村产业园绝对数量通常是过剩的，乡村产业园空置率上升，招商难问题初步显现；在该阶段，乡村产业园的主要机遇同样突出在"转型升级"四字上，在集群发展结构中增加"智库＋平台"已经很是迫切。在该阶段，乡村产业园的主要挑战是园区内现代服务业发展滞后，不能满足园区内企业可持续发展需要，园内产业链串联程度低、集群化发展水平低成为制约乡村产业园可持续发展的主要障碍，并且招商难进一步恶化，同质化竞争形势越趋严峻！

第五个阶段是开始向下阶段。该阶段是行业调整初见成效，行业标准初步形成。部分资本已经意识到行业已经进入下跌阶段，及时撤出。因行业野蛮生长而带来的社会性问题逐渐凸显，政策调控力度明显加强。行业内企业经营业绩出现普遍的持续下滑现象，很多按以往经验能够成交的订单、合作、投资出现各种问题。企业发展困难越来越大，少数企业想方设法为自己减负，包括但不限于裁员、搬迁新址等。乡村产业园空置率持续上升，招商引资难度持续增大。

第六个阶段是加速下跌阶段。该阶段行业标准基本完善，并且社会各界对行业的标准认识比较清晰，标准以下企业的运作模式再难获得政策支持或风险资本青睐，行业热度成为过去。行业中企业经营状况普遍不佳，部分企业开始退出所处行业，转向其他行业，而行业中投机逐利的概念型企业绝大多数撤出。该阶段乡村产业园发展状态同样每况愈下，本在暴涨阶段时就因为园区绝对数量众多而竞争激烈，到加速下跌阶段行业萎缩但园区竞争者减幅不大，导致园区企业流失加快，空置率明显上升，招商引资难度持续增大。该阶段园区的机遇来自两个方面，一方面是在过去的发展过程中积累总结的优势，是否代表了行业发展调整的内在要求？另一方面是园区发展结构是否代表了未来行业的发展趋势。在该阶段，如果园区未能体现机遇和优势的话，那么将要面临的就是危机了，转型升级、方向调整、战略调整迫在眉睫。

第七个阶段是暴跌阶段。新兴产业的总体发展趋势特征就是暴涨暴跌，并且暴涨往往对应暴跌，因为暴涨阶段很多其实只是泡沫经济，而暴跌就是泡沫的破灭，回归到正常的发展状态。在该阶段所能存留的企业往往代表了所处行业某一环节的核心优势，掌握了核心资源，成长性高，可持续发展能力强。同时该阶段行业迎来重大洗牌，行业龙头企业往往在这一阶段初露峥嵘。该阶段乡村产业园往往情况惨淡，居高不下的空置率、转型退出比比皆是，但同样存在少数情况良好的乡村产业园。该阶段，对于尚可持续经营的乡村产业园而言，主要挑战就是如何继续保持优势，并进一步适应国际国内经济发展环境的变化及行业发展趋势，强化园区内产业链串联，推动园区内生产性服务业和生活性服务业布局升级等。

第八个阶段是底部盘整阶段。行业转型升级进入深化期，新的更可持续发展的模式逐渐成形。处于该阶段的行业具有显著的市场需求但供给不足，来自国外的同行业竞争者往往在国内占有相当部分市场，例如培训行业就曾经历过这一阶段。该阶段乡村产业园发展状态呈现明显的两极分化状态，即优者经营良好，劣者几乎毫无生存空间。园区的主要机遇是行业发展即将进入下一个上升周期，迎来订单再爆发时期，并且能够在该阶段生存发展的乡村产业园均有自己的独到之处，都是未来所处行业乡村产业园标准的制定者等。该阶段乡村产业园的挑战主要来自强劲对手的竞争，在下一个上升周期来到之前，同区域内乡村产业园竞争激烈程度剧烈上升，因为各有特色，往往旗鼓相当，并且相互取长补短。

编者单位：广东省华商经济发展研究院
作者：蒋健才

第五章
乡村振兴需要科学施策和改革创新

党的二十大报告提出全面推进乡村振兴，坚持农业农村优先发展，坚持城乡融合发展，畅通城乡要素流动。加快建设农业强国，扎实推动乡村产业、人才、文化、生态、组织振兴。使乡村振兴朝着更加科学化、制度化、规划化、体系化、实战化方向发展。2021 年，乡村振兴取得重要进展，政策体系、制度体系、科学决策基本完成；2023 年，乡村振兴取得决定性进展，农业现代化基本实现；2050 年，乡村全面振兴，农业强、农村美、农民富全面实现。

乡村振兴是一个系统工程，按照"产业兴旺、生态宜居、乡风文明、治理有效、生活富裕"的总目标需要我们科学施策、改革创新、全面带动。

第一节　强化规划引领，坚持运用科学方式指导规划布局

乡村振兴必须涉及田地、山林和水资源等。如何利用自然资源，把乡村振兴做到既合理又合规，极大提高自然资源利用率和生产效率？就必须坚持做好乡村振兴规划！始终把坚持绿色生态优先、农田基本红线保护、农业高质量发展、特色农产业推动等放在核心规划中。强化规划引领，需要在农业空间规划、土地利用规划、农村产业规划方面做好文章。

一、统筹农业空间规划，做好乡村总体配置

农业统筹不能凭空说话，做到哪就算规划到哪，这样会出现规划和做法

不相符、现实不切实际的问题。需要通盘考虑生态空间，土地利用、产业发展和人居环境整治等，需要通盘科学引导，分步分类编制城镇、村庄国土空间规划，力求让农村整体发展有目标、有前瞻、有战略。充分吸取发达地区先进经验和有效做法，大胆探索激发未来活力的创新举措，让乡村振兴科学、合理地实施。

二、探索供地规划创新，搞活乡村用地建设

土地是乡村振兴核心产业必须要触及的最关键因素，国家在保障 18 万亿亩耕地红线的情况下，土地供需矛盾在实际用地方面就已经显现出来。如何在乡村振兴中充分利用土地发挥投入和产出最大公约数，为我们提出了新的思路。一是探索点状供地模式。点状供地基本做法是建多少，供多少，用多少土地指标，算多少容积率，即将项目用地区分为永久性建设用地和生态保留用地，其中永久性用地建多少供多少，剩余部分可只征不转，按租赁、划转、托管等方式供项目业主使用，项目容积率按垂直开发面积部分计，不按项目总用地面积计。这样做的好处是：首先减少了土地占用指标，解决了项目用地问题，还减轻了投资方的资金压力；其次是对未纳入建设用地开发部分作为生态用地，避免对生态林地占用，也是对生态环境的保护；最后是通过公开方式获取，避免了和村民产生纠纷的问题，确保了项目投资的可靠性。二是探索集体经营性建设用地。集体经营性建设用地是具有经营性质的农村建设用地，包括农村集体经济组织使用乡（镇）土地利用总体规划确定的建设用地，兴办企业或者与其他单位、个人以土地使用权入股、联营等形式共同举办企业、商业所使用的农村集体建设用地。根据《中共中央关于全面深化改革若干重大问题的决定》规定，建立城乡统一的建设用地市场，在符合规划和用途管制的前提下，允许农村集体经营性建设用地出让、租赁、入股，实现与国有土地同等入市、同权同价。搞活乡村振兴集体经营性用地，首先要有步骤地推进农村集体经营性建设用地入市，鼓励乡村重点产业和项目使用集体经营性建设用地。经国土空间规划确定为工业、商业等经营

性用途，并依法办理所有权登记的集体经营性建设用地，土地所有权人可以通过出让、出租等方式交由单位或者个人在一定年限内有偿使用。编制国土空间规划时，经村民同意，可以将依法收回的闲置宅基地、废弃的集体公益性建设用地以及其他转用后的农用地，调整为集体经营性建设用地。其次要探索灵活多样的用地方式。按照国家加快发展保障性租赁住房的有关要求，探索利用集体经营性建设用地建设保障性租赁住房。农村集体经济组织以外的单位和个人，可依法通过承包经营流转的方式，使用农民集体所有的农用地、集体经营性建设用地、未利用地，从事与乡村旅游相关的种植业、林业、畜牧业和渔业生产。三是探索全域土地综合整治增减挂钩。全域综合整治，目前来讲还属于一个试验试点阶段。全域综合整治就是把旱改水、土地整治、高标准农田、开垦、增减挂等项目综合成一个项目来实现乡村振兴。要解决用地的问题，我们就要通过全域综合整治，腾退一些利用率低、不用、废弃的建设用地，把它规划好用以乡村振兴、发展产业。要在国土空间规划的引领下，进行全域规划、整体设计。近年来我国先后有许多县（市）已经在逐步开展土地综合整治项目规划，重视项目与城乡建设用地增减挂钩，有效确保了重点项目用地。

三、坚持产业规划优先，促力乡村强劲发展

产业兴旺是乡村振兴的首要任务，农业产业现代化则是产业兴旺的核心。农业产业作为实现乡村振兴的突破口，加快推进农业产业现代化，将有利于促进农业产业化转型，有利于吸引人才返乡就业创业。实施乡村振兴战略，农业产业优先发展，要求在乡村产业规划上优先突破！为什么要优先规划？一是帮助我们弄清楚产业发展的宏观性、战略性、指导性内涵，对大力发展乡村经济、带领农民致富、发展最强优势农业具有指导意义；二是对区域农业产业发展，包括重点发展领域、发展程度、资源配置、支撑条件等进行统筹安排，并提出比较全面长远的发展构想；三是充分考虑产业发展环保观、系统观、动态观、科学发展观的编制理念，把绿色农业、循环农业、主

题农业、观光农业、种养农业、立体农业、集约农业和可持续发展融入农业产业编制中，充分发挥农业生产现代化、科技化、理论化、农业生产化优势。

第二节　强调制度优化，坚持运用金融供给实现产融结合

农村基本经营制度是我国经过多年实践摸索处出来的重要制度安排，是实施乡村振兴战略的制度基础。《中共中央　国务院关于保持土地承包关系稳定并长久不变的意见》的发布，为进一步做好新时期"三农"、深入推进乡村振兴战略夯实了制度基础。

乡村的发展需要构建完整的基本土地制度，夯实和完善农村基本经营制度。家庭联产承包责任制是我国改革开放的伟大变革，乡村振兴继续实行以家庭经营为基础的经营制度是新时代农村制度建设的承接与发扬，具有鲜明的时代特色。近期《中共中央　国务院关于保持土地承包关系稳定并长久不变的意见》指出，"农村实行以家庭承包经营为基础、统分结合的双层经营体制，是改革开放的重大成果，是农村基本经营制度"。这个基本制度使亿万农民的积极性得到充分调动，使广大农村焕发了勃勃生机。今天实施乡村振兴战略，以家庭经营为基础的经营制度仍然是关键所在：一、维持土地承包关系并长久不变，是保持新时代农民和土地和谐关系、激发农村发展的内生动力、完善乡村振兴的政策制定、充分发挥土地效能和人的积极性的基石；二、提升农业生产力、增加农民对土地收入信心、改善农民生活基本途径，是建设新农村、改善农村面貌的重要推手和保障。

党的十九届五中全会专门就新时代推进农村土地制度改革、做好农村承包地管理工作提出了"十四五"及今后一个时期做好农村工作特别是进一步完善农村基本经营制度作出了指示，为促进乡村全面振兴、依法维护农民权益、不断巩固和完善农村基本经营制度方面，提供了根本遵循。

我国推进农村一系列改革的最大初心就是为了更好地维护和发展好农民的权益，农村改革一系列重大突破的取得，也是广大农民群众积极参与和创造的结果。在农村利益格局不断调整变化的过程中，在涉及农民重大利益的改革中，必须切实尊重农民的意愿，坚持依法保护好农民的合法权益，无论怎么改都不能把农民利益损害了。

一、构建与完善土地制度的举措

稳定农村现有承包关系，坚持农村土地农民集体所有，依法维护和发展好农民的权益。守牢土地制度改革底线，稳定现有的承包格局，把握家庭承包经营与适度规模经营关系，坚持家庭承包经营基础性地位，确保绝大多数农户原有承包地保持稳定。在涉及农民重大利益的改革中，必须切实尊重农民的意愿。农民的权益必须得到维护和发展，使农民的参与感、获得感得到极大提高，农民的积极性、创造性得到充分释放。

激发农村各要素活力，坚持丰富农村土地"三权分置"的有效实现，促进农村土地资源优化配置。在坚持农村土地集体所有的前提下，促使承包权和经营权分离，形成所有权、承包权、经营权"三权分置"流转的格局。维护进城务工、落户农民的土地承包经营权、宅基地使用权、集体收益分配权，依法规范权益转让；在家庭承包经营基础上，创新多种形式适度规模经营，积极培育新型农业经营主体。要不断推进小农户与现代农业有机衔接，打破"小"的局限，以更加开阔的视野、更加灵活的方式融入市场。

完善土地承包经营权确权登记制度。土地是农业最基本的资料，也是农民的命根子，一经确权，农民就是土地承包经营权的物权权利人，有利于依法保障农民土地承包权益。

允许承包方以承包土地的经营权入股和发展农业产业化经营，探索承包土地的经营权融资担保；健全工商资本租赁农地的监管和风险防范制度，加强用途管制，严守耕地红线。

二、完善乡村金融体系，构建基本经营制度

（一）制约乡村金融发展的因素

改革开放 40 多年，我国经济发展取得了举世瞩目的成就，但也存在一些因素制约乡村经济的发展，比如城乡经济社会发展不平衡、农民增收难度加大、农村生产投入不足，特别是当前农村金融无法满足新农村建设对农村金融服务业的需求。具体表现在以下几个方面：一是信息不对称，农村信用体系没有建立，金融机构不信任农户还贷能力和资信能力，不能落实贷款功能；二是交易成本高拖累农村金融效率，不能较好发挥支持农业的作用；三是农村金融机构功能定位不准确，未能发挥银信政策性功能；四是"二元经济"结构导致农村金融市场割裂，农村资金大量流入城市，包括为农村商业银行或农村信用社这样的专业银行，把大量贷款投入到了城市；五是受自然气候影响大、农业保险体系落后、农业抗风险能力差、还贷能力差等原因，经营风险大。

构建积极的乡村振兴农村金融服务体系，维护农村基本经营制度长久运行。为了改善农村金融服务体系存在的不足，引导农村金融走出困境，应该作出促进乡村金融发展的对策措施。

（二）促进乡村金融发展的举措

1. 对现行农村金融服务体系进行完善

功能定位不准确以及机构设置缺乏等都是现行农村金融机构存在的问题，所以现阶段要促进构建以政策性金融和合作性金融为主、商业性金融为辅的金融体系。首先，要完善政策性金融。农业的弱质性以及农村金融市场的不完全竞争性导致市场在配置农村金融资源的过程中存在"市场失灵"。政策性金融政策能够发挥市场配置资源的功能，通过政策倾斜以及政策优惠等完善农村金融市场。其次，完善合作性金融。我国农村金融体系缺乏以农户、农企、农村为主体的合作金融，合作金融扎根农村，更易于满足农村金融的需要。因此政府要深化农村信用社改革，加强信用社对"三农"的信贷

扶持，放宽农村金融市场准入，激活民间资本，进入农村金融合作阶段。最后，要完善商业性金融。国家应通过政策引导，促进商业银行加大对"三农"的支持力度，重点引导商业银行扶持农村大中型龙头企业、农业基础设施建设、农业流通体系建设等方面，促进农村发展。

2. 财税扶持农村金融机制建立

农业受自然风险和市场风险的双重影响，农业生产吸引资金能力差，农村金融机构要实现服务"三农"和经营盈利的双重目标，单靠自身力量难以完成，必须依靠政府的政策支持，农村金融建设离不开政府的财政投入和政策支持。我国金融机构首先应健全合理的财税政策，同时在政府政策的引导下建立农村金融机制，确保财政补贴的持续性和有效性。在这种情况下，首先，政府应加大对农村各类金融机构的财政补贴预算，同时建立有效的监督管理机制，保证财政补贴的专款专用，达到财政真正促进农村金融发展、补贴为民所用的目的。其次，金融机构应根据自身农村地区的实际情况和自身需求，制定符合当地所需的优惠政策，鼓励农村机构降低针对农业贷款的要求，促进农村金融发展。还应为偏远地区和贫困地区的农村金融机构的建立和发展提供财政资金。最后，当地政府应因有效地因地制宜，吸引城市投资，促进农村新发展。

3. 农业保险体系的建立与健全

由于农业生产受到自然风险的影响比较大，所以必须要促进现代农业保险体系的建立与健全。一套完整的农业保障体系能够促进农业的发展以及保障农户收入的稳定增长，还能有效弥补农村金融机构风险防范存在的不足。因此我国要建立多元化的风险保障，全面专业的农业保障体系。在健全现有的农村风险保障体系的基础上，提高农村金融服务质量，改进农村生产结构，保障农民持续增收，不断促进新型合作组织的成长。政府还应该根据各地自身需求，针对性地增加各地所需的农业保险品种，增强农村保险体系的服务水平，提高农民和农企生产过经营过程中的风险意识，发挥农业保险在农村金融中的保险、保障作用。另外，还应该加快建立农村保险事业的发展，建立多渠道、多元化的农村风险保障体系，通过政策性的农村保险与商业性保险体系的结合，增加农村保险的品种种类，提升农村金融的风险覆盖率。

第三节　创新驱动增长，坚持运用绿色思维做强农业产业

农业的发展离不开农业产业的打造，特别是农业产业的创新驱动。构建农业全新产业创建思维和农业产业链配套协同不仅可以促进农业产业化升级，还会提升农业对其他产业和农业收入的辐射带动效应，尤其是以创新驱动的龙头企业为核心的农业产业经营模式和经营方式，对进一步形成企业价值链和盈利模式，拓展农民创业就业空间以及食品质量安全具有重要意义。

乡村振兴将促进我国农业实现产业升级与农产品向高质量发展转型，农业产业的协调发展和结构的提升将成为这一时期的主要表征，在产业升级发展的背后，创新驱动、方式转变、做特做强产业无疑是支撑产业升级与经济高质量发展的极为重要的一个要素。

科技创新是促进农村产业兴旺的有力途径，是推动乡村振兴发展的重要方略。目前我国农业科技创新存在的问题：一是农业科技成果转化率较低，科研成果与农业需求的脱节，造成了我国农业科技创新的滞后；二是农业科技创新投入严重不足，农业科技创新人才匮乏；三是农业科技创新高层次人才总量不足，流失严重，农业科技体制不完善，农业科技体制宏观管理条块分割、组织布局分散、研发层次重叠、管理效率低下、学科设置陈旧、专业单一。这些都是制约农业发展的最需要解决的问题。

国家"十四五"提出了供给侧结构性改革，要求从源头上保障国家粮食安全。农业是基础，农业兴旺与否，直接关系到社会的和谐稳定。减租税、劝农桑，开创文景之治；行度田、抑豪强，成就光武中兴；修水利、兴屯田，筑牢开元盛世。而今推进农业农村现代化，科技创新是动力。实施创新驱动战略，构建现代农业产业体系，推进绿色产品技术创新、数字管理技术创

新、种养服务技术创新、供销渠道技术创新等，加快培育具有自主知识产权的产品，在提高土地生产率、农业投入效率和农业综合生产能力的同时，促进农业节本增效。推进机械化、信息化、智能化技术创新，大幅度提高农业劳动生产率，开展多种形式的适度规模经营，提升农业市场竞争力。推进绿色技术创新，强化资源保护与节约利用，推行农业清洁生产，促进农业绿色发展、可持续发展。

科技创新是实施乡村振兴的优先战略，将成为助推农业农村现代化的根本动力。

一、培育科技创新主体，提升科技创新供给能力

科技创新的一个重要环节是研发，创新的主体是企业，科研必须通过企业的参与才能实现技术创新对经济增长的促进作用，也是通过企业创造效益来实现的，企业是技术创新活动的主要承担者。科技创新供给能力最终依赖企业科研成果转化能力和人的能动性得以充分发挥，包括对市场的培育、激发人才创造力、构建科技创新体系、完善创新体制机制等。一要围绕农业农村科技需求，优化科技创新布局，培育科技创新主体；二要以市场为导向，企业、高校、科研院所协同创新，服务乡村振兴的产学研合作机制，建立产学研融合的农业农村科技创新联盟；三要加大科技投入，组织农业科研攻关，推进科技资源合理配置，加强创新平台建设；四要完善适应农业农村科技创新规律的保障制度，改革科技管理方式，激发创新动能，营造良好的农业农村科技创新生态，着力加强科技创新供给。

二、加大科技与产业深度融合，促进农业服务方式转变

农业科技创新引导农业向绿色、优质、特色和品牌化发展，形成优质高效、充满活力的现代农业产业体系，促进科技与产业深度融合，有效促进农业发展方式重大转变。一是瞄准农业科技变革趋势，使科技与种业融合、科技与农业生产融合、科技与产业服务融合、科技与生态融合；二是要研究农

业与科技融合相关利用主体的合作模式，实现农业与科技深度合作机制，实现利益共享；三是实现农业与农业人才融合发展，做好资源要素配置，吸引聚集国内外优秀农业人才、团队等资源为农业服务；四是要把产业高新区转变为建设一批农业高新技术产业示范区和农业科技园区，孵化培育一批农业高新技术企业，形成一批带动性强、特色鲜明的农业高新技术产业集群；五是要大力培育"一县一业"和"一村一品"，促进农业转型升级；六是要构建地方政府、高等院校、科研院所、产业企业的深度融合协同平台。

三、加速农业科技成果转化，增强农业技术支持力度

科技创新成果转化率是衡量农业科技创新成果的重要指标。促进农业科技创新成果真正转化为农业生产力，既需要公共服务平台，也需要专业化机构。为此，一是健全完备科技成果转化生态系统，促进更多科技成果产出，让科技成果资本化、产业化。二是培育发展新型农业经营和服务主体，尤其是农业科技社会化服务型龙头企业主体，构建龙头企业牵头、高校院所支撑，让这些企业在农业农村领域发挥技术服务功能，增强企业投入农业所带来的利益获得感、幸福感。三是集成应用农业大数据分析等先进技术，打造"互联网＋转化技术成果项目合作＋技术转移转化"的信息服务平台，依托互联网推动科技成果转化推广。四是加快推进校地合作示范基地建设，强化政产学研用协同创新成果转化机制。五是引导社会科技力量大力参与农业技术咨询、技术中介和技术服务机构，通过技术咨询服务引导先进技术成果的转化应用。六是扩大科技成果转化资金融资和扶持，加大对科技成果转化支持力度和政策倾斜。

四、强化农业科技人才支撑，促使科技人才向农业聚集

乡村振兴，人才是关键。当前要着力解决农业科技人才队伍薄弱的问题，在合理配置岗位、保障人才供给上，促使科技人才向农业聚集：一要加强农业科技人才队伍建设，充分发挥科研院所和高校培育人才的作用，加大

农业农村科技人才培养、引进力度，尤其是科技领军人才和科研创新团队。要积极探索建立学历教育、技能培训、实践锻炼相结合的新型职业农民培训和人力资源开发机制，创新人才培养模式，为乡村振兴提供专业化人才保障。二要着力培养农业实用性人才，主要包括农村带头人和生产性、经营性、技能性服务型人才。三要落实科技特派员制度到"三区"开展创新服务业态，吸引各类优秀技术、管理、经营人才加入科技特派员队伍，形成科技特派员服务基层的长效机制。四要加强乡村实用科技人才培养，建立新型职业农民培训机构，调动农民参加培训的积极性。五要加强农村科普教育，营造良好的农业农村科技创新生态，形成创新要素向农业农村集聚的新局面。

五、聚焦县域经济高质量发展，因地制宜推进二三产业

随着城市化经济的快速发展，县域经济尤其是农村经济则相对滞后，科技创新基础比较薄弱，创新资源配置较少。打好脱贫攻坚战，壮大县域经济，亟须提升县域科技创新驱动发展能力。对此，在新形势下要聚焦什么样的发展，给我们提出了新的要求：一是要以新发展理论为引领，坚持创新、协调、绿色、开放、共享的新发展理念，切合县情，顺应时代，在理论和实践实现新的突破。二是以项目建设为抓手，追求农业高质量发展目标，探索高质量发展的根本方法和实践路径。三是要营造良好的科技创新氛围，加大县域农业科技创新激励政策和落实力度，强化科技与县域经济社会发展有效对接，聚焦县域产业发展需求，加大产业关键共性技术和创新产品推广应用。四是要围绕县域产业发展，尤其是二三产业发展，积极发挥企业和领头人的带动作用，推动高端承接、升级承接，通过与高校、科研院所合作，促进科技成果向县域流动、转化。五是要以农业科技园区、农民专业合作社等为载体，引导大学生、返乡农民工参与农村科技创业。六是要加快构建科技成果推广运用网络，使科技更多惠及广大乡村，打造各具特色的县域创新驱动发展示范引领高地，探索依靠创新驱动县域经济社会协调发

展的新路径。

创新驱动的特征是高质量发展，创新的思维是高质量发展目标下把科技作为农业第一动力，在行为与方式上转变做特做强产业的想法；协调成为内生特点、绿色成为普遍形态、开发成为必由之路、共享成为根本目的高质量发展。

第四节　重视传统文化，坚持运用文化能量实现文化最大价值

根据联合国粮农组织的定义，全球重要农业文化遗产是指农村与其所处环境长期协同进化和动态适应下所形成的独特的土地利用系统和农业景观，这种系统与景观具有丰富的生物多样性，而且可以满足当地社会经济与文化发展的需要，有利于促进区域可持续发展。2002 年，联合国粮农组织、联合国开发计划署、全球环境基金等国际组织联合启动"全球重要农业文化遗产"（GIAHS）行动，在世界范围内掀起了一股农业文化遗产保护与申报的热潮。2012 年，我国农业部正式启动了中国重要农业文化遗产发掘工作，使中国成为世界上第一个开展国家级农业文化遗产评选与保护的国家。

农业文化遗产是祖先留给我们的珍贵财富，其丰富的内涵与外延、独特的禀赋和价值等与我国当下的实施乡村振兴战略紧密契合。发掘农业文化遗产价值，不仅可以打造生态宜居的乡村环境，而且能发展休闲旅游、提升农产品附加值，以"产业兴旺"带动"农民富裕"，以传统文化营造文明乡风，从而真正践行和推进乡村振兴战略。重视农业文化遗产，它的重要性体现在以下几个方面。

第一，农业文化遗产有助于打造生态宜居的乡村环境。通过对农业文化遗产的发掘，促进自然生态、社会生态、传统文化、涉农产业的和谐发展，对于实践"看得见山、望得见水、记得住乡愁"的乡村生态环境具有重要的

现实价值。

第二，农业文化遗产有助于以产业兴旺带动农民增收致富。国内外农业文化遗产保护和开发利用的经验和案例表明，农业文化遗产在带动当地产业兴旺和农民增收方面效果十分显著。遗产地的农业生产方式保证了当地产出的农产品是生态、绿色、无污染的有机食品。

第三，农业文化遗产有助于营造和谐自信的文明乡风。我国自古以农立国，追求耕读传家、诗书济世，因此可以说乡风文明的营造是一个极其重要的树人工程。有意识地挖掘和弘扬悠久淳厚的传统农业文化，对乡风文明的塑造无疑是有重大意义的。许多农业文化遗产不仅是当地农民的衣食来源，还是当地先民战天斗地精神的具体见证，是对先民们不畏劳苦、变害为利精神的传承。这些传统文化的挖掘与弘扬，对乡风文明的塑造和民众文化自信的培育极为有效。

2018 年中央"一号文件"明确指出，切实保护好优秀农耕文化遗产，推动优秀农耕文化遗产合理、适度利用。这充分反映了党和政府对中华农业文明悠久历史与现实价值的高度重视。在"乡村振兴"成为国家战略的大背景下，充分重视与发掘农业文化遗产的价值，不仅可以顺应联合国粮农组织在全球掀起的农业文化遗产热，而且可以以此为抓手，带动遗产地的环境改善与农民增收致富，继而以点带面，提高向周边区域乃至全国的辐射影响力，推进乡村振兴战略务实、高效、稳步前进。

怎样做好农业文化遗产？我们的任务是：一是保护；二是研究；三是发展。

在了解农业文化遗产的过程中，秉承大农业文化遗产概念，挖掘小农业文化遗产特色，不仅有利于我们认识农业文化遗产内部间的文化联系，而且更容易通过综合保护，使农业社会传统农业文化素质得到整体提升。对育种、耕种、灌溉、排涝、病虫害防治、收割储藏等农业生产经验的保护是我们保护工作的重中之重。作为传统农业生产经验实质，它所强调的是天人合一和可持续发展。对传统农业生产工具实施全面保护代表着一个时代或是一个地域的农业科技化发展水平。传统农耕技术所使用的基本动力来自自然，几乎可以做到无本经营。它在满足农村加工业、灌溉业所需能量的同时，也有效地避免了工业文明所带来的各种污染和巨大的能源消耗。我们没有理由随意消灭它，也不应该简单地以一种文明取代另一种文明。

以设立农业文化遗产保护区为抓手，对传统农业文化遗产实施整体性保护。保护农业文化遗产，既要有步骤开展全国农业文化遗产专项摸底普查工作，加大投入力度，使相关保护区列为"中国重要农业文化遗产"保护项目以及"全球重要农业文化遗产"保护项目，又要将和传统农业生产休戚与共的田地、水系、山林等自然环境以及构成农耕文化区有机整体的房屋、道路、交通等人文设施与景观列为保护对象，更要将农业耕作技术、生产经验、劳动工具、精神信仰和特有农作物品种与生物资源，以及因农业生产而形成的风俗习惯、道德价值观念等活态文化纳入保护规划，强调农业文化遗产的整体性、动态性、适应性保护与管理。

以农业文化遗产保护为核心，建立农业文化遗产保护的有效模式和制度体系。为确保农业文化遗产保护工作，形成长效严格的保护机制，国家应出台切实可行的一揽子农业文化遗产保护管理办法。管理制度应突出"保护为重、活态传承、平衡利益、发展民生"理念，明确农业文化遗产保护区的范围和标准；建立以农业文化保护、耕种技术保护、农业景观保护、人文生态保护、生物多样性保护和社会经济发展为评判标准的指标体系。

充分利用农业文化遗产的资源优势，有效地纳入乡村振兴之中，保护与利用并重并用，充分发挥其效益。在具体实施中，必须以农业文化遗产有效保护为前提，以遗产地农户为主要参与主体，以提高当地农户的经济收入与生活质量为目标，将"发挥优势，扬长避短"作为文化资源转化的基本原则，以农业生产和乡村旅游为中心，依据产业间关联性，通过一系列产业措施和运作机制，使遗产地的经济发展潜力得到释放、生存环境得到优化、人民生活水平不断提高，从而真正将优质资源转化为文化红利。

第五节　推动有效治理，坚持发挥党建功能在乡风文明建设中的巨大作用

实现中华民族伟大复兴，全面建设社会主义现代化国家，最艰巨最繁重的任务依然在农村，最广泛最深厚的基础依然在农村。乡村治理的主体是农民，村民既是参与者，也是推动者、践行者、管理者。强调党对"三农"工作的全面领导，强调党的农村基层组织建设和乡村治理，在党的十九大报告中就将"治理有效"列为乡村振兴的目标之一。推动乡村法治、健全乡村自治、弘扬乡村德治，是实现乡村治理有效的三大核心，是党治理有效的重点与关键任务。

乡村振兴，有效是基础。2022 年中央"一号文件"依旧强调要"加强党的农村基层组织建设和乡村治理"。首先，建立乡村社会治理体系中一个重要环节，是发挥农村基层党组织的领导核心作用。不断增强各级党组织的政治功能和组织能力，需要建立健全党委领导、政府负责、民主协商、社会协调、公众参与、法治保障、科技支撑的现代乡村社会治理体制和自治、法治、德治相结合的乡村治理体系。因为基层党组织承担着把党的政策和意志落实到乡村基层的重要职能，基层党建引领乡村振兴战略是党的建设的时代命题，乡村治理现代化离不开基层党建引领。其次，建设一支好队伍带领群众共同进行乡村治理，需要一个好的领头人。有序开展乡村、社区集中换届，选优配强乡村领导班子、村"两委"成员特别是村党组织书记，必须坚持德才兼备、以德为先的用人标准，本着精干、高效的原则，选举出热心为村民办实事、懂经济、会管理、有创新精神。能带头致富并带领群众共同致富的农村"两委"班子。在有条件的地方积极推行村党组织书记通过法定程序担任，因地制宜、不搞"一刀切"。基层党组织要有正确的功能定位，发挥党组织在乡村振兴中"领头羊"的作用。最后，要强调创新治理策略，夯实党建引领乡村振兴的组织和技术基础，强化乡村振兴的组织力量；要实施人才培养计划，解决基层党组织人才短缺及"后继无人"的结构性难题，提

高乡村振兴的队伍保障和人才支撑。

一、乡村自治

乡村自治是健全乡村治理体系的重要基础。推动基础民主，实现阳光村务，把服务和管理做到基层，持续开展以自然村为单位的村民自治工作，充分发挥村民代表大会、村民小组的作用，选拔出既优秀又服众的人才参与乡村振兴建设；要规制村民自治，优化村级治理环境；要厘清党委和村民自治委员会之间的关系，推动形成权责明确的村级制度环境；要引导村民自治健康发展，推动形成积极有序的自治环境。

二、乡村法治

乡村法治是健全和完善乡村治理体系的重要保证。充分发挥法律法规、村规民约和农村集体经济组织、农民专业合作社章程等规范指导作用，让依法治理成为乡村干部的习惯和自觉，依法治理保障乡村治理。坚持以法治保障治理，要加快完善农业农村立法，避免公共权力运行"失范"和村民维权行为"失序"的事件发生；创建民主法治示范村，要以法治思维确保公共权力运行规范化，以法治方式促进村民维权的有序化；培育农村学法用法示范户，要深化乡村法治宣传教育，提高村民普法率，教育引导人民群众知法、用法、守法。

三、乡村德治

乡村德治是健全乡村治理体系的重要支撑。在乡村治理现代化进程中，如果说自治为其提供了基础、法治为其提供了保障的话，那么德治为乡村治理现代化提供了必不可少的重要支撑。因为德治不仅与自治和法治协调发力，而且德治蕴含在自治与法治之中。特别是社会公德、职业公德、家庭美德和个人品德融入村民自治的整个过程。注重道德引领、情感认同，发挥乡村文化的治理作用，形成多元文化融合共生的德治结构，即核心价值观引领农耕文化、宗教文化、乡贤文化等共荣，把保护传承和开发利用结合起来，赋予中华农耕文明新的时代内涵。因此，自治、法治、德治是有机结合的整体。

　　总的来说，乡村治理的核心是人的治理，必须最大限度地调动群众参与乡村治理的积极性、主动性、创造性，提升乡村"三治"能力，激发乡村治理活力。村"两委"、村民和民间社会组织要形成以基层党组织为核心的多方参与的治理主体结构，构建高质量的多元化主体治理格局，进一步促进全面实现乡村振兴。

　　编者单位：中新房数字产业服务（深圳）有限公司
　　作者：陈经文、陈建

第六章
创新乡村人才培养引进使用机制建设

第一节　加强乡村人才队伍建设和环境优化

习近平总书记强调，实施乡村振兴战略，要推动乡村人才振兴，把人力资本开发放在首要位置，激励各类人才在农村广阔天地大施所能、大展才华、大显身手，打造一支强大的乡村振兴人才队伍，在乡村形成人才、土地、资金、产业汇聚的良性循环。目前乡村经济社会发展中最明显的短板仍然在"三农"，"三农"的短板在人才。要把乡村振兴这篇大文章做好，人才振兴是基础。如何激发现有乡村人才活力，把更多人才引向乡村创新创业，成为推进"乡村振兴"战略、建设富饶美丽幸福新农村的重要任务。

实施乡村振兴战略，首先是乡村人才的振兴。因为人才振兴是乡村振兴的支撑，如果没有人才的振兴，乡村就振兴不起来。有了人才，乡村的产业发展、文化建设、生态建设、组织建设等才能有序展开，乡村的各项工作才能有效推进，乡村全面振兴的目标才能实现。2018 年中央"一号文件"的出台为乡村振兴战略勾勒出清晰的路线图，但是再美好的图景也要有人绘就，再完备的路线也要有人实践，任何发展都离不开人这个主体，乡村发展亦是如此。习近平总书记特别强调人才的振兴，将人才振兴放在了"五个振兴"即产业振兴、人才振兴、文化振兴、生态振兴和组织振兴的第二位，说明了人才在乡村振兴中的地位和作用。因此，积极推动乡村人才振兴，大力培养适应新时代、新战略、新要求的乡村各类人才成为当前的主要任务。

一、加强乡村多层次人才队伍建设

随着经济社会的不断发展，城市凭借优质资源集中的优势和相对较高的收入，吸引了大量的农村青壮年劳动力和素质较高的农村人口进城，造成了农村"空巢化"和农村人才的大量流失，同时也造成了农村生产力的大幅下降。那么，要以什么来承载农村的发展，来推动乡村振兴呢？笔者认为在乡村振兴中需要一支真正懂农业、爱农村、爱农民的人才队伍，因此要重点抓好以下四类人才队伍的建设工作。

（一）农村基层党政人才队伍

农村基层党政人员包括各镇（街）、机关和事业单位的所有干部，这支队伍与农民最为接近，是懂农业、爱农村、爱农民的中坚力量，如果基层党政干部队伍不稳定，或者这支队伍的作用发挥得不好，乡村振兴就无从谈起。但是，由于农村物质文化相对滞后、发展空间相对有限等原因，造成部分干部不愿到农村工作，即使到农村也待不惯、留不住，这种现象导致基层党政人才队伍不稳定，影响乡村政策的持续贯彻执行。

（二）村、社干部队伍

村、社组织是国家政权的基层组织，是落实国家政策的前沿阵地。村、社干部是党在农村各项方针政策的具体执行者，是带领农民推动乡村振兴的重要力量。村、社干部由于每天与农民、农业、农产品、土地打交道，他们往往主导着农村的生机和活力，影响着农民的风貌和发展氛围，他们对农村最为了解，对农村的发展最有发言权，是乡村振兴的骨干力量。

（三）农技推广人才队伍

农技推广人员包括各级农委系统里面的农业专家及工作人员、镇（街）农业服务中心农技推广人员以及一些农业企业中的专家、技术人员。农技推广人员作为农业技术推广工作的载体，是改变农民生产行为的促进者，是农业技术的传播者，农业技术推广得越好，农业取得的效益就越明显，农业科技对农业、农村、农民和农村经济发展发挥的作用就越大。农技推广人员对促进当地农业技术水平的提高和发展当地农村经济具有举足轻重的作用，是乡村振兴的重要力量。目前，这支队伍存在待遇低、工作量大、晋升空间有限和青黄不接的情况，是这支队伍发挥作用的最大障碍，也是在以后的工作中要重点解决的问题。

（四）新型职业农民队伍

新型职业农民是指具有科学文化素质、掌握现代农业生产技能、具备一定经营管理能力，以农业生产、经营或服务作为主要职业，以农业收入作为主要生活来源，居住在农村或集镇的农业从业人员。新型职业农民是乡村人才振兴的主力军，是习近平总书记强调要重点培养的人才。那么，新型职业农民主要来自哪里呢？主要来源于新型农业经营主体、农业企业、专业合作社和农业大户等。从哪里来呢？一方面来自到乡村创业的城市人，这一类也是新型职业农民，他们的身份是农民，他们的户籍是城市人；另一方面是从城市返乡的农民，返乡的青年农民，外出打工之后有了一定的经验和资金，然后回乡创业。由于新型职业农民真正热爱农村，对农村充满感情，真心希望能在农村干出一番事业，因此，干事创业比较积极认真，是乡村振兴建设中不可或缺的人才力量。

二、优化乡村人才发展环境

（一）多形式发掘乡村新型人才

一是进一步加强对农村基层党政人才和村社干部的培养，完善农村基层党政人才和村社干部留用机制。一方面，要充分发挥镇村两级党委的作用，带好人才；另一方面，市委和区委对基层干部要给予更多的关心和帮助，让基层干部有盼头、有干头。例如，目前施行的在村、社干部中招录公务员和事业单位工作人员的政策，给村、社干部带来了希望，但是目前力度仍不够，应继续加大力度、扩大范围，真正让村、社干部有盼头、有想头、有奔头。

二是解决农技推广人员不足的问题。一方面，要定向培养，通过与高校联合、与学生签订合同的形式，培养农技专业的大学生；另一方面，从农业能手中选出一部分农业带头人，充分发挥他们的示范引领作用。

三是针对新型职业农民的培训或者培育。一方面，分类施策，就是针对不同的类型采用不同的政策。新型职业农民可分为生产性职业农民，如种粮大户、种养殖能手、农村专业合作社的骨干等；服务型职业农民，包括生产型服务业和生活型服务业，如拖拉机手；经营型职业农民，也就是主要从事农产品买卖的农民，这一部分农民是比较急需的人才，特别是农村电商。另一方面，缺什么补什么。比如，缺技术补技术，缺理念补理念，缺技能补技能，可以在乡村开展乡村振兴讲习所，培训职业农民。

（二）完善人才发展规章制度

强化乡村人才振兴，需要制定完善的规章制度，保障人尽其才、才尽其用。研究制定"引进来，留得住"乡村基层人才实施办法，以发展乡村、美丽乡村、富裕乡村为出发点，引进、回流一批有思想、有眼界、有技术、有能力及有一定资本的城市人或外出务工致富能人回乡创业；建立专业人才、科技人才参与乡村振兴机制和区、镇（街）专业人才统筹使用制度，营造良好的工作环境；放开限制人才回流的制度限制，如户籍制度的限制，增加吸引力，形成比城市更优越的制度安排，保证人才的稳定性。

（三）健全吸引人才创业机制

加强乡村人才队伍建设，必须健全使用激励机制。近些年，虽然国家在"三农"发展方面推出了一系列强有力的强农惠农富农政策，农民的生活水平得到了显著提高，农业收入显著提升，乡村发展活力不断展现，发展机会也日益增多。但是从整体看，乡村的收入仍然普遍偏低，农民的生活水平、创业条件、乡村环境、享受到各种福利待遇等与城镇相比仍然有很大的差距。因此，实现乡村人才的回和留，要充分发挥政府的引导作用，形成有效的激励机制，如通过实施乡村人才晋升的激励机制、提高乡村人才的待遇、在农民当中评定等级等来吸引人才。

第二节　加强乡村人才体制和机制建设

一、着眼"固基兴业"，盘活基层人才

乡村基层党政干部和各类专业技术人才，是党的"三农"政策的宣传队，是乡村建设的组织者和实施者，是乡村振兴的稳定力量和核心支撑。首先，要把乡村基层人才培养和使用纳入顶层设计，统筹谋划，整合资源，引导各类人才向乡村聚集。其次，要出台有别于城市的基层人才扶持政策，完善乡村基础条件和工作生活环境，让他们留得住基层、守得住乡村。再次，要加大对乡村基层各类人才知识更新和能力提升的支持力度，把在乡村基层一线锻炼作为培养后备干部的重要途径，畅通他们职业晋升的绿色通道。最后，设立乡村基层人才荣誉制度，对把终身岁月和聪明才智献给乡村并作出突出贡献的基层人才给予高度的政治关怀和社会关爱，厚植乡村基层人才扎根乡村、奉献"三农"的成就感、获得感和认同感。

二、致力"脱贫攻坚"，培育实用人才

乡村实用人才，主要包括乡村治理人才、乡村卫生员、生产能手、经营能人、能工巧匠以及新型职业农民等，是活跃在生产一线、乡村治理、乡城互通等的新型农民，发挥着脱贫攻坚"唱主角挑大梁"的主体作用。一是要大力发展乡村教育体系，要有目的、有步骤地办好农村职业技术教育、乡村特色文化教育，培养出各种乡土实用人才。二是建立乡村实用人才信息库，实行分类指导、跟踪管理。三是整合惠农资源，强化人才支撑，推动土地、项目、资金向种养大户、农村专业合作社集中或倾斜，充分发挥乡村实用人才优势，创建"脱贫攻坚"共同体，共同走上脱贫奔小康之路。

三、立足"创业致富"，扶持返乡人才

返乡人才，主要包括农村高校毕业生、退伍军人以及"撸袖上岸"的外

出务工人员，"家燕归巢"、创业致富，是他们的人生情怀。他们返乡创业，已成为促进农村劳动力转移就业的重要渠道，成为带领村民创业致富的新动能。一是要疏通乡村人才返乡渠道，建立以县级为单元的联系机制，设置"县籍"返乡人才信息服务平台，把乡村外出人才信息与本地区的发展需求进行有效对接，开通绿色快捷的"归燕"班车。二是创新协同发展机制。一方面坚持市场运作，找准立村项目，促进返乡人才与项目的精准对接。另一方面，采用灵活多样的合作方式，实现返乡人才与乡村建设风险共担、利益共享。三是营造返乡创业环境。要不断完善创业平台和营商环境，使返乡创业人才真正享受到公共服务和政策优惠的同时又拥有一个良好的市场竞争氛围。

四、聚焦"下沉干事"，激励下乡人才

"下沉干事"，是指"乡域"之外的城市人才下沉到乡村基层干事创业，带动乡村改变面貌、创新发展。这是乡村振兴一支不可或缺的外生力量。目前，这支力量主要以政府的制度安排为主，例如科技特派员、大学生村官、驻村干部等，阶段性地进入到乡村基层，带动乡村发展。对于这批人才群体，要进一步完善制度设计，加强遴选，加大政策力度，健全人才"往返"服务体系，切实保障"下乡干事"制度持续健康发展。另外，还要大力引导城市其他各类社会人才向乡村自主流动，通过不断探索乡村土地"三权分置"实现形式、农村产业融合发展模式以及农村经济多元主体经营方式等，来夯实城市人才向乡村流动的制度基础，以人才入乡促进城市资源和要素向农村合理溢出，实现城市人才、资本、技术、信息等要素与农村资源有效对接，为乡村振兴注入更强大活力。

第三节　建立乡村人才培育系统

关于实施乡村振兴的总体决策部署，推动乡村人才振兴，认真贯彻落实中央政策精神，各县可制定以下工作方案。

一、根据当地乡村人才振兴情况设定总体目标

第一阶段，各县基本构建起乡村人才振兴的政策框架，创新引才、用才、育才体制机制，形成上下贯通、协同配合的良好工作格局；第二阶段，培养和造就一大批符合时代要求、具有引领和带动作用的乡村人才，人才的基础性、战略性作用更加凸显，基本满足乡村振兴战略要求；第三阶段，全县基本建立起结构合理、素质优良的乡村人才队伍和机制完善、充满活力、富有效率的人才支撑体系，为乡村振兴战略不断注入源头活水。

农业科技人才队伍。加强协同培养，围绕现代农业产业发展和特色产业、绿色食品加工、新型农机装备等，打造一批省内领先的农业科研领军人才和创新团队。

农村专业人才队伍。实施分类培养，健全评价激励，围绕农技推广、畜牧兽医、农村卫生、乡村教育、农村事务管理、建设规划、环境整治等，建设一批扎根农村、服务基层的农村专业化技能人才队伍。

新型职业农民队伍。创新培育机制，规范管理服务，围绕种植业、养殖业、农产品加工、农村物流、电子商务、农业职业经理人等，培育一批爱农业、懂技术、善经营的现代农业经营者队伍。

农村创新创业人才队伍。强化政策支持，构建良好环境，围绕培育新型农业经营主体、发展农业农村经济，壮大一批富有活力的农村发展带头人和"引领者"。

农村乡土人才队伍。深入挖掘培养，突出带动致富，围绕休闲农业、乡村旅游、文化传承等，开发一批富有工匠精神的乡土人才和能工巧匠。

二、设定工作任务

（一）加强人才引进培育，提升乡村人才队伍素质

1.培育新型职业农民

实施新型职业农民培育工程，全面建立职业农民制度。以新型农业经营

主体带头人轮训计划和现代青年农场主培养计划为引领，以家庭农场、农民合作社、农业企业等新型农业经营主体领办人和骨干为重点，分类型、分层次开展新型职业农民培育。实施新型职业农民和农业专业技术人才继续教育。引导具有实践经验的电子商务从业者从城镇返乡创业，鼓励电子商务职业经理人到农村发展。每年培育新型职业农民200人以上，目标是建立10个以上综合培育基地、农民田间学校、实训基地和创业孵化基地，培训新型职业农民1000人以上。

2. 强化基层农技推广体系建设

不断完善基层农技推广人才引进培养、服务保障、激励考核机制，着力提升农技推广人才综合素质和服务能力，确保全县农技推广队伍稳定在100人以上，其中乡镇农业综合站3人以上，县级七大农业主导产业每个5人以上。加大现代农业、高效特色产业专业人才队伍建设，提升资源综合利用和农业集约化水平。加强基层农村经济经营管理体系建设，培育农村经营管理人才。每年分层分批培训基层农技人员20人，力争5年内轮训一遍。

3. 提升农村技能人才创新创业能力

实施"一村一名大学生计划"，利用现代远程教育手段将高等教育送到农村，为农村培养能够适应市场经济发展需要的科技人才和管理人才。实施"金蓝领"培训项目，运用政府引导、企业推进、社会参与的培训模式，引导农村青壮年劳动力参加维修电工、电焊工、机修钳工、车工等工种为主体的技师培训。大力实施"雨露计划"，对具有劳动能力和一定文化素质的农村劳动力、高校毕业生、退役士兵等返乡下乡创业人员开展就业创业培训；以农产品市场行情、选种育苗、病虫害防治、种植管理及农副产品深加工技术等为重点开展实用技术培训；以"技能培训田间课堂"等形式开展职业技能培训；鼓励围绕乡村特色产业、乡村旅游和家庭服务业发展，开展乡村民宿、农家乐、竹编等特色产业培训，促进乡村旅游人才振兴。开展"送智下乡"活动，培育乡村职业经理人、乡贤名人、乡村工匠、非遗传人等，每年开展技能培训60人以上，目标是为乡村培训技能人才300人以上。

4.实施各类人才定向培养计划

探索基层农技推广人才定向培养，科学制定人才培养方案，重点培养应用型农业人才。实施专科层次定向培养，每年完成一批林业、农业、水利、卫生、文化定向培养生的实习培养、招收录用工作。建立农村教师培养长效机制，每年招收一批定向师范生，持续为农村学校培养高素质教师，以实现每年为乡（镇）补充事业编制干部 20 人以上，向基层卫生院输送医务人员 10 人以上，向村卫生所（室）充实卫技人员 5 人以上，向基层中小学（含公办幼儿园）输送教师 50 人以上，引进紧缺型高学历人才 15 人以上。

（二）引导人才集聚基层，不断充实乡村人才资源

1.支持青年人才返乡创新创业

吸引各行各业优秀青年返乡下乡创业，为农村发展党员、村"两委"班子做好人才储备。引导、鼓励高校毕业生到基层工作，开展"三支一扶"、大学生志愿服务西部、选调优秀高校毕业生到基层工作，对农科类毕业生给予一定政策倾斜，引导人才向基层流动、在一线成长成才。

2.鼓励社会事业人才服务基层

支持县级医院在职或退休医师到基层医疗卫生机构多点执业，开办诊所、医生工作室。实施中小学教师"县管校聘"管理改革，逐步建立义务教育学段教师农村学校服务期制度，制定走教教师补助政策，推动城镇优秀教师、校长向乡村学校、薄弱学校流动。鼓励文化艺术专业人员赴乡村开展文化服务活动。实施新乡贤培育与成长工程，引导村内老党员、老干部、人大代表、退伍军人、经济文化能人等群体扎根本土，发现、培养、壮大新乡贤队伍。鼓励乡村规划、文创、旅游等各类高端人才及专业化社会工作者参与农村基层服务。积极组织农业、科技、卫生、文化等领域人才和青年志愿者到村开展志愿服务。目标是组建志愿服务团 10 支以上，每年开展专家志愿服务、巾帼行动和百企帮百村行动 20 次以上，服务群众 3000 人次以上。

3.针对急需人才设立"特岗"

通过特设岗位，鼓励和引导高层次急需紧缺人才到基层一线工作。探索实施农技推广服务特聘计划，支持各地通过政府购买服务方式，从应届毕业大学生、农业乡土专家、种养能手、新型农业经营主体技术骨干、科研教学单位一线服务人员中招募一批特聘农技员。探索开展全科医生特设岗位试点，招聘全科医生到乡镇卫生院工作。每年招募特聘农技员 10 人以上，全科医生 4 人以上，目标是为乡村配备特聘农技员 50 人以上，全科医生 20 人以上。

4.开展百名科技人员下乡活动

每年组织 20 名左右农业科技人员到生产一线，以推广绿色优质、稳产增产和抗灾减灾技术为重点，加大关键时节、环节的技术指导和培训力度。发挥好农业专家顾问团、现代农业产业技术体系创新团队和农村专业技术协会作用，推动科技进村、入户、到田。每年指导农户 1000 户（次）以上、指导面积 10000 亩以上，目标是为 5000 户（次）以上农户提供技术指导，指导种植面积 50000 亩以上。

（三）加强人才激励保障，创新优化人才发展环境

1.探索人力资源开发新方法

加大现有人才培育力度，吸引高层次人才柔性回归乡村，建立自主培养与人才引进相结合、学历教育、技能培训、实践锻炼等多种方式并举的农村人力资源开发机制。以大学生、进城务工人员、退伍军人等群体为重点，吸引更多人才投身现代农业，培养造就心怀农业、情系农村、视野宽阔、理念先进的新农民。每年吸引返乡人才 20 人以上，目标是每年吸引返乡人才 100 人以上。

2.激励人才创新创业新活力

落实高等院校、科研院所等事业单位专业技术人员到乡村和农业企业挂职、兼职和离职创新创业制度，按规定保障其在职称评定、工资福利、社会保障等方面的权益。健全农业科技领域科研人员以知识产权明晰为基础、以知识价值为导向的分配政策。探索公益性和经营性农技推广融合发展机制，允许农技人员通过提供增值服务合理取酬。支持新型职业农民享受创新创业

扶持政策。

3. 构建基层人才评聘新标准

推进人才发展体制机制改革，落实好基层专业技术人才职称评聘、创业扶持、待遇保障等措施。提高高等级职称岗位设置数量，拓宽专业技术人才职级晋升空间。建立"定向评价、定向使用"的基层专业技术职称评价使用制度，侧重考察实际工作业绩，适当放宽学历和任职年限标准。研究制定农村人才培养和评价标准，开展农村人才评价与认定工作。

4. 健全人才待遇保障新政策

引导符合条件的新型职业农民参加城镇职工基本养老保险、职工基本医疗保险。支持乡镇卫生院医务人员、乡村医生按规定参加当地企业职工基本养老保险，中级以上职称的全科医生可直接入住人才住房或公共租赁住房。全日制研究生以上学历的医务人员享受政府津贴补助，可直接入住人才住房或公共租赁住房。全面落实乡村教师享受乡镇工作补贴、交通补助、教师免费体检、乡村特困教师资助等政策。鼓励有条件的乡镇、村（社区），建设乡村人才公寓。

5. 创新人才激励奖励新举措

在推荐、选拔国家、省、市级人才评选时，注重向基层专业技术人才倾斜。对长期在基层工作且业绩优异的农业科技人员、农技推广人员、卫生专业技术人员、乡村学校教师等按照规定给予表彰奖励，奖励结果列入职称评审内容。做好优秀乡镇农技人员、最美基层农技员、乡村教育突出贡献奖等评选工作。每两年评选一批具有较大示范作用的优秀农村实用人才，评选各类优秀农村实用人才 15 人以上，最终实现开展优秀农村实用人才评选 2 次以上，评选各类优秀农村实用人才 30 人以上。

三、设定保障措施

（一）加强组织领导

推动乡村人才振兴工作由县委人才工作领导小组统一领导，县委组织部牵头，县有关部门分工负责，协调推进各项举措的具体实施，做到统筹规划，务求实效。各乡镇、县直各单位要把推进乡村人才振兴纳入乡村振兴战略总体规划，切实抓好落实。

（二）加大投入力度

坚持把乡村人才振兴放在公共财政优先支持的位置，进一步加大财政投入力度。落实和完善融资贷款、配套设施建设补助、税费减免等扶持政策。引导工商资本积极投入乡村振兴事业，带动人才回流农村，为乡村振兴注入现代生产元素和提供人力支撑。

（三）强化考核引导

要把乡村人才振兴列入各县人才工作目标责任制考核。将乡村人才振兴重点任务分解到县委人才工作领导小组有关成员单位，完善督导落实机制，夯实工作责任，引导人才工作资源向乡村人才振兴聚焦聚力。

（四）注重宣传总结

坚持正确舆论导向，广泛宣传中央和省、市、县关于乡村振兴战略的路线方针政策，加大对各类人才扎根农村、服务"三农"、创新创业的宣传力度，充分发挥优秀乡村人才先进事迹的典型示范作用，及时总结好经验、好做法，在全社会营造尊重、关心、爱护乡村人才发展的良好氛围。

编者单位：中宴实业（深圳）集团有限公司

作者：唐恒、欧永坚、梁伟雄、谢钦伟

第七章
组织振兴在乡村振兴中的作用

《乡村振兴战略规划（2018—2022）》第八篇中，明确提出了"把夯实基层基础作为固本之策，建立健全党委领导、政府负责、社会协同、公众参与、法治保障的现代乡村社会治理体制，推动乡村组织振兴，打造充满活力、和谐有序的善治乡村"。

组织振兴既是农业"五个振兴"的目标之一，也是其他四个振兴目标的根本保障。农村要发展，组织是关键，组织兴则乡村兴，组织强则乡村强。

农业发展需要依靠什么样的组织？该如何组织？如何界定各组织的功能、职责、权限范围？如何保障组织在农业发展过程中正常运转，发挥组织效能？是值得我们不断研究、不断学习、不断适用的。

笔者的理解是，乡村组织应该包括但不仅限于：党的组织、政府行政组织、村民自治组织、集体经济组织、社会组织几个方面。归纳说：

党组织：乡村振兴战略已经明确了以各级党组织为核心的组织体系，体现的是在中国共产党领导下的多党合作制度，百年华诞庆典已经用历史证明了只有在中国共产党的坚强领导下才能实现民族复兴、国家富强、人民富足，这一点不容置疑。现状是县、乡镇二级设立党委，在建制村设立村级党委或总支部，在村民小组、自然村设立支部。

政府行政组织：科学地设置乡镇及建制村机构，构建简约高效的基层管理体制，健全农村基层服务体系，夯实乡村治理基础，建设平安乡村，实现安居乐业。

村民自治组织：如何既能实现乡村的民主治理，又能弘扬传统文化的精髓？村民自治组织的设置及运营方式，是未来组织振兴的重点和难点。能引导实现乡村振兴的村民自治组织应以村民小组或自然村为单位，在现有村委会的基础上，再设立议事会和理事会。

集体经济组织：乡村振兴的根本目标是产业振兴、共同富裕，乡村振兴不能完全依赖输血，而必须自带造血功能，经济组织则是实现这一根本目标的唯一途径，也是人才振兴的基础条件。乡村经济组织应该以家庭或自然人为单位，组建有限责任公司或合作社。

社会组织：包括各种慈善基金会、行业协会、专业委员会等非营利性机构，它能凝聚城乡资源的强大合力，扩大社会和市场的参与，有助于推动农村经济规模化、组织化、市场化发展，在科学有序的推动下乡村实现产业兴旺、乡风文明、生态宜居等。

当上述组织组成一个有机体且都能正常发挥功能时，乡村振兴目标才能得以高速高效、顺利地实现。因此，组织振兴是乡村振兴的"第一工程"。

第一节　夯实乡村基层党组织建设

乡镇一级设立的党组织都是党委；有些建制村设置的是党委，有些是总支部；到村民小组或自然村，就一律都是党支部了。不论是党委还是支部，作为基层党组织，必须始终代表中国先进生产力的发展要求、始终代表中国先进文化的前进方向、始终代表中国最广大人民的根本利益。在乡村振兴这件事上，基层党组织都处于核心领导地位，应该突出政治功能，成为宣传党的主张、贯彻党的决定、领导基层治理、团结动员群众、推动改革发展的坚强战斗堡垒。

农村基层党组织和党员在农村新型经济组织和社会组织建设中，尤其在脱贫攻坚和共同富裕过程中，基层党组织应发挥对产业振兴、发展经济的攻坚克难的堡垒作用，在涉农资金拨付、物资调配、征地拆迁、生态环保和农村"三资"管理领域，起到监督作用，坚决纠正损害农民利益的行为，揭发腐败和作风问题；与农村基层黑恶势力和涉黑涉恶腐败及"保护伞"作坚决斗争。党员同志不能在无力胜任相关岗位的情况下，仍然把持集体经济组织的管理位置，成为产业振兴、经济发展的绊脚石。

在以建制村为基本单元设置党组织的基础上，创新党组织设置，加强后备干部队伍的选拔与培养，建立从优秀村党组织书记中选拔乡镇领导干部、考录乡镇公务员、招聘乡镇事业编制人员的制度；严格党的组织生活，全面落实"三会一课"、主题党日、谈心谈话、民主评议党员、党员联系农户等制度。注重发挥无职党员作用，重视发现和树立优秀农村基层干部典型，彰显榜样力量，在组织振兴的同时实现人才振兴。

加强村级党员队伍建设，加大在青年农民、外出务工人员、妇女中发展党员力度；加强农村党员教育、管理、监督，推进"两学一做"学习教育常态化制度化，教育引导基层党员自觉用习近平新时代中国特色社会主义思想武装头脑，应该建立向贫困村、软弱涣散村和集体经济薄弱村的党组织派出第一书记的长效机制；在村民委员会成员、村民代表中党员必须占一定比例。

目前，不少村支部书记还兼任集体经济组织董事长，村委会主任兼任集体经济总经理，或农民合作组织负责人，且"两委"班子成员轮换交叉任职，这一不符合社会管理与企业管理规律的现象很多人持有不同看法。我们认为，党组织负责掌管大局方向，在集体经济组织中担任监事职务；村委会主任应该实现民主自治，在集体经济中可以担任董事长及法定代表人职务，但是集体经济组织的总经理应该实行职业经理人的聘任制度。

第二节　构建简约高效的基层管理体制

新形势的发展，需要构建简约高效的基层管理体制，健全农村基层服务，建设平安乡村，以实现乡村振兴的美好愿景。

乡镇是一级地方政权组织，行使管理基层地方公共事务的职能，是群众与国家政权机关沟通的纽带和桥梁，与广大农民群众有着广泛、直接、密切的联系。面对生产科技日新月异的进步，国内国际形势剧烈变化，我们应该有计划地选派省、市、县机关部门有发展潜力、有国际视野、能适应现代科技进步的年轻干部到乡镇任职，从优秀选调生、乡镇事业编制人员、优秀村干部、大学生村官中选拔乡镇领导班子成员，加强基层政权和乡镇领导班子建设。

一、科学设置乡镇及建制村机构，构建简约高效的基层管理体制

我们应该面向服务人民群众，根据工作需要，合理设置基层政权机构、调配人力资源，整合基层审批、服务、执法等方面力量，统筹机构编制资源，整合相关职能，设立综合性机构，实行扁平化和网格化管理，推动乡村治理重心下移，尽可能把资源、服务、管理下放到基层。健全监督体系，规范乡镇管理行为，严格控制对乡镇设立不切实际的"一票否决"事项。

二、健全农村基层服务体系，夯实乡村治理基础

根据数字中国、美丽乡村、乡村振兴等战略规划要求，大力推进数字乡村信息化工程基础设施建设；整合优化公共服务和行政审批职责，推进直接服务民生的公共事业部门改革，推动乡镇政务综合服务平台的一窗式办理、部门信息系统一平台整合、社会服务管理大数据一口径汇集；创新联系服务群众工作方法，改进服务方式，在村庄普遍建立网上服务站点，逐步形成完善的乡村便民服务体系，最大限度地方便群众，不断提高乡村治理智能化水平。大力培育服务性、公益性、互助性农村社会组织，积极发展农村社会工作和志愿服务。

三、建设平安乡村

安居才能乐业！建设平安乡村，首要是落实社会治安综合治理领导责任制，健全农村社会治安防控体系，推动社会治安防控力量下沉，加强农村群

防群治队伍建设，深入开展扫黑除恶专项斗争。依法加大对农村非法宗教、邪教活动打击力度，严防境外渗透；整治农村乱建宗教活动场所、滥塑宗教造像。

完善县、乡、村三级综治中心功能和运行机制。健全农村公共安全体系，持续开展农村安全隐患治理。探索以网格化管理为抓手，推动基层服务和管理精细化、精准化，推进农村"雪亮工程"建设，落实乡镇政府农村道路交通安全监督管理责任，探索实施"路长制"，加强农村警务、消防、安全生产工作，坚决遏制重特大安全事故。

我们需健全矛盾纠纷多元化解机制，深入排查化解各类矛盾纠纷，做到小事不出村、大事不出乡（镇）。

第三节　强化村民自治组织

时代在变，村民自治的要求和目标也要变。应在法治为本的基础上，以德治为先、人治为基，创新村民自治组织的统领与治理方式，促进法治、德治、人治的有机结合。

一、完善村民自治组织建设，深化村民自治实践

村民自治，需要建立具有不同功能定位的多种组织，承担专项责任。

首先，需要有党的组织，负责把控全局方向，保证乡村振兴过程中不再出现类似于平远街、博社村这种负面典型。

其次，村需要设立最高议事组织——村议事会。议事会应以家庭为单位，每家的户主均为议事会成员，参与村里大小事务的商议、决议；议事的方式既可以是现场议事，也可以在微信群、腾讯会议、叮叮等App上进行。议事会下设理事会，理事会成员原则上必须是长期在村留守、德高望重的人员担任，如果是村里抱团外出务工或经商的，则可选出领头人担任理事会成员，理事会负责执行议事会的决议。

村民委员会，由全体村民按照法定方式选举产生，在村党组织的领导下履行法定职责，承担法定义务，享受法定权力。

村级集体经济组织，以本村资源为基础，以村民为股东，组建各种有限责任公司、有限合伙企业、合作社等。承担乡村产业振兴的责任，为村民提供经济造血功能。

二、完善村民自治组织制度，以制度约束人

乡村有了各种自治组织，就必须制定相关的组织制度，明文规定各组织及组织成员的行为规范、责权利范围，才能使各种组织有威信、有成果，能为村民造福。

目前全国普遍的情况是：村党支部书记，兼任村级集体经济组织的董事长；村民委员会主任，兼任村级集体经济组织的法定代表人、总经理职务，村民委员会财务兼任村级集体经济组织的财务负责人；村民委员会妇女主任兼任村集体经济组织的工会主席。这样的安排有其历史性，在现在的社会情况与市场环境下，这种安排很不科学。

首先，党组织的支部书记，这个岗位的核心素质要求是有党性、有信仰，不论外部环境如何变化，党性不能变，信仰不能有丝毫动摇；而乡村集体经济组织的董事长，这个岗位的核心素质要求的是对村民利益的守护决心、对外部市场环境的敏感，对商业模式及商业机会的快速反应能力。这两个岗位的核心素质和知识结构的要求根本不重合，强制将这两个职务进行捆绑，难以排除利益输送的嫌疑。其实，党支部书记岗位与集体经济组织的监事岗位，其核心要素和知识结构有高度重合性，非常匹配。

其次，村民委员会主任，由全体村民选举产生，肩负着村民对家乡更美好、村内资源分配更公平、村民关系更和谐的美好愿望，这个岗位的核心素质要求是年富力强、处事公正、勇于开拓进取、承担责任；乡村集体经济组织的总经理，岗位核心素质要求是对相应经济体经营范围的专项业务非常熟悉，具备职业经理人所应有的知识结构，对董事会决议的执行能力，有为单

一产业经济体产生价值的作用。村民委员会主任，担任村集体经济的董事是没有问题的，至于是否董事长或执行董事，则应按照相关经济体的章程来决定。

村集体经济的经理类岗位，应按照该集体经济组织的章程，应在本乡本土致富能手、外出务工经商人才回引、院校定向培养本乡本土大学毕业生、复员退伍军人、公开招聘等渠道，竞聘或由董事会聘任产生，体现的是专业，也是责任。有目标、有方法地培养选拔乡村振兴带头人，加强乡村振兴带头人队伍建设，达成人才振兴的目标。

村议事会的规章制度，在村规民约的基础上，增加议事程序和议事方法的约定，比如现场议事会的流程及方法，网络线上议事的程序及方法，议事决议案的签名及发布方式等。议事会需要最大限度地保证过程及结果的民主性、普遍参与性。

村理事会的规章制度，由村议事会讨论制定，职责主要负责执行议事会决议或监督村委成员的工作。

三、建立村民荣誉机制，以德治村

积极评选乡贤并授以对应荣誉，深入挖掘乡村熟人社会蕴含的道德规范，结合时代要求进行创新，建立道德激励约束机制，强化道德教化作用。引导村民自我管理、自我教育、自我服务、自我提高，向上向善、孝老爱亲、重义守信、勤俭持家，实现家庭和睦、邻里和谐、干群融洽。推进移风易俗，遏制大操大办、相互攀比、"天价彩礼"、厚葬薄养等陈规陋习。实现乡村文化振兴、生态振兴目标。

第四节　发挥乡村集体经济合作社作用

为了提升农业产业化经营水平，提高农民农户的组织化程度，使农民农户的合法利益在参与生产合作时得到有效保护，促进乡村产业振兴，就有必要建立有效的、松散型的农业合作组织。

农业合作组织需要遵循以下几个原则：促进产业振兴、实现农民增收原则，以增加农民收入为出发点和落脚点，突出有效性；产业代表型原则：以产业为基础，以当地优势、主导、特色产业为内容，突出选取、引导、培育、扶持功能；民主自愿原则：充分尊重群众的自主热情和发展意愿，找到政府引导、扶持与农村发展最佳、有效的契合点；分类指导原则：坚持灵活多样，分类指导，应以多形式、多方法发展各类农业专业合作组织；服务乡村振兴大局原则：要紧紧围绕乡村振兴、农业产业结构调整、产业化经营水平提高、农民增效、增收，农产品竞争能力增强等目标来建设各类合作组织。

各类合作组织需要完成以下工作任务，才能对农民的合法利益进行有效保护。完善相关组织制度，有明确的组织章程；有健全的组织机构（如社会代表会、理事会、监事会等）；有规范的议事程序，相关活动要有记录；有独立的财务核算，账目设置齐全，财务年度末要进行收入分配核算，上报并公布资产负债表。完成相关注册登记手续，有农业局或相关部门成立的批复；有在工商或民政部门核发的登记证书；社员管理规范；有明确的服务内容；有内设的职能机构（如财务部、销售部、技术服务部等）；有可供查询链结的方式（如合同、进销存票据、利润分配收据等）。设立关键绩效指标（KPI），设立年度工作任务指标；销售额和利润率社员入社前后的收入增长变化指标；带动周边农户和群众从事相关产业的辐射面；对当地农村农业经济的贡献份额。完善各项工作措施，完善合作组织内各岗位责任制度并公示；联系外部金融、科技、市场客户，对合作组织予以支持，解决生产中的各种问题；积极参与各种对口的社会组织，接受专业指导及技能培训，提升社员产业专业化水平。

第五节　激发社会组织的活力和创造力

社会组织是指为了实现自身的愿景与目标，需要有效管理与利用社会资源，为社会提供公益性产品与公共服务，根据专业与行业关联属性组成的社会团体。目前我国的各种社会组织大多带有准官方性质，包括各种慈善基金会、行业协会、专业委员会等非营利性机构，它能凝聚城乡资源的强大合力，扩大社会和市场的参与，有助于推动农村经济规模化、组织化、市场化发展，在科学有序推动乡村实现产业兴旺、乡风文明、生态宜居等方面具有独特的社会价值和积极作用。非官方社会组织指不带有准官方性质的各种社会团体，如逍遥镇胡辣汤协会、潼关肉夹馍协会等。目前我国的非官方社会组织普遍存在公信力不足、资金动员及资源调动能力不足、国际参与度低、专业人才匮乏等状况。最近几年，国家民政部公布并取缔了大批的非法社会组织。

非官方社会组织，要想充满活力与创造力，需要遵循《社会团体登记管理条例》的要求，依法登记，依照法律法规及组织章程开展组织活动，不受其他组织和个人非法干涉。

强化组织使命认同，一个组织的使命，体现了该组织的根本目的和价值观，体现着组织创立者和理事会的追求和抱负，体现了组织的形象，也是组织会员的集体志向，它决定了组织的目标及战略规划的制定；积极参与各种民间组织促进会等组织对民间社会组织开展的各类线上培训，提升组织管理、项目管理的运营能力建设。

提升组织公信力。组织公信力包括硬实力与软实力两部分，前者包括政策制定能力、危机处理能力和决策执行能力；后者包括分析预测能力、公共关系能力和形象塑造能力；具体表现为相关组织在处理公务中妥善解决问题的能力和效果。影响公信力的主要因素有组织行为的合法性、组织行为的公正性与公益性程度、组织会员的心理因素和利益需求，以及社会文化和社会环境影响等。

提升组织资源调动能力，拓宽组织资金募集渠道。解决了组织公信力问题，组织资源调动的能力就会显著增强，加入会员也会更多，会员会费作为组织运行的根本保障就有了支撑；会员增多，资源调动能力强，能让组织从其他相关基金会、慈善组织、政府拨款中享受到更多关怀，因此资金募集能力也会有显著提高，组织的资金募集能力就是组织的生命线。

提高项目运作能力。社会组织的项目管理和企业的项目管理有本质的不同，社会组织的项目管理是同时指导、服务多家企业的项目经理运营相同的项目，这就要求社会组织的项目管理人员，不仅能胜任企业项目经理岗位，还要能胜任项目经理导师、教授岗位，所以，社会组织的项目管理人员，仅具备项目经理知识结构和经验，或是仅具备导师的知识结构和经验都是不足的，必须二者兼具才能胜任，社会组织的项目管理才能取得普遍成功，才能解决组织公信力问题。

提升服务创新能力。现代社会，科技、供应链、市场、政策都在快速变动之中，社会组织对外部环境的快速变化是否能及时创新，是否有能力重新解构、再建构组织结构、重构行业或专业生态，是决定该社会组织是否基业长青的根本。

综上所述，没有组织振兴的根本保障，产业振兴将会是昙花一现，人才振兴只能是走马观花，生态振兴只能是缘木求鱼，文化振兴也只会是水中望月，要达成乡村振兴战略的"产业振兴、人才振兴、生态振兴、文化振兴"，"组织振兴"都是第一工程。

编者单位：中新房数字集团

作者：付旭阳、许冲勇、欧永坚、刘楚雄、杨超、彭进孝

第八章
文化振兴为乡村振兴强基固本

党的十九大明确提出国家乡村振兴战略。在乡村振兴战略总体部署之中，文化振兴既是实现乡村振兴的重要路径和方法，也是乡村振兴的基本目标之一。文化建设，被作为一个社会的基本建设。只有用文化为乡村振兴铸魂赋能，才能更好地实现乡村"产业兴旺、生态宜居、乡风文明、治理有效、生活富裕"的战略目标。

乡村是人类文化的源头，文化要振兴，就必然要深入挖掘乡村历史文化资源。我国乡村有着丰厚的文化底蕴和丰富的文化资源，比如历史悠远的农耕文化、千姿百态的民族文化、朴实独特的民间民俗文化，以及丰富多彩的非遗文化等。随着时代的前进，农业农村来到了转型升级的关键时期，靠单一的农业产品生产难以实现真正意义上的乡村振兴，产业兴旺、生态宜居、乡风文明、治理有效、生活富裕，每个环节都不可或缺，振兴之路可谓路漫漫，而如果能利用好当地特有的历史文化，挖掘打造乡村文化品牌，对于乡村振兴而言，无疑是振兴的"捷径"。挖掘和整理乡村文化，既要包括聚落形成的渊源、熔铸的精神、代表性的民俗节庆、古迹古木、传说故事和人物等古代文化积淀，也要包括近现代的产业、组织、红色基因等。同时，进行一定的总结和反思，为乡村文化振兴提供参考和依据，进而提炼出符合村民认知、最具代表性的文化标志。根植于本土的乡村文化才能真正形成特色，持久运行，保持旺盛的生命力。

文化是乡村振兴的灵魂。乡村振兴关键是要提振、激发农民的信心和力量。只有加强乡村文化的振兴，才能帮助农民树立发展信心、振奋精神、生发激情，为乡村振兴注入强大的精神动力。实施乡村振兴战略，要发挥文化凝聚人心、坚定信心、引导村民的作用，提振精气神，激发广大农民投身乡村振兴的积极性和主动性。用习近平总书记的话讲就是要用丰富的文化艺术形式，激励站起来的中国人民自力更生、发愤图强，激励改革开放大潮中的亿万人民解放思想、锐意进取，激励新时代的中国人民自信自强、守正创新，为增强人民力量、振奋民族精神发挥了重要作用。缺乏文化自信，农民难以成为新型农民；只有大力发展乡村文化事业，丰富乡村文化生活，不断提高农民群众的文化获得感、幸福感，才能满足广大农民日益增长的美好生活需要，从而为乡村振兴凝聚广泛共识和强大合力。

第一节 挖掘和传承乡村传统文化

一、挖掘优秀传统农耕文化

由于传统文化的复杂性，每一类文化的存在空间、呈现形态都不尽相同。以下三个方面对乡村文化建设与传承具有重要意义。一是乡村的空间形态。乡村空间形态是乡村文化得以存在的物质载体。乡村空间由村落、民居、院落及公共空间等构成。村落空间具有对人的心理和行为的感化、感染或教育功能。二是乡村生产方式。农业生产是传承农业文化的重要载体，农具的使用、地方品种的延续与更新、传统栽培措施、特殊的农业制度等都存在于特定农业生产过程之中。显然，没有农民种养结合的农业生产方式，种养之间循环利用文化就难以存在。三是乡村生活。村民日常生活的人生礼仪、岁时节令、民间信仰以及街谈巷议、饮食习惯等都是传统文化载体。失去了乡村生活，再优秀的传统文化也会成为"展品"和记忆。

农耕文明所孕育的生活方式、文化传统、农政思想等，与今天所提倡的和谐、共享、低碳等理念十分契合。中央强调要"深入挖掘优秀传统农耕文化蕴含的思想观念、人文精神、道德规范""培育文明乡风、良好家风、淳朴民风，改善农民精神风貌，提高乡村社会文明程度，焕发乡村文明新气象"。在理解乡村文化内涵的基础上，乡村文化建设要特别注意遵守以下两个原则。

一是坚持农民主体原则。农民是乡村的主人，他们既是乡村文化的建设者，也是乡村文化的受益者，只有农民最理解乡村文化与自身生产、生活的关系。以农民为主体的农业经营方式有助于维系农耕文化的代际传递，强化农民把家庭责任和维护土地的责任、生态责任和社会责任统一起来。以农民为主体的乡村生活有助于维系优秀传统文化的传承。任何排斥农民主体地位，试图越俎代庖，把本来的主人变成看客的做法，都必然失败。因此，要尊重农民的创造，如倡导德孝文化、弘扬优秀家风、通过村规民约移风易俗等，均是来自基层行之有效的乡村文化建设经验，值得推广和借鉴。

二是坚持保护好村落原则。丰富的农业文化以及尊老爱幼、诚实守信、邻里互助、勤俭持家等传统美德，存在于乡村空间结构和社会结构之中，农家院落及其特定的排列方式构成的村落形态、村落公共空间，乡村的劳动与消费方式、节日与交往习俗，以及乡村的家庭、家族、邻里、亲缘关系等，都是乡村文化得以存在和延续的载体。皮之不存，毛将焉附？这正是要加强村庄风貌引导，保护传统村落，严格规范村庄撤并，不得违背农民意愿、强迫农民上楼的重要原因。乡村是传统文化的重要载体，是乡村文化建设的重要基础，乡村文化建设只有从保护村落开始，遵循乡村发展规律，做到与时俱进，才能取得事半功倍的效果，避免出现建设性破坏。

二、培养乡土文化人才需要坚持传承与带领

要推动乡村文化振兴，加强农村思想道德建设和公共文化建设，以社会主义核心价值观为引领，深入挖掘优秀传统农耕文化蕴含的思想观念、人文精神、道德规范，培育挖掘乡土文化人才，弘扬主旋律和社会正气，培育文明乡风、良好家风、淳朴民风，改善农民精神风貌，提高乡村社会文明程度，焕发乡村文明新气象。我国乡村文化底蕴深厚且多元，但大多数经济基

础比较薄弱。改革开放以来，特别是近些年来，随着城镇化的发展，在现代城市文化的吸引下，越来越多的农村能人进入了城市、留在了城市。实践中充分认识到，在加强和创新基层社会治理方式、提升乡村治理能力和水平的背景下，构建传统乡土社会与现代社会的有效衔接机制，将公共服务普及、基层民主建设与乡土文化的延续、公序良俗的形成有机结合起来，实现政府治理与村民自治的良性互动显得尤为重要。以乡情乡愁为纽带吸引和凝聚各方人士支持家乡建设，传承乡村文明，并带领一批优秀的乡土文化人才一起培育发展乡土人才组织，建设乡土人才阵地，弘扬优秀的乡土文化和乡贤精神。让一群人才带动一方乡民，提升民众的文化自信心，敦厚民风，凝聚向心力。

第二节　创立乡村公共文化体系和完善配套设施

一、乡村公共文化体系的创立

乡风文明是乡村振兴的新要求之一。因此，加强农村思想道德建设、传承发展提升农村优秀传统文化、加强农村公共文化建设、开展移风易俗行动……是乡村公共文化体系建设的基础，也是实施乡村振兴战略的题中应有之义。

近年来，全国各地以脱贫攻坚统揽经济社会发展全局，聚焦农村人居环境整治提升，持续推进农村精神文明建设，乡村美、百姓富的宜居乡村逐步形成，社会文明程度不断提高。

创立乡村公共文化体系要将农村精神文明建设纳入各地政府工作要点，并保障农村文娱活动一定经费，高效运用现有的农村公共文化服务设施，创新农村思想文化建设载体和手段，加强农村思想道德建设，弘扬和践行社会主义核心价值观，普及科学知识，推进农村移风易俗，有助于推动形成文明乡风、良好家风、淳朴民风。

一是要以产业振兴为抓手，提升农村的吸引力。乡村振兴是包括产业振兴、人才振兴、文化振兴、生态振兴、组织振兴的全面振兴。唯有产业兴旺，农村劳动力能够实现家门口就业，农村思想道德建设的主体才会多元，"以新帮老"才会实现，家庭美德、社会公德才会有实现的载体。要大力发展村集体经济产业，持续推动特色产业发展，构建"一村一特"的产业格局，鼓励支持劳动力就近就业，为乡村振兴积蓄人才。

二是要高效运用公共服务设施，坚定不移走文娱丰富之路。要把现有的村级综合文化服务中心、农家书屋、党员活动室用起来、用活起来，鼓励农村文艺工作者和村民自主创作，多创作一些与农村农民生活和生产息息相关的优秀作品，在春节、端午节、清明节、中秋节等重大节日，开展文娱活动。

三是要创新思想文化宣传载体，巩固拓展农村思想文化阵地。要常态化开展星级文明户、文明家庭、五好家庭等群众性精神文明创建活动，创新评选机制和激励机制，激发广大农民干事创业的积极性、主动性、创造性。要完善村规民约、褒奖先进典型等形式，用好村民议事会、红白理事会，大力倡导移风易俗，教育引导村民反对大操大办婚丧酒席、搞封建迷信活动等陈规陋习，树立勤俭节约的文明新风。

二、农村公共文化配套设施的完善

（一）以政府为主导统筹规划，完善制度建设

切实转变观念，强化政府的文化职能建设。各级政府要进一步明确政府在基层文化建设和公共文化服务体系建设中的主导作用，彻底改变以往"重经济、轻文化"的传统做法和政策倾向。实行目标管理，提高重视程度。政府要强化公共文化服务体系建设与经济建设、新农村建设统筹规划的意识。把公共文化服务体系建设纳入国民经济和社会事业发展的总体规划，纳入各级部门目标责任制和政绩考核体系统一考核。通过改进政府行政方式带动社会各界力量积极参与公共文化建设，彻底改变广大群众被动接受公共文化服

务的思维定式和行为习惯，并真正能够自觉主动参与其中，逐步开创公共文化服务体系建设的崭新局面。建立健全公共文化服务体系建设工作岗位责任制，明确责任和岗位，确保领导到位、措施到位、责任到位、人员到位，抓好层级落实，确保取得实效。

（二）加大财政投入，完善相关服务机制

突出政府主导作用，优化公共财政支出结构。争取上级政府的政策倾斜和资金支持，争取建立针对山区的文化专项转移支付制度。加大公共财政对公共文化服务体系建设及其公益性文化事业的扶持力度，确保公共文化服务基本的资金运作，促进公共文化服务体系建设稳定、持续、良性发展。将政府力量作用于社会力量，社会资源嫁接于政府资源，多方吸纳社会资金，鼓励社会力量参与公共文化服务体系建设工作，不断拓宽公共文化服务体系建设投入渠道，实行多渠道投资兴办文化，弥补各级政府因财力不足导致的文化经费长期不足的缺陷。完善民间投资制度，大力营造有利于文化发展的社会环境，实现政治、经济和文化的联姻，改变公共文化的生产、供给能力相对不足的状况，促进公共文化的可持续、协调发展。

（三）加强基层文化干部培养

选任熟悉农村文化工作的干部和热心于农村公共文化事业的适合条件的教师到基层文化工作岗位上来，有意识地进行培养和使用，为他们提供参与文化实践活动和积累文化素养的平台，使他们成为集领导者、组织者、参与者于一身的农村公共文化建设积极分子，成为农村群众参与公共文化服务体系建设的基层领导骨干，成为城乡人民群众共享改革开放文化发展成果的纽带和桥梁。

（四）建设乡村公共文化设施支持体系和网络建设

结合新农村建设的整体规划，推动文化建设的配套设施建设。在县域的范围内，将县、乡、村三级文化设施和文化场所建立起来，逐步形成以政府为主导、以村镇为主体的农村公共文化基础设施网络，从而形成整体的乡村文化网络体系，使得各个地区的文化发展能够形成统一的步伐和结构合理。

乡村文化建设的立足点在于村民的文化需求，在推进文化建设时要注定立体的文化网络建设，不仅仅是集中于单一的文化项目，而是推进乡村广播电视、文化信息和文化服务网络等多层次的建设，让文化建设能够涵盖的范围更加广泛，同时深入挖掘当地的特色文化，对特色文化进行保护和发扬，以此为核心建立起当地的公共文化网络。

第三节　弘扬传播优秀乡村文化

进入新时代的乡村振兴战略要求新思维和新模式，要将物质思维和文化思维相统一，以文化思维为先，要将城市发展和乡村发展相统一、以乡村发展为重，要在农业现代化的社会转型中，将文化创新意识融入乡村振兴的全过程和多领域，最终实现乡村的全面振兴。

继党的十九大报告提出乡村振兴战略，2018 年《中共中央　国务院关于实施乡村振兴战略的意见》颁布，乡村振兴战略成为国家解决"三农"问题的顶层设计和战略举措，标志着我国乡村发展步入新时代的新征程，描绘新时代的新格局。

乡村振兴战略是一个城乡融合、协调推进、产业融合、文化守护和改革创新的国家战略，对于加快推进乡村文化发展与建设具有深远意义。乡村振兴战略包括经济振兴、政治振兴、文化振兴、社会振兴和生态文明振兴战略五位一体建设的全部内涵。

乡村强则中国强，农村美则中国美，农民富则中国富。"农业农村农民问题是关系国计民生的根本性问题。"笔者认为，乡村文化振兴是乡村振兴战略的重要构成和内在动力，是实现乡村振兴战略的内在保障和根本目标。

实施乡村文化振兴战略，就要高度重视乡村文明在中华文明体系中的历史地位和时代价值，培育乡村文化原创力，推动乡村特色文化产业发展。"记住乡愁"与"实现中国梦"成为中国在守住传统与开拓未来中展翅高飞的两翼。

在浩瀚的历史长河中，中国灿烂辉煌的农耕文明孕育了"耕读传家、诗书继世"的文化传统和"乡土中国"的儒家伦理，并穿透2000多年的漫漫丝绸之路，深刻地影响了古代世界的精神格局。要系统整理乡村文化资源和自然博物资源，保存乡村文化遗产，推动乡村主题展示馆的设立和乡村文物的馆藏充实，建立乡土中国文化基因库，重视新乡贤文化的塑造，引导乡村传统仪式的日常生活重建，为乡村文明的保育提供源头活水，实现乡村文化复兴。

实施乡村文化振兴战略，就是要积极培育和发展乡村文化生产力。"绿水青山就是金山银山""冰天雪地也是金山银山"，充分挖掘自然资源的文化价值，培育有利于乡村文化发展的生产力要素，推动文化科技、文化企业、文化金融进入乡村文化产业，积极构建乡村文化市场的现代体系，利用PPP模式发展乡村文化旅游、特色工艺、节庆会展、表演艺术等传统文化产业，推进乡村文化艺术创作计划，组织大地艺术、花田艺术等自然生态艺术展览，积极拓展具有特色乡土题材的影视、出版等现代文化产业，提升发展文化创意、设计服务的新兴文化产业，实现遗产保护、艺术创作、传媒推广和功能创意的有机统合，打造乡村特色文化产业。

实施乡村文化振兴战略，就是要协同构建农村一二三产业融合发展的产业体系和生态系统，大力拓展乡村文化创新力。

在发展生态农业和特色文化产业的基础上，积极发展乡村创意农业、特色加工业和特色旅游业等产业。要实施乡村文化创新战略，协调"人事物场景"和"人文地景产"等要素的乡村总体创意营造工程，协调乡村故事馆、村落美学、生态博物馆、野外博物馆的建设，打造"一村一品""一乡一品"，培育乡村文化IP的"一源多用"，推动乡村文化资源向乡村文化经济的创造性转化和创新性发展，实现乡村产业振兴。

实施乡村文化振兴战略，就是要推进乡村文化社会的综合治理，增强和提升乡村文化软实力优势。要保存乡村的乡土味道和泥土芬芳，坚守土地情怀和根土精神，守住生态环境的底线，在基础设施和信息网络建设等乡村互联互通工程的推进中，要将乡村建设得更像乡村，让乡村宜居风貌和生态环境显著区别于城镇，在乡村中"看得见山水""记得住乡愁"，综合培育乡村的文化认同、生态永续、文化保育、生活品质提升及产业振兴。同时，积极发扬乡村的基层民主，自上而下的引导和自下而上的推进相结合，培养乡村文化类的社会企业和新时代的新乡绅。通过文化立乡的系列措施，推动建设富有乡村特色和现代活力的绿色生活、乐活生活和有机生活，构建中国乡村特色的美好生活新模式。

古人说："文者，贯道之器也。"最后引用习近平总书记在中国文联十一大、中国作协十大开幕式上的讲话，用以指导我们乡村文化建设者的思想和工作："当代中国，江山壮丽，人民豪迈，前程远大。时代为我国文艺繁荣发展提供了前所未有的广阔舞台。推动社会主义文艺繁荣发展、建设社会主义文化强国，广大文艺工作者义不容辞、重任在肩、大有作为。广大文艺工作者要增强文化自觉、坚定文化自信，以强烈的历史主动精神，积极投身社会主义文化强国建设，坚持为人民服务、为社会主义服务方向，坚持百花齐放、百家争鸣方针，坚持创造性转化、创新性发展，聚焦举旗帜、聚民心、育新人、兴文化、展形象的使命任务，在培根铸魂上展现新担当，在守正创新上实现新作为，在明德修身上焕发新风貌，用自强不息、厚德载物的文化创造，展示中国文艺新气象，铸就中华文化新辉煌，为实现第二个百年奋斗目标、实现中华民族伟大复兴的中国梦提供强大的价值引导力、文化凝聚力、精神推动力。"①

新时代新征程是当代中国文艺的历史方位。广大文艺工作者要深刻把握民族复兴的时代主题，把人生追求、艺术生命同国家前途、民族命运、人民愿望紧密结合起来，以文弘业、以文培元，以文立心、以文铸魂，把文艺创造写到民族复兴的历史上、写在人民奋斗的征程中。

以文化人，更能凝结心灵；以艺通心，更易沟通世界。广大文艺工作者

---

① 习近平：《在中国文联十一大、中国作协十大开幕式上的讲话》，人民出版社 2021 年版，第 4 页。

要立足中国大地，讲好中国故事，以更为深邃的视野、更为博大的胸怀、更为自信的态度，择取最能代表中国变革和中国精神的题材，进行艺术表现，塑造更多为世界所认知的中华文化形象，努力展示一个生动立体的中国，为推动构建人类命运共同体谱写新篇章。

编者单位：梦马文旅投资（广东）有限公司
作者：姚长发、方中健、肖仰清、丁力、嵇春、金楠楠

第九章
人与自然和谐共生的乡村生态振兴

第一节　乡村生态振兴的意义

生态兴则文明兴，生态衰则文明衰。生态环境是人类生存和发展的根基，其变化直接影响文明兴衰演替。生态文明建设是关乎中华民族永续发展的根本大计。作为与人类最密切相关的自然、城市、乡村三大生态空间之一，乡村是具有自然、社会、经济特征的地域综合体，兼具生产、生活、生态、文化等多重功能，与城镇互促互进、共生共存，共同构成人类活动的主要空间。随着我国社会主要矛盾转化为人民日益增长的美好生活需要和不平衡不充分的发展之间的矛盾，人民群众对优美生态环境的需要已成为这一矛盾的重要方面，乡村生态环境质量的好坏成为改善人民日益增长的美好生活需要的重要方面之一。

一、乡村振兴的意义

郡县治则天下安，乡村治则国家稳，乡村是国家的基础，只有乡村振兴了，国家才能长治久安。首先，实施乡村振兴战略，是解决新时代我国社会主要矛盾、实现"两个一百年"奋斗目标和中华民族伟大复兴中国梦的必然要求，具有重大现实意义和深远历史意义；其次，乡村振兴是解决城乡发展不平衡问题的，城市的发展离不开农村的支持，乡村振兴从某种意义上解决了城乡发展不平衡"一条腿长、一条腿短"的问题；最后，乡村振兴关系到了农业农村现代化的实现、国家现代化的实现，是从根本上解决现阶段我国农业不发达、农村不兴旺、农民不富裕的"三农"问题的关键。2018 年 1 月 2 日公布的 2018 年中央一号文件——《中共中央国务院关于实施乡村振兴战略的意见》，对新时代实施乡村振兴战略进行了全面部署。

二、生态振兴是乡村振兴的重要一环

实施乡村振兴战略的总要求是产业兴旺、生态宜居、乡风文明、治理有效、生活富裕。2018 年 3 月 8 日，在全国"两会"期间，习近平总书记在全国人大山东代表团参加审议时发表重要讲话，明确提出乡村产业振兴、乡村人才振兴、乡村文化振兴、乡村生态振兴、乡村组织振兴"五大振兴"的科学论断，进一步指明了实施乡村振兴战略的目标和路径，为我们制定了清晰明确的乡村振兴任务书和路线图。

生态振兴作为乡村振兴的"五个振兴"之一，在乡村振兴战略中占有极其重要的地位和作用。

生态振兴是乡村振兴的基础。"生态环境"是人类生存与发展的土壤与基础。没有生态环境，则谈不上人与社会的发展，因此生态振兴也是乡村振兴的基础。没有生态振兴，没有优良的生态环境，乡村振兴只能是一句空话。只有把乡村生态振兴这个基础打牢了、打实了、打好了，乡村振兴才有可能、才有希望。

乡村生态振兴是实施乡村振兴战略的重要保证，农村生态环境治理的新契机。2018 年 2 月发布的《中共中央　国务院关于实施乡村振兴战略的意见》(以下简称《意见》)，明确提出了"农村人居环境明显改善，农村生态环境明显好转""农村生态环境根本好转"到"农业强、农村美、农民富"三步走的"路线图"。以"坚持人与自然和谐共生"的基本原则，提出了"加强农村突出环境问题综合治理"，以及"持续改善农村人居环境"等具体任务。改善农村人居环境，建设美丽宜居乡村，是实施乡村振兴战略的一项重要任务。从这些文件不难看出，乡村生态振兴是乡村发展的重大民生问题，也是乡村地区发展的重要基础。唯有保护好人居环境、自然风光，坚持底线思维，筑牢乡村振兴的生态屏障，才能有效保护好农村生产生活空间。乡村振兴推动着农村人居环境改造，契合现代乡村生活需求的变化，也为优化资源配置、吸纳农村地区的生产要素带来新契机。

乡村生态振兴对中华民族的永续发展有着极其重要的意义。中华民族的健康永续发展离不开乡村的健康发展，乡村建设是我国现代化建设的重要战略阵地。从空间上来看，乡村生态振兴拓展了生态空间，从美丽乡村建设到构建美丽中国，实现了从农村到城市到全国的生态空间拓展；从时间上看，乡村生态振兴的可持续发展理念则将当代人的利益和未来发展结合起来，对中华民族的永续发展有着极其重要的意义。乡村生态振兴以农村生态文明建设为推动点，在农村生态文明建设的总体布局下，解决了人与自然、人与人、人与社会之间的关系。从而形成绿色经济、健康生态、美好人文、幸福生活、和谐社会等的总称，是美丽乡村建设的最终目标和归宿。

三、乡村生态振兴是建设人与自然和谐共生的现代化的必由之路

建设人与自然和谐共生的现代化，基于人与自然是生命共同体的马克思主义生态哲学理念，强调人类必须下决心抛弃工业文明以来形成的轻视自然、支配自然、破坏自然的观念，转向尊重自然、顺应自然、保护自然。

人与自然是生命共同体，人类善待自然，自然也会回馈人类；人类对大自然过度开发利用甚至造成伤害，最终会招致自然无情的报复。构建新发展格局、推动高质量发展、实现中华民族永续发展，迫切需要用绿色倒逼升级，彻底改变大量生产、大量消耗、大量排放的生产模式和消费模式，使资源、生产、消费等相匹配相适应，推动我国经济社会发展全面绿色转型，推动实现经济社会发展和生态环境保护协调统一、相互促进，推进人与自然和谐共生的现代化。

良好的生态环境是农村的最大优势和宝贵财富，乡村生态振兴是建设人与自然和谐共生的现代化的必由之路。因此，更好实施乡村生态振兴战略，

坚持人与自然和谐共生，加快农业粗放发展向质效并重的可持续绿色发展的转变，推动乡村自然资本加快增值，实现百姓富、生态美的统一。

第二节 乡村生态振兴的实施路径

牢固树立和践行绿水青山就是金山银山的理念，坚持尊重自然、顺应自然、保护自然，统筹山水林田湖草系统治理，加快转变生产生活方式，推动乡村生态振兴，建设生活环境整洁优美、生态系统稳定健康、人与自然和谐共生的美丽宜居乡村生态。

一、推进绿色农业，促进农村生态良性循环

绿色农业是 21 世纪后兴起的农业模式，它最大效益地利用资源，采取可持续的经营模式。绿色农业将农业生产和环境保护协调起来，在农业生产过程中增强生态环境保护与污染治理，增加粮食产量，提供安全和优质的农产品。以生态环境友好和资源永续利用为导向，推动形成农业绿色生产方式，实现投入减量化、生产清洁化、废弃物资源化、产业模式生态化，提高农业可持续发展能力。

（一）投入减量化，强化资源保护与节约利用

绿色农业需要减少对自然的索取，降低给自然的压力，因此，首要的是投入减量化，通过技术的进步，减少投入，提高产出。其次，要减少化肥农药的用量和灌溉用水的用量。

在化肥农药减量化方面，要以"高产、优质、经济、环保"施肥理念为指导，围绕施肥新技术、新方式、新产品和新机制，强化创新驱动，集成示范化肥减量增效技术模式，持续推进化肥、农药减量增效，为农业绿色高质量发展提供有力支撑。一是统筹考虑粮食增产与面源污染防控，坚持以产定肥、按需用肥，减少过量施肥和盲目施肥，推进生产生态协调发展。二是坚持减量与增效并重，聚焦新产品、新装备、新技术，优化施肥结构、施肥位

置和施肥时期，调整养分形态配比，提高肥料利用效率。三是坚持有机与无机配合，综合考虑作物养分需求和区域土壤肥力现状，引导农民积造农家肥，施用商品有机肥与配方肥、专用肥相结合，促进有机肥和无机肥的合理配置。四是打通农机服务主体与农业生产主体壁垒，规范机械施肥技术模式，促进施肥精准化、施肥过程轻简化。持续推进化肥、农药减量增效。

在灌溉用水减量化方面，由于我国淡水资源的时空分布不均以及农作物生产效率低下，使缺水的影响较为严重。中国目前灌溉农业用水量占全国总取水量的62%，90%以上的灌溉面积仍在使用地面灌溉技术（例如沟灌），其用水量通常比现代滴管多10%至30%。这种灌溉方式原始粗放，具有极大减少用水量的潜力。未来要加大节水灌溉措施的投资并实施节水灌溉措施。

（二）农业生产清洁化

我国人口多，资源约束性强，农业农村经济发展方式相对粗放，资源浪费、环境污染的问题日益突出，农业农村经济持续健康发展越来越受到资源环境的制约，农业综合生产能力和生产水平登上新台阶的难度大。推进农业清洁生产，转变农业增长方式，不仅是防治农业环境污染和保障农产品质量安全的需要，也是降低农业生产成本、保障农民收入持续增长的迫切任务。一是要用循环经济的理念发展农业生产，实现资源利用节约化、生产过程清洁化。二是要实施耕地分类管理，在土壤污染状况详查的基础上，有序推进耕地土壤环境质量类别划定，建立分类清单。根据土壤污染状况和农产品超标情况，结合当地主要作物品种和种植习惯，制定实施受污染耕地安全利用方案，降低农产品超标风险。加强对严格管控类耕地的用途管理，依法划定特定农产品禁止生产区域，实施重度污染耕地种植结构调整或退耕还林等。

（三）农村废弃物资源化

推进农业废弃物资源化利用，加强秸秆、农药、化肥农膜废弃物资源化利用。对于传统的烧秸秆行为应立法禁止，切实加强秸秆禁烧管控，强化地方各级政府秸秆禁烧主体责任。建立网格化监管制度，在夏收和秋收阶段加大监管力度，严防因秸秆露天焚烧造成区域性重污染天气。坚持堵疏结合，加大政策支持力度，推进秸秆全量化综合利用，优先开展就地还田。建立区域性农药包装废弃物回收体系，开展农残膜回收与再利用，加快可降解农膜应用。完善废旧地膜等回收处理制度，试点"谁生产、谁回收"的地膜生产者责任延伸制度，实现地膜生产企业统一供膜、统一回收。建设病死畜禽无害化收集处理体系和区域性粪污集中处理中心。

（四）农业产业模式生态化

实现乡村振兴，产业兴旺是基础，要将农业生态系统与经济系统结合起来，既重视农业经济功能的发挥，又重视其生态功能，使农业产业模式生态化。首先，农业产业模式的生态化主张大农业系统，重视农业发展中农、林、牧、副、渔业生态协同系统的构建，根据地区实际平衡农业产出、资源投入、生态影响三者的关系。以生态学理论为指导，运用系统工程方法，构建物质循环流动的生产模式，实现物质在农业生态系统内循环利用和高效利用，以尽可能少的投入，获取尽可能大的产出，并进一步拓展生态农业多种功能、挖掘生态乡村多元价值。其次，农业产业模式的生态化要进一步推进生态农业产业园和生态农业产业强乡、强镇建设，重点推进生态农产品加工、乡村休闲旅游、农村电商等产业发展，广泛实施"数商兴农"工程，推进电子商务进乡村，培育优势特色生态产业集群。最后，农业产业模式的生态化要大力开展生态农业品种培优、品质提升、品牌打造和标准化生产提升行动。

二、加强乡村生态保护与修复

大力实施乡村生态保护与修复重大工程，完善重要生态系统保护制度，促进乡村生产生活环境稳步改善，自然生态系统功能和稳定性全面提升，生态产品供给能力进一步增强。

（一）协调好永久基本农田保护红线与生态保护红线

生态保护红线、永久基本农田、城镇开发边界三条控制线不仅仅是表现在规划空间上的三条引导线，更重要的是形成与之相配套的管理机制和实施政策，强调各项政策在空间上的综合性和协同性，旨在处理好生活、生产和生态的空间格局关系，着眼于推动经济和环境可持续与均衡发展，是美丽中国建设最根本的制度保障。

（二）集中治理农业生态环境突出问题

对农村环境问题和生态系统问题进行集中治理，修复农业生产生活的生态环境基础，满足农业生产、农村生活和自然生态系统的保护要求。

1.着重治理乡村土地污染问题

乡村土地污染的重点是耕地的重金属污染与农药施放造成的面源污染。

推动重金属污染耕地修复。实施土壤污染防治行动，推进耕地重金属污染治理。建立耕地重金属污染监测预警体系及土壤样品保存库，开展农产品产地土壤与农产品一对一加密详查，对农产品产地进行分类划分，对安全利用区耕地开展安全利用和修复治理，对严格管控区耕地开展种植结构调整或休耕、退耕还林还草。严格工业和城镇污染处理和达标排放建立监测体系，强化经常性执法监管，阻绝未经处理的工业城镇污水和污染物进入农业农村。

加快农业面源污染治理。以"一控两减三基本"为目标，坚持"以地定养、种养结合、资源节约、循环利用"的原则，采用源头预防与过程防治、工程措施与生态补偿、工程建设与技术集成、重点治理与综合防治"四结合"的方式，重点对农田化肥农药使用、畜禽养殖、水产养殖、生活污水等产生污染进行综合防治。

2.推动农村生活污水治理，改善农村水域生态

根据区位条件、人口数量和聚集程度、经济发展水平和污水产生规模，因地制宜采用污染治理与资源利用、工程措施与生态措施、集中与分散"三结合"的建设模式，鼓励采用人工湿地等生态处理工艺进行生活污水治理。推动城镇污水管网向周边村延伸覆盖，加大适宜技术研究和设施研发，优先重点治理饮用水源地等环境容量较小的村和重点镇发展地区，形成示范效

应，推广镇村域统筹治理。对房前屋后、河塘沟渠实施清淤疏浚，开展沿河农村黑臭水体整治，将农村水环境治理纳入河长制、湖长制重点任务。

3. 加大农村生活垃圾治理力度

统筹考虑生活垃圾和农业废弃物利用、处理，建立健全符合农村实际、方式多样的生活垃圾收运处置体系。有条件的地区，开展农村生活垃圾分类减量化试点，推行垃圾就地分类和资源化利用。实现农村生活垃圾处置体系全覆盖；所有村庄生活垃圾得到治理；完成非正规垃圾堆放点排查整治，实施整治全流程监管，严厉查处在农村地区随意倾倒、堆放垃圾行为；完成生活垃圾焚烧及生活垃圾填埋场风险管控工作，完成垃圾收集处理城乡一体化。

4. 实施农村"厕所革命"，改善农居生态

农村新建住房、易地扶贫拆迁等工程同步配套建设无害化卫生厕所。加快推进户用无害化厕所建设和改造，推荐采用三格（四格）式化粪池或技术成熟、成本低廉的一体化处理设施。按照群众接受、经济适用、维护方便、不污染公共水体的要求，普及卫生厕所。开展农村公共厕所建设和改造，建制村所在的自然村和发展乡村旅游、休闲农业的村应配套无害化公共厕所。

（三）建立健全生态修复与整治长效机制

1. 创新治理管护机制

推行城乡污水垃圾处理统一规划、统一建设、统一运行、统一管理。结合自身实际，制定管理办法，明确设施管理主体，建立资金保障机制，加强管护队伍建设，建立监督管理机制，保障已建成的处理设施正常运行。推广政府和社会资本合作模式，通过特许经营等方式吸引社会资本参与乡村生态修复与整治。建立垃圾污水处理农户付费制度，完善财政补贴、村集体补贴、农户付费合理分担机制。支持村级组织和农村工匠带头人承接村内环境整治、村内道路、植树造林等小型涉农基础设施运行维护的重要力量。

2. 强化乡村生态环境监管执法

创新监管手段，运用大数据、App 等技术装备，充分利用乡村生态环保

网格化管理平台，及时发现乡村环境问题。鼓励公众监督，对农村地区生态破坏和环境污染事件进行举报。构建农业农村生态环境监测体系，结合现有环境监测网络和农村环境质量试点监测工作，加强对农村集中式饮用水水源、农村生活污水处理设施出水和畜禽规模养殖场排污口的水质监测。结合机构改革，加强农村生态环境保护工作，建立重心下移、力量下沉、保障下倾的农业农村生态环境监管执法工作机制。落实乡镇生态环境保护职责，明确承担农业农村生态环境保护工作的机构和人员，确保责有人负、事有人干。

三、打造特色乡村生态，改善乡村人居环境

生态环境是关系着民生的重大社会问题，要为老百姓留住鸟语花香田园风光就要持续开展农村人居环境整治行动。党的十九大报告提出"实施乡村振兴战略"时，将"生态宜居"视为其应有之义和"破题"的关键；将"生态宜居"作为乡村振兴的总要求之一。2018年2月发布的《中共中央国务院关于实施乡村振兴战略的意见》（以下简称《意见》）则将农村生态环境治理作为重要"抓手"，明确提出"乡村振兴，生态宜居是关键"，要求"牢固树立和践行绿水青山就是金山银山的理念"，以期通过对环境突出问题的综合治理，"让农村成为安居乐业的美丽家园"。

（一）打造特色乡村生态风貌

着力提升村容村貌。以城乡建设用地增减挂钩和土地整治为抓手，坚持"一户一宅""建新拆旧"，开展"空心房"整治，拆除残垣断壁，复耕复绿。多元化利用农户闲置房屋，节约集约用地。实施"农民新居工程"，提升农村建筑风貌，开展田园建筑示范，推动建设具有地域特点、民族特色和时代特征的农村建筑。为农村居民提供统一的住宅设计图纸，做好新建农房的风貌管控。大力推进村落绿化，引导选用乡土树栽种植树木，村庄绿化覆盖率达到30%以上。实施"点亮乡村"行动，引导和推动在村主要出入口、主干道和公共活动空间合理设置路灯。开展卫生乡镇创建活动，实现农村环境

综合治理全覆盖。

（二）开展美丽乡村示范创建

选择一批基础较好、特色鲜明的村，创建具有当地特色"五美"（布局美、产业美、环境美、生活美、风尚美）的美丽乡村示范村。坚持各级领导办点，指导推动示范创建，打造示范村中的"精品村"。开展美丽乡村县乡整域推进试点，将美丽乡村、农村人居环境整治、乡村振兴试点示范统筹推进。

第三节　乡村生态策略

一、以绿色发展为导向

（一）农业生产模式的转型

农业种植与生态循环应一体化发展，以构建现代经营体系、生产体系为重点，转变农业的经营方式、生产方式和资源利用方式。推动农业由数量增长为主转换为数量质量效益并重，由依靠要素投入升级为依靠科技创新，由拼资源拼消耗变更位注重可持续发展，由此走产出高效、产品安全、资源节约、环境友好的现代农业发展道路。

（二）农产品的优化与升级

农产品加工业是提升农产品附加值的关键，也是构建农业产业链的核心。应鼓励农产品的品牌概念塑造，提高"三品一标"产品的比例。通过旅游农业的推广和树立休闲农业等产品理念，使绿色农业发展不断扩张和深入乡村产业。

（三）乡村的绿色可持续发展

随着资源环境问题的凸显，绿色发展成为发展的主流。乡村的绿色可持续发展包括农业绿色发展与乡村人居的绿色发展。农业绿色发展要求农业生产过程的清洁化和农产品产地绿色化。绿色可持续环境友好型的乡村人居环境，不仅可以减少资源的浪费，而且可以推动形成绿色的可持续农业生产模式。从而实现减少投入，优化废物资源，实现投入减量化，提高农业发展的可持续性。

二、以资源保护与节约利用为基础

（一）水资源的合理利用

建设节水型乡村，实施国家农业节水行动。深入推进农业灌溉用水总量控制和定额管理，健全农业节水长效机制和政策体系，逐步明晰农业水权，推进农业水价综合改革，建立精准补贴和节水奖励机制。

（二）农业生产空间保护

首先是对农业生产空间的规范管理与保护，严控基本农田线，落实和完善耕地占补平衡制度，并在此基础上划定农业安全区管控范围，确保基础农业生产对空间的需求。其次实施农用地分类管理，切实加大优先保护类耕地保护力度。合理平衡耕地开发利用强度，扩大轮作休耕制度试点，制定轮作休耕规划。最后，对未利用地开垦也应严格控制。

（三）动物和植物资源的保护

农业空间也是野生动植物的重要生存空间。野生动植物是重要的战略资源，保存着丰富的遗传基因多样性，为人类的生存与发展提供了广阔的空间。为保护和合理利用珍稀、濒危野生动植物资源，保护生物多样性，加强野生植物管理，县级以上地方人民政府农业农村主管部门应在国家级或省级野生植物类型保护区以外的其他区域，建立国家重点保护野生植物保护点或者设立保护标志。

三、以农业突出问题的集中治理为抓手

自然生态与产业的关系是紧密结合且不可分割的。从生态策略的角度来看农业的突出问题主要有以下四个方面。

（一）农业经营主体"小、散、乱"问题

各类农业经营主体"小、散、乱"，综合能力不强，生产主体的组织化、

规模化程度偏低，产品相对单一、总量较小，生产主体与市场衔接不足，这是农业产业化程度欠佳，难以强化现代农业的原因，也是农产品质量不高，农业品品牌化建设滞后的重要原因。

（二）种植业污染与养殖业污染

对种植业污染实施化肥减量增效行动，推广测土配方施肥技术，开展耕地土壤改良、地力培肥试点和化肥减量试验示范建设，有序推进耕地土壤环境质量类别划定，制定并实施受污染耕地安全利用方案，推广稻田综合种养生态循环农业。对养殖业污染优化调整畜禽养殖布局，严格执行畜禽禁养区、限养区、适养区"三区"管理规定。加强畜禽养殖粪污资源化利用考核，加强畜禽养殖环境监管，将规模以上畜禽养殖场纳入重点污染源管理，严格落实环境影响评价和排污许可制度。

（三）农村饮用水水源保护与污水治理

实施从源头到水龙头的全过程控制，饮用水水源调查评估、保护区划定、水源地规范化建设工作；基本完成供水人口在1000人以上的农村集中式饮用水水源保护区划定。推广适宜农村生活污水治理技术和模式，加强改厕与农村生活污水治理的有效衔接。梯次推进农村生活污水治理，优先治理环境敏感区域、水环境问题突出区域的农村生活污水。

（四）农村生活垃圾治理

按照"户集、村收、乡镇转运、区域处理"模式，建立健全"五有"农村生活垃圾收运处置体系，建立农村生活垃圾治理长效管理机制。逐步开展并推行农村生活垃圾分类，实现就地分类、源头减量和资源化利用。引导农户采取庭院堆肥或村域集中处理消纳易腐垃圾。完善再生资源回收体系，推进可回收垃圾资源化利用。

四、以生态资源价值的实现为推动

（一）发展绿色生态产业

大力开展产业生态化建设，做实资源统筹、要素保障、配套服务、机制建立等工作，构建与生态环境相适宜的绿色低碳产业体系。大力发展"生态＋"产业，实施原生态保护，推进旅游业与相关产业深度融合，加快发展森林旅游、生态观光、健康养生等产业，培育发展山地户外、汽车露营、科普探险、研学旅行、老年旅游等新业态，实施兴林富民行动，大力发展特色优质高效绿色现代林业，提升产业富民兴村带动作用。

（二）实现自然资源效益最大化

首先，开发森林、湿地等生态资源。由企业、个人或社会团体等通过不同的形式，工程施工建设、植树造林、亲子活动、生态教育等方式参与到生态保护的工作中。并将生态保护作为一种履行社会责任的形式，鼓励社会中的企业积极参与。因此，在保护生态环境的同时建立完善生态资源管护机制。与此同时还可以解决当地的就业岗位问题，提供就业机会，设立生态管护员的工作岗位，优先安排当地群众参与服务和管理。

针对有较好产业资源基础的乡村，考虑到水土资源、地理气候、发展前景、村民意愿及产业联动等多方面因素，建议选取现代化的农业种植业、养殖业、农产品加工及商贸服务作为未来发展的基础产业，以旅游观光为未来发展的核心产业。

第四节　乡村生态规划与实施

建立县、镇抓落实的乡村振兴工作机制，坚持党的领导，落实党委政府职责，凝聚全社会力量，在扎实有序推进乡村振兴规划时，同步推进乡村生态振兴。

一、落实各方责任

坚持工业农业一起抓、城市农村一起抓，把农业农村优先发展原则体现到各个方面。坚持乡村振兴重大事项、重要问题、重要工作由党组织讨论决定的机制，落实党政"一把手"是第一责任人、五级书记抓乡村振兴的工作要求。下大力气抓好"三农"工作。各镇应结合实际情况，制订相应的工作规划。

二、强化法治保障

严格执行现行涉农涉环法律法规，在规划编制、项目安排、资金使用、监督管理等方面，提高规范化、制度化、法治化水平。完善乡村振兴法律法规和标准体系，充分发挥立法在乡村振兴中的保障和推动作用。推动各类组织和个人依法依规实施和参与乡村振兴。加强基层执法队伍建设，强化市场监管，规范乡村市场秩序，有效促进社会公平正义，维护人民群众合法权益。

三、动员社会参与

搭建社会参与平台，加强组织动员，构建政府、市场、社会协同推进的乡村振兴参与机制。创新宣传形式，广泛宣传乡村振兴相关政策和生动实践，营造良好社会氛围。发挥工会、共青团、妇联、科协、残联等群团组织的优势和力量，发挥各民主党派、工商联、无党派人士等积极作用，凝聚乡村振兴强大合力。

编者单位：广州中山大学城乡规划设计研究院
作者：姚长发、彭国斌、许冲勇

编者单位：广东省国土空间生态修复协会
作者：刘勇、陈量、王永红

第十章
数字农业将成为中国乡村振兴重要发力点

发展数字农业，是适应我国农业发展大数据时代、以科学技术推动我国农业现代化的一种切合实际的抉择。2018 年中央一号文件首次提出了"数字农业""数字乡村"的发展策略。从 2018 年起，党中央、国务院先后出台了《数字乡村发展战略纲要》《国家乡村振兴战略规划（2018—2022 年）》等相关政策文件，提出了推进数字农业农村发展的新思路。要想真正走出中国特色数字农业的发展之路，就必须了解我国目前的发展水平和规模；同时，要寻找发展中的薄弱环节和问题，引导更多的社会资金投入到数字农业中来，增强自身的实力、弥补不足，从而在新时期夺取农业、乡村的发展高地上获得强大的内生动力。

第一节　我国数字农业发展路径与方向

一、我国数字农业振兴发展路径建议

（一）加大推进农业产业作业区数字基础设施建设力度

一方面，要以国家推动数字乡村试点、新型基础设施建设以及新一轮电信普遍服务等为契机，制定产业作业区物联网、4G/5G 网络等数字基础设施的长远规划与投资建设方案。另一方面，要充分发挥数字农业相关试点的辐射效应，鼓励和引导跨界企业加快对非试点产业作业区灌溉系统等传统基础设施的数字化改造。

（二）鼓励形成跨行业领域生态圈

一方面，鼓励农业科技企业、ICT 企业、农场、涉农科研院所等成立跨行业领域联盟，形成各主体间技术、资源等合作共赢联盟关系。另一方面，聚焦数字农业技术短板，从财税保险等方面，支持并鼓励"卡脖子"技术的自主创新和协同攻关，切实降低数字农业技术、产品和服务的成本压力。

（三）多途径探索可盈利的数字农业模式

一方面，要以数字乡村相关的考核指标体系为导向，完善数字农业验收体系，尤其注重对运营阶段效果的考核，在提高对政府支持资金有效利用的同时，也要激发试点项目持续、稳定发展的动力。另一方面，要注重农业数据的价值，要以数字农业试点项目为抓手，逐步建立农业数据资源池和农业数据平台，通过大数据分析手段，实现农业数据的深挖，充分释放农业数据红利。此外，要引导跨界合作、区域合作，并融入共享经济、智慧文旅、智慧农险、农业金融等新理念，切实提高乡村一二三产业协同发展的水平。

二、新时代中国数字农业振兴发展的方向

（一）加大农业数字化技术的研发

目前，我国农业生物信息采集方面仍然存在着不完善、不系统的问题，且农业数据管理方面缺乏创新，导致一些农业技术创新缺乏竞争力，特别是最新的生物技术相对薄弱。因此，在农业数字化研发方面，要重点加大对农作物生长模型以及数字化设计等技术的研究，大力发展农业数字化，构建精准的数据模型。比如建立农作物生长模拟模型，对种植的农作物进行预测和模拟其成长状态，从而帮助农业管理者更好地决策与智能化管理。

（二）发挥"农业云"等智慧平台作用

依据大数据技术搭建农业云等平台，切实为农业生产提供精准全面的技术支持。农业云等平台主要是通过专业精准的分析，向相关的农业工作人员提供数据查询共享交流、答疑解惑等内容。未来，通过大数据、互联网等平台，构建全产业链条的智慧农业系统，改变传统农业的经营方式。在农业管

理过程中，依靠数据分析云计算获取浇多少水、施药剂量等信息，建立农产品质量安全溯源体系，确保产品的安全性，实现市县乡村四级管理，确保农业生产者、监管者、监测者彼此之间的信息互联互通，从而推动中国数字农业更好地发展。

第二节　我国数字农业发展的相关政策

中国从 2015 年起就对数字农业进行了全面的规划，出台了一系列以推进数字乡村和数字农业一体化发展的相关政策（见表 10—1）。根据中央有关政策和文件的指引，各级政府在落实党中央、国务院的各项工作中，都表现出了积极的态度。据不完全统计，全国 20 多个省份出台了有关"数字农业"的政策。目前，各地政府已经基本建立起"数字农业"发展的相关配套体系，并在今后逐步形成由政府统一协调、多方协同推动的工作格局。

例如，2020 年，广东出台了《广东省贯彻落实〈数字乡村发展战略纲要〉的实施意见》《广东省贯彻落实〈数字乡村发展战略纲要〉的实施意见》，提出要顺应时代潮流，把握发展机遇，大力推进数字化技术的普及，促进农村经济的发展，实现农村的全面发展。《湖北省数字农业发展"十四五"规划》于 2021 年 11 月发布，明确指出，"十四五"时期，湖北省将在全国范围内推进数字农业的推广和应用，并将其建成 10 个试点和 100 个数字农业示范基地，建设可复制、可推广的数字化农业发展新高地。

表 10—1　党的十九大以来我国数字农业相关政策汇总

时间	政策文件及主要内容
2018 年 2 月	《中共中央　国务院关于实施乡村振兴战略的意见》提出，推进数字农业的发展，要以"数字乡村"的建设为核心。要加快农业产业体系、生产体系、经营体系等方面的改革，提高农业创新能力和竞争力，提高全要素生产率。加快由农业大国向农业强国的转型

时间	政策文件及主要内容
2018 年 9 月	中共中央、国务院印发的《乡村振兴战略规划（2018—2022 年）》提出，发展数字农业，推动一二三产业的有机结合，加快农村产业的发展。推进"数字乡村"战略实施，加快"物联网""地理信息""智能设备"等现代化信息技术的建设，以及"大数据"在农业生产和生活中的应用
2019 年 1 月	《中共中央　国务院关于坚持农业农村优先发展做好"三农"工作的若干意见》提出，加快推进"数字乡村"建设。要在农业领域设立科技创新中心，构建产学研深度融合的平台，强化科技创新联盟、产业创新中心、高新技术产业示范区、科技园区等。强化科技创新主体地位，大力发展农业科技、农业创新型企业
2019 年 5 月	中共中央办公厅、国务院办公厅印发《数字乡村发展战略纲要》提出，加快推进乡村信息化进程。加强农业数字化建设，加快农业数字化转型，加快推进云计算、大数据、物联网和人工智能技术在农业生产和经营中的运用。推进农机装备智能化，提高农机技术水平，提高农机装备信息化水平
2019 年 12 月	农业农村部、中央网络安全和信息化委员会办公室印发《数字农业农村发展规划（2019—2025 年）》提出，数字技术加速了农业与农村一体化的进程。智能感知、智能分析、智能控制等数字化技术迅速渗入农村，使农业信息化进程进一步加快。建立国家农业数字技术研究中心、农业信息技术与遥感学科群、智慧农业合作组织，建立智慧农业实验室和数字农业创新中心，加快建立农业物联网、数据科学、人工智能等相关专业
2020 年 2 月	《中共中央　国务院关于抓好"三农"领域重点工作确保如期实现全面小康的意见》指出，强化农村基础设施的现代化。加大对农业关键技术的研究力度，加快推进重点技术创新步伐。加快发展大中型、智能化、复合型农业机械的研究与推广
2020 年 7 月	农业农村部印发《全国乡村产业发展规划（2020—2025 年）》，提出了发展农村电商，加快科技，提高设备，推动农产品加工企业转型，促进农业和信息化
2021 年 1 月	《中共中央　国务院关于全面推进乡村振兴加快农业农村现代化的意见》提出，要强化农业科技支撑，强化农业的物质基础。要不断增强农业科技的自主性，健全支持基础研究的稳定系统，加快体制机制的改革，规划和建设一大批科研平台。大力开展农业技术支持工作
2021 年 3 月	《中华人民共和国国民经济和社会发展第十四个五年规划和 2035 年远景目标纲要》提出，突出农业、农村发展，把"三农"作为全党工作的重中之重。加快数字农村建设、构建全面农业信息化服务体系、建立涉农信息化服务体系、推进农村基层治理数字化进程

续表

时间	政策文件及主要内容
2021 年 9 月	《数字乡村建设指南 1.0》提出，建设农业数据资源、农业生产数字化、农产品加工智能化、乡村特色产业数字化监测、农产品市场数字化监测和农产品质量安全追溯等内容，利用互联网、云计算、物联网等技术，以多种传感器和通信网络为基础，对农产品生产过程进行智能感知、智能预警、智能决策、智能分析，为农业发展提供精度生产、可视化管理、智能化决策等支撑

第三节 数字农业科学主导，科技兴农推动农业全面振兴

首先，理解科技兴农数字内涵，从本质看，科技兴农将现有的技术和正在发展的数字技术应用到数字乡村的发展和开发中去。数字乡村不仅是指数字技术在"三农"领域的简单应用和叠加，而是利用数字经济理念，依托信息通信基础设施和云计算、物联网、大数据、区块链和元宇宙技术等数字技术，驱动农业农村发展质量变革、效率变革、动力变革，打通"三农"领域的信息壁垒，以信息流带动生产流、商流、物流、资金流、人才流、技术流，利用科学技术重构乡村经济社会发展结构，激发乡村活力，从而推动乡村智能化、精准化、绿色化和生态化，促进农业产业链全面升级、农村全面进步、农民全面发展。

其次，了解科技兴农层次要素，第一个层次是将农业、农村、农民所涵盖的物理世界要素和活动进行数字化表达，包括农业的各类生产要素、生产活动，农村的空间地理信息、治理活动，农民的个体信息、生活活动等，采用数字化手段体现成数据。第二个层次是基于农业、农村、农民的物理世界要素和活动所表达的数据，通过对数据的智能分析和数据建模实现对乡村产业、乡村治理、乡村服务等各方面的分析判断、形成响应策略并反馈执行，从而智慧地作用于物理世界。

科技兴农激发内生动力，科技兴农的发展是要以改善制约农业农村高质量发展的因素为目标，以数字技术与乡村场景的深度融合应用为抓手，不断

深化数字乡村建设，激发乡村发展内生动能。

科技兴农推升发展效能，当前科技兴农的任务是通过数字化技术、理念、模式实现农业农村经济社会转型，破解农业农村发展中面临的问题，以信息流、数据流为主线，重构乡村的生产力、生产关系、生产要素，推升乡村发展效能。

一、科技兴农遇到的问题

（一）大数据驱动乡村土地要素高效管理，促进土地资源盘活利用

传统模式下农村土地资源管理手段的欠缺导致资源利用效能低，制约了农业农村的发展。主要体现在土地监管数字化手段不足，数据不融通。在守好"18亿亩耕地红线"、农村宅基地试点改革等重点工作中，缺乏高效的耕地保护手段、农村宅基地管理粗放、农民建房无序等成为政府部门主要关注的问题。结合2019年农业农村部对河北、辽宁、江苏、浙江、河南、四川、陕西等部分地区宅基地信息化建设现状调查及2020年对15个先行试点县调查，以及各地通过土地调查、农村土地权籍确权等工作，已经累积了一批基础数据，但只在少数地区能通过信息化系统实现便利的管理流程，同时数据分散在多个部门难以互通。此外，缺乏数据支撑，乡村土地资产盘活利用难。农村宅基地正逐步由提供基本居住保障向具有财产性质的资产功能转变。城镇化率快速提高，农民却没有退出农村宅基地，造成中国城乡建设用地同步增长、农村宅基地闲置的现状。因此，利用数字化手段，摸清农村宅基地底数、掌握动态、盘活资产，对于解决当前土地资源利用的供需矛盾、提高农民收入、助力乡村振兴具有积极意义。

通过数字化手段重构土地要素管理模式，推动土地资源数字化转型，有助于盘活土地资产，激发乡村活力。

（二）多举措提升乡村劳动力技能，为当代农业打下科技兴农的基础

目前从事传统农业生产的劳动力结构难以适应现代化农业生产的需要。一是年龄结构老龄化。我国现有的农户结构主要是"以代际分工为基础的半

耕半工"农户家庭,即青壮年劳动力进城、老年人留守务农,农业生产基本依赖经验,缺乏农业科技知识。二是农业生产劳动力普遍存在数字鸿沟。我国农村劳动力的平均受教育年限只有 7 年左右,受过专业技能培训的仅占 9.1%,接受过农业职业教育的不足 5%,加上农村劳动力老龄化现状,绝大多数农村劳动力仍属于体力型,由于自身素质不足、观念落后,学习能力和适应能力相对较弱,对信息化、智能化等高科技接受较慢。通过"互联网 + 农技推广"和线上专家服务,高效提升乡村劳动力现代农业技能,同时加强数字化人才返乡入乡,带动农民数字素养提高。推动乡村人才数字化转型,有助于加快实现农业农村现代化进程。

(三)多渠道重构乡村金融信用体系,支持科技兴农的发展

传统金融模式下,由于农户、中小农企缺乏可抵押资产,信贷额度不足导致融资难,缺少资金支持从而难以高效推动乡村产业发展。因此,亟须通过多维数据创新农户征信画像、数字生物资产抵押贷款等方式盘活农户、中小农企现有资源,提升融资能力和效率,解决融资难问题。目前,通过政府牵头金融机构给予农户的交费,生猪活体抵押贷款、三资盘活等均在试点和探索阶段。以社会多维数据重构乡村金融信用体系,以数字化手段实现生物资产数字化管理,有助于盘活乡村资产资源,提升乡村金融供给能力。推动乡村金融数字化转型,有助于提升乡村产业发展动能。

(四)多场景激发乡村科技融合创新,形成科技兴农发展新动能

近年来我国农业农村科技自主创新能力与整体实力持续提高,至 2020 年我国农业科技进步贡献率已达 60%,主要农作物良种实现全覆盖,农业农村发展已逐渐从"资源要素投入依靠型"进入"科技进步依靠型"的新时期。但我国各区域农业科技创新能力及科技资源配置不均衡,华东、华北、中南地区表现突出,西北、西南地区偏弱。

科技兴农在农业农村领域仍然存在供给不足、应用不深、运营缺位的问题。第一,乡村公共服务数字化需求提升,供给难以满足需求。长期以来,我国城乡公共服务供给二元现象明显,农村基本公共服务供给主体缺位,远远不能满足广大农村居民需求。调研数据显示，村民对便民信息服务、数字文化资源、数字医疗资源和数字教育资源获取具有较大需求的占比均超七成，分别达到83%、81%、79%和74%。第二，当前数字技术在农业农村领域的应用较多是局部性、示范性应用，未能形成规模，需要进一步深化数字技术和农业农村场景的结合应用，发挥更大价值。第三，乡村信息服务缺乏运营。现阶段众多县区已经在探索建设数字乡村，但后续不能持续服务和运营的问题逐渐显现，导致"会建不会管、会管不会用、会用用不好"的现象出现。

破解乡村科技创新问题需要数字技术转型升级，与农业农村场景的深度融合，不断提升乡村技术供给能力和数字化服务运营能力。推动乡村科技数字化转型，有助于为数字乡村发展提供持续动能。

（五）构建乡村数据要素，支撑科技创新在数字乡村中的发展

当前在科技兴农的乡村数据要素体系上同样存在诸多问题，包括两个方面：一是"三农"数据采集、分析、应用体系仍待完善。现阶段我国"三农"数据采集、传输、存储、分析、应用尚处探索阶段。如农业农村部自2017年起开展的数字农业试点建设项目，目前只面向大豆、油料、棉花、苹果、天然橡胶、糖料蔗、生猪等大宗农产品开展全产业链大数据中心建设，因此有待进一步扩展采集品类、扩大覆盖产区，来满足政府部门全范围全方位监测预警、支撑决策的需求，以及生产主体科学精准生产、经营、销售、服务的需求。二是农业农村数据标准不统一、资源分散、共享困难。各地农业农村应用系统建设缺乏统一规划，缺少统一的数据标准与数据化结果，数据整合难度大、开放共享程度低，导致数据壁垒、信息不对称等问题，制约跨区域、跨部门、跨行业的协作协同和科学决策。如涉及生猪监管的系统就多达6个，导致生猪产业链上中下游之间、业务部门之间系统相互独立，难以实现有效融通，数据逻辑未能实现联动。

建立统一、全面、标准的"三农"数据体系是数字乡村的核心任务，推动乡村数据要素全面转型是实现农业农村现代化的重要引擎。

（六）科技创新项目转化与政府引导和企业创新协同是发展关键

科技创新的发展以物联网、大数据、区块链、人工智能、5G、3S、VR/AR、元宇宙等为代表的数字技术正逐渐应用于数字乡村，对加快农业农村现代化发展起到巨大的推动作用。未来数字技术更深入地与农业农村各个场景深度融合是数字乡村建设的主旋律。科技兴农在数字乡村领域的应用场景见图10—2。

图 10—2　科技兴农在数字乡村领域的应用场景

环节 技术	生产 （种植）	生产（畜牧）	生产 （水产）	流通	销售	治理	服务
5G	环境监测 自动驾驶 农机视频 监控	环境监测 设备控制 视频监控	环境监测 设备控制 视频监控	视频 控制	直播 带货	平安乡村	农事服务 网络体系 搭建
物联网 / 传感器	气象环境 监测土壤 环境测控	养殖环境测 控畜禽状 态监测	养殖环境 测控	冷链物 流温湿 度、货 物状态 监测	溯源数 据采集	应急广播 人居环境 监测	—
大数据	作物生长 模型科学 生产决策 产量预测 气象预测	养殖场高效 管理精细养 殖	渔船作业 状态、航 次、捕捞 强度评估	—	消费分 析产销 对接	乡村人员 信息管理	政府科学 决策农保 灾害记录
人工智能	种子筛选 科学播种 土壤分析 病虫害识 别气象预 测	视频称重 智能盘点 精准饲喂	精准环控	品质、 质量无 损检测	—	平安乡村	—
区块链	农产品全流程溯源				—	阳光村务	农险数据 真实留痕

续表

环节 技术	生产 （种植）	生产（畜牧）	生产 （水产）	流通	销售	治理	服务
3S	面积测算 长势监测 产量预测 病虫害预 测	—	渔船分布 等信息采 集	—	—	田长制宅 基地	农险灾害 评估
VR/AR	农旅融合沉浸式展示			—	直播带 活电商 销售	乡村党建	农业只是 科普、培 训

注：笔者自制。

二、数字领域带来的新变化

（一）物联网技术构造智能感知网络

物联网传感器搭建精细化种养环境。种养殖生产环节，通过物联网设备采集环境信息，结合养殖设备远程控制，可实现种养殖环境及设施设备的远程监测与精准控制，减少人工投入、降低生产成本。

物联网助力打造智慧农产品冷链系统。农产品仓储环节，采用射频识别（RFID）、传感器技术监测储存环境温湿度及气体浓度，自动管理出入库、储位信息；农产品运输环节，采用 GPS、射频识别、传感器技术对车辆进行配载、路线规划、安全监测，监测货物位置、状态、环境等实时信息。

物联网助力人居环境高效治理。通过在垃圾监测点部署传感器设备，结合无人机定期拍摄、互联网群众监督等手段，实现农村人居环境的监测，实现环境精准执法、精细监测、科学决策。

（二）大数据技术释放数据要素价值

大数据实现精准种养、支撑产业监管。在种养殖领域，利用物联网、遥感、移动互联网、传感器等技术进行大数据采集、处理、分析，根据分析结果对农业生产进行监管、指导和调度。大数据消费分析助力农产品供需精准对接。借助大数据平台可实现对消费者消费动机、行为决策过程的洞察，通过海量数据分析助力生产主体掌握市场行情走势，灵活制定产销策略。大数据为农业农村部门科学决策提供有力保障。发挥农业大数据在指导市场预测、调控方面的作用，可及时准确预判未来市场发展趋势，提升农业宏观调控和科学决策能力，加速农产品价格形成机制完善。

（三）区块链技术重塑信任关系

区块链实现农产品全流程可信溯源。利用区块链不可篡改特性构建可信农产品质量安全追溯体系，记录农产品链条全过程详细信息，实现"从农田到餐桌"全过程管理与可信追溯，提升品牌溢价。区块链保障农业保险数据真实留痕。种植领域通过高分辨率卫星遥感影像，养殖领域通过牲畜佩戴式传感设备，结合区块链数据无法篡改及智能合约等特点，可保证保险相关数据的真实性，降低风控风险及评估成本，同时提高农业保险赔付效率。

（四）人工智能技术强化精准决策

人工智能助力种养殖智能生产。一是利用图像智能识别技术实现病虫害识别预警；二是利用采摘机器人视觉图像处理等技术，实现复杂环境下果实准确识别与采摘；三是利用人工智能检测技术，为养殖户预防和预测畜群疾病提供预警。

人工智能技术推动农产品质量与品质无损检测。质量检测上，智能化农产品检验设备能快速筛选不合格产品，保证批次质量；品质检测上，智能无损检测技术可在无损状态下实现农产品品质检测分级。

（五）5G技术保障乡村万物互联

一是5G大链接特性满足农业农村高密度数据监测场景需求。在农业种养殖、乡村治理领域存在较多的海量、高密度数据链接场景，5G的海量链接能力可最大限度地满足农业农村快速增长的数据监测需求。二是5G低时延特性助力高实时性农业农村数字场景需求。未来以传感器技术为基础，结合卫星定位系统及机器视觉技术实现的农机自动精准作业和农业机器人等高实时性要求的数字场景，可通过5G低时延能力和云边协同给予有力支持。

三是 5G 高带宽特性支撑农业产业发展、乡村治理中的大带宽场景需求。超高清视频和 VR/AR 等大带宽应用是 5G 的典型场景：农业生产服务中，超高清视频支撑专家远程诊断；农产品销售环节，超高清手机直播、VR 直播提升销售效果；平安乡村建设上，超高清视频监控结合智能图像识别提升治理效率。

（六）3S 技术助力乡村立体感知

3S 技术支撑作物长势监测、产量与病虫害预测。利用遥感技术可获得作物生长光谱图，可监控作物面积、作物长势、实现作物产量预测；还可获取耕地、气象等数据，结合生境信息、植保调查等信息融合分析，实现区域病虫害发生风险的空间分布预警。3S 技术支撑农业保险精准快速验标定损。承保环节，可对投保地块所在区域进行遥感影像分析，完成地块标验证；定损环节，可获取灾害前后的遥感影像，确定总体受灾等级，确保定损理赔公平公正。

3S 技术高效提升乡村治理能力。遥感数据可为农村宅基地和集体建设用地权属问题提供空间数据，并叠加国土规划等数据开展专题分析。卫星遥感监测技术还可助力乡村网格化田长制、林长制管理。

第四节 数字农业新旧转换，信息化助推农村现代化

数字农业是农业现代化的高级阶段，是创新推动农业农村信息化发展的有效手段，也是我国由农业大国迈向农业强国的必经之路。数字农业是通过现代信息技术对农业对象、环境和全过程进行可视化表达、数字化设计、信息化管理的现代农业。数字农业对促进传统农业向现代农业转型，助力产业结构优化升级，提高农业生产效率有着极大推动作用。数字农业依托新型信息技术，可以全方位通过耕种生产、科学管理、储藏运输、流通交易等各个环节，为农业产业链提供一体化决策，使信息技术与农业各个环节实现有效融合，实现农业信息交换和信息共享，实现农业精准化生产，降低农业生产

风险和成本，使农业生产过程更加节能和环保，对改造传统农业、转变农业生产方式具有重要意义。

数字化农业是伴随网络化、数字化和信息化在农业农村经济社会发展中的应用，以及农民现代信息技能的提高而衍生的农村现代化发展和转型进程，是一种集知识、信息、智能、技术、加工、销售等生产经营诸要素为一体的开放式、高效化农业。

目前，我国乡村数字技术发展基础薄弱，数字化应用落后，乡村大数据平台稀缺；新一代信息技术应用普及度和覆盖率偏低，大部分农民文化教育水平普遍偏低且农村青年劳动力不断外流，导致从事数字乡村建设人才匮乏；数字技术与乡村治理融合度不高，存在政务公开不透明、信息不通畅、治理工作效率低下等问题。

未来数字农业和数字乡村的发展潜力无限。站在全面建成小康社会的新历史起点，我们怎样以数字化助推农业农村现代化？即我们把发展数字农业和数字乡村作为我国加快实现新旧动能转换的重要手段，当作数字中国建设的重要内容来抓。

农村经济发展方面，数字农业要让信息技术与农业各个环节实现有效融合，包括加快推动种植业、畜牧业、渔业等领域数字化转型，通过数字化打造，让一批数字农业应用的先进县市和数字龙头企业走在前头，争取一批数字农业试点建设项目在各地落地实施，形成可以复制可推广的数字农业发展典型模式。要让已经逐步实现数字化的农业生产专业化、规模化、企业化；农业生产体系完善；农业现代化初步形成。

农业人才培养方面，新型职业农民是具有科学文化素质、掌握现代农业生产技能、具备一定经营管理能力，以农业生产、经营或服务作为主要职业，以农业收入作为主要生活来源，居住在农村或集镇的农业从业人员。要具备一大批应用数字管理、数字经济人才队伍，就要充分调动区域涉农高校、科研院所和职业学校等资源优势，以地方数字农业发展需求为出发点，开展数字农业相关研究和项目建设，建立数字农业领域的人才培养和实训基地，培养既懂理论又懂实践的复合型人才；并且利用新型职业农民培训、农产品电子商务培训等培训资源，加大对新型职业农民、农村信息员、基层农技人员培养力度。

文化交流方面，农村文化作为农村建设中的"软力量"，是建设社会主义新农村、落实科学发展观、构建社会主义核心社会的重要内容。数字赋能乡村文化，依靠数字平台开发乡村文化创意产品，打造乡村文化品牌，提高村民群众的文化生活质量，保护和传承乡村各类非物质文化遗产和乡村文化。

乡村治理方面，利用新媒体功能尝试打造专属微信群和公众号，以便村民可以及时充分地了解政务信息、工程建设信息等，引导广大村民积极参与到农业农村发展的讨论话题，构建数字化监督平台，使得信息获取更加公开透明，提高乡村治理决策的科学性。

加快数字农业发展和数字乡村建设，是推动农业现代化的必然选择。促进数字技术与农业产业融合，是适应数字经济发展的必然要求。数字化赋能农业农村现代化，对中国特色农业现代化建设和农业高质量发展具有重要意义。我国数字农业发展和数字乡村建设尚处于起步阶段，今后依旧要牢牢守住保障国家粮食安全和不发生规模性返贫两条底线，以解放和发展数字生产力、激发乡村振兴内生动力为主攻方向，大力发展乡村数字经济，为推动乡村振兴取得新进展、农业农村现代化迈出新步伐、数字中国建设取得新成效提供有力支撑。

第五节　数字农业高效应用，推动农业高质量发展

数字农业作为乡村振兴战略重要举措，推动数字农业建设朝着农业全链条数字化、网络化和智能化发展。近年来，我国数字农业技术得到快速发展，开发出一批实用的数字农业技术产品并建立了专用网络数字农业技术平台。在此进程中，只有主动适应潮流，提升数字化生产力，才能加快农业数字化发展步伐，推动农业高质量发展。

一、农业大数据助推农业高质量发展

农业大数据就是运用大数据理念、技术和方法，解决农业或涉农领域数据的采集、存储、计算运用等一系列问题，在开放系统中收集、鉴别、标识数据，并建立数据库，通过参数、模型和算法来组合和优化海量数据，为农业生产操作和经营决策提供依据。大数据主要应用于大田作物，通过计算机运算进行，海量的基因信息流可以在云端被创造和分析，同时进行假设验证、试验规划、定义和开发。可以高效确定农业品种的适宜区域和抗性表现。尤其是优质品种在打造高质量农业方面起关键作用。这项新技术的发展不仅有助于作出更低成本更快的决策，而且能探索很多以前无法完成的事。

二、物联网技术应用让农业生产更高效

物联网技术的应用，可以使管理信息系统的数据由人工采集、输入，变为传感器采集、实时传送到系统，这样可以及时获取数据，以及提高数据的准确性，避免人为错误。物联网技术在现代农业生产设施和设备领域中的应用极大地提高了现代农业生产设施和设备的数字和智能化水平，真正实现整个农业生产过程的数字化控制和智能化生产管理。

三、精准农业促进合理利用资源

精准农业包括施肥、植物保护、精量播种等领域。通过及时对农作物进行管理，并对作物苗情、病虫害等发生的趋势进行分析、模拟，为资源有效利用提供必要的空间信息。在获取上述信息的基础上，利用智能化专家系统，准确地进行灌溉、施肥、喷洒农药。最大限度地优化农业投入，在保质保量的同时，保护土地资源和生态环境。

四、智慧农业成为新型农业发展形式

智慧农业是能够打破传统农业落后面貌的新型农业发展形式，是建立在

经验模型基础上的专家决策系统。智慧农业强调智能化的决策系统，配之以专业的硬件设施。智慧农业的决策模型和系统可以在农业物联网和农业大数据领域得到广泛应用。智慧农业依托于现代科学技术为现代农业提供一整套解决方案，同时可以按照某区块的发展需要进行拆分。

五、农业数字化转型助推现代化可持续发展

数字农业正呈现出巨大的发展潜力和广阔的应用前景。数字技术的应用将加速传统农业各领域各环节的数字化改造，为农村经济高质量发展增添新动能。数字技术对提高土地产出率、劳动生产率、资源利用率的作用正日益凸显，其在农业中的应用推广也呈现出明显特征。

农业数字化转型可以推动农业绿色可持续发展，最大限度减少投入，降低成本，保障农产品质量安全。农业数字化转型促进农产品产销精准对接，推动农产品生产流通各环节的数字化，提高产需双方信息获取效率和处理效率，降低交易过程中的不确定性。利用大数据、人工智能，将经验、知识和技术数据化，实现智能化、产业化、高效化生产，能有效解决劳动力缺乏、行业风险高、生产效益低等问题。

六、产业数字化和数字产业化

产业数字化是以数据为关键要素，以价值释放为核心，以数据赋能为主线，对产业链上下游的全要素数字化升级、转型和再造的过程。产业数字化转型是利用数字技术进行全方位、多角度、全链条的改造过程，是利用数字技术破解企业、产业发展中的难题，重新定义、设计产品和服务，实现业务的转型、创新和增长。对数字农村发展，在产业布局和产业优化结构上，就必须面对生态环境数据质量不高、资源分散、数据共享程度不足、产品同质化、生产成本高等问题，要在产业数字化转型、企业升级改造、产品优化、效益叠加上下功夫。

近年来，利用数字技术培育发展生态农业、设施农业、体验农业、定制

农业、分享农业等，推动农业生产性服务业数字化和产业化。推进产业组织和商业模式创新，支持各类市场主体发展农业电子商务，延长数字产业链、提升价值链、打造供应链。

数据治理是一项长期系统工程，贯穿于整个数字乡村和乡村振兴数据生命周期，是技术与管理相结合的一套持续改善管理机制，不仅需要借助技术手段，更需要完善数据治理制度，包括规划、组织、机制、规范、流程等。逐步形成数字乡村的农业生态环境保护与治理等数据治理文化，数据治理才能取得成效，数据才能发挥更大的价值。

第六节　新时代数字农业技术及其应用

一、未来大力发展的数字农业技术

未来基于农业物联网技术，数字农业技术和模式将有望在以下几个典型的农业细分领域优先突破、大有作为。

（一）智能农机装备

作为一种农业生产手段，智能农机装备利用物联网技术和信息通信技术实现最佳生产和精益化生产，从农业作业手段上，推动农产品增产，农民降本增效，从集约化运作角度，实现环境资源可持续发展，农业生态良性循环。

（二）智能灌溉

提高农业灌溉效率和减少水资源浪费的需求正在增长。这种通过部署可持续和有效的灌溉系统来保护水资源的方法正在受到越来越多的关注。基于物联网的智能灌溉测量空气湿度、土壤湿度、温度和照度等参数，从而准确计算出对灌溉用水的需求。已经证明，这种机制可以有效地提高灌溉效率。

（三）农业无人机

无人机拥有丰富的农业应用，用于监测作物健康、农业摄影（用于促进健康作物生长）、可变速率应用、牲畜管理等。无人机可以低成本监测大面积区域，传感器可以轻松实现收集大量数据。

（四）智能温室

智能温室持续监测气候条件，如温度、空气湿度、光照、土壤湿度等，并最大限度地减少作物种植期间的人工干预。这些气候条件的变化会触发自动响应。在分析和评估气候变化后，温室将自动进行误差校正，以将气候条件保持在作物生长的最佳水平。

（五）收获监测

收获监测机制可以监测影响农业收获的各种因素，包括粮食质量流量，水量和总收获量。从监测中获得的实时数据可以帮助农民作出决策。这种机制有助于降低成本和增加产量。

（六）农业管理系统（FMS）

FMS 通过传感器和跟踪设备为农民和其他利益相关者提供数据收集和管理服务。收集的数据被存储和分析以支持复杂的决策。此外，FMS 可用于识别农业数据分析最佳实践和软件交付模型。其优势包括提供可靠的财务数据和生产数据管理，以及改善与天气或紧急情况相关的风险缓解能力。

（七）土壤监测系统

土壤监测系统帮助农民跟踪和改善土壤质量，防止土壤退化。该系统可以监测一系列物理、化学和生物指标（如土壤质量、持水能力、吸收率等），以减少土壤侵蚀、致密化、盐碱化、酸化和被有毒物质污染的风险。

（八）精准家畜饲养

精准家畜育种提供牲畜生殖、健康和心理状况的实时监测，以确保最大的回报。农民可以使用先进技术实施持续监测，并根据监测结果作出决策，从而改善牲畜的健康状况。

二、数字农业技术的应用策略

（一）农业要素配置领域的应用

农业高质量发展的根本前提是要实现农业要素配置的合理化，这也是当前农业发展的重要方向，而农业资源配置的根本原则就是绿色化，包括绿色保护、绿色科技、绿色供给、绿色政策等，这是现代农业永续发展的核心要义。为此，要加强数字农业技术在农业要素配置领域的下沉应用，以尽快实现农业资源配置与利用的绿色化。一方面，充分挖掘释放人工智能技术在农业领域的优势效能，通过低化肥、少人力、节水性、无农药等转向，为实现农业资源绿色化夯实基础。另一方面，加强新技术创新应用，如区块链、云计算等，积极寻求不同地区农业绿色发展的个性规律，为优化农业结构，推动农业资源利用绿色化实现提供重要保障。此外，还要积极利用数据中心、智能计算中心等，在充分学习借鉴国外先进政策、成功经验的基础上，全面分析我国当前农业政策合理性与否，以及农业资金利用有效性与否，以进一步完善农业绿色化发展的政策内容和保障机制，为实现农业要素配置绿色化、高效化提供全新可能。

（二）农业产业融合领域的应用

农业高质量发展的实现，需要以完善的现代农业产业体系为基石，同时这也是促进农业产业转型升级的根本驱动力。新时期以来，我国先后进行了两次农业产业布局的重大调整，特别是供给侧结构性改革促进了我国农业现代化产业格局的形成。当然，要想实现产业融合深层推进，就必须加强农业数字技术的深入应用。一方面，要加强大数据技术在农产品消费领域的应用，打通供给端和消费端的流通壁垒，凸显农民市场主体优势，为其创造更多利益空间。另一方面，要借助大农业信息库精准把握农产品消费诉求，打造集初加工、精加工、主食加工于一体的协作发展局面，构建农业生产、加工、流通多维整合的全新体系。此外，加强现代信息技术在农业生态价值、文旅价值、休闲价值等领域的应用，拓展农业多元功能，积极探索"农业+"商业模式，寻求农业与其他行业的跨界运营新突破，全面拓展农业附加值空间，进一步提高农民收入。

（三）农业生产管理领域的应用

整体来讲，我国农业生产管理手段相对落后，中低产田占比依然较高，农机农艺融合程度不高，农业机械化、信息化、科技化水平有着较大的提升空间。显然，数字农业技术在农业生产管理领域的应用，能够有效解决上述问题，提高农业生产管理智能化水平，进而促进农业高质量发展。一方面，要利用智能化技术加强农田水利建设，提高农田标准化水平，通过技术规范应用、土地多维改造提高农业生产技术含量，进一步释放粮食产能，为农业高质量发展提供强大的物质技术保障，切实提高农业风险防范与应对能力，增强农业生产稳定性、持续性。另一方面，要充分发挥农业数字技术的计算优势，促进农业科技的深层推广，全面打通农业科技与农业生产的技术壁垒，切实消除"最后一公里"障碍，实现农业生产要素的定量化、集成化、简约化，增强农业生产精准性、高效性和可控性。此外，还要借助数字农业技术的网络体系、软件技术，推动农业生产标准化、集群化、品牌化转向，全面推行无公害、有机化、环保型农产品，真正满足消费者安全农产品诉求。并依此构建相应的质量追溯、监管惩罚机制，借助技术优势实现农产品生产管理的全程化、动态化监管，借助可靠的质量追溯打通市场各个环节，充分满足消费者多元需求，提高农产品市场流通力。

（四）农业经营决策领域的应用

数字农业技术在农业经营决策领域的应用，有利于实现农业经营决策的高效化，这也是当前农业高质量发展的核心问题。一方面，利用大数据技术、信息技术等，可以加快实现土地集中经营，促进农业规模化、集群化发展。通过土地确权数据库的建设，全面搜集整合土地出租承包信息，为实现土地出租承包的全面衔接提供有效支持，同时推动土地流转线上、线下的双向操作，提高流转效率，并促进多元主体经营的模式探索与建构，进一步扩大以农村土地集中为根本依托的规模经营范围，真正解决"谁来种地"的难题。另一方面，要利用大数据、网络系统等技术，加快服务集中型规模经营模式的应用发展。尤其要依托大农业数据库，全面整合青壮年劳动力流动、未能完成的农业生产任务、农村留守人员不愿放弃土地经营权等信息，同时以县为单位成立专门的服务公司，推动其与兼业农业的深层对接，并借助土地股份合作、托管班托管等方式，为兼业农户提供相应服务，积极培育农业专业合作社、专业服务公司等，全面发展农业生产服务集中型规模经营模式，进而有效解决"如何种地"的问题。

总而言之，在数字农业发展改革中，相关主体必须全面把握数字农业技术内涵价值，加强现状审视，明确实际应用困境，并采取有效措施加以解决，积极寻求数字农业技术高效应用的可行路径，包括农业要素配置领域的应用、农业产业融合领域的应用、农业生产管理领域的应用、农业经营决策领域的应用，以充分推进农业高质量发展目标的全面达成。

编者单位：中新房数字文化应用中心

作者：元绎喆、陈经文、邹学飘、姚丹霓

编者单位：浙江理工大学

作者：陈波、王月瑶

第十一章
"新十大乡愁愿景"促进城乡融合，实现乡村现代化

第一节　全面推进乡村振兴关系国之命脉

党的二十大报告强调要全面推进乡村振兴，建设农业强国强调：农业农村优先发展；全面深化农村改革；推动农村各项发展。这为乡村振兴指明了方向，确定了中国式现代化乡村振兴的国之命脉。

中国有几千年的农业历史，农业农村一直以来是党和国家发展的基石，而农村是中国式现代化的稳定器，在新时代全面推进乡村振兴，既是巩固脱贫攻坚成果，解决当前区域发展不平衡不充分的主要矛盾，更是实现中华民族伟大复兴建设美丽中国的重要抓手，是中国能从容应对各种不确定性风险挑战的底气和保障。

从供给端来看，乡村地区集聚着各类自然资源，承载着矿物原料、粮食等产业链、食物链的最上游要素，是粮食安全、经济安全的基石；从消费端来看，人民日益增长的美好生活需要，尤其是当居民收入达到一定水平后产生的消费升级，绿色消费、生态消费需求将不断增加，而乡村地区将是绿色消费、生态消费的主战场。故要深刻理解和重视以下关键点。

一、关键点之一：推进乡村振兴是应对全球百年未有之大变局的压舱石

党的二十大报告提出，全面推进乡村振兴，坚持农业农村优先发展，全方位夯实粮食安全根基，牢牢守住 18 亿亩耕地红线，确保中国人的饭碗牢牢端在自己手中。农业安全是国家安全的基础！

习近平总书记重要文章《坚持把解决好"三农"问题作为全党工作重中之重，举全党全社会之力推动乡村振兴》中指出"从世界百年未有之大变局看，稳住农业基本盘、守好'三农'基础是应变局、开新局的'压舱石'"。构建新发展格局，把战略基点放在扩大内需上，农村有巨大空间，可以大有作为。习近平总书记在中央农村工作会议上的分析论断指出了乡村振兴战略的重大现实意义。

受新冠疫情影响，全球化发展趋势面临重大调整和多重挑战，去全球化风潮加剧，国际物流中断、国际贸易下降、全球供应链断裂、外向型加工贸易萎缩等一系列负面影响出现，对我国尤其是东部沿海以外向型加工贸易为主要特征的地区带来了前所未有的冲击，外需下降造成了本地就业不足。2021 年第一季度全国城镇调查失业率分别为 5.4%、5.5% 和 5.3%，外来农业户籍人口（主要是进城农民工）失业率达到 5.4%，同时，进入数字经济时代，随着数字化、信息化深入，将释放出比较大量的劳动力，单靠城市服务业难以全部吸纳这部分劳动力，需要通过乡村振兴战略和搭建更大的舞台，为溢出的劳动力提供广阔的就业空间。

从人口发展趋势来看，联合国预测到 2100 年全球人口达 109 亿人，因此而带来的食物需求将超过 70%，未来粮食安全问题和粮食供需平衡矛盾将更加突出，耕地保护的重要性不言而喻，乡村振兴的首要重任就是保障国家粮食安全。

为摆脱对全球化的完全依赖，国家作出了以国内大循环为主体、国内国际双循环相互促进的重大战略调整。"十四五"规划明确了扩大内需战略，把实施扩大内需战略同深化供给侧结构性改革有机结合。正如前文所述，供

给侧的源头和需求侧的增量在广大乡村，要通过全面推动乡村振兴来"练好内功、夯实基础"。

综合以上分析，把农村农业做大做实，应对危机逆周期运作积累安全垫，使其真正成为国家综合性压舱石。

二、关键点之二：推进乡村振兴是从工业文明走向生态文明的基础

人类社会文明经历原始文明、农业文明、工业文明到生态文明，是一个螺旋上升的过程。生态文明对以往文明的优秀成果既有继承更有超越。它强调人与自然和谐共生，是对传统"天人合一"思想的升华。生态文明的发展，以生态产业化和产业生态化为支撑，其中生态产业化是通过科技创新介入、社会化生产、资本化运作、市场化交易实现生态资源的价值实现和增值，如生态农业、立体林业等；产业生态化狭义上是指通过仿照自然生态的有机循环模式来构建产业的生态系统，如生态工厂、循环工业园等，从生产活动扩展至对人类活动的转变，将人类活动对自然生态环境的影响降低到最小的程度，出现了生态城市、公园城市等模式。

新冠疫情反映出的城市公共卫生安全问题，以及近年环境污染、交通拥堵、城市超负荷开发、高能耗高碳排等城市病日益显著，对绿色发展的诉求更为迫切。而乡村地区占全国面积90%以上（根据自然资源部2016年统计数据计算），是绝大部分自然生态资源所附的广大地域。因此，乡村振兴在新时代被赋予了新内涵，是承担自然资源的合理利用与绿色化发展、纾解城市过度集聚的城市病及安全威胁等的重要承载，是生态文明建设的重要抓手，更是实现中华民族伟大复兴的关键所在。

三、关键点之三：推进乡村振兴是解决区域发展不平衡不充分、缩短城乡差距的重要举措

近年来我国大力推进脱贫攻坚、美丽乡村等建设，乡村地区发展成果喜

人，城乡差距呈现出逐步缩小的趋势。近年城乡居民人均收入及消费支出的差距指数分别从 2013 年的 2.81、2.56 分别下降至 2020 年的 2.47、1.97，农村居民人均收入增速连续多年高于城镇居民，2020 年城镇和农村居民人均收入增速分别为 3.48%、6.93%，虽然与 2019 年同比分别下降 4.4 个、2.6 个百分点，但农村居民人均收入增速是城镇居民的 2 倍（根据国家统计局数据计算）。数据变化不仅说明加大对乡村建设的投入、对缩小城乡差距确有成效，更应注意到在受新冠疫情影响，农村地区受外部经济冲击的抵御能力更为出色。未来，通过乡村振兴促进广大县域的社会经济综合发展，进而调节社会财富和资源分配，有效平衡城市经济和农业经济的发展。当前，随着各地城市群、都市圈建设加快，当核心城市容量达到一定上限就会出现人口与产业外溢到乡村地区的情况，这是大都市区进一步扩张的结果。根据联合国《世界人口展望(2019 年)》报告预测，中国人口将于 2030 年前后达到峰值，约 14.6 亿人，同时人口老年化将进一步突出，2030 年 60 岁以上人口预计超过 3.6 亿人，占总人口比重将达 24.83%。美丽乡村、田园康养将是解决庞大老龄人口养老问题的重要突破口。我国农村地区是调解城市过度集聚的缓冲区，乡村振兴是城市可持续发展的保障。

第二节　新时代乡村振兴的切入点

党的二十大报告明确把"全面推进乡村振兴"作为新时代"三农"工作的主题，提出要"扎实推动乡村产业、人才、文化、生态、组织振兴"，这充分体现了我们党一张蓝图绘到底，一以贯之地抓落实的战略定力。加快建设农业强国，这是党中央着眼全面建设社会主义现代化国家大局作出的重大决策部署。农业强国的内涵十分丰富，最关键的是努力实现供给保障强、科技装备强、经营体系强、产业韧性强。必须用高水平的农业科技、现代化物质装备破解资源禀赋约束，不断提高土地产出率、劳动生产率和资源利用率，推进农业产业延链、补链、强链，全面提高产业体系的韧性和稳定性。

乡村是兼具生产、生活、生态及文化、政治等功能的地域综合体。要准确把握乡村振兴方向，持续缩小城乡区域发展差距，让乡村地区共享现代化发展成果，因地制宜制定乡村振兴任务，整合多方资源共同推进乡村振兴建设。

一、从脱贫攻坚到全面推进乡村振兴，做好四个衔接与革新

脱贫攻坚与乡村振兴目标统一、主体一致、时间接续、内容共融，脱贫攻坚为乡村振兴奠定了良好基础，乡村振兴是脱贫攻坚的延续和升级。国家提出从脱贫攻坚转向乡村振兴的五年过渡期，既要延续政策稳定、巩固成果，也要推动乡村地区向更高层次发展，兼顾好衔接过渡和变革调整，这是中国式现代化乡村振兴的特色。

（一）**目标任务要衔接转化**

脱贫攻坚、乡村振兴都是我国解决"三农"的重要部署，促进农业升级、农村进步、农民发展是一以贯之的主线。在新时期推进乡村振兴，将从原来脱贫攻坚实现"两不愁三保障"的基本生活保障上升到实现"产业兴旺、生态宜居、乡风文明、治理有效、生活富裕"。在具体任务上，从原来的到人到户精准帮扶转向整村乃至区域的产业升级，从过去解决农村"路、水、电、厕"困难到城乡基本公共服务均等化、基础设施一体化，从保障贫困户的生存底线转向农村社会保障覆盖面和保障力度提升等。

（二）**资产积累要衔接转化**

脱贫攻坚中央、省、市财政及相关帮扶资金累计投入超过 13.7 万亿元过去的乡村建设已经形成了巨大的资产沉淀，要积极通过农村金融服务创新、产权管理交易机制完善、经营组织改革优化等措施，盘活乡村资产，形成资产保值增值的长效措施，把脱贫攻坚内化到乡村振兴中。

（三）**政策机制要衔接转化**

脱贫攻坚全面胜利体现了我国新型举国体制的优越性，集中力量办大事，出台一系列超常规政策举措，构建了一整套行之有效的政策体系、工作

体系、制度体系。全面推进乡村振兴战略的深度、广度、难度都不亚于脱贫攻坚，要在原已形成的政策机制基础上，进一步向乡村倾斜，以更有力的举措、汇聚更强大的力量，加快农业农村现代化步伐。

（四）路径侧重要衔接转化

乡村振兴需梯次分类、循序渐进，切忌一哄而上、急于求成、脱离实际搞一刀切。对于发达地区、集体经济强等有条件的乡村，应发挥首创精神，为乡村振兴先行示范、探索经验。而原来贫困地区要循序渐进，既要尽力而为又要量力而行，精准发力，其近期重点工作是查漏补缺，先保底固基础，防止大规模返贫，再逐步推进乡村发展。

二、推动"新型四化"深度融合，弥补乡村短板

2021 年 4 月 29 日全国人大常委会审议通过的《乡村振兴促进法》，其第一条即强调"为了全面实施乡村振兴战略，促进农业全面升级、农村全面进步、农民全面发展，加快农业农村现代化，全面建设社会主义现代化国家，制定本法"。但不能孤立地看待农业农村现代化，不仅要农业现代化和农村现代化一体推进，更要推动农业农村现代化与新型城镇化、新型工业化、信息化和绿色化互促互进、互联互动，这既是解决发展短板和"城乡发展不平衡、农村发展不充分"的有效途径，也为农业农村现代化提供了不竭动力。

（一）农业农村现代化与新型城镇化的融合

农业农村现代化是推力，新型城镇化是拉力，两者相辅相成共同推进城乡融合的现代化发展。农业的现代化需要城镇服务的支持，特别是县城、小镇在金融、流通、营销等领域对区域农村经济的支持。同时，城市的文化、教育、卫生等公共服务网络及通信、燃气等基本设施网络下沉到乡村基层，并将城市现代生产生活方式与乡土文化、乡村田园空间相结合。让乡村地区拥有与城市平等发展的机会，设施水平、生活水准达到或接近城市水平。但绝不是乡村地区的城镇化，不能把城市的形态、开发建设方式简单地复制到

乡村，要与乡村的生产生活生态特色相结合，注重内涵增长，提高乡村质量。更重要的是人的城镇化与农业农村发展要辩证看待，有相当多的人认为农民城镇化是个必然的趋势，但这种观点忽略了中国是一个农业大国的本质，农民的根在乡村，当前土地制度、所有制制度之下农民的先天资产（承包权、宅基地使用权、集体资产收益分红权等）捆绑在农村，而在城市里农民如果要形成与之相当的资产，需要付出很大的成本，从经济角度看农民一般不愿意离开乡村；在精神层面，中国的宗族文化、乡里文化让很多农民对其乡土有一种特别的情怀或者感情，这就是离土不离乡的乡愁，每年春运的返乡高峰是最鲜活的印证。因此，在乡村振兴中要解决当前城乡之间的制度机制障碍，畅通城镇与乡村之间的要素便捷流动，既要给农民进城的便利，也要提供返乡入乡人员的途径。

（二）农业农村现代化与新型工业化的融合

建立以工补农、工农互促的新型工农关系，要破除工业至上、重工轻农的思维路径和政策机制。过去中国是通过提取农业剩余，以农养工，实现了工业现代化的起步和发展，这一发展惯性一直延续至今。要让生产要素资源在工业部门和农业部门间公平流动。推动先进科技技术融入农村农业，加快先进农机装备、生物技术等在农业的应用，加快农业机械化转型升级，提供农村农业生产效率，实现"藏粮于技"。促进产业链、供应链融合，推动农村一二三产业融合发展，探索循环农业、设施农业、创意农业等新业态、新产品，提高农业现代化产业园、食品产业工业园区等生产制造能力，加强资金、经营组织等对农业的支持。

（三）农业农村现代化与信息化的融合

发挥信息技术创新的扩散效应、信息和知识的溢出效应、数字技术释放的普惠效应，以数字乡村建设为重点，推动新一代网络、大数据、信息技术等信息化新要素与农业农村经济社会发展相融合。加强乡村信息基础设施建设，逐步实现基本信息网络乡村全覆盖，有条件的地区先行探索农业农村大数据中心、农业区块链等建设。发展农村数字经济，建设智慧农（牧）场，发展科技农业、智慧农业，推动农业数字化转型；线上线下结合，推动"互联网＋"农产品出村进城，构建乡村智慧物流配送体系，并发展创意农业、认养农业、共享农业等新业态。利用信息技术优化农业科技信息服务和加强乡村文化建设，建设集创业孵化、技术创新、技能培训等功能于一体的农民新技术创业创新中心，并强化乡村网络文化监管和优质文化内容创作。逐步推进农村公共服务信息化和数字治理体系建设，互联网教育、互联网治理、互联网医疗等向农村延伸。

（四）农业农村现代化与绿色化的融合

乡村是生态资源的主要载体，绿色发展本就是乡村建设的应有之义。但过去乡村建设由于技术、资金、环境等约束，农药面源污染、废水排放、侵占农田等问题普遍存在。推进农村农业绿色发展是乡村振兴的关键所在，重点是在农业结构、农村建设、环境治理等生产生活方式的绿色、低碳、生态化发展。一是优化农业空间布局，以田园综合体、农业现代化示范区等建设为载体，大力发展绿色生态产品，推广绿色生产技术，塑造绿色生态品牌，强化监督管理。二是推动农村生态化建设，倡导环境低冲击的设施建设布局，广泛应用绿色低碳集成技术，探索人与自然和谐共生的绿色乡村形态。三是把乡村振兴与生态修复、低碳发展等工作部署相结合，强化乡村自然生态资源的保护与治理。

三、推进"三变改革"盘活沉淀资源，赋能内生动力

2017 年中央"一号文件"提出"鼓励地方开展资源变资产、资金变股金、农民变股东等改革"，是盘活农村"三资"（资源、资产、资金），激活农民"三权"权益（土地承包权、宅基地使用权、集体收益分配权），建立农业增效、农民增收、集体资产增值的长效机制，更是全面推进乡村振兴的内生动力基础。从资本运作的角度，城乡要素流动客观上是城市资本要素下乡寻求可被资本化的资源，通过"资源资本化"占有收益，并不断寻求要素价格低谷以获取资源资本化的超额收益。"三变"改革要通过改革创新，把乡村空间资

源、劳动力、集体资产等资产转化为对新型集体经济和合作经济的资源性投资，让农村资产在与城市资本的博弈中提高议价能力，建立能保障农民合理权益的农业要素市场，实现资产的高效、科学利用。

（一）资源变资产

要激活乡村资源。乡村资源包括土地、生态环境、劳动力、乡土文化等，从经济角度看，所谓资源是乡村地区的生产要素，其核心是空间资源，主要由土地（包括承包农地、宅基地、集体建设用地等）来承载。建立以放活土地经营权为核心的农村要素市场化机制，通过机制优化保障村集体、农民拥有与外部资本对等的议价能力和地位，同时要降低外部资本(城市资本)下乡的交易成本，防止城市资本的逐利性，超额获取乡村资产价值。

（二）资金变股金

使用金融杠杆放大资金使用效益。每年政府财政专项资金、贴息奖励、补贴等支农资金通过各种渠道投入农村，但由于资金来源渠道繁多、项目分散、单项金额不高、一次性投入等特征，导致支农资金管理混乱、效果局限的问题。在不改变资金使用性质及用途的前提下，加大支农资金的整合能力，通过将各级财政投入到农村的发展类、扶持类资金等量化为村集体或农民持有的股金，投入各类经营主体，实现享有股份权利，变"一次性"投入为"持续性"获益。

（三）农民变股东

要体现农民主体地位和最大化农民收益。核心是实行"股份合作"，让农民拥有股份，发展"股份农民"，在"耕者有其田"的基础上实现"耕者有其股"。在市场经济条件下，下乡资本与农民的关系在本质上是处于初级市场中的产品买断关系，下乡资本利用自己所掌握的市场资源，可以单方面决定价格、品种选择，而分散的农户缺乏议价能力，很难获得合理的市场利益分配。为了避免在市场机制下分散农户与入乡资本在市场活动中的地位差距，通过农民自愿将其土地经营权、宅基地使用权以及其个人资金、技术甚至劳务等入股到经营主体成为股份持有者，参与分享经营红利。此外，需要发挥农村双层经营体制的优势，通过农村集体组织创新，把农户资源和资产组织起来成为整体，让农户相对安全地进入市场。通过外来资本与农村集体组织、农户结成紧密的利益联结合作经营主体，不仅能有效地降低各方市场交易的成本，提高农产品竞争力，更能调动农民积极性、主动性、创造性，培育农民的主体意识和市场意识。

四、加强"融合五链"保障要素落地，导入外源动力

乡村振兴需要产业、技术、资金以及服务、人才等要素支撑，通过构建产业链、创新链、资金链、政策链和人才链（合称"五链"）的协同共生系统，通过链条环节相互融合、联合运作，实现乡村资源的优化配置与价值的增值增效，加快乡村经济社会结构转型升级。

（一）以全产业链发展释放乡村经济活力

过去大部分乡村地区是以原料生产、产品制造环节为主导的单一功能产业区，即便近年一二三产业发展模式兴起，但这类尝试大多处于"农业＋农产品加工＋农旅"为主体的初级阶段。乡村市场主体规模小、数量少、集成度低，配置产业资源能力不足，向外让渡了创新、流通、营销、金融等高附加值环节的剩余价值，导致了乡村地区经济效率相对较低、活力不足的问题。要树立创新、开放的思维，以特色优势产业为牵引构建产业生态圈，在一定区域范围（一般为县域或具有同质特色的经济发展区）内形成特色功能区，纵向、横向发展上下游环节和关联部门的业态功能，实现产业链、供应链、价值链的高效协同和产业资源要素的高效配置。

（二）以创新链联动强化乡村科技驱动力

乡村创新具有分散性、间断性、被动性等特征，调动和整合人财物、信息和知识等创新要素的能力较弱。目前大部分乡村在科技创新的目标需求、要素整合、研发创新、成果转化、推广应用的整个链状结构中，被动处于链条的末端，难以发挥创新链的作用，实现知识技术的创造、转化和增值。而过去在乡村技术创新作出大量贡献的高校、科研院所的作用主要集中在创新

链上游，未能与乡村及创新、应用场景形成良好的互动。建立城乡一体的区域创新网络，通过"校村合作""校企村"合作等方式加强产学研合作，推动科技创新要素与乡村互动，把田间地头变成科技创新基地，释放涉农企业、涉农组织创新潜能。

（三）以资金链融通提升乡村要素市场吸引力

资金缺乏是乡村振兴的一大难题，多渠道、多元化加大乡村地区资金投入，形成资金、资产良性循环，需要提高乡村地区的"吸金能力"。一是整合和加强财政资金投入，在注重原有涉农扶持的基础上，更应发挥财政资金对其他资金的撬动作用。二是推动农村金融机构回归本源，解决农村金融机构离农问题，通过改革农村金融体制机制，创新农村金融产品，让农村金融机构不再成为农村资金的"吸血机"，而是成为乡村振兴的"造血器"。三是鼓励社会资本投入，通过各级招商平台、活动和专用招商引资机构，探索多种类风投、股权基金等多种融资模式，引导更多社会资本等投向农业农村。四是优化完善分配制度，切实提高土地征收、指标异地转移等增值收益返还村集体和农民的比例。

（四）以服务链延伸增添乡村营商环境引力

建立以村集体组织为主体，政府、企业和社会机构联合的精准服务体系。增强基层集体组织服务意识，特别是避免传统小农意识导致的排外、损坏外来下乡人员或资本的利益等问题，营造乡村良好营商服务环境。加强政府服务为主的服务链条建设，加强公共政策、公共产品的供给创新和倾斜，在乡镇组织专业人员建立"一站式"的代办服务机构，为乡村企业、人才提供服务。形成线上线下相结合的公共服务平台，针对乡村发展建设的全生命周期，提供创业孵化培训、项目策划咨询、科技中介、技术支持、工程建设、生产辅导、营销流通等全方位的服务支持。

（五）以人才链流动赋能乡村持续发展能力

人才链构建是乡村振兴的主动力和落脚点。乡村振兴的人才队伍建设，要建立社会人才下乡、专业技术人才培训、新型职业农民转型三种人才形成路径，积极实施更开放的人才政策，在乡村地区形成"领军人才＋辅助人才＋示范人才"的骨干人才队伍。要鼓励优秀企业家、成功乡贤等领军人才到乡村地区，发挥带领农民群众一起干的领头作用。要扩大专家学者、医生教师、规划师、建筑师、律师、技能人才等具有专业技术能力人才下乡队伍，建立技术人员服务乡村长效制度，为乡村振兴提供智力、技术支持，帮助农民发展。还要加大对种植能手、经营能手、专业户等示范人才的支持和鼓励，发挥其树立标杆、先行示范的作用。

五、凝聚"各方参与"联动合作，激发发展活力

乡村振兴需要多方共同参与，以"村民主体、政府引导、市场运作、社会协同"为原则，坚持农民主体地位，充分发挥政府服务功能，强化市场配置作用，汇聚社会力量参与，形成一个各尽其责、各尽所能的乡村发展格局。

（一）坚持村民主体地位

乡村本土居民是乡村的经营主体、建设主体、治理主体和受益主体，乡村振兴要充分尊重农民意愿，保障农民权益，调动农民的积极性、主动性、创造性。核心是通过深化改革，建立起切实保障村民权益的政策机制，完善乡村自治制度，让村民在自己的土地上做得了主。我国小农户数量占到农业经营主体的98%以上，小农户从业人员占农业从业人员的90%，分散化的农民难以较好行使其作为乡村主体的权益和作用，需要通过建立新型农村集体组织，把农民组织起来，参与乡村事务协商、决策和监督，培育新型农业经营主体，引导农民协同推进乡村建设，并保障农民分享发展红利。

（二）发挥政府引导功能

在乡村振兴中各级政府应转变职能，做好顶层设计，发挥统领、服务和监督作用。强化政府服务能力，加强农村公共服务体系建设，搭建好资源交易平台、招商对接平台、科技服务平台等服务"三农"的平台，倾力扶持乡村振兴。加强统筹监督管理，建立定期核查涉农政策落实情况和效果的机制，并加强对乡村集体资产、生态环境、基本农田等底线监督管理。

（三）强化市场运作作用

发挥市场资源配置决定性作用，重点引导涉农龙头企业、金融机构在乡村振兴中发挥更大作用。鼓励龙头企业与合作社、家庭农场、普通农户等形成利益联结经营主体，建立"订单收购＋分红""土地流转＋优先雇用＋社会保障""农民入股＋保底收益＋按股分红"多元化收益分享模式，引导农村经营主体向市场化运作、公司化经营转变。改进、加强金融机构对乡村振兴的金融支持和服务，通过发展惠农富农的涉农贷款、担保、保险、期货和证券等金融产品，为乡村振兴提供有力的资金支持。

（四）汇聚社会协同参与

近百余年的乡村建设探索，社会力量是不可或缺的部分，其主要是以社会组织（包括公益机构、智力机构、协会联盟等各类社会机构、人民团体或其他形式组织）和下乡市民（个人）两类主体承载。社会组织具有资源广、渠道多、技术强等优势，可通过"结对子"等方式深入乡村，为农民生产生活提供多元化全方位的服务支持。而市民下乡更是近年来随着中产阶层崛起、绿色消费需求升级所带来的新趋势，市民下乡与农民形成联合创业或返乡定居将促进城乡要素的双向流动和融合发展。制定市民下乡、推动城乡融合的鼓励政策，对市民下乡创新创业给予财政奖励、贷款优惠、贴息补贴、教育培训，相关项目给以优先配套基础设施建设，下乡人员享有村民同等待遇，享有社保、子女教育等权利，条件好的可探索给予返乡下乡创新创业人员集体股权、分红权等权利。

第三节　实践城乡融合"新十大乡愁愿景"的理念及策略

党的二十大报告明确把"全面推进乡村振兴"作为新时代"三农"工作的主题，提出要"扎实推动乡村产业、人才、文化、生态、组织振兴"，体现了我们党一张蓝图绘到底，一以贯之抓落实的战略定力，进一步指明了新时代"三农"工作的总体要求和前进方向。通过发展产业、带动就业，巩固拓展脱贫攻坚成果，增加脱贫地区城乡发展活力。加快建设农业强国，努力实现供给保障强、科技装备强、经营体系强、产业韧性强。统筹好乡村建设行动、农村精神文明建设和富民乡村产业发展，打造基本功能完备又保留乡味乡韵的宜居乡村，重塑和谐共生、和而不同、和睦相处的乡村文化内核及精神风貌，建设宜居宜业和美乡村。

乡村是中华民族的根，承载着 14 亿多人民的乡愁。乡村振兴建设不能再以过去城镇化的粗放方式进行，要避免城市建设中产生的环境污染、风貌破坏、过度拥堵集聚等问题转移到农村。乡愁的重塑、传承和持续发展，要树立新发展理念。以县域为主要载体，以村、社、企、政等联结为实施主体，围绕全面实施乡村振兴战略的要求，以产业化、城镇化、现代化、信息化、绿色化融合为路径，从空间资源利用布局到全产业链发展，从创新、金融以及技术、人才等要素导入到生活、游憩、景观环境及基础设施等硬件配套，从软环境营造、乡村治理提升到软实力构建、乡土文化重塑。下面从十个方面(乡土、乡业、乡创、乡智、乡居、乡旅、乡景、乡味、乡治、乡魂)剖析新乡愁构成的概念，并提出其实现的路径和策略，期望能形成较为系统化的思路，为中国式现代化乡村振兴全面推进提供参考，促进产业、人才、文化、生态、组织振兴，扎扎实实推进城乡融合发展。

一、乡土：以"县域为城乡融合"落地单元，实现国土空间资源得到高效保护和利用

乡村是具有自然、社会、经济特征和生产、生活、生态、文化等多重功能的地域综合体，作为山、水、林、田、湖、草生命共同体的主要载体，要在一定范围内将其作为一个整体来进行规划和开发利用。县域被认为是打通城与乡的关键节点，党的二十大报告提出，全面推进乡村振兴。坚持农业农村优先发展，坚持城乡融合发展，畅通城乡要素流动，《乡村振兴促进法》也明确提出了"加快县域城乡融合发展"的要求。以县域为单位统筹全域城乡发展，要避免过去"城市本位"的思路，平衡城乡发展关系，核心是要实

现城乡两个要素市场有序流动、平等交换和公共资源均衡配置，形成工农互促、城乡互补、共同繁荣的新型工农城乡关系。因此，要突破"就乡村论乡村"的思维局限，构建从县域、乡镇到乡村的层层推进的乡村振兴体系。

（一）逐点突破——乡村点

以自然村或行政村为单位，重点聚焦村庄人居环境提升、田园风貌营造、乡土文化传承、自治组织建设、基层经营主体发展等实施层面内容。以村为单元开展实用性村庄规划编制，作为国土空间规划体系中最基础的编制单元，在当前自上而下的空间规划体制下，不能成为传导和分解上位规划指标的单纯工具，更要结合乡村实际发展需求，注重空间资源治理及开发利用的成本效益(效果)，兼顾约束性和灵活性。结合农村集体资产(资源）管理、集体土地（农用地、宅基地及集体建设用地等）流转的要求和需要，明确相应空间资源利用安排。村庄规划还应在统筹乡村各类用地布局和设施建设的基础上，明确近期实施项目安排。同时，应以产业项目策划、基本民生服务设施建设为近期重点，制订乡村振兴详细行动计划，指导具体工作开展。

（二）聚点成片——精品片

实践证明，传统"离散式、小农化、同质化"的发展模式已不适应当前乡村发展需要，从最早的"天下第一村"华西村到近年发展较好的"两山"理念典范的鲁家村、"乡村旅游"典范袁家村，其成功经验都一再验证，簇群状、集群式是乡村发展的态势。组合若干有共同文化特色、空间联系紧凑、地缘亲缘紧密、产业特色相同的自然村或行政村成为联合发展体，甚至可以突破行政边界形成跨县联合的特色乡村群。重点以"一品一策"发展特色产业，共建生产生活设施，共享地缘品牌，构建乡村生活服务圈，打造产村人文融合的发展综合体。如广州从化（县级市）万花园美丽乡村群，联合集聚成片、特色相近的村落打造新型乡村发展平台，制定美丽乡村群规划，起到"承上启下、补缺增色"作用。

（三）连片成面——融合区

在县域层面统筹各片区发展，侧重"求同存异"，引导多个片区齐头并进推动全域发展。"求同"即注重解决各片、各村难以靠其自身解决的共同问题,如资本金融资源支持、规模化特色农产品精深加工集聚区建设、农产品贸易及流通物流网络、大型公共服务设施供给等;"存异"即突出对各片的差异化、特色化引导,协调各片区发展方向,保持县域城乡的多元活力。在做好县域国土空间规划的基础上,更要制定县域乡村振兴战略规划,做好全域资源要素统筹,促进城乡资源要素双向流动。广州从化在全域范围内打造七大美丽乡村集群,结合各片的蔬果、花卉、温泉、森林等不同资源条件指导各集群形成自身特色,并通过城区新城建设,强化对全域乡村的辐射带动和服务功能,弥补一般乡村地区能级不足,成为区域要素集散和配置的平台,加快县域城乡融合发展。

二、乡业:立足县域打造"小精特"产业链,系统推进农村一二三产业融合发展

习近平总书记在党的二十大报告中庄严宣示:"从现在起,中国共产党的中心任务就是团结带领全国各族人民全面建成社会主义现代化强国、实现第二个百年奋斗目标,以中国式现代化全面推进中华民族伟大复兴"。①

从全球的农业现代化历程来看,先后出现了机械化为特征的规模农业(如美国、加拿大)、庄园化为特征的设施农业(如德国、法国)、全产业链为特征的综合农业(如日本、韩国)等发展模式。我国作为农业大国,不仅各地区的地形差异巨大,而且乡村社群结构、产权所有制度等与国外存在较大差异,应因地制宜选择农业现代化的发展方向。随着网络技术发展,特别是乡村基础设施建设的改善,为我国农业发展进入新时代提供了条件。"社会化、智慧型的生态农业"将是我国农业发展、乡村振兴的合适模式,是因

---

① 习近平:《高举中国特色社会主义伟大旗帜 为全面建设社会主义现代化国家而团结奋斗——在中国共产党第二十次全国代表大会上的报告》,人民出版社 2022 年版,第 21 页。

应不同地区农业基础条件，以家庭承包经营为基础、社会联合参与农村农业经营的社会化经营为特征，应用互联网等信息技术提高农机农技水平，强调绿色、低碳、循环、可持续的生态型产业发展路径，体现生态文明建设战略，传承中华民族农耕文化的农业发展模式。

（一）培育根植乡土、综合发展的乡村经济

在新时期推进农村农业现代化，结合我国国情，以县域经济综合发展为单元，在以国内大循环为主体的新格局下，构建内源微循环与外源良性交互相结合的县域经济格局。各地应探索建设县域经济综合发展、镇域经济综合发展、县乡村统筹综合发展实现农村现代化的先行示范，通过以本土生产（农产品在本地生产、加工）、本地销售（物流、营销环节由本地企业提供，剩余利润留在本地）、内外消化（消费对象以本地为主、外部为辅）的方式建立农业供应链和消费链，并更多地将利润、税收用于本地乡村公共建设，形成以乡土社群为基础的微型区域经济圈。

（二）以一二三产业融合的全产业链为导向发展农村新业态

把"两山"理念落实到以县域经济为主要载体的一二三产业融合，要充分挖掘本地资源价值，把山水林田湖草等纳入农村产业生态型经济发展的考量中，推进生态产业化。要识别本地资源特色，挖掘和激活产品差异化价值和核心竞争力，加强产学研合作，应用先进技术和管理提高产业化水平，结合本地资源特色科学筛选特色产品。通过打造地理标志产品等手段塑造区域共有品牌，培育发展优势特色产品，强化产品的有效供给和质量保障。围绕优势特色产品延伸产业链条，形成产品研发创新、特色农业生产、现代农产品加工业、乡村手工业、乡村物流、电子商务、涉农金融服务、休闲农业、康养旅居等业态，在县域构建覆盖全产业链条的农村产业生态圈。

（三）以社会化、多元化为导向建立新型集体经济利益联结机制

要让农村农业发展红利惠及本地，实现农业产业剩余价值最大最优化。一方面需要有代表本地农户利益的经营主体，使经营获利回流到本地的发展建设和社会民生上。另一方面，需要把高附加值的农业产业链高端环节锚定在本地，离不开生产经营主体组成的多元化发展。

近百年来，通过社会化经营组织方式解决我国小农经济分散化、规模小问题的探索一直持续不断，从张謇的大生集团承担起地区的农业生产营销、社会服务等职能，到新中国成立后的人民公社统筹了农村基础生产、生活和政治活动组织，改革开放初期以华西村为代表的村办股份制企业承担了经济发展、民生服务等功能，21世纪初浙江的"三位一体"（信用社、供销社、农民专业合作社）农民合作经济组织联合会（以下简称"农会"）构建起省、市、县、乡上下联动提供生产、供销、信用服务的农村新型合作体系。一轮一轮的实践探索证明，社会化组织对于当时的乡村基层产业发展有着良好的适应性，特别是浙江"农会"的探索，能解决农户市场灵敏度不足、缺乏议价能力、单独经营成本较高等问题。

同时，要鼓励农业龙头企业、创新型中小企业等市场企业，联结家庭农场、农民合作社等经营主体，与小农户、农业个体等合作，开展全产业链开发和一体化经营、标准化生产。需要注意的是妥善发挥好社会资本投资农业农村、服务乡村全面振兴的作用，实现多方互利共赢。

（四）以区域性、系统性为特征引导农村产业空间整体开发

优化县域农村产业空间布局，统筹农产品生产地、集散地、展销地及服务配套建设。各地应以现代农业园区为载体，打造一批特色农产品优势区、现代农业产业园、农业产业强镇、"一村一品"示范村镇、农业科技园、农村创业园、农业合作示范区、田园综合体等发展载体。应鼓励农业用地的立体化复合利用，探索农田高尔夫、田园艺术、农产品生产加工深度体验、精深加工中央厨房等农地功能跨界组合、跨业态发展，促进多业态创新，并充分利用农村闲置宅基地整理、农村土地整治等新增的耕地和建设用地，优先用于农村产业融合发展。

探索农村农业区域整体开发模式，最大化各类资源产业化的协同效应。以产业融合乡村绿色化发展的理念，在乡村经济连片发展范围内，统筹乡村高标准农田、农林牧渔业种养殖基地、农产品生产加工区、物流仓储及营销展贸区、基础设施和公共服务等建设，并注重对生态脆弱、生态价值大于经济价值的生态区域保护，形成区域性、系统性布局安排和开发建设方案，增强对社会资本、产业资源的引导和聚集功能，促进农业提质增效，带动农村人居环境显著改善。加强产业生态化发展导向，推广鱼菜共生、立体林业等一体化种养结合布局，打造有机肥料、有机饲料、有机加工、生物质能源等循环农业，不断提升农业绿色化、低碳化水平。

三、乡创：加强农村"金融科技创新"，推动农村金融科技回归本源

党的二十大报告提出，坚持农业农村优先发展。贯彻党的二十大精神，金融创新要秉持"裕农为民"之心将金融活水精准滴灌到田间地头！

过去农业发展长期处于"生产在地、两头在外"的发展状态，农业价值链微笑曲线的前端的科技研发创新和后端的金融、营销、物流服务等高附加值环节都集中在城市，乡村地区价值剩余十分有限。因此，农村产业的全产业链发展应着力加强农业科技和金融服务创新，协同推进生态产业化和产业生态化，通过县域农村产业业态的完备和发展，整体提升农村经济效益和生产效率，实现农村农业的现代化升级。

（一）推进农村农业科技创新

坚持科技引领，建立产学研协同的农村农业创新平台，逐步提升农村科技创新能力。强化农业高新技术产业区、农业科技园等农业技术创新平台建设，打造促进共性关键技术和产品研发的农业技术创新中心。在广大乡村地区推广星创天地等新型农业科技创新创业服务平台建设，构建"创业苗圃＋孵化器＋加速器"的创新创业孵化服务链条，为农民、返乡入乡人员在乡村创业创新提供创业培训、技术推广、项目孵化等服务，促进农业科技成果转化与产业化。应用大数据、云计算等技术支持农村数字化建设和农业技术推广传播，建设开放共享的农业科技资源开放共享与服务平台，利用线下孵化载体和线上网络平台，聚集创新资源和创业要素。

以粮食安全保障、农业生产效率提升为导向，加强农业重点领域技术创新。首要是良种育种、生物种业创新，尤其是欧美发达国家的种业渗透与种源市场垄断，农产品市场充斥着这些跨国种业公司输入、在国内生产的转基因食品，已威胁到我国粮食安全，要避免未来种业受制于人，必须加大育种科研攻关，加快"南繁硅谷"等种业科技创新基地建设。加强农机装备领域创新，一方面要跟各地农业种养特色相结合，因地制宜开展研发工作，如南方丘陵农业生产带应加强中小型农业机械设备研发，贫困落后山区侧重开发适合老人、妇女操作的简易农机设备，都市圈近郊乡村着力发展立体农业、设施农业技术等；另一方面要与互联网、物联网等技术结合，发展远程监控、农用无人机等智慧农业设施。

（二）推进农村金融服务创新

长期以来农村地区金融服务缺位，农村金融机构偏重于乡村的储蓄吸纳业务，对本地的涉农信贷发展不足，乡村的巨大金融需求一直未能得到充分满足。随着乡村振兴全面推进，农村金融需求面将进一步扩大，需要农村金融机构提供更充分、更广泛和创新性的金融服务。

强化县域普惠金融服务功能。依托县城打造服务本地的涉农金融服务平台，鼓励金融机构将更多资源配置到乡村发展的重点领域和薄弱环节。改变农村金融是城市金融延伸的旧模式，针对乡村金融服务对象金融需求变化，因应农村经营主体多元、资源要素复杂非标、发展业态跨界融合等特征，形成定制化金融服务机制。

以农村信用合作为主体形成各类金融机构分工协作，共同推进乡村金融服务体系建设。改变农村商业银行、农村合作银行、农村信用社"离农"现状，推动其业务主要为本地农业农村农民服务，发挥好支农支小、服务基层的作用。商业银行应扩大基础金融服务覆盖面，下沉服务重心，优化网点布局，增加涉农信贷规模。保险公司、融资担保机构、投资公司等增加乡村业务网点，开展农业保险、融资担保、创业投资等业务。

鼓励金融机构创新涉农金融产品。乡村的土地产权特殊性、自然生态资源非标性，导致了一般的交易市场不适应、一般的企业主体不适应、一般的金融工具不适应，要求深化金融改革。要鼓励农村土地信托等金融产品创新，将农民土地承包经营权转化为农民财产权，将土地承包经营权的信托收益转化成为合法的可抵押可转让的金融产品。应鼓励开展农村固定资产证券化，借鉴基础设施不动产投资信托基金（REITs）等方式，创新设计经营性资产和资源信托基金 REITs。深化农村金融体制改革，逐步建立专业化的农村资金拆借市场、证券市场和票据贴现市场。构建农村绿色金融市场，结合农村地方特色产业和生态农业开展绿色信贷、绿色保险、绿色基金等绿色金融市场工具，结合低碳经济发展碳汇交易市场。

四、乡智：多层次打造"懂农爱农人才队伍"，引才引智参与乡村建设

党的二十大报告提出，扎实推动乡村产业、人才、文化、生态、组织振兴。乡村振兴，人才是关键。2022 年中央"一号文件"提出，要全面推进乡村振兴，加强乡村振兴人才队伍建设，实施高素质农民培育计划、乡村产业振兴带头人培育"头雁"项目、乡村振兴青春建功行动、乡村振兴巾帼行动，为乡村振兴注入活力。

人才是乡村振兴、创新发展的先决条件，乡村人力资本开发是乡村振兴全面推进的关键。然而，当前乡村振兴创新人才队伍短板明显，还存在结构分布不均、激励保障不足、培育成长机制有待改善。优化人才发展环境，提升乡村集聚人才能力，引导城市人才下乡，推动专业人才服务乡村，加强乡村本土人才培养投入，通过外部招引和内部培育加快乡村人才队伍建设。

（一）优化乡村振兴人才队伍结构

吸引各类人才在乡村振兴中建功立业，要优化乡村人才队伍结构。一是要提升农村农业生产经营人才素质，一方面做好家庭农场经营者、农民合作社带头人以及高素质农民等农业从业人才培育，另一方面要加大农村创业创新带头人、乡村工匠、手艺传承人、农村电商人才等二三产业发展人才的培

育，形成支撑农村农业产业链延伸的强大人才队伍。二是加强农村科技创新人才队伍建设，既要注重农业科技领军人才的培育，也要加强农村科技推广人才、入乡科技特派员等基层农技人才培育。三是注重乡村公共服务人才建设，特别是教育、医疗卫生、文化旅游、规划建设、法律咨询等专业服务人才的输入和培育。四是加快完善乡村治理人才队伍的建设，包括乡村基层干部、党政管理人才、乡村社会工作人才等培育。

（二）建立人才下乡激励机制

探索人才下乡激励机制，鼓励和支持城市人才入乡、进城人员返乡创新创业。设法增加乡村对城市人才吸引力，要让返乡入乡人员看到留乡发展的前景，目前由于乡村集体收益分配权等权益封闭于乡村集体内部，外来人员对乡村发展贡献和应享有的权益不对等，是乡村难以吸引和留住人才的重要原因。

解决城市人才下乡的后顾之忧，探索建立乡村振兴人才卡制度，让下乡人才在所服务乡村属地县市享有住房、交通、医疗、教育、社保、金融甚至消费等优惠待遇。在乡村户籍和村民权益分配上要有所突破，允许符合条件的返乡入乡就业创业人员在当地乡村落户，并合理享有村民权益和相关的福利待遇，鼓励利用农村闲置宅基地和农房建设农村人才公寓。

加强城乡、区域、校地之间人才培养合作与人才流动。一是建立鼓励人才向艰苦地区和基层一线流动激励制度，对长期在基层一线和艰苦边远地区工作的人才，给予工资待遇、考核评价、子女教育等倾斜政策。二是建立各类人才城乡双向流动机制，一方面建立城市医生、教师、科技、文化等人才定期下乡服务机制，加强城市人才对乡村输出；另一方面建立乡村基层人才定期到城市对口部门轮岗挂职、锻炼培训，逐步提高乡村人才队伍素质。充分保障双向流动人才在职称评审、工资福利、社会保障等方面的权益和待遇，特别是专业人才职称评价应给予政策倾斜，让专业人才更愿意参与乡村发展建设，如广东省在2021年全国首创乡村工匠专业人才职称评价，聚焦乡村实用人才资源开发，让活跃在乡村一线的"土专家""田秀才"等人才能脱颖而出。

（三）完善乡村人才培养体系建设

培养有文化、懂技术、善经营、会管理的高素质农民和农村实用人才、创新创业带头人。加强深入乡村基层的教育培训设施建设，通过支农企业联合科研院所、高等学校，在乡村地区当地设立"三农"技术培训学校、教育实训基地、协同创新基地，加强对职业农民、能工巧匠、科技创新人才等本土专业技术人才培养。鼓励涉农高等院校、职业教育院校加强涉农技术专业课程建设，增设新兴涉农学科专业，加快培养拔尖创新型、复合应用型、实用技能型农林人才。

为乡村农民接受教育创造便利条件。通过互联网远程教育、乡村基层流动特色学习班等形式，送技术、送课程下乡，为农民提高实用精品培训课程，享受优质教育资源。鼓励农民工、留守妇女、职业农民等报考职业教育院校，并为报考农民放宽入学条件、适当降低文化素质测试录取分数线、减免学习培训费用等，促进农民素质提升。

五、乡居：强化乡村基层"公共服务网络建设"，实现乡村公共服务和人居环境水平与城市相当

一直以来，乡村生活服务设施配套不完备、公共服务质量与城市水平差距较大，是乡村留不住人的重要原因之一。近年随着农村"三清三拆"、乡村环境整治、美丽乡村建设等工作的开展，乡村地区人居环境风貌得到了极大的改善，各地涌现出一批又一批美丽乡村示范。

（一）创新乡村住房供给

提高农村住房建设质量安全管理水平，突出体现地域、民族和乡土特色。各地应加强农村建房技术培训和指导，可通过设计图册等方式，为农民提供高颜值、低成本的住房建设指引。注重传统地域建筑文化特色与现代建筑建设技术的相互融合，鼓励农村住房建设采用新型建造技术和绿色建材，提高农村租房建设水平。

（二）搭建乡村便民服务平台

构建县城—乡镇—乡村三级民生服务网络，推动城市设施服务网络覆盖乡村。强化县城作为服务城乡的区域性、综合型公共服务中心功能，以规模化建设综合性强的公共服务设施为主。把乡镇建成农村服务资源配置中心和乡村治理中心，培育社会服务、生活服务、知识服务等专业服务机构和社会组织，强化专门化公共服务能力。乡村社区要提高基本生活服务供给能力，因应乡村地区居民点相对分散的特征，建设泛在化、分布式的基本生活服务设施，形成乡村便民生活服务圈。

健全乡村社会化服务体系，应用智能化、数字化提升乡村公共服务供给水平。鼓励农民专业合作社、家庭农场、农业企业等多种经营主体参与乡村公共服务、生活服务提供，为村民及旅居人员提供文化艺术、文体娱乐、休闲游憩、家政服务、老人照料、幼儿托管等半公共半经营性的生活服务。完善村级综合服务设施和综合信息平台，通过互联网医院、互联网学校等，弥补乡村医疗、教育服务的短板；通过设立智慧药房、无人零售商店、乡村快递配送等，提高乡村生活便利度。

六、乡旅：立足乡野乡趣的"吸引物特色"，多元开发乡村旅游精品

乡村旅游发展要在新时期乡村振兴中发挥作用，需要以乡村区域全面振兴为目标，以重乡愁、重体验、重生态的乡村旅游新需求为导向，以个性化、特色化旅游产品为主要供给，以多方主体联合经营为主要开发模式，以大数据、互联网等技术应用为支撑，提升乡村旅游发展水平。

（一）树立全域旅游思维

乡村地区生产生活生态空间融合度，山水田林湖草等自然生态，民居建筑、历史文化、非遗传承等人文生活，种养殖基地、农产品加工作坊、特产展销店铺等经济生产，皆可转化为乡村旅游资源并加以利用。乡村地区旅游资源全覆盖，决定了乡村旅游发展需要建立全域旅游的发展思路，把乡村旅

游发展与本地经济振兴、生活品质提升和生态环境保护相融合，深入挖掘本地资源特色，让乡村旅游赋能地方可持续发展。

打造乡村全时全域旅游发展格局。一是围绕食住行游购娱体系，加强核心旅游资源点的建设，强化各个个性化特色旅游产品供给，完善旅游基础设施配套，丰富旅游资源点的吸引力。二是构建全域旅游精品线路，通过"旅游景观道""绿道""碧道"等游线，串点成面，形成主题特色鲜明的旅游体验区。三是优化旅游产品组合和构成，建设丰富的日间旅游与夜间旅游项目，针对乡村一年四季不同时段特色，塑造旅游产品功能和特点、亮点；同时，还需要细化各类协调机制，促进各景点功能之间相互协调，确保各部门行政管理之间政策衔接。

（二）开发特色旅游产品

旅游消费需求的多样化、体验化的新需求转变，催生乡村旅游的供给要形成更大个性化、体验型的旅游产品，并在产品开发过程中注重利用乡村地区的自然生态、历史文化、特色产业等资源，增加游客的参与度和体验感，开发独具特色的乡旅产品，实现乡村全域资源价值的整体提升。旅游主题来满足游客需求，可以有以下几种产品类型方向：

开发文化体验、艺术创意等体验游乐型乡旅产品。结合乡村原有基础进行开发，如结合田园的农家乐体验、采摘、农事体验等，更可形成共享农庄、认养农业等新业态，让游客可以在乡村认领一块地、一棵树或者认养一只动物等，与乡村产生更紧密的联系。也可结合农耕文化和乡村民俗的乡村非遗传承基地、民宿庭院、农家餐厅等，让游客获得更丰富的乡土文化体验。还可在田间地头结合大地景观，打造露天艺术公园、田园文化走廊、露天剧场等文化艺术娱乐设施，成为乡土文化、现代艺术碰撞交流的舞台。

开发田园康养、休闲度假等养生度假型乡旅产品。主要利用城乡环境、氛围的差异性，突出空气洁净、环境清幽的乡村慢生活，打造养生庄园、田野酒店、野奢度假村、森林疗养院等产品业态，侧重自然环境与优质健康服务的结合，让现代城市人能在乡村获得放松、调整。

开发科普研学、亲子教育等科普教育型乡村产品。乡野有城市里不常见的花草果木和飞禽走兽，村落里有代代相传的家训教导和传奇故事，可以成为接触大自然、回味历史、学习新常识的独特场所。利用乡村郊野建立生态科普营地、野外科考体验基地，结合村内闲置建筑、宗祠等打造国学学堂、爱国教育基地等，打造以面向学生、青少年为主的研学旅游基地。

（三）创新乡村旅游开发运营模式

数字经济发展、互联网思维植入，"共享""众筹"等创新运营模式与乡村旅游深度结合，衍生出共享农庄、认养田园、"民宿＋"等乡村旅游产品开发新模式，旅游营销方式也随之出现了线上营销、智慧旅游、目的地营销等方式。

共享农庄是农户通过线上共享交易服务平台，出租闲置的乡村房屋，租客可在租赁期间获得房屋使用权的同时，可以分享附属于房屋的田园、菜园或果园的产出。如广州艾米共享农场，通过农田托管平台接受农户委托管理闲置的房屋、农田，并对托管农田、房屋进行统一经营管理，以城市家庭为主要客源招揽承租会员，会员有偿租赁房屋，可获得定期农产品直供，平台公司与农户分享经营收益。该模式实现了闲置农资活化、农户增收、企业利润和城市居民绿色食品、安全食品消费需求的满足，未来更可与金融产品结合，派生出更多与共享产权价值挂钩的金融产品。

"民宿＋"复合发展模式是把"民宿"作为承载文化、价值追求的平台，利用民宿有别于刻板的规模化、标准化酒店的"非标性"，灵活叠加文化、艺术、教育、康养、生态、农耕、美食等多元化主题，可派生出"民宿＋田园养生""民宿＋露营基地"等乡村项目业态。打造个性化突出的旅游标的，精准对接特有客群需求，形成较强的引流能力，从而带动其周边协同发展。如长沙民宿典范的"慧润模式"，以"一宅一品一主人"运营理念满足市场个性化、特色化需求，并通过"631"收益分配权比例联结农户、企业和村集体组成联合经营主体，经营收益按照农户60%、企业30%、村集体10%进行分配。2019年，以慧润为代表的民宿产业共有床位1129张，全年共实现民宿销售收入 3150 万元，带动农产品销售 1890 万元，带动就业 3650 余人，壮大了农村集体经济，实现农民就近致富。

依托互联网开展目的地旅游营销。有别于传统以客源市场开发为导向，依托客源所在地进行旅行产品的策划、实施和销售的客源地营销，目的地旅游营销更多是应用大数据、互联网、云计算等信息技术，通过平台直播、手机客户端、门户网站等，建立客源与目的地的直接联系，引导游客进入和产品输出。发挥新媒体、电商、OTA 等线上平台作用，开展乡村旅游宣传推广，更能适应乡村旅游较为分散、非标化产品的特征，针对特点在客源社群进行更详细、精准的产品信息发布。同时，通过乡村周边设施配套的智慧化，比如高速无线网络、数字化标识、视频直播 VR 体验等，能实现乡村智慧旅游发展的升级，打造更具数字经济时代的乡村旅游产品。

七、乡景：坚持"三生融合"理念，塑造与众不同的乡村景致

"三生融合"即生产空间、生活空间、生态空间有机融合，乡村具有不同于城市的特有美丽，过去有些地区的乡村建设，生搬硬套城市建设模式，对村落及文化景观进行粗暴的改造，不仅使乡村失去原有的特色和韵味，更人为地割断历史文脉。乡村景观营造，应深入挖掘当地的乡土特色，注重乡土特有的场所精神、展场所历史、延续场所文脉，是乡村生产生活场景的凝聚和再现。

（一）彰显乡村聚落景观个性

一方水土养一方人，乡村聚落是当地乡村居民世代生活刻画形成的场所空间，具有显著的原生文化、地域文化特性。通过挖掘乡村特色，整体构建具有标识性的聚落景观，从村落整体格局延续原有文脉，优化民居、宗祠、巷道、水系、田园等布局，形成具有明显地方村落特征的建筑景观。例如，岭南广府文化村落的宗祠和风水池、客家文化村落的围屋、潮汕文化村落的梳式冷巷。在空间序列组织上，注重对村落公共空间、庭院空间、建筑空间的层次组织，通过新业态功能注入，活化原有空间，营造新的空间场所。注

重乡村建筑所承载的乡土文化和时代烙印，在乡村景观中注意对传统建筑工艺、独有建筑符号、本地化建筑材料等应用和再现。

（二）增添自然田园景观魅力

田园景观是自然生态与农耕文化交融的共同体，是乡村地域特色景观的独特标签。田园景观的营造应更多展现其自然属性，降低、弱化或隐去人为干预因素。即使是近年开始在国内流行的田园大地景观塑造，如稻田画、花海造型等，都应强调其自然特质，取材于自然，构筑像自然。避免出现有些地方明明是花海绿化主题，却以人工假花堆砌，让人难以融入。即使是应用新兴造景，如垂直绿化、驯化野花野草造景等新型农业景观，也要体现自然和谐之美。纯粹的自然乡村景观，才是人体验自然静谧、远离烦恼喧嚣的向往和追求。

（三）丰富乡土人文景观内涵

乡村人文景观是乡村文化的传承，是乡土文化的标识。中国台湾等地的乡村广获美誉，其人文景观所营造和展现出的艺术审美，是其魅力之所在。通过艺术化利用，形成既具有乡村淳朴氛围又不失现代时尚气息的乡村景观，德清莫干山的洋家乐、西湖西侧的安缦法云，已成为享誉国际的知名乡村景观。审美的提升，使得乡村的一草一木，都能焕发出乡村的特有魅力。乡村文化景观的升级，要注重对乡村文化的显性表达和隐性传承，构建具有品赏价值的乡村景观。

（四）营造生态低碳景观环境

乡村景观营造应体现低碳、生态、循环、可持续的发展理念。结合生态循环农业等技术应用，在乡村景观中推广采用节水、节肥、节药、节能等先进的种植养殖技术，并推进农业投入品减量化、生产清洁化、废弃物资源化、产业模式生态化。同时，乡村生态景观的营造，更应与乡村地区生态修复、流域治理、水土治理相结合，加强农业面源污染防治，降低乡村建设对自然生态环境的影响。

八、乡味："挖掘和重塑乡土韵味"，提升乡村消费环境和生活品质

如果说乡村景观是乡愁的物质承载，乡土味道则是乡愁的非物质承载，习近平总书记在大理市古生村考察时强调"充分体现农村特点，注意乡土味道，保留乡村风貌，留得住青山绿水，记得住乡愁"①。乡村振兴不是盲目粗暴的大开发大建设，要守住乡土文化的根，保存好乡村的味道，并挖掘和释放乡土文化、乡村风味的传世价值，让乡村振兴不只是冰冷的设施建设，还有温暖的人文关怀。

（一）传承乡村文化脉络

乡村文化遗产保护历来备受关注，在近年的乡村建设中，乡村大部分的历史建筑、文化遗产在一定程度上获得了较好保护。但随着农村发展开发深入，乡村文化传形而不传神，乡土文化独特性逐渐消失，"商业化""庸俗化"现象频现，"假古董""伪文化"问题时有发生，传统乡土文化面临外来文化冲击和通俗文化同化，乡土味道日渐弱化。

乡村文化的活化传承，不仅需要把历史建筑、文物保护等物质文化遗产"凝固住"，更要让风俗节庆、传统技艺、戏曲舞蹈、文学美术等非物质文化遗产"活起来"。一是要从空间上营造文化氛围，依据本地乡土文化特色塑造主题鲜明的文化环境，不仅是建筑的物质形态与文化主题形象保持一致，更需要赋予空间功能、场所活动同样的文化内涵，让人在其中获得精神上的享受。二是要活化传承传统技艺，建设非遗传承基地、乡土工匠作坊等，为非遗传承人、乡村工匠等特殊技能人才创造良好的创作空间，通过传统技艺的合理商品化实现传统技艺的价值，鼓励乡村文创产品、创意农业等发展。三是要活化传统文艺和节庆活动，通过举办传统节庆纪念、风俗礼仪再现、

---

① 中共中央文献研究室编：《习近平关于社会主义生态文明建设论述摘编》，中央文献出版社 2017 年版，第 61 页。

传统文艺表演等乡土文化活动，带领现代人回味传统风俗魅力，感受乡土文化自信。

（二）挖掘乡野美食特色

乡村美食是一种文化、一种生活、一种艺术，时下随着绿色消费成为热点，乡村美食越来越受到追捧。首届"中国农民丰收节"推选发布的"100个乡村美食"引发社会热议，恰是其勾起了人们心底的乡愁和"老家的味道"。

"美食＋"成为乡村振兴的新引擎。乡村美食是绿色生态、返璞归真的象征，经过与文化旅游、地方特产、田园生活等整合创新，已超越了单纯餐饮的概念，乡村美食成为极具生命力的乡土文化印记。袁家村的美食、沙县的小吃，都证明了乡村美食具备促进就业、创造收益、吸引资本、提升发展质量的现实价值，解决了数以万计农村劳动力就业。

乡村美食的开发和创新，要突破传统农产品的思维局限，从乡村美食自身的特色出发，从多角度寻求乡村美食资源的价值转化。近年乡村美食类短视频在国际各大社交平台和视频网站上迅速兴起，不仅展现了乡村特色美食的内容，更展示了乡村的风土人气、生活场景和自然风光，真实而富有感染力。乡村美食通过网红引流，带动了不仅是当地特色产品的销售，更倡导乡村田园生活方式，促进了当地乡村旅游、乡村文化事业等的发展。

乡村美食要塑造区域特色品牌。乡村美食推广尤其需注重地方文化印记和特色品牌，加强地理标志产品、注册商标等品牌知识产权保护，优化原材料生产、成品加工技艺传承、食品体验和销售展示、物流配送以及电商平台推广等环节布局，细化产品差异化设计，塑造独具地方特色的乡村美食 IP。

九、乡治：以"举国体制推进乡村振兴"，创新乡村基层组织建设和治理

健全乡村治理体系是乡村振兴顺利推进的重要保障，脱贫攻坚战期间已形成一套行之有效的管治体系，进入乡村振兴新时期，应通过顶层设计与基层首创互促共进，建立起共建共治共享的现代社会治理新格局，确保广大农

民安居乐业、农村社会安定有序。

(一) 建设"三治结合"的乡村治理体系

乡村治理要注意中国乡村社会是传统伦理型社会，具有独特的农村宗法体系文化底蕴。历史实践已证明，单纯采用人治或法治并不适合乡村社会基层治理。推进自治、法治、德治相结合的乡村治理体系，推动农村基层自我管理、自我教育、自我服务，是符合我国农村社会传统和特色治理方式。以农村自治为载体，以法治为工具，以德治为感召，过去农村治理并未重视"德治"在乡村中的重要作用和传承。南方村落的宗祠、北方村落的村规、西部村落的民约，这些都是农村德治体系的体现，在这样的秩序管理下我国的乡村走过了几百上千年的健康发展。通过发挥村规民约的积极作用，以德以贤为牵头，建立乡贤理事会、请氏族宗亲长辈承担公共管理职能，有利于破除在城市资本和市场进入乡村时所带来的重商主义、功利主义等思想弊端。

(二) 强化"五级联动"推进机制

在脱贫攻坚战中省、市、县、乡、村"五级书记一起抓"的工作机制硕果累累，在乡村振兴中将进一步强化这五级联动的工作机制。《乡村振兴促进法》已明确提出"建立健全中央统筹、省负总责、市县乡抓落实的乡村振兴工作机制，建立乡村振兴考核评价制度、工作年度报告制度和监督检查制度"。发挥党集中统一能力，协调不同利益部门统一到乡村振兴工作当中，避免各部门各自为政，导致政策错位、步调不一致的情况。

十、乡魂："建设新时代农村精神文明"，挖掘传承优秀乡土文化精华

乡村振兴既要塑形更要铸魂，乡风文明是乡村振兴全面推进的重要保障。市民的乡愁、村民的乡愁，从乡愁到"乡振"，既是对人民内心深处田园梦想的抒发和释放，也是融汇现代城市文明对乡村文明的促进和提升。通过文化教化、唤醒自觉，重建乡土内生精神力量，实现文化的振兴、人心的

振兴。

（一）便利公共文化服务

目前，乡村公共文化服务普遍存在着农村群众参与度不高、文化服务内容单一且品质不高、文化活动供需不匹配等问题。急需加快弥补公共文化服务短板，以群众基本文化需求为导向，提高乡村公共文化服务的精准供给，培育基层文化服务供给的内生动力，提高乡村公共文化服务实效。

乡村公共文化设施建设要精准对接乡村百姓文化需求。建立乡镇综合文化活动站、村级综合性文化服务中心等基层公共文化服务设施，要在设施布局中结合本地文化活动特色和习惯，尊重本地文化活动传统，将基础文化服务设施打造成为乡土文化的地标。根据群众日常文化活动需要，完善文化服务设施内部功能，设立传承传统文化价值的乡村文化讲堂、承载传统风俗礼仪的文化活动场所、展现乡村历史故事的特色博物展馆等特色化文化服务设施。

引导和鼓励社会专业力量入乡提供文化服务。地方政府应大力支持社会文化组织参与乡村文化供给，引入社会力量参与送戏下乡、阅读推广培训。如威海市，通过实施公共文化服务公益创投，扶持专业的文化组织孵化中心，对具有成长潜力的文化组织进行培育孵化，让经过培育的社会文化组织重点面向基层社区和农村开展类型丰富的公共文化服务。

应用信息化技术提高乡村公共文化服务效率。利用互联网、物联网建立县、镇、村三级文化服务网络，构建"公共文化资源信息采集、信息推送、信息获取和反馈、实物化使用"的公共文化服务模式，建立文化服务信息复合传播渠道，形成线上线下共建联动的公共文化服务资源整合共享，弥补乡村基层公共文化资源不足。

（二）提升农民精神风貌

重塑乡土文化的认同感，增强乡土社会的凝聚力。乡村社区的精神面貌源自耕读文化、宗族文化、民俗文化等的精神文明，通过承载这种乡土精神的文化，起到宣教的作用。比如珠三角地区的广府文化村落，通过赛龙舟、舞狮子等活动，宣扬团结拼搏之精神。

不断提高乡村社会文明程度，既要遏制城市劣质文化对乡土文化的侵蚀，也要破除传统乡土文化中的陈规陋习。深入挖掘乡土文化中蕴含的社会和美、公平正义、诚实守信等优秀思想观念和精神力量，培育文明乡风、良好家风、淳朴民风，结合时代要求在保护传承的基础上创造性转化、创新性发展。

结论：新征程努力奋斗推进乡村振兴各项工作实现乡村现代化

党的二十大报告指出，经过接续奋斗，实现了小康这个中华民族的千年梦想，打赢了人类历史上规模最大的脱贫攻坚战，全国八百三十二个贫困县全部摘帽，近一亿农村贫困人口实现脱贫。党的二十大所作出的决策部署为继续做好乡村振兴这篇大文章指明了方向、提供了遵循。

乡村是最基层单元的社会、经济、文化、生态综合体，因其单元规模小却又综合性强，使得"三农"相关的工作比城市同类型工作的投入比重大、效益规模小、回报率低，导致了社会很多资源、人才不愿意投入到乡村建设当中。但乡村是中华文化根基之所在，守护和建设好这片根基，才能实现中华民族伟大复兴。

乡村振兴战略全面推进已经具备了较好条件，脱贫攻坚全面胜利、《乡村振兴促进法》出台、实施乡村振兴解决"三农"问题成为全党工作的重中之重，已给予乡村振兴坚强的政治制度保障。《新时代乡村振兴战略理论与实践探索》一书的编著，是我们规划人抒发心中历久弥新的乡村情结，盼望以此唤醒社会各界对乡村的情怀，期望能为身在乡村振兴当中的同仁带来一点思想的火花，更期望能促动更多人投入参与到这场长期持续的乡村发展变革当中。新时期的乡村振兴建设，是我国应对全球发展变化、保障国家经济社会稳定和粮食安全的重要基础。

在综合各地经验的基础上，需要把握新时期乡村振兴的根本目的和内涵，找准发力点，全面、系统推进乡村振兴建设。乡村振兴对于行政管理者、规划设计师、企业经营者、创业村民市民等参与者来说，需要形成系统思维，贯穿农村经济社会发展、空间资源利用、场所构建、组织运营、文化塑造等融为一体。不断深化创新改革，推动形成更为全面的、可复制的乡村发展建设经验，实现中华民族伟大复兴。

指导顾问：方胜浩、何飞燕、江浩波

编者单位：广州中大城乡规划设计研究院

作者：曾永浩、徐建华、黄译槺、严冬、汲涛、曾叶靖、谢钦伟

第十二章
乡村振兴规划评价指标体系与构建探索

构建乡村振兴规划的评价指标体系，是在综合分析的基础上，通过一定的原则、依据和标准，对乡村振兴规划的进展及实施情况作出评估和判断，以便在规划过程中能够及时地了解到相关主体的需求及规划过程中存在的问题并作出相应的调整，从而更好地推进乡村振兴规划的实施与落实。

第一节　乡村振兴规划评价指标体系构建原则

实施乡村振兴规划的评价体系应按照党中央和国务院乡村振兴战略总要求的"产业兴旺、生态宜居、乡风文明、治理有效、生活富裕"的目标要求进行设定。其主要的原则有以下几个方面。

一、科学性与导向性相结合

对于乡村振兴规划的评价应建立在具有科学、客观及准确的基础上，并全面地反映评价对象的本质特征。科学性应体现在评价指标内容、评价指标构成的指标体系以及构建方法三个方面：一是在评价指标内容上应对其内涵具有一定的认识和了解，在对其进行评价时，应有明确规定的评价口径范围及计算方法；二是指标体系能够客观地体现出评价的目的；三是构建的方法有依有据，有模式可循。

另外，还应遵循导向性的原则，建立评价体系的目的并不局限于该乡村振兴规划实施的后期效果是否达到乡村振兴"达标"程度的高低，更重要的是能够"引导"被评价对象实现乡村振兴规划战略目标，并且检验目标的实现程度，从而将乡村发展有序地引导到乡村振兴战略的轨道上来。

二、综合性与动态性相结合

乡村振兴涉及各个层面及要素的规划及建设，每个指标之间有着千丝万缕的联系，所以对规划进行评价也应作为一个综合的评价体系，应当从多层次、多方面及多角度地反映乡村振兴规划实施的实际情况。

按照党的十九大提出的决胜全面建设小康社会、分阶段实现第二个百年奋斗目标的战略安排，中央农村工作会议明确了从 2020 年到 2050 年实施乡村振兴战略"三步走"的时间表，该阶段时间跨度大，合理的评估范围应该覆盖建设中的各个节点，通过节点指标的比较分析，反映乡村振兴在规划的过程中"动态化"的发展趋势，从而可以对乡村建设进行及时的跟踪、推测与指导。

三、可比性与可操作性

由于各个区域乡村的自然环境和社会经济发展水平都各有差异，乡村振兴规划的指标体系构建不能以偏概全，千篇一律，而应根据每个乡村实际情况反映当地的地方特色指标。并且，可比性还表现在选用的评价指标应相互独立，同一层次上的指标避免交叉重复，评价指标既要体现乡村实际需要和客观需求，还能对未来发展保持一定的预见性与连续性。指标体系建立应采用国内通用的、普遍认可的指标，符合统计制度的标准要求，这样便于操作，易于采集，以期达到不同年份不同阶段的动态可比性。

构建指标体系的目的在于指导实际评价，应通过多种渠道收集客观真实的指标数据，利用现有的数据进行分析评价，对于不可获取的可以采取相似替代的方法，确保数据容易获取，可操作性强，避免理论可行却不能用于实践。

四、硬指标与软指标相结合

硬指标是指评价体系中可以直接量化的指标，如经济发展、人均收入、产业发展情况等指标。软指标是比较柔性的指标，无法直接量化的，需要进行计算和转换才能进行评价，如文化、社会建设、乡村民俗文化及遗产保护、人才保护等指标都是定性指标。乡村振兴规划不应只重视硬件设施，更应该体现人文关怀，只有硬指标与软指标相结合才能更综合地对规划效果进行科学全面的评价。

第二节　乡村振兴规划评价指标体系构建意义

要了解乡村振兴规划的实施效果，就需要探寻科学合理的方法对规划进行评价。规划实施的评价能够及时反馈规划的结果，有效的评价体系能够揭示规划对乡村振兴作用的意义与条件，帮助构建"规划—振兴"之间的有效路径。因此，在当前乡村振兴建设如火如荼进行的情况下，探寻出适用于我国乡村振兴规划实施效果的评价体系就显得迫切及必要。

一、目标具体化

乡村振兴是一项长远宏伟的战略工程，乡村作为一个有机整体，涉及环境、社会、文化、经济等各方面的发展。所以在贯彻落实乡村振兴战略"产业兴旺、生态宜居、乡风文明、治理有效、生活富裕"总要求时能够使政策层面的方针落实到具体实施的操作，乡村振兴规划是对乡村振兴战略的操作上的实施，构建实施乡村振兴规划评价体系能够对乡村振兴的建设进行动态直观的描述，对乡村振兴的蓝图进行绘制并给予参与乡村振兴规划的工作者明确的方向和目标。

二、及时监测、反馈及改进

对乡村振兴规划评价的目的是能够对乡村振兴规划完成后在乡村振兴中所起到的作用进行实时的监测，如规划的哪些项目对乡村发展取得了重要进展，哪些方面进展相对较为缓慢等情况，通过监测反馈乡村振兴进程中存在的问题，例如注重生态宜居的规划过程中，原来脏、乱、差的村庄环境经过规划后是否得到改进，政府、村民等主体对改善后的村容村貌的评价及看法等，采取建立评价体系能够根据有针对性的措施，纠正发展中的偏差，保障乡村振兴战略沿着正确的轨道前进。

第三节　乡村振兴规划评价指标体系构建依据

构建乡村振兴规划评价体系的指标维度选取应具备科学性、普适性、可操作性等条件，因此，在评价指标的筛选上应参照相关法律、法规的标准，以此为依据来构建评价体系，满足合理性、合法性。评价的准则需要依据从国家、省、县域、市域以及乡镇、村域等相关政策法规来进行调整，做到根据不同的地域特色因地制宜地进行评价，才能使规划具备评价的意义与实用。

评价依据的政策文件上需要综合兼顾国家战略规划、地方的发展规划、土地利用规划等上位政策及战略等（见表12—1）。

表 12—1　乡村振兴规划评价指标体系构建的相关政策文件

层面	相关政策文件依据
国家	《中共中央　国务院关于推进社会主义新农村建设的若干意见》
	《美丽乡村建设指南》（GBT 32000—2015）
	《全国土地利用总体规划纲要（2006—2020 年）调整方案》
	《乡村振兴战略规划（2018—2022 年)》
	《美丽乡村建设评价》（GB/T 37072—2018）

层面	相关政策文件依据
区域	《关于建立国土空间规划体系并监督实施的若干意见》
	《村庄和集镇规划建设管理条例》
	《土地利用总体规划》
	《中共中央关于制定国民经济和社会发展第十四个五年规划和二〇三五年远景目标的建议》

第四节　乡村振兴规划评价指标体系构建内容与框架

乡村振兴是多因素协同演进、共同作用的结果，因此乡村振兴规划指标评价体系的构建要综合考虑乡村发展的多个方面，既要包括宏观层面与微观层面，也要包括数量因素与质量因素等。为真实反映乡村发展实际，指标选取的全面系统性应是建立指标评价体系的首要原则，这就意味着所选指标存在缺失数据的可能。为了兼顾指标评价体系的可操作性和可比性，缺失指标用相关变量代理，或者通过爬虫技术补齐，同时，为了能够全面综合地对乡村振兴规划实施效果进行评价，指标建立还从客观指标与主观指标进行评价，从而能够体现"以人为本"的准则。由于五个方面指标错综关联，每一方面指标所下设的分项指标也可能会对另一方面指标发挥作用，遵循指标选取的代表性和独立性原则，当一分项指标在一方面指标下已有论述，其他地方不再赘述。此外，为方便开展后续实证测算评估，本书指标目标值根据中国乡村发展情况进行设定。

一、产业兴旺评价指标体系

从农业生产条件、农业生产效率、农业产业化水平、农产品质量安全、三产融合等角度衡量产业兴旺水平，为了体现农业内涵式增长，引入农产品质量安全等 5 个二级指标共同表示产业兴旺程度具体指标如下：

（一）农业生产条件

第一，耕地保有率是反映耕地资源保障能力和农产品生产供应能力的重要指标。

第二，农作物耕种收综合机械化率是衡量农业生产全过程机械综合作业水平，是反映物质装备条件的重要指标。

（二）农业生产效率

农业生产效率包括要素配置效率和技术效率两方面，用农业相对劳动生产率、土地生产率、农业科技进步贡献率 3 个三级指标合成。

第一，劳动生产率反映单位劳动要素投入的产出水平。

第二，土地生产率反映单位土地要素投入的产出水平。

第三，农业科技进步贡献率是衡量技术进步对农业产出增长贡献的定量指标，刻画了资本、劳动、土地投入所不能解释的增长部分。

（三）农业产业化水平

农业产业化水平包括一次产业组织化水平的提升、二次产业链的延伸以及向三次产业服务功能的转变三个方面，用多种形式土地适度规模经营占比、休闲农业营收占比、农产品加工值占比、特色农业占农业总产值比、农业保险深度等 5 个三级指标合成。

第一，多种形式土地适度规模经营占比表示发展多种形式的规模经营主体，有利于农业生产组织化程度的提高，加快农业产业化进程，用规模经营耕地面积占总耕地面积的比重来表示。

第二，农产品加工是延伸农业产业链条、提升农产品附加价值、增加农民收入，促进农业产业转型升级的有效途径。

第三，特色农业是根据当地独特的农业资源开发区域内独有的名优产品，转化为特色商品的现代农业，发展特色农业是我国农业结构战略调整的要求，也是提高我国农业国际竞争力的要求。

第四，近年来，农业保险发展受到政府的高度关注，农业保险深度反映了金融"三农"服务为农业生产者提供风险保障的能力，是为现代农业发展护航的一个核心指标。

（四）农产品质量安全

农产品质量安全用农产品质量安全抽检合格率和"三品一标"认证率2个三级指标合成。

第一，农产品质量安全抽检合格率指农业行政监督部门对地区所生产的蔬菜、禽畜产品和水产品例行抽检中合格农产品所占比重，是反映食用农产品质量安全水平的重要指标。

第二，三品一标认证率指农业产出中无公害产品、绿色食品、有机食品占全市所有上市地产食用农产品产量的比重，是反映农产品安全水平和标准化生产水平的重要指标。

（五）三产融合

三产融合指标主要包括开展旅游接待的乡村占比、农产品商品化率、农村电商发展指数、二三产业收入占农民总收入以及固定资产投资年均增长率。

第一，开展旅游接待的乡村占比则是指在一些城郊地区，越来越多的农户生产经营活动由单纯从事农业生产转向农业生产与开展乡村旅游事业相结合，农业的服务功能不断提升。

第二，农产品商品化率则是农产品商品率在农产品总量中所占的百分比，是农业从自给性生产向商品经济转化的重要指标。

第三，农村电商发展指数为农村电商销售价值总额与农村商品零售价值总额的比值。

第四，二三产业收入占农民总收入比重越高，说明农民从事的非农产业的比例越大，产业发展具有多元性。

二、生态宜居评价指标体系

目前，我国乡村环境污染点多面广，脏、乱、差问题在一些地区依然突出，成为全面建成小康社会的突出短板。实施"乡村振兴战略"目的之一就是要保住绿水青山，乡村振兴规划旨在保护"绿水青山"的同时还要为村民打造宜居的生活环境。

"生态宜居"是相对以往农业农村政策由关注局部到强调整体的升级，强调人居环境建设，同时更加注重人的获得感，达到"宜居"。因此，乡村振兴规划成效如何就要看乡村道路干不干净、环境美不美以及人们生活的舒不舒服等情况。对此，指标设计用生态禀赋条件、农业生产污染物投放强度、生活污染防治水平、农业节能减排水平、居住环境水平以及舒适感满意度6个二级指标来合成生态宜居水平，具体指标如下。

（一）生态禀赋条件

用环境空气质量优良率和村庄绿化覆盖率2个三级指标合成。

第一，环境空气质量优良率反映乡村规划过程中对生态环境保护最为直接的指标展示。

第二，村庄绿化覆盖率。这一指标测度值的高低不仅能反映生态环境初始禀赋状况，同时能反映地方政府对生态保护投入力度的动态变化状况。

（二）农业生产污染物投放强度

农业生产污染物投放强度用化肥施用强度、农药施用强度2个三级指标合成。

第一，化肥施用强度：用每公顷化肥投入表示。参考《美丽乡村建设指南》的指导要求及实际情况进行设定目标值。

第二，农药施用强度：用每公顷农药投入表示。参考《美丽乡村建设指南》的指导要求进行目标值的设定。

（三）生活污染防治水平

生活污染防治水平用生活垃圾集中处理乡村占比、农村生活污水达标处理率、禽畜粪便综合利用率3个三级指标合成。

（四）农业节能减排水平

用单位能耗创造的农林牧渔增加值、农作物秸秆综合利用率2个三级指标合成。

第一，单位能耗创造的农林牧渔增加值指地区农林牧渔增加值与农业生产全过程的能量消耗总量的比值，体现了农业生产主要能源消耗情况，是实现农业可持续发展水平、转变农业发展方式、达到节能减排的重要指标。

第二，农作物秸秆综合利用率。根据国家发展和改革委员会关于《"十三五"秸秆综合利用实施方案的指导意见》的发展要求进行目标值设定。

（五）居住环境水平

主要通过自来水净化处理率及无害化卫生厕所普及率 2 个指标展示。

（六）舒适感满意度

舒适感满意度主要是从主观条件进行指标的分析与评价，包含规划环境质量满意度、绿化建设满意度以及环境卫生满意度 3 个三级指标。

三、乡风文明评价指标体系

乡风文明必须坚持物质文明和精神文明一起抓，提升农民精神风貌，培育文明乡风、良好家风、淳朴民风，不断提高乡村社会文明程度。据此，选取乡风文明创建、公共教育、文娱支出、文化保护以及乡风文明满意度 5 个二级指标合成，具体指标如下。

（一）文明创建

用村综合文化服务中心覆盖率、发展业余文化组织的乡村占比以及市级以上文明村和乡镇占比 3 个三级指标合成。

（二）公共教育

公共教育包括教育师资水平、教育完成质量等方面，用平均每个教师负担小学生数、平均每个教师负担中学生数、义务教育学校专任教师本科以上学历比例以及义务教育巩固率 4 个三级指标合成。每个教师负担的学生数和本科以上教师比例反映了教育师资水平，而义务教育巩固率反映了义务教育完成的质量情况。

（三）文娱支出

随着可支配收入的不断增加，居民增强闲暇时间的意愿不断增强，从而有更多精力投入到精神文明建设上，促进乡风文明水平的提升。用农村居民教育文化娱乐支出占消费支出比重来衡量。

（四）文化保护

《关于实施乡村振兴战略的意见》中强调"传承发展提升农村优秀传统文化"，广大乡村积淀着极其丰富的文化遗产，文化遗产是乡村公共文化的宝贵资源，乡村振兴规划重视对乡村文化的挖掘、规划、保护及利用，保护与传承乡村文化遗产也是乡村全体村民共同的责任和共同分享的成果。

（五）乡风文明满意度

它指检视村民对于乡村振兴规划关于乡风文明建设这一方面是否满意，其中包括社会风气满意度、传统文化传承发展满意度、文明素质满意度以及遏制陈规陋习满意度。

四、治理有效评价指标体系

乡村治理必须把夯实基层基础作为固本之策，建立健全党委领导、政府负责、社会协同、公众参与、法治保障的现代乡村治理体制，坚持自治、法治、德治相结合，确保乡村社会充满活力、和谐有序。据此，选取农村人力资本水平、集体产权制度改革、公众参与水平和治理效果等二级指标合成。

（一）人力资本水平

人力资本是乡村治理的宝贵资源，也是自治制度能否有效运行的基础条件，在维护乡村社会秩序、实现自我管理、自我服务方面发挥着重要作用。选择地区农村居民平均受教育年限来衡量。

（二）集体产权制度改革

近年来，全国各地均积极推进农村集体经济组织产权制度改革，以明确产权归属。新型集体经济组织的设立可以有效减少产权纠纷问题，完善乡村治理结构，提升组织管理效率。因此，选择农村集体产权制度改革完成率来衡量农村组织结构建设情况。

（三）公众参与水平

公众参与体现了乡村治理的民主性。用有村规民约的乡村占比、村民监督委员会覆盖率 2 个三级指标合成。村规民约的制定能在一定程度规范农村居民的日常生活，提升乡村治理的效率和有序性；村民监督委员会的设立也可以进一步完善基层治理结构。

（四）治理效果

用集体经济强村占比来衡量。可根据《国家乡村振兴战略规划（2018—2022 年)》及各地区乡村规划实际情况进行设定目标值。

乡村治理是乡村振兴的关键环节，关系到村民的幸福感和安全感，也关系到农村社会稳定，因此，治理安全感也可设为乡村振兴规划评价指标，其中可以划分为农村权益保障度、村民办事服务效能满意度、社会治安满意度以及村民对村务的满意度等 4 个三级指标。

五、生活富裕评价指标体系

生活富裕是乡村振兴战略实施的根本所在，要促进农民增收、推动农村基础设施提档升级、加强农村社会保障、推进健康乡村建设。据此，主要选取农民收入、消费结构、交通可达性、社会保障水平及物质富裕感 5 个二级指标来衡量生活富裕水平，具体指标如下。

（一）农民收入

用农村居民人均可支配收入和城乡居民收入比 2 个三级指标合成。人均可支配收入水平高低反映了经济发展的效率，而城乡居民收入比反映了收入分配的公平性。

第一，农村居民人均可支配收入。根据《关于完善支持政策促进农民持续增收的若干意见》的指导要求，为了早日实现农村居民人均收入较 2010 年翻一番的目标。

第二，城乡居民收入比。根据各省城乡居民收入比现状，将各省这一指标值的最小值设为目标值。

（二）消费结构

用农村居民恩格尔系数表示，恩格尔系数能在一定程度上反映农村居民的生活富裕水平。

（三）交通可达性

交通条件改善有利于降低交易成本，促进农村居民对外交流。选择村通公路占比和铺设路灯的村庄占比2个三级指标合成，来表示交通可达性程度。

（四）社会保障

用农村居民最低生活保障标准与农村居民人均衣食住行消费支出比、拥有自己住房的村民比例、农村互联网普及率3个三级指标合成。农村居民最低生活保障标准反映了社会救济制度对农村居民的保障程度，而住房拥有率反映了农村居民基本的生活条件，普及农村互联网对降低农业生产信息搜寻的机会成本、提升信息获取的时效性具有积极的意义，同时对加快实施"互联网+"现代农业行动，加强物联网、智能装备的推广应用也将发挥着重要作用。用"每百户农户拥有计算机数量"表示。

（五）物质富裕感

乡村振兴最终目标就是让农村美起来、农业强起来、农民富起来，农民富不富就要看乡村振兴规划的到不到位，因此，对乡村振兴规划的评价体系需要涉及农民对物质富裕的满意度的评价，该评价包括对村级经济发展满意度、收入状况满意度、消费环境满意度以及就业状况满意度4个三级指标。

编者单位：广州新城建筑设计院有限公司
作者：胡辉伦、何静秋、程玉慧、周春山、梁子茵

下篇　实践探索

第十三章
广东省乡村振兴战略中的现代水产产业园区规划建设典型经验

——中山市脆肉鲩产业园区实践模式

广东省中山市东升镇脆肉鲩产业园位于中山市境西北部，毗邻小榄水道，镇内河网纵横交织，水资源丰富，气候适宜，鱼塘密布，是中山市淡水渔业的重要镇区之一，素有"鱼米之乡"的美誉，孕育出颇具地方特色的优势农产品脆肉鲩，发展成为闻名中外的"中国脆肉鲩之乡"，脆肉鲩更是国家地理标志保护产品。

本案例依托便捷的交通区位和得天独厚的地理环境优势，发掘脆肉鲩文化内涵，坚持品牌渔业战略，进一步整合脆肉鲩产业、咸水歌文化等优质资源，以胜龙村作为核心区，加快推进脆肉鲩产业园建设，推动传统渔业向现代品牌渔业转型升级，全市以脆肉鲩为主的水产业呈现出良好的发展态势。

第一节　项目概况

一、建设背景

2018 年 1 月，中央"一号文件"提出实现乡村振兴，产业兴旺是重点，继续将建设现代农业产业园作为实施质量兴农战略、提升农业发展质量和培育乡村发展新动能的重要抓手。广东省委省政府高度重视现代农业产业园建设，将其定位为实施乡村振兴战略、推进农业供给侧结构性改革、提升农业发展质量的重大举措和产业振兴的重要抓手。经过三年发展，2021 年 6 月 21 日，省政府办公厅印发《关于转发省农业农村厅　省乡村振兴局 2021—2023 年全省现代农业产业园建设工作方案的通知》，突出调结构、扩规模、增效益的主攻方向，加快建设一批产值 50 亿元以上的国家现代农业产业园，探索创建一批现代种业、设施装备、数字农业等功能性产业园。截至 2021 年年底，全省创建 5 个全国农业现代化示范区。累计建成国家和省级现代农业产业园 251 个、国家级优势特色产业集群 6 个、国家级农业产业强镇 56 个，形成梯次发展格局。中山市于 2021 年 11 月印发了《2021—2023 年中山市现代农业产业园建设工作方案》。按照工作方案，中山市以"1+N+N"（一个核心园、多个优势区、多个精品区）的模式进行现代农业产业园的建设。一是以省级产业园主导产业为依托建设核心园；二是以核心园为中心，扩大建设范围，打造跨镇优势产业园；三是围绕家禽、粮食、岭南水果、蔬菜等其他特色产业，充分发挥知名农产品品牌效应，培育一批精品产业园。目标到 2023 年，中山市各级现代农业产业园建设范围进一步扩大、农业产业链条进一步延伸、农产品品牌效应进一步提高，有效带动农民增收，促进乡村产业振兴。

二、建设范围

中山脆肉鲩省级现代农业产业园涵盖东升镇、阜沙镇 2 个镇，总面积 110.96 平方千米，涉及 9 个社区，14 个村。

第二节　建设条件

一、自然资源禀赋

中山市行政区域面积 1783.67 平方千米，全境均在北回归线以南，属南亚热带季风气候。受海洋气候影响，气候温暖，气温较高，年平均气温为22.3℃。中山市地处珠江三角洲，位于珠江出海口，毗连港澳、深圳，地理位置条件十分优越。全市现有公路通车里程1571千米，形成了105国道、京珠高速、中江高速、广珠西线、西部沿海高速等为骨架的公路网，随着广珠城轨全线贯通以及港珠澳大桥、临海铁路二期和深中通道的建成，中山将处在珠三角大"A"字交通关键节点部位，交通将更加便捷。

二、产业规模集聚，现代化程度高

中山市成为华南地区最大的绿化苗木生产基地和交易市场，小榄镇、横栏镇、古镇镇获"中国花木之乡"称号，民众镇获得"广东特色果蔬之乡"称号，坦洲镇获得"广东省特色水果之乡"称号，神湾镇荣获"神湾菠萝之乡"称号。淡水养殖产量位居全省第五，四大家鱼占香港市场的40%、澳门的80%。出口澳门蔬菜占当地市场的50%，东升镇被评为"中国脆肉鲩之乡"。

中山市各个镇产业集聚度较高，现已建成了一批优质农产品生产基地，多种农产品获得绿色食品认证和其他品牌认证；培育了多家农业龙头企业，农业产业化经营具有一定基础；渔业经济极为活跃、渔业品牌特色明显。

三、产业规模庞大，全国领先

2021年中山市全市水产养殖面积30.6万亩，产量39.21万吨，同比增长11.97%，前三季度渔业产值69.8亿元，全年渔业产值96.4亿元，全年增速达到16.4%。全市脆肉鲩养殖面积31986亩，其中东升镇14767亩；全市脆肉鲩产量58538吨，其中东升镇30982吨；全市脆肉鲩产值约20亿元，其中东升镇大约10.5亿元。中山脆肉鲩养殖加工出口产业优势突出，形成了由10多家企业组成的鱼苗培育、脆化养殖、脆肉鲩副产品加工、出口贸易和配套服务为一体的较完整的产业链。目前，我国脆肉鲩养殖绝大多数在中山，是全国最大的脆肉鲩养殖基地。

四、建立绿色生产机制，推广科学养殖

中山市大力推广脆肉鲩标准化生产，中山市农业农村局着手组织开展中山脆肉鲩养殖地方标准的制定工作，为打造"中山脆肉鲩"区域公用品牌奠定了坚实的基础。在保障脆肉鲩产品品质方面，中山市鼓励"公司＋基地＋农户"生产管理模式，通过该模式有效地落实了出口脆肉鲩安全风险监控计划和出口脆肉鲩产品残留物质监控计划。此外，中山市建立了严格高效的脆肉鲩质量安全管控机制，实现生产、加工、流通全程可监控、质量可追溯、风险可控制、重大质量安全事件不发生。几年来，中山脆肉鲩先后多次接受了广东省海洋与渔业技术推广总站的官方验证评估和实地考察，无论是企业的养殖管理方面还是检验检疫部门的监管有效性方面，均获得高度评价。

五、政府高度重视，政策扶持有力

中山市历来重视脆肉鲩产业发展，出台了一系列政策扶持产业发展。《2021—2023 年中山市现代农业产业园建设工作方案》《中山脆肉鲩产业标准体系》把积极发展现代农业作为珠三角形成产业结构高级化、产业发展集聚化、产业竞争力高端化的现代产业体系的重要组成部分，提出按照高产、优质、高效、生态、安全的要求，加快转变农业发展方式，优化农业产业结构，全面建立起具有岭南特色的现代农业产业体系。另外，中山市制定市、中心镇"十四五"近期建设规划，成为衔接国民经济和社会发展规划、土地利用总体规划，落实"三规合一"的实施平台，这将为产业规划的实施、共同作用创造良好环境。

第三节　目标定位

一、发展定位

结合中山市脆肉鲩产业特色与优势，按照国际一流、国内领先的目标，

突出脆肉鲩"生产＋加工＋科技＋营销（品牌）"的全产业链转型升级要求，着力挖掘优势、补齐短板、塑造核心竞争力，突出脆肉鲩规模化养殖、加工转化、品牌营销和技术创新的发展内涵，发挥对珠三角地区农业结构调整、绿色发展、农村改革、农民增收的引领作用，加快构建产业集群、集聚现代要素、推广绿色发展理念、完善农民利益联结机制，逐步将产业园打造成"国家级现代农业产业园""广东省优势特色产业发展引领区""珠三角地区一二三产业融合发展先导区""中山市农业强市与乡村振兴样板区"和"中山市生态文明与绿色发展先行区"。

二、总体目标

充分发挥中山市脆肉鲩产业基础优势，到 2022 年，基本形成技术装备先进、资源要素聚集、经营规模适度、一二三产业融合、数量质量效益并重、生态环境可持续和农业竞争力提升的农业现代化发展格局，建成主导产业特色鲜明、现代要素全面激活、生产方式绿色高效、经济社会效益显著、辐射带动有力的现代农业产业园。产业园主要创建指标达到国家现代农业产业园预期目标值，成为农民增收与乡村振兴的新引擎。

第四节　规划布局

一、规划思路

按照《中山市现代农业产业发展规划（2018—2035 年）》的要求，遵循《中山市国民经济和社会发展第十三个五年规划》的定位指导，与其他相关专项规划相衔接，根据产业园所在乡镇的区位条件、环境容量与资源承载力，因地制宜，合理布局，突出重点，统筹布局脆肉鲩产业的生产、加工、流通、旅游、文化、研发、服务等功能板块，总体形成"两区两基地，一体一市三中心"的九大建设任务协同发展的格局。

（一）"两区"

即脆肉鲩标准化生态健康养殖示范区和优质饲料生产集聚区。其一，脆肉鲩标准化生态健康养殖示范区位于东升镇胜龙村，以胜龙村为建设重点，以牵头单位为核心建设主体，组织该村的脆肉鲩养殖户参与园区建设，带动农户生产养殖，辐射周边地区，扩宽脆肉鲩养殖覆盖面。同时，借助仲恺农业工程学院的技术导入，以胜龙村养殖示范区为核心，重点加强品种培育、健康养殖、种苗繁育，构建健康养殖体系，探索绿色养殖的模式，建立起标准化的养殖示范产地，从源头解决脆肉鲩流通出现的农残等问题。其二，优质饲料生产集聚区位于东升镇，以产业园区优势饲料公司为核心建设主体，积极与国内外科研机构对接，围绕渔业的健康养殖尤其是脆肉鲩的绿色养殖，集合中山市饲料生产研发力量，创建广东省优质饲料生产聚集区。带动企业，将着力于研发脆肉鲩绿色养殖饲料，建立专门的研发中心，针对脆肉鲩各个时期的生产特性研发高匹配度产品，提升脆肉鲩的养殖质量和效率。并且根据中山脆肉鲩的养殖标准，结合饲料生产的加工规程，制定专门的脆肉鲩饲料投喂的绿色标准，推动脆肉鲩的绿色养殖进程。建立脆肉鲩标准化生态健康养殖示范区和优质饲料生产集聚区，形成"两区"联动发展、相辅相成的态势。脆肉鲩标准化生态健康养殖示范区是优质饲料生产集聚区的实施基础，优质饲料生产集聚区是脆肉鲩标准化生态健康养殖示范区的技术支撑，养殖示范区会逼生产聚集区的技术研发的发展，生产聚集区提升养殖示范区的养殖效率，两者相互促进，联动发展，实现共赢。

（二）"两基地"

即脆肉鲩粗加工和精深加工示范基地和脆肉鲩冷链物流运输示范基地，以东升镇为核心，串联阜沙镇。其一，建设脆肉鲩粗加工和精深加工示范基地。中山市脆肉鲩养殖面积大，产量高，但加工比例较低，以直接出售活鱼为主，经济效益较低，为解决这一问题，必须大力发展脆肉鲩粗加工和精深加工，延长其产业链，推动脆肉鲩产业向精深加工转变，不断提升产品附加值，带动农业结构调整；立足中山实际，优化脆肉鲩加工产业结构，以牵头实施单位为主要实施主体，带动具有本地特色的脆肉鲩加工企业，投入生产加工设备，创建粗加工和精深加工的生产线，研发脆肉鲩精深加工产品，通过产业集聚，形成脆肉鲩精品加工创新区。同时，在加工基地配套建设质量检测中心，保障加工产品质量。其二，建设脆肉鲩冷链物流运输示范基地。首先是升级改造脆肉鲩加工企业原有的冷库，扩容增量，同时利用中山市河网密集的优势，结合现有的公路网络，选点建设一个脆肉鲩冷链物流运输示范基地，提高仓储物流企业的组织化程度，克服目前存在的仓库容量小、保存技术低、与农民利益联结机制不完善等问题；完善仓储物流基础设施建设，提高存货、运输及冷链物流能力，提升服务水平和流通效率。两个基地的建设将会遵守因地制宜、协同发展的原则，相互补给，让脆肉鲩冷链物流运输示范基地更多地为脆肉鲩粗加工和精深加工示范基地服务，形成高效的集聚效应。

（三）"一体"

即建设文旅+餐饮的农业综合体。园区的建设，在空间上整合美丽乡村胜龙村、东升公园和部分特色养殖、加工基地，深挖中山脆肉鲩的文化故事，以科普+文化输出的形式活跃在东升镇大街小巷，形成广度与深度并存的文化品牌效应。同时，按照农旅融合的方向，结合乡村振兴战略，推进脆肉鲩产业休闲旅游功能拓展，探索"农旅文创一体化"脆肉鲩产业集群模式，培育产业园旅游休闲、渔文化体验、健康养生等多重价值，充分挖掘农业生态价值、休闲价值、文化价值，形成新产业、新业态、新模式，增强农业旅游承载功能，建设一批渔文化体验、农家乐、田园乡村、景观基地等景点。

（四）"一市场"

即脆肉鲩水产品交易专业市场。当前脆肉鲩的交易和流通普遍存在着市场价格不规范、市场交易恶性竞争严重等问题，未能形成有效的市场准入机制，中间的流通环节也会存在着相应的内部竞争。通过建设脆肉鲩水产品交易专业市场，保障中山脆肉鲩的市场竞争力和价格话语权。

(五)"三个中心"

脆肉鲩文化展示展销中心、脆肉鲩产品科技研发中心、脆肉鲩产品质量检测中心。

脆肉鲩文化展示展销中心作为集中展示展销中山脆肉鲩的窗口,分为脆肉鲩展示及品鉴区、脆肉鲩切配及烹饪区、脆肉鲩养殖观赏区等区域,通过集中展示展销中山脆肉鲩,为全国各地广大群众提供安全、绿色、美味及性价比更高的优质中山脆肉鲩,搭建企业营销平台,扩展脆肉鲩销售市场,让中山脆肉鲩更多地走向全国。

脆肉鲩产品科技研发中心积极开展脆肉鲩养殖加工业发展战略及相关政策研究;加强脆肉鲩养殖加工基础与应用基础研究、前沿技术研究、重大共性关键技术研究与集成;加快脆肉鲩养殖加工科技成果转化、示范与推广;加强人才培训、国际合作与交流,为行业发展提供信息和咨询服务。经过3—5年的建设,该中心将形成以企业为主体、以科研单位为技术依托、产学研相结合的脆肉鲩养殖加工技术创新体系,成为加速脆肉鲩养殖加工领域科技成果转化,推动中山市脆肉鲩养殖加工技术进步和产业升级的重要力量。

脆肉鲩产品质量检测中心将以市场脆肉鲩和养殖基地检测为基础,协助政府推动脆肉鲩市场质量安全准入制,大力推行脆肉鲩养殖加工技术规程,开展脆肉鲩产地安全监测和养殖加工过程技术跟踪服务,不断提高中山脆肉鲩质量安全水平。

第五节　实施效果

一、产业园总体发展

脆肉鲩产业园以东升镇胜龙村为核心区,面积约 6000 亩,带动镇内养殖面积约 1.4 万亩,辐射港口、阜沙、东凤等周边镇区 2 万—3 万亩,项目总投资 5519.72 万元，实施项目 24 项。产业园以乡村振兴为引领，以产业兴旺为抓手，立足全国名特优新水产品、国家地理标志产品脆肉鲩，发展脆肉鲩总部经济，聚力建设集脆肉鲩苗种养殖、饲料生产、流通销售、精深加工、冷链物流、专业市场、产品质量控制、餐饮消费、成果展示展销、市场推广、科普教育、新产品研发、休闲旅游观光、民宿、农家乐等多位一体的全产业链现代农业产业园，总体形成"一体两区两基地多中心"的空间格局。在产业园建设带动下，脆肉鲩塘头价格由建设前的 12 元 / 斤，增加到现在 16 元 / 斤，增幅达 33.3%，脆肉鲩发展成为东升镇的拳头农产品，脆肉鲩产业是全镇农业经济的主要贡献者和重要增长点，农民年人均可支配收入达 32350 元，比产业园建设前增长 15.1%，辐射带动农户 1200 多户 4000 多人，有效发挥联农带农机制作用；同时，引入 5G 技术为产业园建设赋能，产业园核心区的数字化、智能化水平进一步提档升级，脆肉鲩产业园成为东升镇乡村振兴的重要展示窗。

二、推动品牌建设

2020 年 11 月 28 日至 30 日，2020 中山（东升）脆肉鲩美食文化节在东升镇举办。市民除了品尝各式脆肉鲩美食之外，还可以围观 2020 脆肉鲩鱼王争霸赛，参加趣味捉脆肉鲩活动，欣赏精彩的文艺晚会。其中，本次金牌菜评比有 30 家餐饮单位参赛，其中 10 家来自镇内，20 家来自镇外。虽然参赛单位数量非历届最多，但在成功举办多届十大金牌菜评比的基础上，本届比赛整体水平得到显著提升，不仅是参赛单位水平较高，所提交的参赛菜品也各有创新，真正体现"一鱼百味，味味出彩"。

作者单位：仲恺农业工程学院
作者：林蠡、黎烽、郑晓文

第十四章
广东省乡村振兴战略中以产业
创新驱动经济大发展

——佛山市三水区渔业加工与物流产业园实践模式

本案例紧紧围绕"优化一产，强化二产，激活三产"的核心思路，秉承区域水产养殖基础雄厚、水乡资源禀赋优越、古村驿道历史悠久等优势，以渔业工贸物流为特色，围绕渔业产业上下游加快补链、延链、强链，补齐区域渔业加工短板，延伸渔业经济效益和提升核心竞争力。发挥龙头企业引领支撑作用，推动与中小企业融通创新，形成渔业企业矩阵，推动产业链上的企业到合作社融通创新。在此产业链联结机制下，园区产出效益水平、装备水平、经营管理水平、可持续发展水平等明显提升，渔业质量效益和竞争力大幅度提高，农民持续性增收机制基本建立，基本形成全产业链基本健全、新业态发展良好、产业融合优势明显、联农带农效应显著的综合性乡村振兴示范园。

第一节　项目概况

一、佛山市三水区渔业加工与物流产业园建设契机

党中央、国务院历来高度重视"三农"问题，为促进农业农村实现高质量健康持续发展，党的十九大提出实施乡村振兴战略，并将其提升到战略高

度写入党章。2018 年 4 月，广东省委改革办印发《省委全面深化改革领导小组 2018 年改革工作安排》，5 个城市被列入广东乡村振兴综合改革试点，佛山市三水区是唯一的县级试点。乡村要振兴，产业是基础。只有产业振兴，才能增强乡村吸引力，促进各类生产要素向乡村聚集，促进农民增收致富。按照三水区委、区政府提出的"打造全省乡村全域振兴示范样本"目标，站在全省乡村振兴综合改革三年试点工作取得阶段性成效的基础上，三水区突出"以产业振兴驱动乡村全域振兴"的主要思路，增强乡村振兴的可持续性、生命力，推动乡村振兴开新局、见实效，加强推动规划建设现代农业产业园。

三水区素来拥有"鱼米之乡"的美称，区域处在北江、西江、绥江三江汇流处，过境水量充沛，是广东省内水资源最丰富的县级区，境内河涌交错，丰富的景观资源形成了典型岭南水乡、河心岛以及乡村桑基鱼塘风貌。区域内淡水水产资源十分丰富，鱼类品种繁多。因此，水产养殖业也成为三水区农业经济发展的重要支柱产业，发展潜力巨大。在此背景下，三水区立足于渔业发展基础、自然资源禀赋、渔业发展态势，紧紧围绕国家、省、市对于乡村振兴、现代农业产业园建设的要求，依据《广东省渔业优势区域发展规划（2018—2035)》《佛山市三水区乡村振兴规划（2019—2022)》《佛山市三水区养殖水域滩涂规划（2018—2030)》等上位规划，按照省级现代农业产业园标准启动佛山市三水区渔业加工与物流产业园的建设。

二、佛山市三水区渔业加工与物流产业园建设范围

佛山市三水区渔业加工与物流产业园区域范围涵盖大塘镇、芦苞镇、乐平镇 3 个镇，总面积 5111.53 公顷（约 7.67 万亩），涉及 6 个村委会，53 个自然村。

第二节　建设条件

园区位于三水区东北部，毗邻广州市及清远市，处于三水—花都协作圈

内。产业园范围涉及大塘镇、乐平镇、芦苞镇。总体而言，园区对外交通体系发达，区位优势明显；周边具有多处交通设施，利于产业园的产品销售及运输，为园区物流发展奠定基础。

园区属南亚热带海洋性季风气候，年平均温度在 21.9℃ 左右，气候温和，阳光充足。降水量充沛，区内坑塘水面广阔，水塘众多。芦苞涌贯通片区中南部，水质良好。园区开展水产养殖业用地充足，且地势平整适宜特色产业园区建设，利于水产养殖集约化、规模化发展。

规划范围涵盖乐平镇、芦苞镇和大塘镇三个镇，都是传统水产养殖镇，其中芦苞镇水产养殖品种主要为四大家鱼、饲料鱼、鳜鱼，乐平镇水产养殖品种主要为鳜鱼、四大家鱼及乌鳢，大塘镇水产养殖品种主要为鳜鱼、四大家鱼等。园区内从事水产养殖农户约 4436 户，鱼塘面积约 5 万亩，约占规划总面积的 60% 以上，水产总产量 7 万多吨。园区内企业预计占地规模共 6473.5 亩，现状一产合计 10767 万元，二产合计 2892 万元，三产合计 15000 万元。总体而言，区域内以龙头企业＋合作社＋农户为主体，企业一二三产业链较为完整，带动作用强，具备较为完善的渔业产业结构雄厚的产业发展驱动力。

第三节　目标定位

一、发展定位

以推动现代渔业发展为主旨，以种苗生产、养殖示范、加工物流、技术服务为主轴，通过新技术应用、新模式培育、新体系构建、新产品营销，构建集"产、学、研、用、销"五位一体的现代渔业工贸物流及绿色养殖生态体系。以优化一产，强化二产，激活三产为核心，围绕构建全产业链、培育新品牌、提升附加值的目标。在一产发展方面，以优质特色淡水鱼养殖为主导，重点发展鳜鱼、笋壳鱼、红星斑、加州鲈等特色养殖，推动养殖结构

（品种）转型升级；在二产发展方面，搭建初深加工、流通、仓储、冷链等载体，构建渔业产业化平台；在三产发展方面，将渔业与乡村振兴结合、通过渔旅文融合，打造休闲渔业新标杆。

二、总体目标

奋力在 2025 年前，主导产业特色鲜明，实现渔业工贸物流产值领先全市，形成产业园特色名片从养殖四大家鱼到养殖名优品种的养殖结构（品种）转型升级；产业结构优化，引入流通、初深加工、仓储、冷链物流、金融扶持、技术服务、休闲渔业等配套企业，补齐加工流通短板，推动全产业融合，实现二三产业产值占产业园全产业链总产值 65% 以上，园区年总产值 75 亿元以上，推进广东省现代农业产业园（特色产业园）基本建成，打造成广东省农业绿色发展先行区。产业园产出效益水平、科技装备水平、经营管理水平、可持续发展水平等明显提升，渔业质量效益和竞争力大幅度提高，农民持续性增收机制基本建立。

奋力在 2030 年前，产业园高效运行，建设成为产业优势突出、要素高度聚集、设施装备先进、生产方式绿色、经济效益显著、辐射带动力强的融合区域渔业产业资源，全面打造为国家现代农业产业园、国家农业绿色发展先行区。

第四节 规划布局

一、规划思路

首先，基于国土空间集约化利用的功能布局。通过体系化的用地资源梳理，在集约化、规模化园区养殖坑塘的同时依据具体项目增设一定的公共服务用地及景观绿地，通过环境与设施提升周边土地价值；依据加工与物流产业发展需要建设工贸交易中心，调整用地结构和用地布局，强化园区活动的多元性、土地利用的复合性，激发与营造片区活力。

其次，基于生态景观复合化利用的用地布局。充分利用园区现状的地形地貌、河涌水系等自然景观，以现状山体、河涌作为生态系统骨架，充分尊重和利用现状生态景观资源，把建设用地合理安排在平坦的谷地，各功能组团相对集中且有机疏散，这样的功能布局能充分利用自然资源且形成较好的城市景观，实现与自然和谐统一。

最后，基于产业载体合理化利用的用地结构优化。园区发展近期以构建集"产、学、研、用、销"五位一体的现代渔业加工物流及养殖体系为主要目标。在此基础上，搭建活鱼收购、鱼产品加工、仓储、商贸、博览、技术交流等产业载体或服务平台，园区初期建设应以工贸核心区起步，逐步转型升级，其用地结构随着基地发展而优化，满足基地远期发展。

二、布局设计

（一）佛山市三水区渔业加工与物流产业园总体功能分区

根据规划区资源禀赋、产业发展基础、生态环境承载力、宏观经济政策等因素，遵循"依托资源、适度集中、拓展功能、示范带动"的原则，对产业布局进行优化提升，构建"一核聚力·一廊串联·三区精聚·多基地拓展"的优势产业园区空间格局。一核：渔工贸集散中心、渔工贸分中心；一廊：休闲渔业生态观光廊；三区：高效渔业示范养殖区、健康渔旅融合发展区、特色渔业示范养殖区；多基地：高效渔业基地、休闲渔业基地、加工物流基地、双创孵化基地、生态渔业基地。

（二）佛山市三水区渔业加工与物流产业园各功能分区发展指引

1. 一核聚力——建设渔工贸集散中心和渔工贸分中心

构建渔业精深加工与现代化冷链物流配送的全产业链体系，依托三水区何氏水产智慧渔业园区项目，聚集渔业人才、水产品、科技、信息、资金、服务等资源，集渔业营养研发中心、渔业精深加工厂区、农副产品加工区、双创孵化基地、分拣保鲜冷链物流区、渔业产品展示交易区、数字农业交易中心、渔业科技文化中心、水产品加工流通基地、水产综合服务中心于一体的发展核。

2. 一廊串联——构建休闲渔业生态观光廊

依托芦苞涌和九曲河，打造滨水景观绿道，串联芦苞、大塘、乐平镇，实现一核三区联动发展。以交通功能为核心，以乡村田园景观展示、园区形象宣传以及区域文化展示为主要功能，通过绿化带、鱼塘、道路的相互结合，利用景观小品、休闲长廊、休憩节点、文化墙、文化展板、花卉等表现方式而打造的一条包括道路以及西侧田园绿化的带状区域。在空间上整合三水芦苞温泉度假村、芦苞涌—九曲河水上古驿站、特色乡村民宿、美丽乡村建设项目、中洞山休闲渔业示范基地等现有景点。按照健康渔旅融合的方向，结合乡村振兴战略，推进现代渔业休闲旅游功能拓展。

3. 三区精聚——构建三大特色渔业产业集聚区

健康渔旅融合发展区位于园区中部，该区域产业基础良好、旅游资源丰富，依托独树岗村作为水产养殖专业村的基础优势，以二产为导向，联动一三产发展，构建"优一产、强二产、活三产"为主要目标的全产业链现代渔业体系。结合位于该区域的渔工贸集散中心建设，将该区域建成集菜基鱼塘高效循环养殖示范、科技研发、产品加工、贸易流通、休闲渔业全产业链融合发展的淡水渔业产业融合发展核心区，辐射带动产业园及全区淡水渔业产业融合发展。

高效渔业示范养殖区位于园区北部，该区域鱼塘分布均匀、地势平坦。规划以高效水产养殖为核心，以智慧渔业为抓手，以科技为支撑，导入新模式新理念，推动传统渔业养殖模式转型升级，重点开展鱼菜共生综合种养模式、池塘循环水养殖技术模式、池塘"零排放"绿色圈养模式等，推动渔业养殖转型升级，实现渔业高效多维发展。

特色渔业示范养殖区位于园区南部，该区域鱼塘分布均匀、地势平坦，渔业养殖基础良好，且南联村是广东省首批鳜鱼专业村。规划以鳜鱼、笋壳鱼等名优水产养殖为特色养殖品种，发展高值、高效、低耗、无污染的绿色渔业、生态渔业，通过高标准鱼塘整治，建设鳜鱼、笋壳鱼等高价值水产品绿色养殖基地。应用鳜鱼优良品种培育与健康生态养殖模式、池塘网箱饲料养殖模式、笋壳鱼集约化养殖模式、"瘦身鱼"养殖模式等生态养殖模式，加快完善绿色水产养殖技术规程绿色标准体系，以龙头企业为产业带动，推动特色名优水产品养殖绿色示范基地建设。

4.多基地——着力打造多个特色渔业综合服务基地

提升完善现有渔业池塘，通过标准化基塘建设，为渔业标准化、高效化养殖提供基础，发展高效、低耗的高效渔业、智慧渔业，利用大数据、物联网等提高农业生产管理效能。通过菜鱼共生养殖项目提升产量与产值，以肽渔业饲料生产为渔业养殖促进渔业高效发展，推进打造高效渔业基地。

结合三水芦苞温泉度假村、长岐古村和休闲农业基地，探索"渔旅文创一体化"产业集群模式，培育产业园旅游休闲、文化体验、康体养生等多重价值，充分挖掘渔业生态价值、休闲价值、文化价值，形成新产业、新业态、新模式，增强农业旅游承载功能，推进渔业与旅游产业深度融合，将休闲渔业示范基地打造成农业功能拓展的增长点和农民增收新亮点。

引进国内大型涉渔产业化龙头企业搭建渔业工程研究中心，加强淡水渔业加工新技术研发，引进先进流水线生产设备和工艺流程，重点提升鱼类捕捞后商品化处理程度和冷藏运输比例，积极发展以罐头和休闲即食为主导产品的渔业深加工，配套发展关联产品加工，大力发展仓储、冷链物流，提高优质南鱼储藏能力和均衡上市能力，并在产品的开发上逐渐形成系列化，打造市场竞争力强的"三基鱼""南鱼"品牌，提高产业效益。

建设农村创新创业服务基地，完善基地基础设施建设，完善创业培训设施、办公设施建设，带动返乡农民工和大学生、合作社成员和小微企业创新创业，实现产业兴旺的发展格局。重点完善知识产权服务、产业资源共享、科技投融资服务、智力人才支撑、孵化器综合服务五大平台建设，做好产业、科技等项目孵化对接。改造利用场部部分建筑，打造良好的创新创业环境。

以绿色养殖为基础，以科学技术作支撑，以经济利益为中心，发展高值、高效、低耗、无污染的绿色渔业、生态渔业，通过高标准鱼塘整治，分别建设鳜鱼、笋壳鱼、红星斑、加州鲈等高价值水产品绿色养殖基地，建设高价值生态渔业基地。

第五节　实施效果

园区按照"一年现雏形、三年见成效、五年成规模"的计划安排，通过优化产业结构，做好何氏、合洋项目建设服务，推动全产业融合，将产业园打造成主导产业特色鲜明，集种苗培育、技术支持、饲料配套、初深加工、冷链物流、品牌营销、农旅文融合一体的综合性乡村振兴示范园。园区自2019年起以省级产业园标准进行规划建设。经过2年建设，园区已于2021年成功创建成为广东省现代农业产业园，辐射带动效应明显，紧扣"发展促增收"的主线，发挥产业振兴的牵引力，助推"五大振兴"同频共振，有力推动渔业强、渔村美、渔民富。

一、产业结构优化，初步建立全产业链条

自2019年开始以省级产业园标准进行规划建设，在市、区两级的领导下，园区紧紧围绕"优化一产，强化二产，激活三产"的核心思路，秉承区域水产养殖基础雄厚、水乡资源禀赋优越、古村驿道历史悠久等优势，省级龙头企业带动作用，围绕渔业产业上下游加快补链、延链、强链，打造以渔业工贸物流为特色的现代农业特色产业园，补齐区域渔业加工短板，延伸渔业经济效益和提升核心竞争力。在一产发展方面，以优质特色淡水鱼养殖为主导，重点发展鳜鱼、笋壳鱼、红星斑、加州鲈等特色养殖，推动养殖结构（品种）转型升级；在二产发展方面，搭建初深加工、流通、仓储、冷链等载体，构建渔业产业化平台，强化园区渔业工贸物流特色；在三产发展方面，将渔业与乡村振兴结合、通过渔旅文融合，打造休闲渔业新标杆。

二、园区企业实力雄厚，辐射带动作用明显

目前园内已有多家省、市级龙头企业（专业合作社）进驻。

产业园全面建设完工达产后，实现二三产业产值占产业园全产业链总产值 65%以上，园区年总产值 75 亿元以上，整体辐射带动 10000 以上农户从事高值水产养殖，辐射面积约 10 万亩以上，产出效益水平、科技装备水平、经营管理水平、可持续发展水平等明显提升，渔业质量效益和竞争力大幅度提高，农民持续性增收机制基本建立，基本形成全产业链基本健全、新业态发展良好、产业融合优势明显、联农带农效应显著的现代农业特色产业园。

编者单位：广州南方文化创意研究院

作者：周少君、余奕勤、吴晓翠、何建华、李海

第十五章
江苏省乡村振兴战略中"工业反哺农业"助推农业大发展

——吴江区智慧农业促进产业发展实践模式

该项目地处江苏苏州，吴江区以发展智慧农业为导向，坚持"工业反哺农业"的发展思路，致力于建成集新技术、新装备、新模式等于一体的，吴越地区特色显著的智慧型农业现代化示范区，打造全国智慧农业高质量发展新样板。

本案例充分利用了吴江自身的区位优势以及工商业发展优势，以工促农、以工富农，有力地推动了城乡一体化发展。目前该项目已取得了较好的建设成效，在农业资源数据化、生产技术智慧化、管理应用信息化、经营服务网络化、业态发展多元化、乡村治理现代化等多方面均取得了突破应用，让农业基础设施得到较大提升、产业资源逐步集聚，这对全国发达地区探索乡村振兴之路具有较好示范与推广意义，同时也为全国大田种植、园艺设施、畜禽及水产养殖、农产品加工物流等产业推进智慧农业发展进程提供新示范，有力地推动了乡村的产业振兴。

第一节 项目概况

一、地区经济发达

根据中共中央、国务院印发《长江三角洲区域一体化发展规划纲要》

的要求，以上海青浦、江苏吴江、浙江嘉善为长三角生态绿色一体化发展示范区，示范引领长三角地区更高质量一体化发展。吴江作为长三角一体化的"先遣队"，民营经济实力强、头部企业多，丝绸纺织、电子信息、装备制造、光电通信四大主导产业稳步发展，位列 2020 年中国城区高质量发展水平百强第 12 名，2021 年全区实现地区生产总值 2224.53 亿元，人均生产总值位于全国前列。当前智能工业在吴江蔚然成风，在《世界智能制造中心发展趋势报告（2019）》中吴江以苏州智能制造产业主要承载区的身份位列"2019 世界智能制造中心城市潜力榜"全球 50 强榜单第八位。

在乡村振兴和高质量发展的战略要求下，智慧农业可以通过生产领域的智能化、经营领域的差异性以及服务领域的全方位信息服务，推动农业产业链改造升级，实现农业精细化、高效化与绿色化，保障农产品安全、农业竞争力提升和农业可持续发展，对建设高水平现代农业有着重大意义。党的十九届五中全会对农业现代化作出重要部署，"十四五"规划和二〇三五年远景目标中也明确提出要加快智慧农业建设。智慧农业是实现农业农村现代化的重要发展模式和路径，是未来农业发展的方向，也是未来农业科技创新的必由之路和必争领域。

二、交通便捷近邻苏沪杭

吴江区位于江苏省东南部，地处长三角生态绿色一体化发展示范区的中心位置，距离上海虹桥机场 80 千米，距离京沪铁路苏州站 22 千米，与上海洋山港和苏州太仓港的距离分别为 190 千米和 105 千米，四通八达的水陆交通网以及在建的沪苏湖、通苏嘉铁路把吴江与上海、杭州、苏州等城市连成一体，形成了连接沪、苏、锡、嘉、湖等长三角城区的 1 小时交通圈。

第二节　建设条件

农业产业发展呈现良好势头。在农产品加工方面，黎里镇规划建设了食品产业园，园内引入两家食品生产企业，及同样位于黎里镇的国家龙头油脂生产企业。在农产品精深加工方面，开辟出一条将"中华老字号"文化与现代科技相结合的中高端黄酒产业链。在农产品流通方面，平望镇建有平望副食品交易市场、粮食批发市场，国家现代农业产业园引入农副产品配送、生态农业科技发展、食品配送公司和农业发展公司等省级龙头企业。

此外，吴江区着力推进一二三产业深度融合发展，同里镇开展特色田园乡村、园区农田景观美化、休闲渔业、创意稻田画、油菜画及体验性设施农业等项目建设，现代农业产业园区获评国家农村创新创业园区、全国休闲农业与乡村旅游四星级示范园区，覆盖肖甸湖村、白蚬湖村的同里国家湿地公园被评为江苏省四星级乡村旅游区（点）。平望镇建成庙头田园综合体，加快农业园区从高效生产型向农文旅融合转型升级。震泽镇通过充分利用已有产业优势与产业基础，形成以优质粮油、特色蚕桑为主导，休闲农业为特色的一二三产业深度融合发展体系，获评江苏省农村一二三产业融合发展先导区。

第三节　规划构思布局

一、建设思路

立足吴江高质量的工业发展水平，紧抓长三角生态绿色一体化发展契机，以现有优质水稻、特色水产、高效园艺、生态林地四大农业主导产业为基础，扛起率先探路的责任担当，坚持"以工促农"的发展思路，将工商企业和城市资金、技术、人才等综合优势与农业资源条件等优势结合起来，加大对"三农"建设的支持力度，用工业理念谋划农业，为全国智慧农业发展大局探路先行，推动新一代信息技术与农业领域的深度融合，大幅提升农业生产及服务的智能化水平，推动新一轮农业科技革命的浪潮。

二、总体定位

依托吴江的区域性国际化城市建设，面向国内外市场，围绕农业资源数据化、生产技术智慧化、管理应用信息化、经营服务网络化、业态发展多元化、乡村治理现代化，加快数字化技术成果转化，释放数字红利，建成集新技术、新装备、新模式等于一体的、吴越地区特色显著的智慧型农业现代化示范区，将吴江区建设成为全国智慧农业高质量发展新样板，率先在全国发达地区基本实现农业现代化。

三、规划布局——一核一带三区多基地

根据吴江区农业产业基础和资源分布情况，统筹生产、加工、流通、综合服务、科技、研发、示范、休闲等功能的空间分布，进一步整合产业要素，发挥农业生产潜力，形成智慧农业产业集群，加快实现农业农村现代化的进程，按照"核心驱动、点带辐射、区域示范"的发展思路，总体形成"一核一带三区多基地"的空间布局。

（一）农业现代化示范核心区

借鉴现代工业企业先进的管理理念和管理手段，通过农产品基地的服务组织和生产设施的建设，打造全区农业管理服务中心总部，从技术、资金、物资、运输、储藏、培训、信息等方面搞好农产品生产服务，着力构建好为农民、为农业生产的服务网络体系。

（二）生态休闲农业体验带

以"中国·江村"乡村振兴品牌为引领，依托太湖流域稻作文化、渔业文化、蚕桑文化底蕴与优质生态环境，突出"科技＋文化"两大特色，以主要交通水系为景观和旅游轴线，配备农业生产体验、科技展示、生态观光、研学教育等多样项目的休闲农业产业体系，实现生态环境田园化、景观空间轴线化和休闲农业多样化、高效化，推进旅游产业、文化产业、农业产

业融合发展，助推吴江区各个镇域乡村振兴。

（三）农业三产融合发展区

充分利用吴江区良好的粮油产业发展基础、独特的"吴江大米"品牌优势及龙头企业的带动作用，持续推进基础设施改造、"互联网＋"农业改造、农产品加工配送体系提升、创意休闲农业建设等内容，积极打造"生产＋加工＋科技"的现代农业产业集群，促进农业一二三产业融合发展，建设成为集综合管理、加工物流、科研交易、示范培训、总部办公等功能于一体的综合产业核心功能区。

（四）水产健康养殖发展区

以保护生态环境、发展绿色渔业、促进渔民增收为核心，重点建设现代化水产养殖基地，加快特色渔业、智慧渔业、休闲渔业发展，建设成为水产业生产能力强、渔业产品优、科技含量高、物资装备新、经营机制活，以及经济效益、社会效益和生态效益高的现代化水产健康养殖示范区。

（五）畜禽生态循环发展区

突出吴江畜禽特色和优势，大力推广生态循环养殖模式，创造优美的生态环境，积极引进、开发优良品种，稳定畜禽生产总量，提升质量和安全水平，提升动物疫病防治水平，促进畜牧业可持续发展。

（六）多基地

通过数字技术在产业中的综合集成应用，深入推进农业生产智慧化，在稻麦、渔业、畜牧、园艺、加工、仓储物流等方面实现全链条数字化、网络化和智能化生产，示范带动全区域农业智慧化发展。

第四节　振兴发展策略

一、加强设施建设，提升生产效率

充分发挥吴江工业发展优势，在国民收入分配和再分配、公共财政等多方面增加对农业的投入，将现代工业企业的标准化生产模式引入农业生产，推动农业先进生产要素的应用普及，提升农业综合生产效率。加强农田水利建设，通过无线传输技术实现远程节水灌溉、绿色灌溉、数字化灌溉；建设数据集成小型气象站，实时在线监测和记录天气情况，以更加精细化、安全化的方式开展生产作业；推动中大马力农机智能化改造，增加地块利用效率，提高作业精度，促进精准农业的发展。推动温室智能感知与自动控制改造，为蔬菜花卉优质、高产、高效、健康发展创造条件；加大温室水肥一体化设施市场投入量，实现水分、养分定时定量供给。加大水环境监测站及水质控制站的建设力度，推动水产养殖智能化进程；建立新型现代化养殖舍棚，实时监测设施内的养殖环境信息，实现畜禽养殖智能生产与科学管理；扩大智能电子耳标的应用范围，实现畜禽个体的日常信息管理，提高保险服务的便捷性、准确性；推进畜禽饲料投喂自动化，实现"千畜（禽）千面"级别的精细化管理，大幅提升养殖效率。

二、加快工业化进程，推动产业升级

推动农业产业化转型，加快工业化进程，提高农产品附加价值，激活农业发展潜力，完善农业自身"造血"功能，为新常态下工业发展创造新的经济增长点。推动农产品加工向功能性食品及保健、化工、医药、生物等领域拓展，推进主食社会化供应、工业化和标准化生产，提高生产设备、工艺和产品档次，提升安全性、方便性、即食性；推进现代市场流通体系建设，建立信息共享机制，大幅提升物流效率；引导农业装备技术研发机构和生产创制企业开展智能化技术装备研发，提升农业设施装备水平；推进市场准入便利化，加大商事登记全程电子化，"微信 + 智能化审批"改革力度。

三、推进融合发展，形成联动效应

推动"农工贸旅"紧密衔接，"产加销服"融为一体，促使工农业间形成联动效应，促进工业资本反哺农业。积极培育农业产业化联合体，增强龙头企业带动能力、提升农民合作社服务能力、强化家庭农场生产能力，实现各主体优势互补，形成相互协同、共同发展的格局；引导培育认养农业的发展，推动建立网上自助式农场示范点；把创意农业发展与美丽乡村建设有机统一，培育具有较强视觉冲击力和艺术观赏性的创意农业景观；积极推动建设游学体验活动的休闲农业基地，大力发掘农业文化遗产，提升休闲农业内涵，推进产教深度融合；加强构建产地预冷、冷藏储存、物流配送、批发零售、电子商务等一体化的冷链物流产业链，积极发展"中央厨房"新业态，构建覆盖全区的加工规模化、产品多元化、质量标准化、服务规范化、配送智能化的餐饮供应链体系，带动农业与食品加工业、物流运输业、餐饮服务业深度融合。

四、坚持绿色发展，发展循环农业

积极引导工业企业为生态循环农业的发展提供技术、设备的支持，以及循环经济的理念和管理经验，协助农业走可持续发展道路。推广测土配方施肥、水肥一体等环境友好型技术，持续开展化肥减量增效行动；加强虫情监测，推广农作物病虫害综合防治技术；推广对靶喷雾技术、防漂喷雾技术及智能化施药装备与技术，实现按需、适时、经济、有效对目标病虫害进行防控，减轻农业面源污染；加强对水环境进行容纳量评估工作，完善水产养殖环境管理体系，促进水产养殖业科学发展；推进水稻与水生生物种养结合，开发如稻鱼共生、稻鸭共生、稻蟹共生等绿色循环种养系统，探索推进种养分离式鱼菜共生系统，发展种养结合、生态循环农业；支持重点产品风险监测预警、食品追溯体系建设，完善农产品质量安全检测与监督管理建设，打造农产品安全追溯系统，助力农产品市场营销。

五、加快数字改造，引领农业现代化发展

充分发挥吴江智能工业先发优势，将现代化的工业技术优势应用到农

业，推动现代农业科技发展，有效改善农业生产效益。建设农机智能化服务平台，智能识别作物生理状态，制定个性化生产管理方案；推动农业标准化生产系统的形成应用，通过差异化管理把农作物的生长朝着标准化靠近，提升农产品品牌效应；打造智慧畜牧业云管理平台，实现智能感知、智能分析、智能决策、智能预警，推进畜牧养殖科学化、标准化、数据化、健康化；构建吴江区农业农村数字化管理平台，打造集监测、监管、服务、决策为一体的区域级农业资源大数据库。加快推进电子商务平台地方特色馆及村级电子商务服务站建设，围绕苏沪浙中高端消费需求，发展"两品一标"农产品个性化网络定制；推动智慧型农贸市场建设，实现数据采集和质量追溯的有效结合；积极开展数字文旅、沉浸式体验消费等旅游模式，通过千人千面式的服务全面提升农业旅游服务品质。建立产业资源动态监测系统，实时了解管辖区域农业资源，辅助做好产销策略、防控措施和生产结构调整，推进农业管理的科学化、规范化和精细化。

第五节 项目实施情况

近年来，吴江创新探索以数字赋能现代农业园区的智慧化升级路径，重点集成示范国内外先进的智慧农业新技术、新装备、新模式，先后获评全国县域农业农村信息化发展水平先进县、全省首批数字乡村试点地区等，形成了智慧农业在全产业、全过程的"生态融合"和"基因重组"，智慧农业示范应用已覆盖吴江四大主导产业。现已建成智慧农业产业示范园两个（吴江国家现代农业产业园和浦江源太湖蟹生态养殖示范园），其中吴江国家现代农业产业园被列入苏州市智慧农业技术集成示范园名单，成为苏州市智慧农业技术的先行区、产业集聚区和企业孵化区。

2020年智慧农业改革发展大会在吴江召开，会议以"改革赋能，智慧兴农"为主题，共同研讨智慧农业发展方向，加快探索具有中国特色的智慧农业发展模式和路径，助推数字经济和农业农村经济融合发展。

一、智慧农场生产示范基地

吴江国家现代农业产业园已完成建设工厂化育秧中心、智慧农业控制中心等公共服务平台，信息化覆盖率达80%以上，无线网络和设施农业物联网技术全覆盖，形成了稻麦智慧管理系统、铁皮石斛智能化种植系统、农产品配送追溯系统、池塘智能化生态养殖系统等现代化管理系统。其中园内"无人农场"实现了"耕、种、管、收"农机无人化驾驶，打通了"耕、种、管、收"全程信息数据流，实现全程智能化控制，每亩可节约种子5%以上，增产3%—5%，燃油成本降低20%以上，人力成本降低45%以上，土地利用率提高0.5%—1%，极大提高了农业生产效率，构建了"天空地"一体化农业智慧大脑的技物支撑场景。无人机通过应用以视觉光谱遥感技术及人工智能算法为核心的数字化技术体系，实现了精准变量施药，达到降低农民劳动强度、减少农药使用量等效果。一家从事园艺的企业通过信息化订单处理、滚筒式自动播种流水生产线、智能种子催芽室、自走式喷灌车、全开屋顶式智能温室、全自动智能补苗机器人的应用，做到了对作物的定时、定点、定量和自动灌溉。一家从事农业机械制造的企业"智能化无人精准侧深施肥插秧机"和"智能化无人驾驶全喂入履带式联合收割机"两类无人农机产品，实现了全程智能化控制并推广应用。

二、农产品精深加工示范基地

园区内一家从事食品配送的企业先后投入200多万元用于物联网系统构建，建立了蔬菜种植智能化管理平台，配套灌溉系统、施肥系统以及通风设施、温湿度探测仪等管理设备，运用物联网技术实现对田间管理的远程智能化控制。实现了生产区域的管理监控、温室环境的监测预警、作物生长的实时监控及生产设施的远程智能化控制，提高了企业生产效率，管理操作更加便捷高效，先后荣获农业部"全国'互联网＋'现代农业百佳实践案例""省农产品质量安全追溯管理示范单位""国家级园艺作物（蔬菜）标准园""苏州市高标准蔬菜生产示范基地""苏州市智慧农业"等荣誉称号。

三、农产品现代冷链物流园区

吴江区首个集展示、冷链、物流为一体的大型冷链物流项目，目前已开工建设，项目将运用现代数字科技手段，配置先进的农残检测设备，滚动发布检测信息、价格信息、供销信息等数据，通过"一云多端"智慧系统，实现冷链物流园区管理、服务和监管的信息网络化、工作规范化、管理现代化，最终形成来源可查、过程可控、风险可防、安全可靠、公众可查、感受可评的现代化智慧农贸市场。

四、智慧畜禽生态牧场示范基地

苏太美丽生态牧场现代化规模养殖猪场已投入使用，该项目应用了环境智能控制、自动饲喂、粪污封闭收集等六大智能化生产管理控制系统，达到现代化、智能化、自动化、生态化标准，实现猪舍温湿度环境智能化控制、自动上料喂料、粪污自动收集处理、干粪制作有机肥、污水预处理接管、猪舍空气除臭、远程智能监控与物联网操作，推进全区域畜禽产业智慧化发展。

五、智慧园艺蚕桑养殖示范基地

太湖雪桑蚕文化园搭载应用了智能化催青系统、大蚕小蚕共育室等智能科技生产系统，开启智慧养蚕模式，通过一系列设备对室内外空气温湿度、光照强度全方位多角度的数据采集和大数据分析，经过智能控制柜进行自动控制或远程控制大棚增湿除湿器、大棚通风设备等，实现对养蚕环境的智能化控制，园区综合智能化水平提升至 23%，突破了我国蚕桑产业整体智能化综合水平不超过 5% 的发展瓶颈，推进了智慧生产管理和园艺智能化技术装备的示范应用。

六、智慧渔业生态养殖示范基地

七都浦江源太湖蟹生态养殖示范园开发并应用了浦江源智慧云平台，为生产决策提供精准指导，每年大约能节省 20% 以上饵料、30% 以上的人工，实现了物联网开闸、池塘进出水控制、水质 pH、溶解氧、气象指标的在线监测、自动投饵、视频监控、产品追溯等生产全过程智慧化管理。

七、数字农业农村管理平台

吴江数字农业农村管理平台是一个集数据采集、监测预警、决策分析、展示共享于一体的智能化、功能应用型新平台，平台建设以"1+2+N"为整体架构，"1"即一个数据中心；"2"即两个平台，一是农村基础信息管理平台，二是农业地理信息系统平台；"N"即 N 个覆盖生产、管理、服务、决策与营销的业务应用系统。平台集数据采集、监测预警、决策分析、展示共享于一体，形成了"应用全打通、业务全融合、资源全调度"的智慧管理云体系，构建吴江农业智慧化管理的新格局。

编者单位：中国城市发展研究院有限公司北方分院
作者：陈璞、李阳、常彦兵、王丹怡

编者单位：苏州市吴江区农业农村局
作者：穆兰芳、吴丽花

第十六章
西藏自治区乡村振兴战略中旅游示范村
规划建设

——林芝嘎拉桃花村美丽乡村实践模式

该项目是 2016 年精准扶贫对口援藏项目，借力政策红利，立足于本地资源；通过"前置策划、整体规划、空间设计、后期运维、思想扶贫"等成体系全流程务实落地，最终取得了非常好的扶贫效果。本项目所在乡村是习近平总书记亲自关怀的乡村，连续四年在央视被跟进报道与宣传，得到了官方的高度认可，具有很高的政治、经济、社会意义。

按照"实事求是、因地制宜、分类指导、精准扶贫"指导思想，系统性地制定了整体策略，科学精准落实战术打法，具有很强的政策导向性。以市场为结果导向，尊重市场，善用市场，依托市场；特别重视市场化的产品策划与景点设计之间的关联。在空间规划的基础上，大胆发挥策划的创意性与前瞻性，最终促使项目规划建设与市场需求高度匹配。优美的藏南自然风光与独特的藏族文化风情是本项目最具亮点的篇章；高山雪景、映雪桃源、藏式村落、藏式建筑、藏式民宿……都是这片土地里自身独特的"气质"；无论是项目策划还是具象空间组织设计，回归在地文化就是本项目成功的内核。在宏观产业、产品策划以及中观空间规划的基础上，本项目更重视具象工程空间设计与打造；在建筑造型、道路空间材质、村口标示色彩等具象空间中，围绕主题进行一系列细致的工程设计施工的研究；其操作方法具有非常强的落地指导意义。

第一节　项目概况

一、项目区位

嘎拉桃花村隶属西藏林芝永宁乡永宁村委会，距离乡委会 3 千米；距离林芝机场 49 千米，北至林芝县城约 8.9 千米，南至林芝镇 6.1 千米，交通较为便利。村落整体坐落于唐古拉山东南麓，雅鲁藏布江与尼洋河在此交汇，自然环境优美，生态资源丰富，人口稀少，主要以游客为主，是典型的藏式自然村落。

二、项目背景

嘎拉桃花村位于西藏林芝地区，由于周边产业落后，村民就业收入相当低，甚至部分村民收入水平处于贫困线以下，整体经济水平较为贫困落后。在国家精准扶贫的大背景下，2010 年起广东对口扶贫林芝巴宜区，随着精准扶贫工作的不断深入，2016 年东莞市对口林芝扶贫管理干部提出了"产业扶贫政策"；旨在依托现有优质资源，通过推动乡村改造，提升乡村风貌，改善村民居住环境的同时，将美丽乡村建设与乡村旅游紧密地联系起来，激活乡村旅游，最终通过旅游进一步增加村民收入并形成相对稳定的收入来源，力争从根本上解决当地民众的贫困问题。

本项目的总规划面积约 4 公顷，其中核心区域约 1.5 公顷，协同景观区约 2.5 公顷。规划提升的主要内容包括基础设施提升、村文化包装、旅游策划包装等，总投资合计约 786.28 万元。

第二节　现状特点

一、自然环境优美

嘎拉桃花村坐落在国道 318 旁，北靠唐古拉山，尼洋河自西北向东南流过，可谓依山傍水。三面环山的嘎拉村，溪水从山顶倾泻而下，涧间长满了野生桃花，在中国最美雪峰林海等景观资源的映衬下，簇团或星布在藏寨、沟口、江畔或田垄，美艳天成。似春雪微覆，灿若漫天；似沐风而舞，轻若绵；似天雨流芳，水波相映。天、地、山、田、村、水和谐于一景。

每当桃花盛开之际，也有不少入藏游客慕名而来；对口援藏干部驻村后，无不被这方景象所深深吸引，优美的自然环境无疑是这个乡村振兴的关键亮点之一。

二、村落基底完整

村落是一方水土历史的沉淀，嘎拉村大多民居依山而建；民居建筑、晒场、巷道、村口等分布随机且自然。乡道曲径通幽云不知处，村头、巷尾、古树、朴质围墙、藏式屋顶、林荫各种自然村落元素都应有尽有，整体自然村落肌理相对完整地分布着。这不仅仅是一处世外桃源的原始村落，更是一村体现传统民居的人文景观，是千百年来藏式村民生产生活的活化石，他就活生生地在那里，我们触手能及且非常亲切。坐落村内红白强烈对比和谐鲜明的藏家民居炊烟袅袅，好一派富有生气的美丽藏式乡村景象，仿佛在述说着嘎拉村千百年来的前生后世。

三、鲜明的藏族地方文化基底

古老的传统文化藏传佛教和本地兴起的苯教的盛行，使得林芝地区拥有了众多著名的寺庙人文景点，因此藏式建筑与景观在场地内随处可见。7世纪吐蕃时期，林芝地区受北方霍尔人侵犯，经过历史的长期演变，林芝新年有独特的习俗，每到年三十傍晚，家家户户都要食用品尝过年独特食品"措"（用糌粑做成的祭品）、油炸果子、牛羊肉、酥油、奶渣、人参果、红糖、干桃、苹果等。到了初一，人们带上供品与青稞酒到庄稼地区祭祀丰收女神，煨桑、唱歌、跳舞，请求丰收女神保佑来年丰收；而在山民中至今还保留着许多特有习俗，如工布山民酷爱射箭，在传统节日里形成了射箭比赛、载歌载舞等民族习俗，形成一道美丽的文化风景线。

四、周边旅游资源相对丰富集中

村落周边汇聚了雅鲁藏布江大峡谷、鲁朗林海、苯日神山、布如沟温泉、帕隆藏布江、桃花沟等众多著名旅游资源。且来往交通便利，国道省道均可快速通达。这些旅游资源形成互补，并相互联动，共同为打造林芝旅游目的地提供了坚实的资源基础。

五、交通便利

嘎拉村位于林芝东南角，东临墨脱县，南接米林县，西部和西北部与工布江达县交界，北部和东北部与波密县相通，距离林芝机场仅为49千米；而国道318就在其边上经过；其中野生桃林距离林芝县城仅为5千米更是便捷；整个交通可谓十分便利。

第三节　振兴发展策略

振兴发展策略的整体思路是依托现状，整体规划；从环境整治切入，整合周边及各方资源，从全县统筹的角度进行旅游引流，对原有的乡村游产品进行升级并延伸，促进一三产业的联动；贯彻人才下乡政策，通过培训带动村民提升经营服务意识，进一步拉动乡村旅游的总体发展，实实在在地增加民众经济收入，最终实现乡村的全面振兴（见图16—1）。

一、整治环境

依托现有村落资源，系统分析，全面梳理，整体规划。通过规划设计的抓手，对全村基本生活生产环境进行综合整治，特别是对人居环境提升与旅游开发环境改善进行统一策划，高度协同，避免重复建设，全面提升人居环境水平。

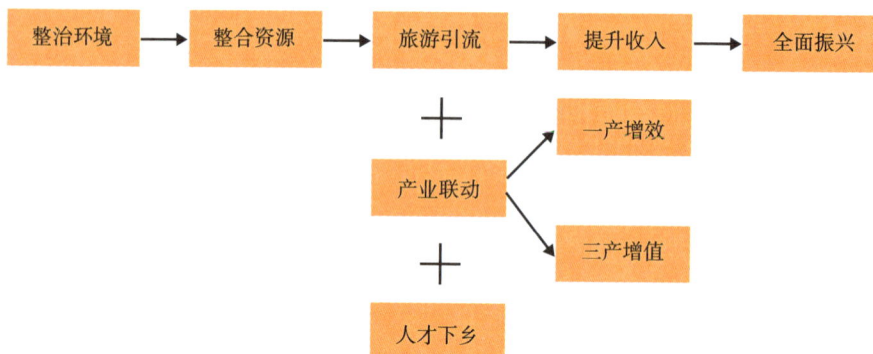

图 16—1　振兴发展策略

资料来源：笔者制图。

二、整合资源

认真调研摸底周边旅游资源具体情况，协同周边资源，从旅游策划的角度入手，在做好整体服务于林芝旅游目的地的基本旅游定位的基础上，认真思考差异化经营以及"点对点"联动关系。与此同时，还要做好政府、企业、民众、游客等多方资源的积极对话，了解各方诉求与相关政策，做到有的放矢，用好各方资源，积极探索新型乡村旅游经营模式。

三、旅游引流

通过挖掘当地本土文化，发挥本土特色，依托全县整体旅游规划，主动衔接到全县游览路线中去，吸引入藏游客到村里旅游；同时，主动作为，与其他景点进行对接互动，相互之间主动引流，促成"你中有我，我中有你"的良好局面；避免点与点之间的恶性竞争，最终形成联动共享的"游客流量"，促进彼此良性发展。

四、提升收入

嘎拉村内产业一向以传统农业为主，效益是极其有限的。如何将第一产业进行延展，是产业振兴中重要的一步；鉴于藏区生态环境敏感且脆弱，第二产业无论是在用地指标还是生态保护方面都不太适合部署；因此第三产业的导入是推动本村经济优质发展的必由之路。从种植桃花等农业种植生产出发，通过初步深加工，扩展出果品销售、主题餐饮、桃源度假、桃源观光等一系列主题产品和游览点，为产业的整体振兴和村民就业夯实了基础。

"思想脱贫"是脱贫攻坚战中挖掘源生发展动力最核心问题，嘎拉村正是通过驻村干部的带领，以理论结合实践的方法，在点滴中逐步改变村民观念；通过培训，引导村民懂得如何经营，如何做好旅游服务，以崭新的理念武装自己头脑，最终从被动接受扶贫到主动脱贫，自主寻求突破，提升自身经济收入水平。

五、全面振兴

环境改善、产业升级、干部作为、村民主动脱贫、乡村游蓬勃发展、集体与个体收入显著提升、民风显著改善；在保护好绿水青山的前提下，嘎拉村实现了"和谐乡村游"的完整闭环，从根本上真正验证了嘎拉村"产业兴旺、生态宜居、乡风文明、治理有效、生活富裕"的全面振兴。

第四节　项目规划设计与实施

一、规划定位

项目依托现有野生桃花林，通过完善设施、恢复提升藏式村落景观风貌。结合桃花源、乡村农旅、藏式文化，打造集桃源观光、农旅体验、地域文化于一体的区域性乡村旅游示范区，力图打造精准扶贫的藏南乡村振兴典范。

二、设计主题：映雪江南畔、梦里桃花源

早春，藏南雪山映红日，好一派高原江南美景；都市人抛开一切工作生活压力，融入自然的美景中去，放飞自我，让身心与自然融合。

三月，桃花源花开遍野，追寻梦里的理想美景；以大地雪山为天幕，以桃花为主题，打造系列桃花主题景观游览点，串联形成结构完整的桃林自然村落景点。

三、规划策略思路

（一）优化环境景观

首先，通过系统规划，在尊重原有自然村落肌理的前提下，对全村进行系统梳理，优化道路路网；其次，全面提升建筑、景观风貌等，增设游览景观点，形成以桃源为主题的空间布局；最后，完善全村导向系统与游客服务配套设施，全面提升景区的景观品质。

（二）营造文化氛围

依托在地藏式文化本底，结合桃源主题，通过旅游策划的思路，提炼包装文化景点与体验节目，如桃花节、栽植同心树、桃园客栈、寻源觅路、觅爱小径等景点与活动；空间体验与文化参与相得益彰，虚实结合，从而全面提升游客深度游的体验感（见图16—2）。

四、总体规划布局

经过深入调研，将场地内（村里）的建筑、溪流、桃林、村口、巷道等旅游资源因子进行全面标记、梳理、分析；对所有资源因子进行充分整合与利用。一方面，挖掘新的资源因子；另一方面，激活闲置或鲜为人知的景观资源，并通过"雪域桃源"的故事线串联起来，加以整合利用。

具象的空间设计与节日文化包装策划同步推行，做到硬质景观与软质文化包装相得益彰。让游客来到之后，不仅仅是得到景观物质空间上的"停留"

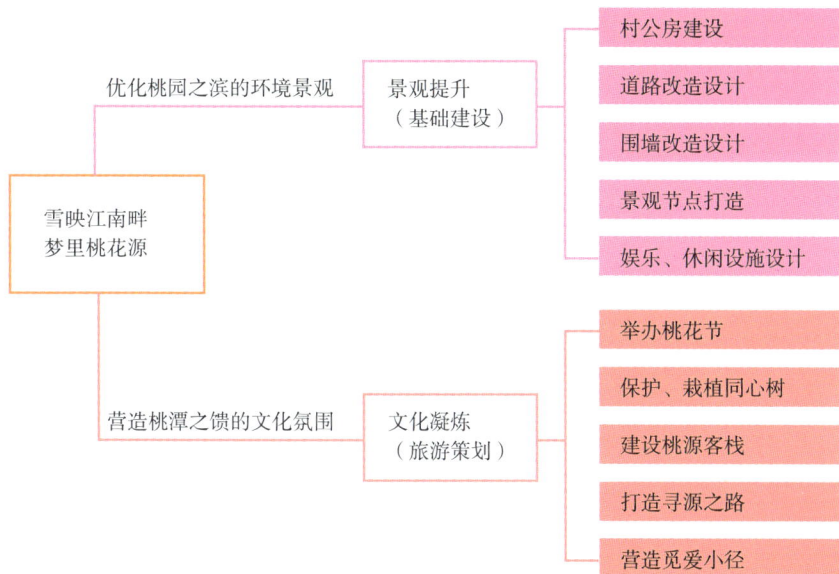

图 16—2　规划策略思路

资料来源：叶子制图。

与"观赏"，更要让游客来了之后，有精神层面的参与体验，并在情感上得到升华。

最终的空间又回归到规划统筹上来，通过科学的整合规划，将"实的空间"与"虚的情感体验"有序交替，形成变化且生动的游览线路；在线路的规划中又结合了巧妙的造景手法，添加有趣味性，凸显景观引爆点，从而提交整个景区品质。

五、主要节点实施

（一）产业升级——主题桃花林

继续扩大桃林生产种植，并做好系统种植规划，扎实推进一产提效；与此同时积极挖掘桃花主题的附加产品，比如桃花主题食疗、特色手信等，促进一三产业之间的延伸与联动，主动推动主题 IP 的逐步形成。

（二）基础设施完善

1.升级道路系统

对现有道路进行系统规划，设置三级道路系统（车行、步行、游览）；对破损道路进行修补与重新升级，部分重点区域进行白改黑改造，提升整体道路通行品质。

2.完善排水系统

一方面，结合场地实际情况，采用合流制与分流制相结合的模式，对现排水系统进行梳理，从根本上解决场地内水污染问题。另一方面，排水中强调"明暗结合"，充分利用雨水与山泉地表水，因地制宜理水造景，营造一种生动活泼的自然村落水景观（见图16—3）。

↓村庄围墙样式不统一、地域风格不突出　↓居民家外墙破旧，周边道路环境需要治理　↓道路两侧现有墙体已砖砌为主，需改善处理

图 16—3　道路与排水系统

资料来源：笔者摄影、制图。

3.升级公共设施

采用"一馆多能"的思路，将村史馆、村委会、医疗服务站、游客服务中心等基本配套设施融为一体，在这轮升级改造中，优化与升级公用设施作为重点任务得以全面解决。而建筑整体风格采用以红、白、棕为主色调的藏式风格，利用质朴毛石外立面，强化展现出本地藏式风情与在地文化。

4.景观景点打造

项目始终贯彻观赏与体验并存，通过设置景观节点，如桃林广场、格桑花海、藏式瞭望台、浣花溪等一系列主题观赏点，科学延长游玩停顿时间，丰富了体验内容，增强了游客的观赏满意度。

第五节　项目实施效果

因地制宜是本项目成功的根本，团队从实际出发，解读分析项目的优劣势，明确规划的最终目标。从旅游入手，借助人文景观与自然景观两只"虚实之手"，现场即兴创作规划设计，一砖一瓦、一花一草，融汇了设计师与藏民之间的情感，最终呈现出实质的美丽景观效果与丰富的人文活动，两者相得益彰。

也正是依托乡村振兴时代大背景，通过基础设施改造提升的抓手，挖掘当地人文历史和产业特色，整合桃花、村落、溪流、民族文化等资源，强化雪域桃源景观，林芝打造出了一个享誉四海、宜居宜业宜游的桃花村。

如今，嘎拉桃花村成为西藏美丽乡村建设的一个鲜明典型范例，每年都吸引大量的游客。这种以通过乡村环境整治为契机，依托自身自然资源美景，联动周边资源系统发展，最终带动乡村旅游的乡村振兴模式，也获得主流媒体（央视）多次关注。

编者单位：岭南设计集团有限公司

作者：卢树彬、吴奕涛

第十七章
广西壮族自治区以产业为本
引领地区推动乡村振兴大发展

——贵港市覃塘区乡村振兴示范点实践模式

　　广西壮族自治区贵港市覃塘区是全国休闲农业和乡村旅游示范县，境内有"荷美覃塘""布山古郡"和"九凌湖"等品牌景区。但覃塘区内多数乡村底子薄、基础差，区位、交通、资源各异，面临老龄化、土地资源破碎、乡村产业同质化等乡村发展问题，亟须探索出一条符合当地实情的乡村振兴之路。该研究是以覃塘区乡村振兴示范村屯发展规划实践为例，总结了在新时期下欠发达地区乡村振兴发展规划编制过程重点关注的主要问题，借鉴发达地区乡村振兴实践经验，探讨以乡村居民为主导力量和主要受益者，以经济发展驱动、文化精神传承为内核，重塑乡村价值，以农业为本，服务引领的乡村振兴"覃塘模式"，同时为其他经济欠发达地区的乡村振兴实践提供参考借鉴。

第一节　项目概况

　　产业兴旺是乡村振兴的重点，是解决农村一切问题的前提。2022年中央一号文件《中共中央　国务院关于做好2022年全面推进乡村振兴重点工作的意见》发布，明确乡村振兴聚焦产业促进乡村发展目标，农业农村部发布的《全国乡村产业发展规划（2020—2025年）》提出了乡村产业发展目标：

到 2025 年，乡村产业体系健全完备，乡村产业质量效益明显提升，乡村就业结构更加优化，产业融合发展水平显著提高，农民增收渠道持续拓宽，乡村产业发展内生动力持续增强。相关扶持政策也频频出台，并要求层层落实到村屯。

覃塘区位于广西壮族自治区贵港市西部，毗邻南宁市，是贵港市的西部门户，境内交通发达，"高铁、高速、高航道"全域贯通，境内国道 209 线和 324 线呈"十"字型贯穿，并交会于城区，内部基本形成了县与乡、乡与乡、乡与村之间的农村公路网络，对外对内交通便利。覃塘区经济基础较为薄弱，2020 年 GDP 总量在全区 111 个县区排名第 36 位，在贵港市 5 县区中位列第四，三次产业增加值占比分别为 16.6%、59.9%、23.5%，属广西欠发达地区。覃塘区仍然处于巩固拓展脱贫攻坚成果同乡村振兴有效衔接阶段，近年来，覃塘区乡村振兴实践主要围绕乡村风貌提升、土地综合整治、基础设施建设等工作开展，取得了阶段性的成果，县域内重点文旅项目和核心示范区的建设也带动了周边部分乡村的发展。但是覃塘区大部分乡村产业发展基础条件差别较大，面临农业增收渠道不够宽、土地资源破碎、乡村产业同质化等乡村发展问题，因此增加乡村产业发展的内生动力，持续推进农村一二三产业融合发展，更好地实现乡村的可持续发展，成为覃塘区乡村振兴面临的重要课题之一。

覃塘区是全国休闲农业和乡村旅游示范县、广西全域旅游示范区，近年来树立了"荷美覃塘""布山古郡""九凌湖生态旅游区""花山茶海"等乡村旅游品牌，乡村旅游有特色，发展潜力大。其中，"荷美覃塘"AAAA 景区被评为全国休闲农业与乡村振兴旅游示范点，龙凤村获"全国一村一品示范村"认定。

在全域旅游框架下，覃塘区已经在探索农文旅结合乡村振兴的发展路径。覃塘区选取 10 个较有代表性的村屯编制乡村振兴示范村屯发展规划，目的是从乡村最小单位——村屯落实乡村振兴举措，明确与农民切身利益相关的发展和建设内容。此次研究主要分析 3 个村屯代表，分别为三里镇水仙村新村屯、石卡镇翰芦村白屋屯、山北乡山北村上覃屯。

3个村屯的区位条件不同，发展条件各异，需要针对各个村屯的基础条件提出不同的发展策略。发展规划重点探讨在全域旅游框架下，依托周边资源，挖掘村屯自身特色，提出村屯整体形象定位和产业发展目标、发展策略，指导下一步村屯产业发展项目落地和设施建设。

第二节　技术路线

通过对村屯自身的产业基础、土地资源、自然景观、人文历史、基础设施等资源和所在的区位、区域经济基础、外部市场要素等内外部条件进行分析，确定了村屯发展方向及优势产业、旅游产品、项目发展的主导方向及发展目标（见图17—1）。

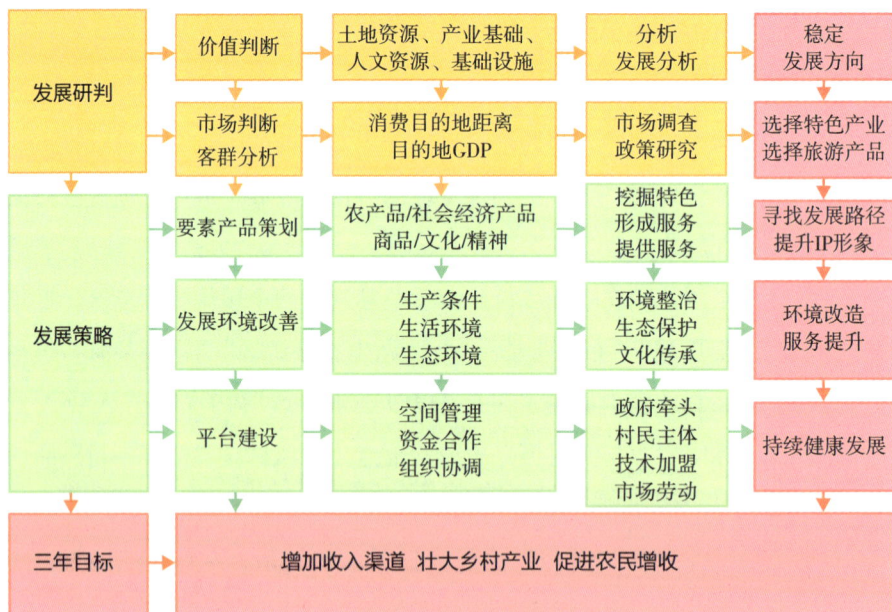

图17—1　技术路线逻辑导图

资料来源：项目组提供。

第三节　目标特征分析

农文旅融合下的乡村发展有许多成功的案例，如以文旅引领，集现代农业、休闲旅游、田园社区等产业为一体的无锡"田园东方"，以休闲文化引领的广州"喜花里"等，通过对发达地区乡村振兴成功案例的发展策略进行归纳总结，其共同特征主要有：

一、富有诗意，有故事的定位策略

位于无锡市滨湖区的禅意小镇拈花湾，"拈花湾"的命名，一方面源于灵山会上佛祖拈花而迦叶微笑的经典故事拈花一笑，同时也源于它所在的地块形似五叶莲花的神奇山水。无锡"田园东方"以"新田园主义"为指导，以田园综合体为商业模式，涵盖现代农业、休闲旅游、田园社区。一个朗朗上口，富有诗意的 IP 能在互联网时代让乡村的文化价值得到快速的认同并转化为流量。

二、三位一体、三生同步、三产融合的产业发展策略

农业、文化、旅游一体化发展是在一产、二产的基础上，拓展三产产业，延伸产业链条，开发特色化、多样化旅游产品，提升乡村特色产业的附加值，促进农业多环节增效、农民多渠道增收，最终达到生产、生活、生态同步改善。

三、从整体空间到细致空间的同步提升策略

村庄周边山、水、林、田的整体特色空间在整体形象定位下，结合产业发展要求，进行整体塑造。在村庄内进行环境整治，村容村貌提升，大到整体建筑风貌，小到篱笆、围墙都做了细致的设计。从环境的整体塑造到微小空间的细致打磨，在两个维度的空间环境同步进行品质打造，展现现代乡村特色风貌和个性特征。

四、坚持长效的运营和投入的持续策略

乡村振兴不是一朝一夕的事，需要多方位的发展和有效运营，如产业发展的持续扶持、空间环境的持续打造、品牌经营的长期推介、产品的研发和优化等。同时也需要对项目及工程进行经济测算，对项目按资金来源和投资主体进行分类，精准招商和扶持，确保资金的有效投入。

第四节　规划实践案例

一、以特色种植带动的乡村振兴模式——新村屯

（一）概况

覃塘区三里镇水仙村新村屯距离贵港市区半小时车程，距离南宁两小时车程。农户共330户，总人口1280人，常住人口600人，2021年人均收入2.5万元，人均耕地0.8亩。主要发展林业、种植业，马蹄产业采用水稻—马蹄轮作的方式，是当下村民增收的主要途径。新村屯耕地面积大、质量高，耕地总面积约68公顷（1019亩），东部大面积集中耕地已改造为高标准农田，耕地集中连片，沿G209国道展现千亩田园旖旎风光。

村集体有林地约600亩，位于甘道水库周边，年收入可达15万元。农业生产基础良好，农业用水保障程度高，2006年已建成高标准农田。村庄现状建设杂乱，建筑风貌亟须提升，公共空间品质不佳，田园风光优美但缺少特色的吸引要素和面向外来游客的旅游服务设施，村内公共服务和基础设施有待完善。村民发展诉求集中在加快建设公共基础设施与提升农业产业收益两方面。

综合审视新村屯的社会、经济、人文状况可以得到这样的结论：新村屯交通便利但区位条件一般，特色产业突出但基础薄弱，人口外流严重，农民增收渠道单一，具有一定特色景观资源，但旅游服务设施与公共服务水平均

尚待提高。

（二）核心任务

新村屯既要发挥特色产业优势，通过做全马蹄特色产业链，在"以农为本、创新融合"的发展理念指导下，积极拓展农业的多种功能，挖掘乡村的多元价值，实现覃塘区示范村屯"农商文旅体养"融合发展的目标；又要在梳理自身林、田、水、路、宅等乡村空间要素特质的基础上，打造与产业创新、农旅融合定位匹配的公共空间形象，通过完善基础设施、提升公共服务水平，盘活乡村空间资产，以政府投资推动相关产业落地，最终实现宜居宜游宜业的目标。

（三）定位

发展定位：特色农业产品价值延伸创新基地，农旅深度融合的乡村振兴示范点。

形象定位："陌上新村——马蹄园"。

产品策划：1条特色马蹄产业链+1000亩田园大景观+3000米主题体验环。

（四）策略

1.做全马蹄特色产业

围绕特色产品马蹄，以"农—工—商—旅"全产业链条体系，拓展乡村产业形态，促进农业增效、农民增收。

提升特色农产品经济价值。发挥马蹄种植先发优势，围绕马蹄生产加工流通全过程，延伸产业链条，通过拓宽销售渠道、升级种植技术、扩大生产规模，走特色农产品在地产业化之路。

打造马蹄产品展示平台。以农业合作社为基础，丰富农业技术服务、网络销售服务、组织生产技术示范等多种功能；建设集旅游体验、宣传交流、展示销售等功能于一体的品牌营销基地。开发马蹄特色食品、产品包装，融入乡村旅游体验项目，丰富农业体验活动内容，打造特色化、高品质的农业产品展示平台（见图17—2）。

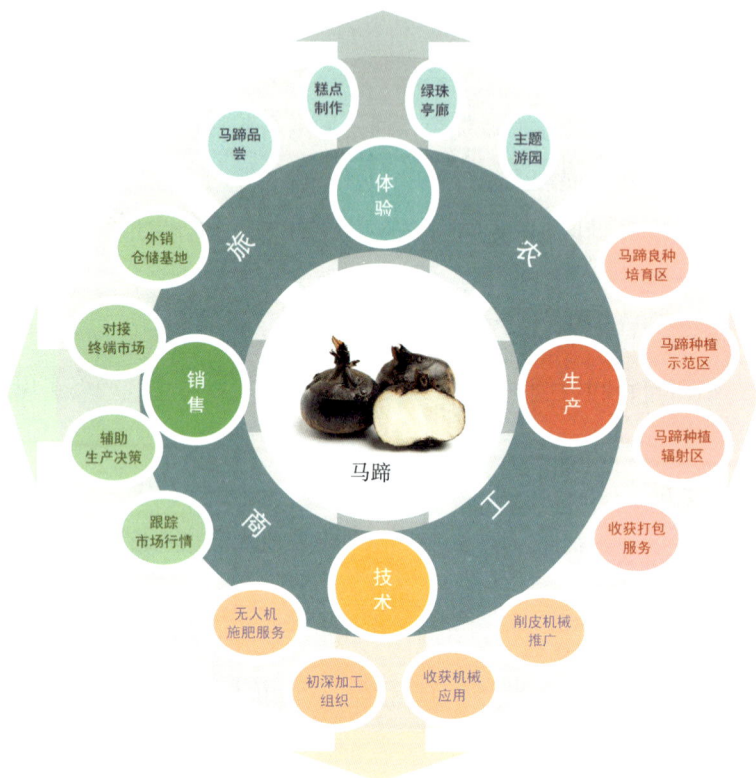

图 17—2　一条特色马蹄产业链：产业体系示意图

资料来源：项目组提供。

引进农产品网络化、数字化经营措施。打造地方品牌，注册富硒马蹄公共品牌包装，塑造优质产品形象。开展网络经营，发展电商助农，引导马蹄种植大户进驻电商平台，开展公益性地方产品直播销售，提高产品收益。探索农业生产数字化应用，引进智慧种植、数字营销、数字农机等先进生产措施，提升传统产品的农业技术水平。

2. 做大稻香田园景观

以新村屯周边 1000 亩优良基本农田为基础，维护独有的原生态空间格局；以稻香田园大场景为核心，重点打造乡村公共界面，建设"诗画村居"品质魅力村屯。

以基本农田为基础，打造田园大地景观。维护和提升沿 G209 国道开敞田园景观区空间氛围，塑造新村屯独有的绿色田园大场景。依托道路、水系等线性游览路径，延伸至西侧山环水绕的围合田园景观区，将游客从国道引进村内游览路径中，体验"诗画村居"品质魅力村屯。

3. 做活农旅体验活动

策划"春种冬收"四季农旅体验，以"慢活乡野"互动体验环，向游客展示一个与众不同的"陌上新村——马蹄园"。以新村为中心，辐射联动周边村屯，将农旅项目编织到绿色的乡村大地上。

"春种冬收"四季活动区：围绕乡村生活要素，以节假日、时令节点为重点，依托乡村公共空间承载四季主题活动。在策划乡村农旅休闲项目的同时提升乡村人居环境品质，助力实现产业兴、乡村美的目标。引进旅游产品运营方，带动村民参与项目经营，共创富裕之路。

"慢活乡野"互动体验环：促进农村道路与乡村振兴深度融合，打造四条环村的产业路、文化路、旅游路、生态路。既实现村民提升村庄形象、方便日常出行的实际诉求，又可展现示范村屯建设工作在产业创新、生态治理与文化复兴各方面的具体成效。

（五）运营策略

由村内能人带动乡村产业经营，发挥其在农资供应、产品销售等方面的优势，通过"致富带头人＋村民＋政府＋企业"的合作模式，共创富裕之路。

能人带动：发挥村屯致富带头人领导作用，通过"互联网＋农业""订单农业"等新型发展模式增加收益。

政府保障：落实农村基础设施公共服务建设，将优先用地政策，引导农田集中连片、建设用地集约紧凑。

社会投资：引进社会资本对核心项目进行开发建设，搭建村—企合作平台，进行土地、房屋资源合作，共享收益。

农民参与：参与农民合作社，形成新型农业经营主体，提高种植技术水平，参与乡村新产业、新业态。

根据新村屯产业体系，构建旅游服务、体验活动、经营盈利与马蹄生产、加工、销售、创新盈利双向互动的复合盈利模式，保证项目长效运营，多种路径实现农民增收。预计到规划期末新村屯接待年游客数量约 10 万人次，人均消费约 100 元，年经营收益 1000 万元（见图 17—3）。

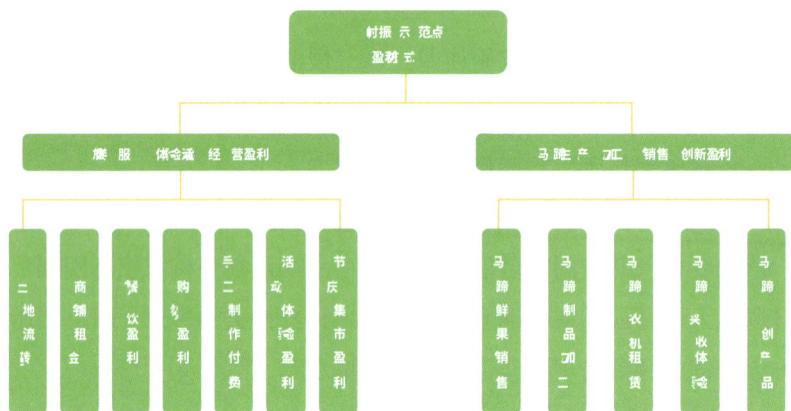

图 17—3　新村屯乡村振兴盈利来源示意图

资料来源：项目组提供。

二、以服务城市带动的乡村振兴模式——白屋屯

（一）概况

覃塘区石卡镇翰芦村白屋屯处于贵港中心城区过渡期措施开发边界范围内，为贵港工业园区（石卡园）规划范围内的城边村屯；距离贵港市中心城区 14 千米，距离广昆高速出入口 12 千米，对外交通便捷。规划范围内有 3 个村民小组 112 户，总人口共 505 人。白屋屯农业用地大部分被石卡工业园征收，耕地面积减少且地块零散，现有耕地面积 795.6 亩，人均耕地面积约 1.6 亩。当前村屯产业以传统水稻、玉米、甘蔗、桉树种植和家畜、家禽养殖等自给自足的小农经济为主，村民务农收入不高；村民个人收入的主要来源为外出务工，人均劳务月收入为 3000—4000 元，约占家庭总收入的80%。

白屋屯整体地势平坦，村屯住宅大多依地势而建，朝向布局规则统一，整体性较好，但建筑风貌缺乏乡土特色，整体呈现城边村风貌特征。村内田、水、湖、林景观要素齐全，水系绕村蜿蜒穿行，生态资源丰富，但作为旅游资源品质不高。白屋屯是石卡镇乡村风貌提升示范点之一，2019年开展乡村风貌提升工作，在文体活动中心的村内集中公共空间，村内建筑工人砌筑了特色红砖工艺小品，营造了较好的地域特色和人文景观。村民发展诉求集中在完善基础设施、打造村庄特色、发展农业及乡村旅游产业三个方面。

总结白屋屯现状情况可得出以下结论：白屋屯地处城市开发边界边缘，背靠建设中的工业园区，是名副其实的"城边村"；村屯对外交通便捷，但产业基础薄弱，配套设施不足，资源缺乏整合，土地开发受到制约。

（二）**核心任务**

针对白屋屯当前非城非乡的现实基础，在村庄整体纳入城镇开发边界后的过渡时期，要做好乡村发展与园区发展的有机衔接，加快建立城乡融合发展的良性互动机制。

立足园区旁的位置优势，突出"服务+"特色，承担城郊休闲服务和产业配套服务，以农业产业为基础、以生态文化为灵魂，探索城乡融合型乡村振兴可持续发展之路。依托城乡依存关系，挖掘自身资源，营造农文旅深度融合的都市田园新生活，以乡愁家园为核心，将白屋屯打造为承载乡村生活的"都市原乡田园综合体"。

（三）**定位**

发展定位：产业层面——城乡融合发展示范村；休闲层面——都市城郊的后花园；生态层面——石卡工业区的生态绿心；文化层面——城市原乡记忆体验区。

形象定位："都市时光　一里繁花"。

产品策划：原乡秘境——文创服务配套区、田乡梦境——田园农业示范区、水韵灵境——娱乐休闲旅游区三大主题板块。

（四）策略

1.城乡融合

推动白屋屯与工业园区要素自由流动、平等交换，推动白屋屯农业现代化同步发展，形成工农互促、城乡互补、全面融合、共同繁荣的新型工农城乡关系（见图17—4）。

图 17—4　城乡融合意向图

资料来源：项目组提供。

2.区域联动

差异化发展，白屋屯周边有工旅融合的石卡工业旅游区、以汽车文化体验及水上休闲娱乐为主的贵港汽车文化旅游产业园，各有特色和目标定位。白屋屯利用自身的资源条件，因地制宜地发展乡村生活体验、田园观光，既能突出特色差异化发展，又能与周边景区、景点加强协调联动，打造白屋屯农文旅主题鲜明的乡村旅游目的地，共同推进覃塘旅游振兴全域发展。

3.三产融合

白屋屯具有一定的区位优势和土地资源条件，具备服务城市的"菜篮子"工程基础条件，通过以一产为基础做足城郊农业特色产业；以二产为纽带延伸产业链条，增加城郊农业产品附加值（如净菜、预制菜等）；同时以三产为提升，发展休闲农业，吸引郊区游客群，实现一二三产融合发展，创造"1+1+1>3"的综合高效益。

产业发展实施三大策略，一是"做特色"农业现代化生产示范，引进花卉、水果、蔬菜、水产等城郊经济作物，促进城乡良性互动，做强城郊农业特色。二是"促融合"利用农业特色产业资源，以旅游策划思维结合，延伸农业观光，实现农旅融合发展。三是"提价值"开展旅游产业衍生品研发，以农产品加工、品牌化打造为核心，提升农业产业价值。

4.乡村景区化

通过"水秀、花田、美路、乡居、彩林"实现乡村向景区化乡村转型升级，探索城乡接合部乡村建设模式。以景区标准塑造村屯公共空间，整体形成"一环两带三区"的格局。

"一环"田园风光景观环线：利用现有道路、田埂进行景观和风貌提升，打造串联三大组团、多个节点的一日游休闲景观环线。

"两带"一里繁花艺术街：依托村庄主干道，提升风貌及旅游服务功能，融入配套服务业态，以艺术繁花为主题打造文化艺术街。烂漫花溪景观带：对水系沿岸进行美化，打造美丽滨水景观带，与汽车新技术研发创新融合发展，提升片区整体形象。

"三区"田乡梦境——田园农业示范区：依托现代农业产业发展，以瓜果、蔬菜、花卉种植为基础，形成观赏游览、科普体验、采摘收获等传统农业的拓展与延伸，打造农业观光休闲、农业品加工生产、农产品销售配送体系，为工业园区打造绿色农产品供应基地，为市民营造农业休闲基地，打造都市人心中的田乡梦境。原乡秘境——文创配套服务区：挖掘原乡文化资源，发挥乡创文创的策略，将服务配套、民俗文化、特色商街、手工艺产业、创意产业、夜间经济、休闲文旅等多元产业进行互融，以文化为特色，探寻白屋原乡秘境。水韵灵境——娱乐休闲旅游区：提升沿河景观风貌，结合特色观光农业开展生态旅游，形成与北面汽车文化产业园、燃情湾水上世界项目互为补充、相互融合，拉长完善旅游产品体系。打造以滨水休闲旅游、娱乐体验、营地度假、生态采摘等为目的城郊型休闲旅游目的地。

5.运营策略

构建政府—企业—村集体—村民协作下的"共建共享"运营管理模式，根据不同业态创新乡村产业运营机制，实现从建设乡村向运营乡村转变，探索乡村振兴运营新路径。

村民自营模式：自筹资金开展民宿、农家餐厅等乡村旅游项目经营，从一产生产者转变为三产经营者（产业业态经营者）；参与花语农庄、艺术稻田等项目维护；自营市集餐饮、水果采摘等休闲项目。

村集体带动模式：村民合作社领导村民开展规模化农业生产，引导农民参与乡村振兴产业开发，与企业形成良好合作关系；主导特色农业合作社、水产养殖基地等项目。

社会资本撬动模式：引进社会资本对核心项目进行开发建设，带动村民发展特色产业和乡村休闲旅游，提供工作岗位和机会，促进村民增收；主导浪漫花田、花海酒店、水乡湿地等专门的乡村旅游项目（见图17—5）。

图17—5　核心项目运营模式意向图

资料来源：项目组提供。

三、以服务社区带动的乡村振兴模式——上覃屯

（一）概况

覃塘区山北乡山北村上覃屯处于 Y204 乡道及 X366 县道交会处，毗邻乡政府和山北街，距离贵港主城区约 30 千米，距离覃塘城区约 15 千米。总人口 2162 人，常住人口约 1000 人，人口外流严重。耕地集中在村屯东面，人均耕地面积仅 0.76 亩，土地资源相对匮乏。人均建设用地 87.32 平方米，与上位规划对比建设用地仍有扩展空间。产业以优质稻种植为主，村屯北面有 1 个外来企业运营的木材加工厂。村民收入主要依靠外出务工以及土地流转租金，村民务工月收入为 2500—3500 元，整体收入较低。

村庄建设用地较为集中，公共服务设施及基础设施建设较完善，能够满足村民日常生活需求。乡村风貌建设初见成效，通过"三清三拆"、路面拓宽和景观提升，已建成以村屯中心 5 个风水塘为核心的休闲步道公园，是覃塘区"清洁乡村"的先进典型。村屯北面为山北江，南面为连片的农田，村庄山水田格局良好。村民发展诉求为打造山北"乡中心"，发展乡村旅游，完善基础设施，提升村庄风貌。

综合审视上覃屯的社会、经济、区位、土地资源等可以得出以下结论：上覃屯位于居民点集聚区、主要道路旁且紧邻乡镇政和山北街，交通条件相对便利，设施较为完善，乡村公园建设初见成效，经济落后但产业发展用地相对有保障。

（二）核心任务

依托上覃屯位于居民点集聚区、主要道路旁且紧邻乡镇政府的区位条件，挖掘村庄资源和发展潜力，盘活存量建设用地，整理特色资源，完善公服配套，发展乡村新型商业、生态观光旅游、休闲农业，探索以社区服务带动产业发展乡村振兴模式，打造山北乡新型乡村社区服务中心。

（三）定位

发展定位：以社区服务带动的乡村振兴样板，山北乡新型乡村社区服

中心。

形象定位："山北之心　活力上覃"。

产品配套：社区服务带动、全龄友好配套、一站式服务综合体。

（四）策略

1. 构建乡村社区服务核心

落位乡村综合服务功能，提升乡村服务内涵，以人的生产生活需求为核心，贴合乡村发展实际，扩充乡村公共服务设施功能，构建山北乡服务核心。充实村屯公共服务、商业服务、活力服务三方服务配套能力，带动一二三产业提质增肌，形成以服务引领的乡村振兴示范。

2. 构建乡村社区服务圈

上覃屯在满足本村基本配套的前提下，结合区位及用地情况，参与承担镇服务功能，提出"基本配套服务圈＋乡村社区服务拓展圈"的设施配套思路，以村民的生产生活需求为出发点，扩充服务设施内涵，提升服务品质。基本配套服务圈：考虑服务本村村民活动圈的基本服务设施，如村委办公室、便民点、老年活动中心、卫生室等。乡村社区服务拓展圈，考虑作为山北副中心，承担行政村及镇中心服务设施，如公园、商业中心、物流服务、停车场、游客中心、露天市场等。

"一站式"家门口服务综合体：倡导复合与集约，整合空间资源，在时间和空间上进行功能整合与共享，以露天市场和乡村多功能厅为核心，打造"一站式"的家门口服务综合体。以商业空间为基础，以赶集活动为媒介，兼容行政办公及游客服务功能，接纳本村、山北乡村民及过往人群，重塑乡村生活中心。

四、完善服务支撑体系，建立三年实施项目库

在全域旅游的框架下，本次乡村发展规划将社区服务与旅游公共服务充分结合，对村屯常住人口和游客容量进行客观预测，按照贵港市乡村旅游示范点创建要求配套相关设施，从生活、生产、旅游三方面，按低碳绿色发展

要求配套相关服务、安全、交通、市政环卫等相关设施，提出三年实施项目库，为指导村屯建设明确实施路径，确保乡村振兴投资有计划、有预算、能落地、见效果。

五、建立四重保障体系

建立政策、资金、组织、宣传、人才四重保障体系：

政策保障：围绕"钱、地、人"资源要素，配套完善乡村振兴建设的专项政策，包括农村土地、产业发展、财政倾斜、环境保护、人才引进等优惠政策。

资金保障：通过"项目整合、政府投入、金融倾斜、资本引入、农民自筹"等方式，建立多元化的资金投入机制，形成以财政投入为导向，扩大招商引资，积极引导社会资本等其他外来资本投入，形成多渠道、多主体、多形式的多元化投入格局。

组织保障：由政府牵头成立规划实施领导小组，负责村规划的实施工作和村总体发展。制定统一的协调机制，统筹相关部门的资金投入及设施投入，做好相关投入的衔接协调工作，建立各部门协作与衔接机制，落实村庄规划中相应的建设项目，实现村庄规划建设项目的落地实施。

宣传保障：开展多层次、多形式的舆论宣传和教育，激发群众参与创建的积极性、主动性。及时宣传报道乡村振兴工作中涌现的先进典型，推广一批好做法好经验，营造创建工作的良好氛围，营造全民参与乡村振兴的良好社会氛围。

人才保障：畅通信息、技术、管理下乡渠道，创新乡村振兴人才培育引入机制，大力培育新型职业农民，加强农村专业人才队伍建设，吸引能人返乡创业，鼓励社会各界投身乡村建设，持续开展"万名干部回故乡，带领群众建家乡"活动，破格提拔在乡村振兴建设中贡献突出的基层干部人才。

第五节　实践思考

一、以问题为导向制定规划策略和发展路径

以最小单位——村屯为对象的发展遇到的困难更具体和确切。因此必须以问题为导向提出规划的策略和发展的应对，并关注从产业发展到空间环境的衔接。如在莲塘屯的茉莉花种植产业发展策略上，尽管茉莉花种植收入可观，但由于劳动力短缺的问题，无论是规模还是产业链都无法进一步完善提高，因此在规划中并没有把发展的重心放在茉莉花种植上，而是提出将茉莉花作为形象 IP 结合农业旅游的发展策略，在空间环境上强调茉莉花主题的景观设计，把更多的产业用地留给其他产业，既符合莲塘屯的实际情况又能打造村屯特色。

二、县域产业的发展是乡村振兴基础

覃塘区是林木发展区，木材加工是主要支柱产业，覃塘区大部分乡村集体收入都依赖木材加工，产业单一但见效快。但一些特色种养由于产业链的缺失，物流成本增加，价格低，市场竞争力差，生产规模受到限制。如桑蚕养殖由于在县域层面没有对应加工厂，其生产的规模受到市场限制，虽然单位效益不错但农户只能作为副业。

三、土地仍然是乡村发展的核心要素

通过永久基本农田划定成果与三调成果叠合分析，发现覃塘区村屯土地利用现状不符合基本农田划定要求的问题比较突出，现状村屯建设和生产发展占用基本农田的情况比较普遍，在国家全面落实基本农田特殊保护的政策下，村屯发展很难再在未来发展中获取土地资源。因此，在规划中尽量避开基本农田红线，利用闲置土地和闲置公共设施、村民宅基地作为产业建设用地，满足产业发展要求。但一些有条件发展规模产业的村屯确

实因为土地资源原因受到发展限制。土地仍然是欠发达地区乡村发展核心要素。

编者单位：深圳市华阳国际工程设计股份有限公司
作者：吴昊、麻济记、廖坚、温春阳、李欣蓉、施运燕、梁朝祚、
　　　黄悦、蒲纯

第十八章
广东省乡村振兴战略中产城融合
助推乡村经济大发展

——河源市灯塔盆地农高区实践模式

　　该项目地处广东省河源市顺天镇，区内水土资源良好、气候温和，是广东省重要的农业发展基地，也是粤港澳地区重要的农产品供应基地。受灯塔盆地地形条件影响，项目区农业基础设施建设薄弱，农业现代化水平低，农业发展受到限制。因此，河源市以争创灯塔盆地国家农高区为动力，坚持"产城融合"发展思路，全面推进乡村振兴，致力于建成集新技术、新装备、新模式、新业态等于一体的农业科技创新谷和乡村振兴驱动核，打造农业农村现代化新样板。

　　本案例充分利用顺天镇资源优势，以产兴城、以城促产、产城融合，逐步带动村民增收致富，推进乡村振兴发展。目前项目已取得了较好的建设成效，在产业园区、休闲旅游、科创平台、村庄整治等方面均取得良好进展，地区农业发展水平得到较大提升，产业联动、空间布局、产城要素融为一体，辐射带动周边乃至全国地区开创乡村振兴发展新格局。

第一节　项目概况

　　2018 年，国务院办公厅印发《关于推进农业高新技术产业示范区建设发展的指导意见》，文件指出要大幅度提升我国农业的劳动生产率、土地产出率和绿色发展水平，提高农业产业的国内外竞争力，布局建设一批国家农业高新技术产业示范区（农高区）。截至 2019 年，我国陆续于陕西杨凌、山东黄河三角洲、山西晋中、江苏南京等地分别创建了四个农高区。2020 年，广东省委十二届十次全会报告明确提出，支持河源创建国家农业高新技术产业示范区。2022 年河源市政府工作报告指出，加快推进灯塔盆地农高区建设，发挥示范区辐射带动作用，全面推进乡村振兴战略，引导产业凝集，促进产业链延伸，推动灯塔盆地农高区快速、稳定发展。

本项目核心区位于广东省河源市顺天镇，地处灯塔盆地腹部，属新丰江水库库区，地形特征为半丘陵地区。顺天镇是广东省柠檬专业镇、河源市文明镇、河源市第一大移民镇，境内官（渡）汕（头）公路及粤赣高速公路穿境而过，距市区仅 50 千米，交通便利，资源丰富，全镇已形成了枫木枇杷、二龙岗奇演布朗李、板栗品改、牛潭石元坝养猪与腐竹加工、朝东养羊、党演千亩种养、沿河两岸绿竹种植、横塘温氏养鸡、速生丰产林、豆角、蔬菜（萝卜）种植等"十大农业开发基地"。目前，顺天镇依托农高区平台优势，已顺利导入广东融合蓝莓庄园、中兴绿丰柠檬产业园、中国无抗优质家禽产业园、中国岭南农耕（移民）文化博览园等一批项目。2021 年，顺天镇荣获广东省第二届乡村振兴大擂台"十强镇"、河源市先进基层党组织、河源市"红旗镇"等荣誉。

第二节　建设条件及规划构思布局

一、建设条件

（一）优势条件——粤港澳地区重要的农产品供应基地

灯塔盆地境内气候温和、雨量充足，土地资源丰富，是广东省少有的农地资源富集地带。目前，已初步形成以优质粮油、果蔬、畜牧、水产为主导的产业体系，建成连平鹰嘴桃、东源板栗、高莞花生、蓝塘猪、万绿湖桂花鱼、和平猕猴桃、忠信火蒜、上莞仙湖茶、尤力克柠檬、南药等具有河源特色的农副产品生产基地，灯塔盆地成为河源与粤港澳地区重要的农产品生产供应基地，是名副其实的"米袋子"和"菜篮子"。

灯塔盆地地处广东省东北门户，是连接"资源金三角"与粤港澳大湾区"经济金三角"的咽喉中枢之地，也是粤北、粤东和珠三角的交会地带。惠河、粤赣、河梅和昆汕高速公路与205国道、京九铁路、广梅汕铁路纵贯灯塔盆地全境。目前该地区已与深圳建立对口扶贫合作关系，与华南农业大学、省农科院河源分院等8家科研机构、高等院校建立合作机制，并设立了岭南现代农业科学与技术广东省实验室河源分中心。

灯塔盆地拥有丰富的"客家+红色+绿色"文化、民俗文化和农耕文化，有利于发展现代农业、旅游景观、农事体验、休闲养生等多类型的功能节点，打造农业"三产融合"新业态。

（二）劣势条件——现代农业发展基础较为落后

灯塔盆地农业科技支撑力量不足，缺乏高端创新创业人才，缺乏适宜丘陵山区农业生产的现代化高新技术原创能力，以企业为主体的创新体系不健全，农村实用人才和新型职业农民培训工作基础和保障能力比较薄弱。

灯塔盆地受地形条件、投入资金等因素约束，水利工程建设不足，农地地块分散细碎、形状不规则，农机具难以进地，农机作业专业化水平低。

灯塔盆地土地流转市场发育不足，农地流转集约化程度低，导致优势特色产业的规模不大、体量小，产业集聚经济效应、规模经济性不强，种养产业之间链条短，链条之间融合度不高，产业利润空间受限。

灯塔盆地尚未将已有的土地、技术、金融、财税等各项政策形成集成式创新政策体系，构建能吸引各类现代生产要素集聚发展的运行机制，致使对划入灯塔盆地范围的各类相关利益主体参与项目开发建设的激励不足。

二、规划构思布局

（一）规划思路

项目建设围绕以农业产业谋划推动农高区空间规划，以空间规划推动核心区城市设计的全过程服务思路，构筑灯塔盆地国家农高区的规划体系，主要分为四个层面：一是国家现代农业示范区层面，二是农业高新技术产业示范区层面，三是农高区核心区层面，四是集中展示区层面。

（二）目标定位

1.发展定位

项目建设紧紧围绕生态河源"主战场"、乡村振兴"主引擎"，以农业科技创新为主题，以农业现代化建设与城乡融合发展为主线，围绕融入大湾区、引进大企业、依靠大科技、做强大品牌、形成大产业，强化功能再造、促进融合共享，打造现代农业产业体系、生产体系和经营体系，夯实科创平台和人才工程体系，探索建设集现代种业、农产品精深加工、农产品冷链物流、设施装备、数字农业、知名品牌、农业医院、特色农业、农业科教、农产品检测、农产品溯源、商贸发达等产城融合于一体的山地农业科技创新谷和乡村振兴驱动核。

2.总体目标

立足于河源灯塔盆地发展的新阶段特征，围绕农业农村高质量发展的要求，以科技引领丘陵山区高端农业发展的目标，标识出农业高新技术产业示范区科技示范带动的根本功能，重点打造以农业高新技术研发推广、信息服务、教育培训为一体的农业科技产业体系，以农产品供应链为纽带的农业产业技术集成创新体系，强化人才支撑，通过高档次的农业科技、高层次的产业结构和高水平的人才队伍，打造具有影响力的科技和产业创新高地，引领现代农业高质量发展。

三、总体格局

（一）国家现代农业示范区层面

1.以农高区为核心，构建"1+3+N"的总体格局

以顺天镇为中心，联动灯塔一体化发展，打造灯塔盆地极核，培育忠信、船塘、公白三个副中心，建设顺天—灯塔—忠信城镇集合带，引领带动全域成片连片发展，形成"1+3+N"的总体发展格局。

2.构建岭南丘陵"一镇一业"产业格局，促进一二三产业融合发展

以丘陵山地立体农业布局原则为基础，依托各镇现有的岭南特色水果、板栗、茶叶、花卉等特色产业，推动"一镇一业、一村一品"建设，促进农业规模化、现代化发展，打造河源现代农业要素聚集区。在推动农业本地发展的基础上，促进一二三产业融合发展，构建"农业种植养畜—农产品精深加工—农业科技研发—农业科技休闲旅游"全链条的绿色有机农业产业链，打造"无公害、绿色、有机"农产品供应地、农业休闲旅游目的地、农业科技转化承载地，以集群质量效益优势打造"灯塔盆地"农业品牌。

3.把握农业发展关键，重点加强交通和水利设施建设

规划高速、云轨等多条区域性交通线路，加强灯塔盆地同河源市区及粤港澳大湾区的联系。对内打造成环成网的交通网络，强化各镇之间的联系通道。开展水系联通工作，规划水库、干渠等，保障灯塔盆地农业用水。

（二）农业高新技术产业示范区层面

1.围绕核心区，发展十大农业产业片区

核心区定位于科技研发、食品加工、成果展示、创新服务、企业综合服务，打造农副产品加工及农业综合服务区。核心区之外的示范区域围绕种植养殖，发展高科技农业，形成岭南特色水果科技示范园、南方药材科技示范园、花海休闲旅游基地、国际农业产业交流合作园、生物饲料研发生产基

地、台湾农民创业园、智慧农业示范园、生态养殖科技示范园，与核心区一起构成丘陵山地现代立体生态农业高科技示范区。

2. 畅通内部交通循环，强化农业供水稳定

规划东西向"三横"、南北向"五纵"道路骨架，打造具有农业特色的旅游观光路。强化农业供水稳定，优化水资源调控能力，完善输水管网和污水管网，新建污水处理厂。

3. 统筹"三线"划定，强化永久基本农田保障

落实刚性管控要素，在现有三线划定成果基础上进行调整，其中，城镇开发边界和永久基本农田将根据本次规划进行调整。城镇开发边界调整结合农高区现有产业基础、区位条件和发展方向。重点强化永久基本农田保障，拟在农高区内部进行永久基本农田指标调整，主要调入以现状非永久基本农田耕地为主，从中选取高质量的耕地作为基本农田调整备选区域。

（三）农高区核心区层面

1. 突出"产城融合，以产兴城"，打造宜居宜业的农业产业区

规划以顺天镇为依托，促进河东产业区与河西顺天镇高效对流、产城融合，形成"城在园中，园在城中"的农业高新区。

2. 打造服务农业发展和居民生活的产业中心

以促进农业发展和居民生活服务为导向，规划形成康养中心、物流中心、研发中心、农业科教中心、农产品加工中心、商业中心和商务中心。

（四）集中展示区层面

在落实农高区核心区用地规划和整体空间格局控制的基础上，充分依托区内现有水系、农田、丘陵地形地貌等自然生态资源，进一步疏通水系、强化开敞空间及合理布局建筑群落。运用城市设计手法，重点打造船塘河和中部水系沿岸两条休闲景观带，构建核心区南北轴线上富有现代气息的商业商务景观，形成"园在城中、城在园中"的生态化、组团式农业高新区。

第三节　发展策略及实施

一、发展策略

孵化现代种业，着力加强生物育种核心技术和产品的研发、孵化及应用，开展种质资源库建设、提升种业基础研究能力、推进品种培育品系改良、建立品种评价体系、培育现代种业企业。

发展生态种养，稳定水稻、蔬菜、畜禽养殖（生猪、家禽）传统产业发展建设，加速提升生态种养现代化水平，布局新兴特色产业，推进生态健康养殖业，打造"特色种植—循环养殖—智慧种养"的立体生态农业生产系统。

推进精深加工，重点推进粮油及农副产品精深加工产业化进程，引导粮油加工企业应用低碳低耗、循环高效的绿色加工技术，提高粮油综合利用效率，做大做强农畜产品精深加工，打造优势特色农畜产品加工产业集群。

做强物流产业，加强农产品物流供应链体系建设，优化产地批发、直供直销等商贸物流体系，改善农业物流环境，推进农产品智能仓储物流，实现从田头到市场全程可控、全程可溯源、全程冷链物流配送。

拓展休闲农业，促进田园综合体与旅游农业带融合化发展，设计、开发、塑造和推广一批"旅游＋"农业旅游企业品牌和旅游服务知名品牌，加快观光休闲农业品质化发展，发展生态度假、森林度假、商务游、会展会议游、客家现代风情体验游，抓特色、造精品、树品牌，形成商务会议乡村休闲区。

培育数字农业，大力扶持传统农业向数字农业转型，建设智慧农业示范基地，重点研发生产设施环境智能控制设备、节水灌溉和水肥一体化智能控制设备、设施智能管理机器人等智能温室关键设备，打造数字农业先行区，提升农业数字化生产力，全面塑造产业新优势。

二、项目实施

近年来，广东省河源市大力推进灯塔盆地开发建设，集中资源力量，着力推动灯塔盆地提效破局。灯塔盆地农高区管委会勇担重任，围绕打造引领河源未来农业农村高质量发展的综合平台、生态河源"主战场"、乡村振兴"主引擎"的目标定位，以创建农高区为引领，推进农业农村建设，一幅幅乡村振兴的美丽画卷在这片绿色沃野上徐徐展开。

（一）产业主体集聚

灯塔盆地农高区加速集聚特色产业，将农业产业发展作为核心建设内容，陆续开发美林油茶现代产业园、融合蓝莓产业园、中兴绿丰柠檬产业园、中国无抗优质家禽产业园、中国发酵蔬菜产业园、光明鸽河源现代鸽业产业园、蒜精灵农业产业园、太二智慧渔业产业园等优质农业产业园项目。全力推进慈航果蔬创新加工、现代农业产业一体化、高品质茶浓缩液及衍生产品、牧原生猪养殖等产业配套项目建设；积极引进东源壹品农业有限公司、河源市绿兴农业科技有限公司等企业入驻园区，并引入东源天华阳光新能源电力有限公司，发展光伏农业；为促进生态农业建设，项目区着力打造"特色种植—循环养殖—智慧种养"的立体生态农业生产系统，解决农业生态环保问题。

目前，项目区有省级现代农业产业园9个，国家级农业龙头企业6家、省级28家、市级100家，年供应粤港澳大湾区粮食5万吨、蔬菜32万吨、水果18万吨、水产品0.7万吨、生猪16万头，是广东省现代生态农业主战场、粮食主产区和粤港澳大湾区优质农产品重要供应基地。

（二）多元化融合发展

除发展传统农业产业以外，项目区大力推进"农业＋文化＋旅游＋养生"等新模式新业态，加快推进旅游观光、农业体验、科普教育、养生保健等农旅休闲项目建设，全面提升农业综合效益，打造地域农业旅游名片，积极引入岭南农耕文化博览园、灯塔盆地"三百园"等农旅休闲项目；建立具有客家文化特色的康汇顺天民宿；创新建设以"蓝莓"为主题的"小蓝集市"；引进灯塔盆地田园综合体项目，发展农事体验式农田、四季花海、古树公园、田园风光池塘等生态旅游，实现农耕活动、民宿文化、生态景观等要素聚集，以多元化娱乐方式吸引游客，让休闲农游成为农民增收致富的新增长点。

（三）产学研一体化推进

灯塔盆地不断夯实农业科技支撑，建立岭南现代农业科学与技术、广东省实验室河源分中心（灯塔实验室），配备智慧农业、生态种植、生态养殖、食品加工、质量安全五大科研团队；与广东省农业科学院合作共建全国首家农业医院；与北京理工大学珠海学院合作建立北斗智慧农业实践基地；吸引畜禽育种国家重点实验室、国家植物航天育种工程技术研究中心河源创新研究院、广东省农业科学院河源动物卫生科技创新中心、北京食品研究院河源分院、国家农业信息化工程技术研究中心智慧农业研究中心、华农大河源现代农业综合试验站、仲恺农学院研究生实践基地、省农科院河源分院、省科学院专家工作站等一批科技创新平台落户农高区；与华南农业大学、省科学院、省农科院等科研院所建立合作，开展一系列产业化关键技术等课题研究，推进科技资源和科技产业向项目区集聚；由农高区与仲恺农业工程学院合作共建灯塔盆地仲恺乡村振兴培训学院，并组织开展"头雁工程"、百万乡村振兴人才培养计划和农业产业精准扶贫培训计划。

目前，灯塔盆地引进高层次人才 133 名，落户院士工作站 1 个，落户国家级实验室 5 个、省级实验室 8 个，建设市级实验室 17 个，搭建科技企业孵化器 2 个。农业科技成果转化达 140 项，涉及农业产值近 11 亿元，包括油茶高产栽培技术、柠檬真空冰冻干燥加工技术、水稻无人农场、富硒水产品研究与开发技术等。

（四）推进村庄整治

灯塔盆地农高区以探索建立农业特区为抓手，深化推进农业农村综合改革。全力推进城乡融合发展试点工作，启动顺天镇全域土地综合整治试点项目，实施建设用地整理、乡村生态保护修复、乡村风貌提升行动，进一步健全全镇土地资源体系，为引进优质农业项目奠定用地基础；推进美丽乡村示范建设工程，扎实推进"三清三拆三整治"工作，完成家禽围堰全覆盖，完成村庄生活污水收集治理、标准化公厕改造、集中供水管网铺设、道路硬底化等建设，因地制宜对各村进行农房管控及节点提升行动，推进实施镇级、村级河道"河长制"全覆盖行动，开展"三无"船舶清理整治专项行动、河湖清理整治工作，持续推进"四好农村路"建设，规划建设文明实践广场。2020年，顺天镇获得河源市文明村镇称号。2021年，顺天镇作为全市唯一代表参加全省乡村振兴擂台赛，并成功晋级全省第二届乡村振兴大擂台十强争霸赛。

编者单位：中国城市发展研究院有限公司北方分院
作者：陈璞、蔚俊杰、金进、陈志

编者单位：广东省河源市灯塔盆地农高区管委会
作者：蔡建辉

第十九章
广东省高科技智能装备融合三产生态链平台助推乡村振兴

——广州泽力医药科技助推乡村振兴实践模式

和力智能低温高效提取成套装备（以下简称"和力智能"）由广州泽力医药科技有限公司自主研制，拥有完全自主知识产权、80多项国家专利，是国内首创的集成高效高压差低温提取、分离、浓缩一体化的成套装备，突破了行业重大关键共性技术，革命性地将天然动植物提取生产方式由批次式改变为连续式，填补移动工厂产地精深加工鲜熟农产品的空白。经专家评估，整体技术达到国际领先水平。

广州泽力以和力智能高端装备支撑"新农业＋大健康＋云平台"产业生态链建设，科技赋能30个综合产业园、300个标准工厂、3000个县域特色农产品产地加工基地，深度融合农村一二三产业发展，开发多品种、自然成熟的天然绿色产品，助力现代农业全产业链高质量发展。目前，广州泽力已与全国多个特色农产品园区、大型农业基地、中药产业园区达成战略合作协议，本书第三节以贵州六盘水中药产业示范园项目为例做了一定尝试。

第一节　项目概况

一、我国农产品加工现状

2021 年，中央一号文件《中共中央　国务院关于全面推进乡村振兴加快农业农村现代化的意见》指出，立足县域布局特色农产品产地初加工和精深加工，建设现代农业产业园、农业产业强镇、优势特色产业集群。促进以现代中药、健康食品等以天然产物为原料的相关产业不断标准化、国际化。

目前，我国农产品主要以鲜品的形式进行销售，而生鲜农产品在存储和运输中具有易腐易损性的特点，即使冷藏存储可适当延长农产品的保鲜期，其营养风味也会受到一定程度的影响，因为运程远和较高的包装、冷链配送成本，导致农产品科学保鲜成本高，只能季节性集中上市，市场供过于求，且很多农产品过早采收，产品的质量不能保证。2020 年《中国县域经济发展报告》显示，我国县域农产品加工业发育不足，一二三产业尚未深度融合发展，大量优质农产品以原粮、原果、原料形式输送省外深加工后返销省内市场，产业链的加工增值、品牌增值部分和就业岗位留在省外。

二、国内首创的高科技智能装备

和力智能是一种服务于农产品产地精深加工的高技术智能工厂，具备工业 4.0 时代的智能化、模块化、数字化、标准化、移动化等特征，采用"低温高效提取技术""工业模块化＋智能移动化＋数字化技术""无排放清洁生产技术"三大系统工程技术，技术优势明显：全程物理方法高效提取保留生鲜农产品的营养成分，提取转移率高达 95% 以上；全过程工艺温度控制在 0—35℃，能有效避免对活性成分的破坏；采用物理方法有效去除绝大部分重金属与农残；结合指纹图谱/多指标成分含量测定等质量评价技术，显著提高产品品质、标准化和稳定性。

和力智能采用模块化和标准化的设计、生产制造理念，根据应用场景的不同，分为固定装备、移动工厂两大类。

（一）和力智能固定装备

和力智能固定装备是非标自动化智能化成套装备，可根据不同的用途需求来开发设计，分为生产型、中试型。生产型：年产能标准化工业原料1万吨、优质农产品快消品2亿份。中试型：用于新产品、新工艺的试制、试验。

（二）和力智能移动工厂

和力智能移动工厂每套由2—5辆多功能模块车载平台组成，分为生产型、中试型两种；灵活可移动，可短时快速部署到农产品产区。日产能：处理生鲜农产品50吨以上。

三、创新的合作模式

作为低温高效提取技术产业化先行者，广州泽力医药科技有限公司专注天然动植物提取领域，承担政府科技项目60多项、起草国家行业标准6项，是国家高新技术企业、省级专精特新企业、省级农业龙头企业、国家重点研发计划牵头单位，经过十多年的积累，已经发展成集研发、生产、销售、装备制造、高技术服务于一体的现代化综合性企业。广州泽力引入金融合作，通过"分散投资、合作运营"模式，解决季节性大规模产地精深加工设备大量资金占用且利用率低的问题，降低经营风险，走出乡村振兴新路子。

（一）定制模式

按需求定制低温高效提取成套装备，并提供一整套高技术服务（人才输出、产品开发、设备维护、协调租赁）。

（二）租赁模式

通过第三方融资租赁，提供调度、维护、生产等高技术服务。

（三）合作共建标准工厂

以技术入股的方式，提供产品开发、规范生产、移动工厂调度、产品销售、金融等方面服务。

（四）合作共建产业园区

以技术入股的方式，提供产品开发、企业孵化、规范生产、种植技术、种质保育以及移动工厂调度、产品销售、金融等方面服务。

第二节 助推县域高质量发展

一、高科技高附加值

和力智能应用范围广阔，包括可食用花卉、茶、果蔬、药食同源中药材、香料、五谷杂粮等多种农产品。通过高效利用生鲜农产品尤其是残次品，提取制备成具有高附加值、高科技含量的天然色素、香料物质、大健康食品、功能食品、功能成分标准化提取物、日化用品等深加工产品，实现价值最大化；加工中产生的固体废渣可全部综合利用，用于制备无抗饲料及生物肥料（见图19—1）。

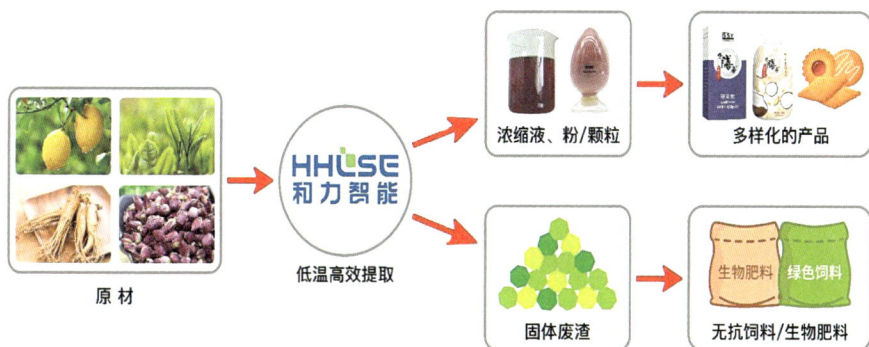

图 19—1 和力智能装备应用范围广阔

资料来源：项目组提供。

其加工制备的产品具有全成分、三一致（与原料的生物化学成分一致、与原料的色香味一致、与原料的传统应用一致）、三秒即溶、高效保质、安全稳定、无添加的六大特点。

二、立足县域打造特色精品产业链

很多农产品如果没有在有效时间内处理，它们的新鲜期就会被耽误，农民无法卖出好价钱，甚至有一些只能滞留在地里。农副产品未达到一定标准级别，无法进入市场流通领域，农民收入大大受损，效益非常低。通过低温高效提取技术，把这些农产品及时地进行精制加工，制作成原汁原味、营养全面、高质高效、安全健康的固体颗粒冲剂或液体果汁，农产品能够得到最大化利用。

和力智能的创新合作模式，将高科技下沉到全国 2800 多个县，实现在县域农产品主产区利用适宜的优质品种、最优采收时间、最优仓储物流、最优加工技术手段，为消费者提供最优质的加工品（保持特有风味、营养成分丰富）。围绕县域特色资源，助推创建特色精品品牌，提高当地农民的收入，从而促进乡村振兴。

例如：刺梨、葡萄、黑枸杞等果蔬大量丰收时，灵活调动和力智能移动工厂到种植基地，可以实现生产加工无缝对接。经过测算，大约 4 小时就能在种植基地完成采摘、清洗、粉碎、提取、分离、精制、浓缩的整个过程。浓缩液再通过冷链配送至冷库，用于开发多种大健康产品，投入终端消费市场。

乡村振兴就是要让农业更强、农村更美、农民更富。和力智能科技为县域经济注入核心驱动力，为农产品加速上行、探索工业品下行、农业产业绿色发展、农民增收保收赋能。

第三节　科技创新助推乡村振兴实践模式

一、项目背景

本项目依托乌蒙山区丰富的特色农产品资源，主要针对入冷库前擦破

5%—10%表皮的、卖相不佳的、成熟度过高的、丰产时过剩的或需提取制备为待用浓缩液的农产品进行产地就地或就近深加工，高效规模化制备的提取物可以直接为食品、保健食品、药品等领域提供标化优质标准提取物原料，同时还可用来开发各种功能性保健产品，市场前景可观。结合农产品加工废渣在线资源化技术，通过预处理制成可降解保水性生物有机肥或饲料，减少污染的排放，进一步提高农产品的附加值。项目充分发挥贵州省中药材特色优势和比较优势，整合全省中药产业发展资源，打造中医药全产业链生态圈。

二、项目规模

中药产业示范园占地约 80 亩，项目建设分两期进行，达产后处理能力30000 吨 / 年。

三、项目价值

以和力智能固定装备为核心，在中药产业示范园建设标准工厂，服务于园区及周边范围；结合工业物联网技术，将和力智能移动工厂向农产品产区调集，可快速聚集加工产能。创新模式把高科技导入田间地头，实现在中草药种植基地的现场低温提取分离和浓缩，保证在中药材新鲜度最好的时间进行深加工，大大降低运输成本及原材料损耗，减少存藏运输环节，实现节能减排和节本降耗。

项目具有较强的产业渗透力，可以带动一、二、三产业的联动发展。产业关联度高的上游产业主要有果蔬等天然农产品原材料种植业，如特色药食同源类（黄芪、党参、肉苁蓉、甘草、枸杞、大枣、百合、玫瑰、葛根、黑枸杞、雪莲、款冬花、当归、蒲公英等）和水果蔬菜类等特色农产品，下游产业主要涉及饮料、营养食品、保健品等大健康产业。

通过延伸产业链，提高产品技术附加值，提高经济价值，带动当地中药材种植业的规模化发展，同时解决农副产品生产、加工、储藏、物流和消费的全产业链条不健全、产销不对称的市场滞销问题；为大健康产业提供系列标准化的提取液原料以及营养食品。通过这项技术，可以帮助六盘水市政府将第一产业有效转化成第三产业，稳定实现税收，确保农民的生产持续盈利，真正做到农业大发展，实现"农、工、技、智、健"五字融合。

四、解决行业痛点，产业深化发展

传统的中医药材都是晒干后使用的，营养成分其实只有中医药材新鲜时候的十分之一，非常浪费。传统的中药是在传统的常温、常压下加水熬煮制成的中药汤，因熬煮的时间长短、环境条件、药材的适应温度等都难以定量，所以又存在诸多局限性：有效成分很难全部提取，有效成分的生物活性难以保证，起效相对缓慢，药效难以定量等。

广州泽力攻克了"良药苦口"变"良药可口"的技术，结合中医药传统养生理论，以果蔬、"药食同源"中草药等农产品为原材，开发出标准提取物 200 多种，兼具膳食营养补充和食疗养生的大健康功能性产品 300 多款，重新激活药食同源饮食文化，给六盘水市中药材全产业链发展带来了新的商机。

总的来说，和力智能着力为当地中药材产业发展解决多个痛点问题。在产能问题方面，解决了丰歉年、季节性农产品加工产能瓶颈。在存储问题方面，解决了农产品保存难、运输难、产后损失大的问题，实现了节能减排和节本降耗。在增值问题方面，提高了农产品深加工水平，解决农产品商品率低、增产不增收的问题。高效利用残次品，解决了农产品原料综合利用率低的问题。采用物理方式去除绝大部分重金属和农残，解决了农产品安全性问题。在固体废弃物污染问题上，将生产加工中产生的固体废渣全部综合利用，用于制备无抗饲料及生物肥料，加强有机种养，推进农业绿色发展。

第四节　构建产业生态链平台，深度融合农村一二三产业

一、"新农业＋大健康＋云平台"产业生态链

依托和力智能科技优势，广州泽力希望结合社会资源以及各级政府的支持，带动农业现代化转型升级，多方携手助力乡村振兴，共同构建"新农业＋大健康＋云平台"产业生态链：通过推进现代农业综合示范园区建设，赋能新农业产业经济集群；通过移动工厂及区域性标准工厂的开发和建设，赋能工业生态供应链；通过链接食品饮料、膳食补充剂、化妆品等下游大健康产业的品牌和渠道运营平台，赋能农业新鲜营养食材与消费者；通过高度融合一二三产业链，形成全产业链生态闭环，赋能新农业在种植、生产、加工、运输、存储、消费产业链的经济效益（见图19—2）。

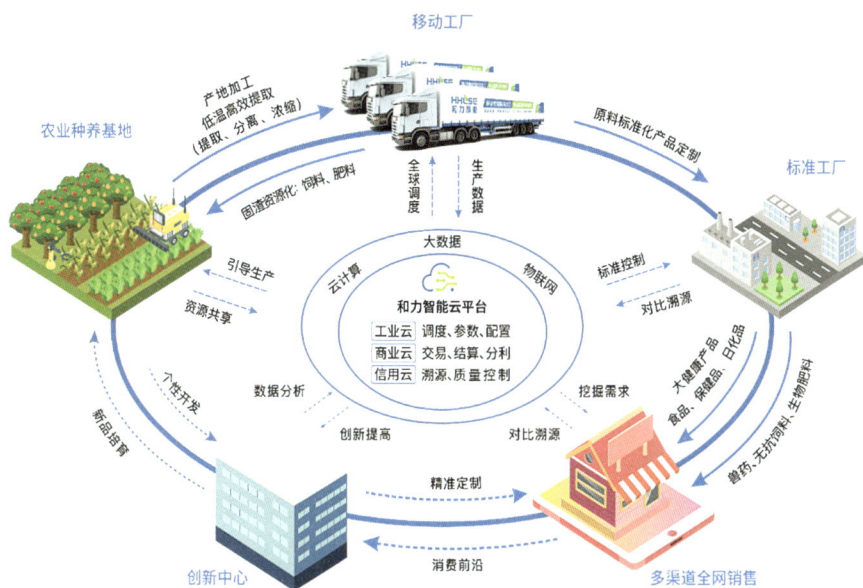

图 19—2　"新农业＋大健康＋云平台"产业生态链

资料来源：项目组提供。

二、如何实现乡村振兴

民族要复兴，乡村必振兴。要推进乡村振兴加快农业农村现代化，就要让农业真正往工业化的方向发展，真正做到产业振兴。广州泽力积极探索农业产业化创新模式，率先提出并实践"新农业＋大健康＋云平台"产业生态链模式，以市场需求为导向，从产业链源头做起，涵盖从田间到消费端的多个环节，通过对各环节的有效组织和管理，为消费者奉献安全、营养、健康的大健康食品，激活千亿级特色农产品、大健康产业链价值，提升对现代农业的示范引领带动作用，提高农业综合效益、促进农村劳动力就业、实现农民增收保收。

编者单位：广州泽力医药科技有限公司

作者：宋力飞、刘乡乡、罗俊、潘杏、杨李益、杨伟强

第二十章
民宿在乡村振兴中的作用及其发展

近年来，全国多地把民宿产业作为农业供给侧结构性改革的切入点，把民宿产业作为乡村振兴的突破点，不断探索创新发展模式。一系列法规与标准的密集出台表明了对民宿发展的支持态度和对行业标准化的引导。充分发挥乡村资源、生态和文化优势，发展适应城乡居民需要的休闲旅游、餐饮民宿、文化体验、健康养生、养老服务等产业，为乡村民宿的深入发展提供了制度保障。

旅游业包括吃、住、行、游、购、娱六方面要素，涉及面广、产业链条长、环节多，发展至今旅游业涉及 120 余个相关性产业。而民宿通过大力发展成为旅游业中一大产业，促进当地剩余劳动力再就业。同时，当各地居民通过开餐馆、摆小摊、卖特产、加工纪念品等，参与到旅游核心产业和相关产业的发展，成为旅游业直接从业者和间接从业者，为当地农村创造更多财富，缩小城乡差距，为城乡融合发展奠定充足的经济基础。

第一节　民宿在乡村振兴中的作用

一、民宿满足了人们的生活方式多样性的需求

民宿满足了人们的生活方式多样性的需求，人们通过民宿休闲度假获得愉悦的心理体验。民宿的本质是在地文化的载体，是有家的温度的住宿

空间。

随着体验经济、全民休闲度假时代的到来，逆城市化现象日益凸显，城市人群"回归"故土，追寻"慢生活、亲自然"的乡野生活方式。以兴旺产业带动经济发展是实施乡村振兴的必由之路。在当今旅游者消费需求更加追求品质化的新时代，发展民宿恰逢其时，多元化的民宿契合了人们回归自然、体验民俗风情的渴求，成为大众深度旅游休闲的重要载体，民宿的兴起有其深层的市场需求逻辑。发展民宿旅游，鼓足了村民的钱袋子，美化了村民的茅屋子，不仅能够带动乡村脱贫，助力乡村经济振兴，而且能帮助更好更快地实现人民对美好生活的向往。

二、民宿这一解决旅游扶贫的小小载体，应该被赋予更丰富的内涵

民宿主在民宿建设的过程中不能简单地堆砌当地自然风光、人文景观和历史文化，而应该将当地的人文风情融进民宿文化中，让更广泛的劳动者、劳动元素参与到民宿建设之中，做有温度的民宿主人。

三、深化"民宿＋"产品内容

深入挖掘当地特色饮食文化，向广大消费者展示特色饮食产品加工工艺，在体验过程中品尝地道乡村美食；开发特色文创品、旅游纪念品、特色农业创意文化，向旅游者销售特色乡土旅游纪念品，全面开发和利用自身的平台，实现从"输血"扶贫到"造血"扶贫的转变，形成"政府＋企业＋基地＋贫困户"的"3+1"模式，增强当地居民深入参与本地建设的参与度、获得感与幸福感。民宿主从当地村民的家里购买土鸡蛋、肉类、野菜等食材，做成农家饭，招待客人，提高当地村民的参与感、获得感，增加当地居民收入。

第二节 民宿产业扶持政策及规划

2018 年 1 月 2 日，中央发布的一号文件《中共中央 国务院关于实施乡村振兴战略的意见》充分肯定了乡村民宿这一新兴旅游业态在助力精准脱贫、产业融合与促进乡村振兴发展中的重要地位与作用，并对民宿产业经济发展战略指出了方向和具体办法。

2018 年 3 月 22 日，国务院办公厅发布的《国务院办公厅关于促进全域旅游发展的指导意见》指出城乡居民可以利用自有住宅依法从事民宿等旅游经营。

2018 年 12 月 10 日，文化和旅游部等 17 部门印发《关于促进乡村旅游可持续发展的指导意见》，指出乡村旅游是旅游业的重要组成部分，是实施乡村振兴战略的重要力量，在加快推进农业农村现代化、城乡融合发展、贫困地区脱贫攻坚等方面发挥着重要作用。为深入贯彻落实《中共中央 国务院关于实施乡村振兴战略的意见》和《乡村振兴战略规划（2018—2022 年）》，对推动乡村旅游提质增效，促进乡村旅游可持续发展，加快形成农业农村发展新动能，现提出相应意见。

一、优化乡村旅游区域整体布局

推动旅游产品和市场相对成熟的区域、交通干线和 A 级旅游景区周边的地区深化开展乡村旅游，支持具备条件的地区打造乡村旅游目的地，促进乡村旅游规模化、集群化发展。鼓励东部地区围绕服务中心城市，重点推进环都市乡村旅游度假带建设，提升乡村旅游产品品质，推动乡村旅游目的地建设；鼓励中西部地区围绕脱贫攻坚，重点推动乡村旅游与新型城镇化有机结合，合理利用古村古镇、民族村寨、文化村镇，打造"三区三州"深度贫困地区旅游大环线，培育一批乡村旅游精品线路；鼓励东北地区依托农业、林业、避暑、冰雪等优势，重点推进避暑旅游、冰雪旅游、森林旅游、康养旅游、民俗旅游等，探索开展乡村旅游边境跨境交流，打造乡村旅游新高地

（文化和旅游部、国家发展改革委、农业农村部、自然资源部、国家体育总局、国家林草局按职责分工负责）。

二、丰富乡村旅游产品类型

对接旅游者观光、休闲、度假、康养、科普、文化体验等多样化需求，促进传统乡村旅游产品升级，加快开发新型乡村旅游产品。结合现代农业发展，建设一批休闲农业精品园区、农业公园、农村产业融合发展示范园、田园综合体、农业庄园，探索发展休闲农业和乡村旅游新业态。结合乡村山地资源、森林资源、水域资源、地热冰雪资源等，发展森林观光、山地度假、水域休闲、冰雪娱乐、温泉养生等旅游产品。鼓励有条件地区，推进乡村旅游和中医药相结合，开发康养旅游产品。充分利用农村土地、闲置宅基地、闲置农房等资源，开发建设乡村民宿、养老等项目。依托当地自然和文化资源禀赋发展特色民宿，在文化传承和创意设计上实现提升，完善行业标准、提高服务水平、探索精准营销，避免盲目跟风和低端复制，引进多元投资主体，促进乡村民宿多样化、个性化、专业化发展。鼓励开发具有地方特色的服饰、手工艺品、农副土特产品、旅游纪念品等旅游商品（文化和旅游部、国家发展改革委、农业农村部、生态环境部、自然资源部、国家体育总局、国家林草局按职责分工负责）。

三、加强用地保障

各地应将乡村旅游项目建设用地纳入国土空间规划和年度土地利用计划统筹安排。在符合生态环境保护要求和相关规划的前提下，鼓励各地按照相关规定，盘活农村闲置建设用地资源，开展城乡建设用地增减挂钩，优化建设用地结构和布局，促进休闲农业和乡村旅游发展，提高土地节约集约利用水平。鼓励通过流转等方式取得属于文物建筑的农民房屋及宅基地使用权，统一保护开发利用。在充分保障农民宅基地用益物权的前提下，探索农村集体经济组织以出租、入股、合作等方式盘活利用闲置宅基地和农房，按照规划要求和用地标准，改造建设乡村旅游接待和活动场所。支持历史遗留工矿废弃地再利用、荒滩等未利用土地开发乡村旅游（自然资源部、住房城乡建设部、生态环境部、农业农村部、国家林草局按职责分工负责）。

第三节　民宿产业发展策略与引领

一、加强规范管理，注重政策引导

随着各地政府积极出台民宿推进办法和发展规划，民宿不仅是乡村休闲的新思维、新出路，更是城市生活的新体验、新升级。以创新思路发展，打造民宿品牌，创新是第一关键要素，以投融资方式，不断吸引外来资本，将政府、投资者、艺术家和村民等参与主体组织起来，不仅要进行资本融合，而且要有思路碰撞、经营创新；发展区域集群化的民宿，以"民宿"的思路重构乡村休闲旅游体系，打造富有地方特色的民宿经营发展模式。这样才能提升民宿文化附加值。

二、强化规划引领，科学协调发展

各级政府应把民宿经济纳入政府旅游规划，明确重点发展区域，形成目标明确、布局合理、定位科学、特色鲜明、错位发展的民宿发展规划。鼓励有条件发展民宿的各级政府制定本区域民宿经济发展规划。要促进相关产业融合发展，引导民宿经济产业链延伸，拓展民宿吃、住、行、游、购、娱等诸多环节，促进关联产业和区域经济的协调发展。要注重适度开发，避免商业气息过浓导致乡土味流失，违背"民宿经济"发展的初衷，丧失原有的比较优势。鼓励本地居民参与民宿开发，重视古村落"活态传承"，发掘民俗节日、民间故事，促进当地的历史人文、自然景观和生态特色的融合。

三、完善配套设施，提升服务水平

应加大对民宿发展区域基础设施投入，特别是针对乡村民宿发展，应结合"美丽乡村"建设，加大对民宿区生活污水处理、村容村貌的整治力度。要完善环保措施，控制区域污染排放总量，避免出现超负荷承载。鼓励多元模式，坚持"民、商"并举，注重"民"办。创新投融资方式，鼓励工商资本投资、村集体牵头融资、农民资金入股、农房估价参股等多渠道融资，吸引有实力、有胆子、有理念的人先行带动，逐步完善民宿经营主体的内部激励机制，激活广大农村农民发展"民宿经济"的无限活力。加快民宿服务平台信息化建设，形成"互联网＋民宿"新模式，完善适应民宿发展的旅游散客服务体系。

四、民宿产业经济运行策略

随着旅游方式的不断扩展、旅游内容的不断丰富以及人们旅游观念的更新，民宿作为一种较为新颖的、特殊的旅游接待设施，也必然会不断地改变其方式和内容，使之不仅仅是一种旅游接待设施，更成为一种重要而独具特色的旅游吸引物。从低端单一产品、同质化开发、个体经营、分散布点向高级且有特色的休闲产品、差异化发展、企业操作和集群布局转变。另外，其未来的发展还可以体现在以下几个方面：

（一）民宿住宿产品与其他旅游产品整合深度将加深

随着居民旅游深度和频次增加，居民对于个性化主题住宿产品的需求将迅速扩大，民宿供应量将保持加速增长。以去哪儿网为例，目前民宿与酒店总体供应的占比为8%—10%，峰值可达到15%左右。

（二）民宿预订产品供应将保持加速增长

民宿住宿产品具备个性化经营的特色，通常依托周边旅游资源提供具备当地特色的经营项目，本身就是旅游资源中的重要环节，与其他旅游产品具备较强的协同性和融合能力。在线旅游预订平台上，民宿产品与景点门票、交通等其他旅游产品的打包销售将成为趋势。

木鸟民宿《2022暑期民宿出游住宿报告》显示，2022年暑期民宿市场稳中看涨，订单量已达到2019年同期的1.8倍。乡村民宿订单量增长速度较快，达到2019年同期的2.2倍。订单中女性用户占比约六成，全家出游订单增多。订单金额增长，千元以上订单占比20%，用户更愿意为品质民宿买单。用户出游消费信心正在恢复性增长。

（三）预订平台将向民宿推广标准化管理平台，提高信息化程度

目前，民宿经营普遍存在财务管理不规范、订单管理不智能、房源管理依赖人工等信息化程度低下的问题，多家在线旅游企业已推出面向民宿经营者的管理系统，以提高民宿信息化程度。未来，更多民宿预订平台将跟进这一举措，通过推广民宿管理系统降低民宿预订产品运营成本，提高用户服务体验。

（四）民宿创新引领乡村振兴

"群峰倒影山浮水，稻田开阔，竹丛掩岸，农舍依于山脚；沿河可见独木桥、竹水车，牧童骑牛，农人荷锄……"这是阳朔乡村旖旎风光的剪影。民宿创新承载乡村振兴使命，在助力经济增长、推动乡村振兴方面民宿发挥着日益突出的作用。民宿产业带动乡村产业振兴和产业升级，民宿势必从小、乱、散发展成产业生态系统。民宿产业把城市居民与乡村联结在一起，通过乡村游、住民宿，把城市游客吸引到农村，为乡村振兴带来"流量"。民宿产业又是一块洼地，留住农村自身的能人，也吸引各类人才进入农村，为乡村振兴提供人才保障。

民宿作为一种旅游产品，产业发展仍要以市场为导向，应该坚持以"人"为本，努力满足大众化的需求。"三农"是中国民宿重要的资源要素，民宿不仅要融入乡村振兴，亦要坚持以"文"为魂，体验不同的乡土文化。民宿应回归传统，倡导亲情服务、待客服务，做到让游客有"家"的感觉。

第四节 莫干山民宿建设模式与经验

一、以莫干山为代表的民宿发展模式

（一）地理位置优势明显

莫干山国际旅游度假区位于浙江省湖州市德清县西部的莫干山地区，由庾村集镇和劳岭村、五四村等十个行政村组成，区域面积 58.77 平方千米。2020 年 12 月 15 日，德清莫干山国际旅游度假区获评国家级旅游度假区。

莫干山镇区域面积 185.77 平方千米，莫干山风景区位于莫干山镇中心位置，与镇辖的 7 个行政村接壤。我们常说的莫干山民宿指的是去除风景区以外的环莫干山区域，具体包括燎原、南路等 18 个行政村。

（二）人文历史深厚

莫干山，因春秋末年，吴王阖闾派干将、莫邪在此铸成举世无双的雌雄双剑而得名。是中国四大避暑胜地之一，是江南第一名山。众多的历史名人，为莫干山赢得了巨大的名人效应。

19 世纪末，莫干山依托气候、环境和土地资源以及毗邻沪杭的区位优势吸引了沪杭的西方殖民者、传教士、医生和后期的民国社会精英人士，通过大规模建设别墅等度假设施开启莫干山旅游发展，成为全国四大避暑胜地之一。

新中国成立后，莫干山延续了避暑胜地的地方特质。20 世纪 50 年代，各省机关陆续在莫干山设置疗养院所，进一步强化了莫干山"避暑""疗养"的地方旅游产业特质。中国近代史中，众多政治名人都曾在莫干山度假和疗养。他们住过的酒店还在莫干山中，众多还在对外营业。在此体验莫干山风光的人们可以追溯历史，感受一下政治名人们的故事。

建筑遗存众多，建筑本身就是风景。由于莫干山本身就是传统的避暑胜地，大量名人留下了难以计数的诗文、石刻以及二百多幢式样各异、形状美观的名人别墅。这二百多幢别墅形象丰富、无一雷同，分别代表了欧、美、日、俄等十多个国家的建筑风格，使莫干山素有"世界近代建筑博物馆"之美称。

这些历史时期积累和保留下来的旅游设施、旅游景观、"避暑疗养"的独家文化以及管理制度环境在后期成为唤醒消费者对民宿产品产生新奇感的特色资源禀赋。莫干山人文历史深厚，换句话说，莫干山本身就是一个休闲旅游的胜地，各种配套早就齐备，这是莫干山民宿光大的基础，可谓直接站在"巨人的肩膀上"。

（三）自然资源丰富

事实上，莫干山本身是国家 AAAA 级旅游景区、国家级风景名胜区、国家森林公园。莫干山山峦连绵起伏，风景秀丽多姿，景区面积达 43 平方千米，它虽不及泰岱之雄伟、华山之险峻，却以绿荫如海的修竹、清澈不竭的山泉、星罗棋布的别墅、四季各异的迷人风光称秀于江南，享有"江南第一山"之美誉。

莫干山民宿密码在于生态。除了自然生态外，相比国内大部分政府，当地政府形成了服务型治理模式，提供必要的公共服务。

莫干山民宿的成功，从基因，到生态，归根结底，靠的是什么呢？

1.返璞归真

当人们远离城市的喧嚣，来到莫干山民宿置身于原始的大自然，与自然界山水虫鱼互动，仿佛回到纯真的状态。

当莫干山的乡村旅游有效连接了城市需求和乡土资源时，发挥出了惊人的发酵力。莫干山上曾经被散乱废弃的农房，现在每栋 30 年的租金高达 100 万元。衍生而来的配套产业、出租农房和流转土地等方式，让村里的沉睡资产变成了现实资本。

莫干山是小资和文艺青年的聚集地，诗和远方说的就是这里。除了地段和各种传说之外，莫干山的自然风光也堪称一绝。延绵起伏的山脉，漫山遍野的竹林，每当风吹过，婆娑起舞的竹子们就像在迎宾一般。就在这样的自然风光之地，众多经过世界大师设计和改造的民宿掩映其中。推开门看见的是无敌山景，进入到民宿享受的却是星级酒店的低调奢华。在莫干山能叫得上号的民宿中，无不配套书吧、咖啡厅等小资情调的场所。

2.跨界

跨界是将不同行业融合到一起，相互渗透创造新的火花和价值。好的跨界能产生价值的叠加、产生乘数效应，即物理的叠加产生化学反应。

跨界体育：户外运动基地和运动赛事产业让莫干山动起来。莫干山度假区有两场品牌越野赛，分别凯乐石莫干山跑山赛作为香港100越野赛在内地的姐妹赛事和TNF100莫干山国际越野跑挑战赛。莫干山度假区内还拥有美国探索极限频道在全球首个线下的探索极限基地，有路虎体验基地，有久祺山地骑行营等户外运动基地给游客带来山地度假的全新感受。体育产业让度假区从一房难求变成一票难求。

农旅融合：莫干山挖掘民风、民俗和乡土特色、农事体验、节庆活动，打造了莫干山赏花节、茶王赛、莫干山市集、年俗文化节等常态化节庆活动，同时依托义远有机农场、金都阳光生态园、缦田庄园、有机茶园、果园等休闲农业园区，大力开发农事体验项目。

文旅融合：莫干山开办的文化创意馆群、历史文化创意街区、庚村1932文创园等一批文化项目，拓展文旅融合体验产品，获评全国文旅融合特色示范区。

莫干山见证了百年的历史。百年以后的今天，人与自然共融的和谐氛围一定是永恒不变的。

3.开发主体与开发理念

莫干山镇开发主体是外来的诸多投资商和本地居民，开发理念以民宿为基础产业，构建多层次产业体系。通过政策扶持、外资引进、人才利用，打造莫干山特色小镇。

二、莫干山民宿空间集聚的三大特征

(一)民宿趋向低海拔平缓地势集聚分布

不同等级民宿在不同海拔和坡度范围内分布又具有一定差异。低档和中档民宿在海拔 0—100 米、100—200 米和 200—300 米范围内，大致呈均匀分布，海拔坡度越低，民宿集聚越多。高档民宿在 100—200 米和 300 米以上的海拔范围集聚特征更为显著。

（二）以莫干山风景区为中心，距离越近，民宿集聚越多

据统计，以莫干山风景区为中心，5 千米区域范围内分布的民宿量占莫干山民宿总量的约 83%。进一步分析，发现民宿正在距离莫干山风景区 0—4 千米的地理范围内呈现出先增后减的数量分布态势，其中 1—2 千米圈层民宿数量最多。低档民宿主要集中在 0—1 千米、1—2 千米和 4—5 千米三个圈层；高档民宿则主要分布在 2—3 千米和 3—4 千米两个圈层；中档民宿在每个圈层的分布相对均匀。从侧面反映了不同等级民宿具有不同的产业功能定位和区位选择偏好。

（三）民宿依托交通干线和居民点集聚分布

经统计，莫干山民宿与公路交通干线的平均距离为 266.68 米，88% 的民宿位于道路 0.5 千米的缓冲范围。低档、中档和高档民宿位于这个区域的数量占比为 89%、87.1% 和 89.6%，说明不同等级的民宿对于交通的依赖性都较强。

再来看民宿与居民点的关系。以莫干山全镇的 46 个居民点带宽为 0.5 千米的范围来看，民宿与最近的居民点中心的平均距离为 431.12 米，78.98% 的民宿位于 0.5 千米范围内。其中，低档民宿和中档民宿的比例为 87.9% 和 76.5%，高档民宿的比例为 57.1%。说明民宿等级越高，对于居民点的空间依赖性越小。

三、莫干山镇顺势发展

（一）旅游产业

挖掘莫干山及周边旅游资源，按照康体健身和民国体验发展主题构建全域旅游产业。依托莫干山风景名胜区，打造户外生态运动基地，修建莫干山国家登山健身步道；打造"环莫干山"游，串联莫干山周边旅游资源，山

上山下联动发展；出资对镇区街道进行民国风格改造，植入老式照相馆、布鞋、老酒、咖啡馆等怀旧风格的业态，建造了小型博物馆、VR 体验馆、复古钟楼等建筑。举办音乐节、国际自行车赛事、山地越野竞赛等节庆活动，提升莫干山品牌知名度，打造国际休闲旅游品牌。

（二）农业产业

旅游产业利用良好的生态环境推进生态农业发展，构建有机循环农业生产系统，挑选高品质有机农产品：一部分向外输出进行有机蔬菜宅配服务，另一部分进行售卖和二次加工，实现在地营销；开辟部分景观农田，开发农业体验，通过承包农场种养殖，构建自给自足的生态平衡，多余的产品向外输出，形成了可持续发展的生态农业模式。

（三）文创产业

挖掘莫干山人文历史底蕴，引导文化创意产业发展，建设莫干山庾村 1932 创意产业园，改造 1936 蚕种场文化集镇，引入艺文展览馆、设计工作室、主题餐饮酒店等文创业态，打造兼具文化内涵和复古气质的设计创业项目，展售当地特色竹、蚕丝等手工作品，带动文化创意产业发展。规划建设影视文创小镇，挖掘民国风情文化资源，打造青年电影人的创客基地，举办电影节，打造国际性电影大赛颁奖基地；莫干山引入全球首个探索冒险公园落地运营，大力发展体育运动、极限拓展等业态，成为全国知名的户外运动目的地。

编者单位：成都汇人国际酒店管理有限公司

作者：万方、梁月媚、刘小勇

第二十一章
湖南省乡村振兴中党建人才
引领乡村规划建设

——湘西首创十八洞村精准扶贫实践模式

发展乡村振兴、实现共同富裕，人民群众的好日子就会越过越红火。

十八洞村只用了短短几年时间，便成功解决了祖祖辈辈无法解决的绝对贫困问题，创造了这个千年苗寨发展史上的奇迹，成为当代中国精准扶贫、精准脱贫的"村级样本"和告别贫困、实现全面小康的生动典型。十八洞村的探索和经验，深刻反映了贫困地区脱贫致富的内在要求和基本规律，是习近平总书记精准扶贫重要论述在少数民族深度贫困地区的生动实践。完成脱贫攻坚任务、实现全面小康不是终点，而是稳步走向共同富裕目标的一个新起点，脱贫后全国将全面加快乡村振兴步伐、真正让农村富起来、让农民美起来、让农业强起来、实现中华民族的伟大复兴。

第一节 乡村概况

十八洞村隶属于湖南省湘西土家族苗族自治州，位于湖南省西部，武陵山脉中段，湘黔渝交界处的湘西花垣县。地处素有花垣"南大门"之称的排碧乡西南部，紧临吉茶高速、209国道和319国道，距县城34千米，距州府38千米，距矮寨大桥8千米，高速出口5千米，全村辖4个自然寨,6个村民小组,

225 户 939 人，属纯苗族聚居区，苗族风情浓郁，苗族原生态文化保存完好。

一、基本情况

2013 年 11 月 3 日，习近平总书记在十八洞村考察调研时，首次提出了："实事求是、因地制宜、分类指导、精准扶贫"的战略思想，从此，十八洞的乡村建设开始起步了。通过三年的建设，2016 年 11 月，十八洞村被中华人民共和国住房城乡建设部等部门列入第四批中国传统村落名录公示名单。2017 年 11 月，十八洞村获评第五届全国文明村镇。全国文明景区、2017 年名村影响力排行榜 300 佳。

二、乡村特点

十八洞村有莲台山林场、黄马岩、乌龙一线天、背儿山、擎天柱等风景点，特别是十八溶洞，洞洞相连，洞内景观奇特，神态各异，巧夺天工，被誉为"亚洲第一奇洞"，十八洞村也因此而得名。辖区内瀑布纵横，枯藤老树，鸟语花香，高山峡谷遥相呼应。

第二节　党建引领乡村振兴

一、加强党建建设

整合优势资源，让党支部成为"乡村振兴"战略的先行者选派优秀年轻干部担任党建指导员，县驻第一书记到十八洞村党支部指导各项工作，发挥党小组长基石作用，选优配强中坚力量，构建更为稳固的组织框架和后备梯队，培养一批懂基层、爱农村、爱农民的干部。党支部对 972 户居民开展集中走访，就居民家庭基本情况、基层问题反映、就业意向、创业需求等进行了全面的调研。在乡村振兴建设中，指挥部"早九晚九"的工作模式成为一种心照不宣的行为准则，每个干部在埋首案头、山间挖土、走访宣讲之间自然交替，70 余名党员干部自愿报名挥柴刀、砍竹子，为共享菜园配套建设节约 5 万元资金，不论是纸上规划，还是挑土建设，党员干部带头成为"乡村振兴"一道最亮丽的风景线，成为服务群众最有力的回应。

（一）融合发展、激发振兴活力

充分挖掘"山水、村落、生态"等旅游资源，开发自耕园艺、家庭自助厨房、互联网销售平台等农业延伸特色服务，探索城乡共享菜园建设模式，提升本地农副产品附加值。结合实际，在十八洞成立党员群众精准扶贫讲习所，讲习内容涵盖党课、农业技术等各方面专题，大力培育有担当、勤作为、懂技术的新型农民。成立新乡贤委员会，推选堪担表率、经验丰富的村民担任村贤，积极参与村民矛盾调解，构建村风淳朴、村民自治的和谐乡村文化。按照就地取材、就地造景、节约资源、不大拆不建的要求，充分利用闲置土地及房屋资源，引导并规范村民发展农家乐、茶馆、小超市等家庭经营，打造绿水青山的生态样本。

（二）建章立制增活力，规范农村社会治理程序

提档升级农村基础设施和公共服务建设，发动群众积极参与乡村环境整治，促进乡村和谐美丽、安定有序。传承文化树新风，充分发挥基层党组织思想引领作用，把传承民族文化融入新农村建设，以文化创建、家风家训教育、推动乡风文明进村入户、入心入脑。

（三）实施"党建+"模式，找准乡村振兴突破点

党建＋产业发展：指导村党组织制定适合本村实际的发展规划，实行"支部＋合作社＋基地＋农户""支部＋党员＋群众"模式，充分发挥党组织战斗堡垒作用和党员先锋模范作用。组织各村党性觉悟高、办事能力强、群众基础好的党员，每人联系 5 户农民，在项目建设中做好入户宣传解释、问题收集、矛盾调处等工作。通过党员率先引领，带头与企业签订土地流转合同，带动村民流转土地 5000 亩，保障猕猴桃项目区企业用地需求。鼓励各村成立劳务服务专业合作社，以优秀党员为带头人参与流转土地企业的耕种管收，在服务企业的同时，每年村集体经济增加收入 10 万元以上，社员年人均增加收入 3000 元以上。

（四）党建 + 新村建设

实施农村公共绿地、公共服务设施建设，人居环境得到极大改善。推行无职党员设岗定责，开展公共设施维护、卫生保洁、道路养护等服务。大力推进基层党组织标准化建设，以服务型党组织建设为契机，实现为民办事全程化代理、一站式办理、网络化服务。

（五）党建 + 文化旅游

学习宣传习近平总书记系列讲话精神，树牢四个意识，全面夯实基层党组织党建工作基石。以群众喜闻乐见的文艺宣传活动为主线，组织村民听党建精神，感知党建的重大意义；观党建图文，领会党建的发展概况；赏党建及乡村传统文化，启迪群众追梦情怀。积极探索农业和乡村旅游相结合的新路子，鼓励党员积极参与乡村旅游的发展，在本村建设农家乐 6 处，民宿客栈 5 处，更好更快地带动群众增收致富。

（六）落实党建责任，找准乡村振兴着重点

牢固树立"抓党建必须抓基层"的工作理念，不断建强基层组织，选优配强支部班子，发挥党支部领导核心作用。以强化党组织服务发展功能为重点，在活动场所建设、组织开展党员志愿服务方面加强提升，让群众有更多的获得感。全面实施村级活动场所建设提升工程，重点在办公设施配套、信息化建设、远程教育设施配备等方面加大投入，加强管理，提升硬件建设水平。在软件上重点围绕落实党内组织生活制度等方面下功夫，把活动场所建设成"村干部之家""党员之家"和"村民之家"。积极建立党员志愿者队伍，开展多种形式的便民服务，不断提高党员做好群众工作的本领，提升党组织的影响力。全力做实民生工程，重点围绕解决群众上学、就业、就医等方面问题，让群众享受到改革发展带来的实惠。

二、以组织振兴助推乡村振兴

十八洞村在第一书记的带领下、狠抓组织建设、片区的划分可以按资源

分类、立地条件、优差结合、历史延续等，做好充分的调研，合理地划分发展区域，整合周边村庄发展乡村民俗旅游，以猕猴桃和农产品加工产业为中心，整合周边村庄发展林果经济。

创新村班子选配形式。村支部"两委"干部 10 名，50 周岁以上的 6 名，占 60%。高中以上学历 4 人，占 40%。从这些数据可以看出，当前农村干部普遍老龄化、低学历，这是制约乡村振兴的重要因素。要配强村干部，一是增设主抓经济发展的村干部。在经济薄弱村，增设一个职位，通过党委考察、群众公推公选，让有能力、主动干事、敢于干事的产业能人、致富能手任职，主抓经济发展。二是聘请企业负责人在乡村任职。村企联合发展是有效的发展手段，一个企业能带动一个村。甚至一个乡镇，考察部分政治素质高的优秀企业家挂职村干部，也有利于乡村振兴。三是"第一书记"的选配有针对性，并提高待遇。经过几轮的"第一书记"帮扶，有些村确实发生了大变化，在以后"第一书记"的选配上，有更严格的标准，重点从经济、旅游、农业等部门选拔，签订任期责任状，提高经济、政治、生活待遇，切实安心服务于村庄发展。

乡村干部培训要实用化。目前乡村干部的培训方式主要还是被动式，县里分配培训名额至乡镇，实用性欠佳。关于培训建议，一是变被动式为主动式，由乡镇每季度提报培训题目、人数，县里统一下乡培训或集中培训。二是选拔部分优秀村干部到先进村挂职锻炼，亲身体验发展思路和模式，避免培训走马观花。三是培训实行结业制，不合格人员重新回炉，并加强互联网知识的培训，与时代接轨。

创新服务搭好平台。打造好了乡村振兴"冲锋队"还要做好服务保障。服务平台的搭建分县乡村三个层面。县级层面，要建立服务综合体，整合农业、招商、司法、住建等部门力量，实行一站式服务，为乡村振兴提供强力保障。乡级层面，从群众对支部的满意度、村庄稳定、集体经济增收、产业发展等方面制定奖惩激励机制，营造能"干事者有其位，不干事者让其位"的干事氛围。村级层面，从每月一次的主题党日，逐步拓展为红色主题教育、党建线上学习交流等，村民、党员共同学，丰富党建内容、创新党建形式，干群形成合力。不断推进"三务"公开，让村民们全都参与到村里大小事儿中来，没有局外人，没有旁观者，发动村民，激发建设热情。

三、协调配合，聚合力实现组织振兴

乡村组织振兴是一项系统工程，组织强则乡村兴，这需要统筹有力、上下联动、协力合作。变而通，破则立。

民政部门对村庄合并工作进行详细摸底调研，借鉴外地经验，与乡镇对地理位置相邻的村、产业相近的村、资源优势互补的村进行梳理，拿出实施方案，为创新党组织设置方式，强化党组织号召力与战斗力。为做好融合发展提供基础准备。

组织部门对"人"这个核心因素要深入研究、加大创新。从党员发展标准流程、村干部选任管理培养、"第一书记"择优配备、党性教育内容形式等方面进行系列改革创新，让能人脱颖而出，让党员干部凝心聚力、充满活力。

四、人才支撑强化乡村振兴

实行更加积极、更加开放、更加有效的人才政策，推动乡村人才振兴，让各类人才在乡村大施所能、大展才华、大显身手。全面建立职业农民制度，培养新一代爱农业、懂技术、善经营的新型职业农民，优化农业从业者结构。实施新型职业农民培育工程，支持新型职业农民通过弹性学制参加中高等农业职业教育。创新培训组织形式，探索田间课堂、网络教室等培训方式，支持农民专业合作社、专业技术协会、龙头企业等主体承担培训。引导符合条件的新型职业农民参加城镇职工养老、医疗等社会保障制度。

加大"三农"领域实用专业人才培育力度，提高农村专业人才服务保障能力。加强农技推广人才队伍建设，探索公益性和经营性农技推广融合发展机制，允许农技人员通过提供增值服务合理取酬，全面实施农技推广服务特聘计划。加强涉农院校和学科专业建设，大力培育农业科技、科普人才，深入实施农业科研杰出人才计划和杰出青年农业科学家项目，深化农业系列职称制度改革。

建立健全激励机制，研究制定完善相关政策措施和管理办法，鼓励社会人才投身乡村建设。以乡情乡愁为纽带，引导和支持企业家、党政干部、专家学者、医生教师、规划师、建筑师、律师、技能人才等，通过下乡担任志愿者、投资兴业、行医办学、捐资捐物、法律服务等方式服务乡村振兴事业，允许符合要求的公职人员回乡任职。落实和完善融资贷款、配套设施建设补助、税费减免等扶持政策，引导工商资本积极投入乡村振兴事业。继续实施"三区"（边远贫困地区、边疆民族地区和革命老区）人才支持计划，深入推进大学生村干部工作，因地制宜实施"三支一扶"、高校毕业生基层成长等计划，开展乡村振兴"巾帼行动"、青春建功行动。建立城乡、区域、校地之间人才培养合作与交流机制。全面建立城市医生教师、科技文化人员等定期服务乡村长效机制。

第三节　好的设计理念　配备精英团队

一、规划设计要有好的精英人才

书记带领着精准扶贫团队用乡村营建的思想，推动乡村旅游的发展。成为中国扶贫的成功案例，十八洞村也成为全国文明景区。

精准扶贫首倡地产业扶贫支援服务队长、国家乡村振兴人才智库专家，参与精准扶贫和乡村振兴产业策划，为精准扶贫作出贡献。

二、十八洞村的规划设计理念

天更蓝、山更绿、水更清、村更古、民更富、心更齐。

三、规划目标

通过乡村建设，推动乡村旅游，促进精准脱贫。

四、村容风貌形象

（一）景观环境提升

十八洞乡村建设三大原则：人与自然和谐共生；建设与原生态协调统一；建筑与民族特色完美结合。

（二）建筑风貌营造

十八洞乡村建设材料特点：青石板、木头房、木板壁、篱笆墙、石头墙、青瓦房 18 字、设施服务改善实施五改工程：改房、改水、改厕、改浴、改橱；让客人住得下、吃得下、留得下。

五、特色产业培育

（一）培育乡村旅游产业

一是每年接待旅游 30 万人次；二是采用股份制合作模式，发展猕猴桃产业，盛果期人均增收达 5000 元以上，2018 年实现人均增收 1000 元。

（二）传承好的文化风

该村有深厚的苗族文化底蕴，独特的苗家饮食，苗族风情浓郁，苗族原生态文化保存完好。每到春节，这里便有抢狮、接龙、打苗鼓等传统习俗；每逢赶秋节，这里便组织西瓜节、舞龙、上刀梯、椎牛、唱苗歌等活动。该村拥有苗绣、蜡染、花带、古花蚕丝织布等文化旅游产品。有十八洞腊肉、酸鱼、酸肉、野菜等多种绿色食品；有上刀梯、踩哗口、巴代、定鸡等苗族绝技，有"过苗年""赶秋节""山歌传情"等民族文化活动。

（三）乡村治理实践

我们探索了思想道德建设星级化管理模式，通过村民自我监督、自我管理、自我约束的模式。探索用精神武装头脑；用文化统一思想；用道德规范行为的"三用模式"。

六、产业扶贫、种植猕猴桃是它的响亮品牌

十八洞"非地模式"，在离十八洞村三十多千米之外的道二乡紫霞村流转 1000 亩土地、种植十八洞村的猕猴桃、公司采取"三变"模式，即资源变资产、资金变股金、村民变股民。实行村民自治、共同参与，形成一个集种植、养殖、旅游、加工、销售、电商于一体的多元化产业集群。

（一）"金梅"产品新模式

新西兰很多品种是从科学家手里买断的专利品牌，最自豪的，就是"金梅"了，把"金梅"两个字一拆开就成了"金十八洞"，也就寓示着：十八洞村的每一个父老乡亲都发财！

2015 年 2 月 18 日，十八洞村猕猴桃基地所在的"花垣现代农业示范园"被国家科技部授牌为国家级园区。来自精准扶贫的首倡地十八洞村，是通过党建引领，统一思想、凝聚人心，激发内生动力的产物，它是巩固脱贫攻坚成果的重要产业，它创造了中国精准扶贫史上一个重要的模式——"非地模式"。目前十八洞的品牌估值是无价的，而十八洞猕猴桃产业是与十八洞村村民结合最深的一个产业，它的品牌影响力是无法估量的。

（二）创新合作模式

十八洞村与苗汉子合作，组建了十八洞苗汉子果业有限公司，苗汉子控股 51%，十八洞贫困户占股 28%；非贫困户占股 10%；村集体经济占股 11% 的合作模式，这是壮大集体经济助推乡村振兴的一种创新模式。

编者单位：国融鼎盛（深圳）投资集团
作者：黄豪

编者单位：十八洞村
作者：龙秀林

第二十二章
广东省乡村振兴中党建引领"三农"融合发展迈向共同富裕之路

——连州市丰阳镇农文旅创新发展实践模式

连州市丰阳镇作为广东省委省政府直属单位定点帮扶的 121 个重点帮扶镇之一,在当地党委政府和驻镇帮镇扶村工作队的通力协作下,创新打造"乡村旅游 + 特色培训 + 农特优品电商"的农文旅融合模式。该模式得益于国家省市的乡村振兴政策支持,通过帮扶单位培养,加强对当地村民能力的培训,提高村民就业机会及人均收入。聚焦农业"三品建设",以农业企业和农村合作社为引导推动品种培优、品质提升、品牌建设,通过建立"丰阳优品"电商平台,打开助农惠农新思路、保障民本民生、带动村民走向共同富裕。

乡村兴则国家兴,为巩固拓展扶贫攻坚成果、有效衔接乡村振兴,使乡村振兴国家战略在连州市丰阳镇取得实实在在的成效,丰阳镇驻镇帮镇扶村工作队务实奋进,努力协助镇党委政府"开好局、带好路,跑好乡村振兴阶段第一棒",朝着全面建设社会主义现代化国家、实现第二个百年奋斗目标迈进。

第一节　丰阳镇基本概况

一、自然资源条件

丰阳镇位于广东省清远市连州市西北部,距连州市区 32 千米,北上是三水瑶族乡，南下经东陂镇达连州市区，东接瑶安瑶族乡，地处粤桂湘三省交界区域，二广高速公路（G55）和国道537线贯穿全镇。

全镇域总面积168.7平方千米，耕地面积2364.7公顷，下辖大富头、夏湟、丰阳、梁家、湖江、柯木湾、旗美、朱岗、新立、陂岭、夏炉11个村委会，156个村民小组，共8289户31119人。

全镇森林覆盖率高，镇域内竹林成片，树木茂盛，自然资源丰富，生态环境优美。镇上的丰阳村、畔水村、朱岗村被评为广东省古村落，有着1100多年历史的丰阳古村在明清时期已是广东通往湘南、桂东的繁华商道。最具特色的古建筑有丰阳古村中的一幢家庙、两条古街、三间祠堂、四座门楼等，在每年农历四月十四的"祖诞纪念日"和"连州摄影节"期间都能吸引众多外地摄影爱好者前来采风。

二、经济发展状况

丰阳镇是农业大镇，农产品丰富，在"一村一品、一镇一业"项目中被评为广东省柑橘专业镇，其中的湖江村、大富头村被评为广东省柑橘专业村，朱岗村被认定为广东省连州菜心专业村；丰阳文化站被评为省一级文化站。

2021年，丰阳镇全镇实现农业总产值39815万元，同比增长8.4%；工业生产总值2948万元，同比增长35.4%；固定资产投资1100万元，同比增长100%；本级税收收入154.97万元，同比增长25.51%。引入畔水村渔晟园稻田龙虾共生投资项目，引入夏东米墅营地乡村旅游度假项目，致力于打造集装配式建筑、乡村旅游、田园度假、农耕体验等于一体的乡村旅游综合产业示范区。新建成2个整洁村、6个示范村，朱岗村被评为"广东省级民主法治示范村"，畔水村被评为"广东省卫生村""广东省特色民宿村""广东省粤菜师傅特色村"，畔水大夫第民宿被评为"广东省首批乡村民宿示范点"。

从2021年经济数据和调研情况可见，丰阳镇总产值不高，农业总产值占比过大，本级税收很少。尽管在进入乡村振兴阶段发展速度加快，但还是存在以下几个主要发展难题。

第一，镇域强势资源不足，没有稀缺矿产资源或特有旅游资源，财政收支矛盾依然较大，制约了社会各项事业的发展。

第二，主要农特产品如朱岗水稻、大富头马蹄、湖江砂糖橘、丰阳牛肉干等未能形成品牌，缺乏产业链延伸，没有自主定价权，难以实现应有的价值。

第三，餐饮、民宿和乡村旅游推介不足，尚未形成知名的旅游路线，同时配套设施建设尚有用地、交通等因素制约，在推广文旅项目发展上遇到难题。

第四，人才紧缺，年轻人多数外出打工，常住人口不到户籍人口的一半，急需通过人才振兴提高村民素质并吸引在外村民返乡就业创业。

三、中长期发展规划

对于"十四五"时期的发展规划，丰阳镇党委政府表示将大力实施乡村振兴战略，通过党建引领带动乡村产业振兴发展，挖掘、推动红色文化资源和生态旅游融合发展。经过镇党委和相关单位联合组成的乡村振兴驻镇帮镇扶村工作队（以下简称工作队）调研评估和深入讨论后，制定了"3—3—4—6—1"的产业发展规划，包括3大养殖业、3大加工业、6种主要农产品、4色旅游风景、1个农业产业园，并希望将丰阳村、畔水村、新立村、湖江村、夏东村、梁家村6个村落串联起来，以沿途农特产品、人文景观、自然风光、红色历史，作为"墨色丰阳、绿色畔水、金色湖江、红色梁家"四种代表颜色，打造"六村连建，四色丰阳"的独有旅游精品风景带，加强一二三产业融合，推进乡村农文旅融合发展项目，致力建设成为连州全域旅游示范镇，提升镇村建设水平和收入水平，增加农民幸福感和获得感。

第二节　发展农文旅的机遇和挑战

一、全国乡村旅游业的机遇

国家全面推进乡村振兴战略，必将进一步激发农村市场的增长潜力。中央农村工作会议提出，扩大内需"农村有巨大空间，可以大有作为"，各主要部委的政策均向农村倾斜。为顺应全面推进乡村振兴新要求，明晰乡村产业高质量发展的方向路径，拓展农业农村在食品保障、生态涵养、休闲体验、文化传承等方面的多种功能和多元价值，2021 年 11 月 17 日，农业农村部印发了《关于拓展农业多种功能、促进乡村产业高质量发展的指导意见》，旨在做大做强农产品加工业、做精做优乡村休闲旅游业、做活做新农村电商、创造良好发展环境，推动乡村产业高质量发展。

近年来，乡村逐渐成为人们休闲度假的好去处。通过积极推动乡村旅游与乡村振兴、美丽乡村建设相结合，目前已培育了一批生态美、生产美、生活美的乡村旅游目的地。当前，我国文旅产业正在经历着旅游消费升级到消费跃迁的转变，文化旅游与乡村产业的跨界融合，将成为提振农村经济的主力军，文旅产业的强大消费力成为"乡村振兴战略"的重要抓手。但是从数据上看，2019 年中国全年实现国内旅游总收入 5.73 万亿元，其中休闲农业和乡村旅游实现营业收入 8500 亿元；整个旅游业接待人数 60.06 亿次，其中休闲农业和乡村旅游接待人数 32 亿人次。2019 年休闲农业和乡村旅游占国内总旅游人数的 53.28%，而营业收入仅占比 14.83%，仍有较大提升空间（资料来源于文化和旅游部）。

根据《全国乡村产业发展规划（2020—2025 年）》，到 2025 年，乡村休闲旅游业优化升级。农业多种功能和乡村多重价值深度发掘，年接待游客人数超过 40 亿人次，2019—2025 年的平均复合增速将达到 3.8%。到 2025 年，休闲农业和乡村旅游的经营收入超过 1.2 万亿元，2019—2025 年的平均复合增速将达到 5.9%。行业的收入平均复合增速大于接待人数的增速，这说明未来 5 年我国的休闲农业和乡村旅游要进入提质提量的阶段，乡村旅游消费开发空间很大。

二、连州市丰阳镇发展旅游的条件

2018 年 7 月，广东省出台了《广东省促进全域旅游实施发展方案》，进一步明确了乡村旅游、旅游扶贫和全域旅游三者的密切关系。"乡村旅游"被广东视为发展全域旅游的重点，释放全域旅游发展信号。当年，广东乡村旅游总收入为 620 亿元，占全国的 11%；广东乡村旅游总人次为 1.9 亿人次，占全国的 9%；广东乡村旅游从业人员为 56 万，占全国的 7%；广东乡村旅游居全国上游水平（资料来源于中国社会科学院旅游研究中心数据）。

丰阳镇发展旅游业的优势主要在于生态优势和文化优势，并伴随高速路和高铁站开通，真正融入粤港澳大湾区，提升区位优势的竞争力。

生态优势方面，丰阳镇位于北江的源头，四面环山环水，森林覆盖率达78.9%，几乎未被开发过。山中盛产灵芝、竹笋、蘑菇、木耳，水中盛产黄蚬、水螺、河鱼等，山中空气清新，常年云雾环绕，远处重峦叠嶂，近处草青花香，自然景观优美，物产资源丰富。文化优势方面，丰阳是一个富有历史文化底蕴的古村落，五代十国时期，南唐后主李煜派遣吴敬元大元帅统领一支大军向南进发开辟根据地，在此过程中南唐被宋军所灭，吴敬元带队弃甲隐居于此，繁衍了今日的丰阳村吴氏，中原文化南下与本土文化在这里完美相融、生根、发芽。农耕文化、红色文化资源丰富，一个乡镇里竟有 5 种以上方言，不同的语言可以繁衍出不同的文明，其中蕴含的历史文化故事也是非常丰富的。

随着广清一体化不断深入，交通便利程度大幅提升，广连高速于 2021年年底已通车，广清永高铁已进入设计阶段，清远段初步设置 5 个站点，其中丰阳站为一个站点。在高速路和高铁站开通后，连州市丰阳镇与广州沟通交流的速度大幅度提升，真正意义上成为珠三角的后花园，为乡村旅游提供了良好的区位优势和便捷交通条件，丰阳镇为提供更好的旅游服务，正在进行镇区改造提升工程（见图 22—1）。据访问调查，以广州市为核心的珠三

图 22—1　丰阳镇游客集散中心景色

资料来源: 项目组提供。

图 22—2　丰阳镇区主干道改造提升方案效果

资料来源: 项目组提供。

角城市群居民越来越倾向于粤北山区的休闲度假旅游，连州市将成为广州市居民假期休闲的重要目的地。

第三节　党建引领下的丰阳农文旅融合发展新模式

一、党建引领是乡村振兴的必由之路

2022 年中央一号文件《中共中央　国务院关于做好 2022 年全面推进乡村振兴重点工作的意见》出台，指出：要坚持和加强党对"三农"工作的全面领导；要充分发挥农村基层党组织领导作用，扎实有序做好乡村发展、乡村建设、乡村治理重点工作。要实现乡村振兴，离不开农村基层党组织的引领和基层党员发挥战斗堡垒和先锋模范作用。坚持发挥党建在乡村振兴中的引领作用，才能为新时期做好农村工作指明方向，逐步走出一条城镇化进程中加强和改进乡村治理的创新之路。

连州市丰阳镇党委政府和驻镇帮镇扶村工作队始终将思想认识统一到中央、省委部署要求上来，深入学习贯彻习近平总书记"七一"重要讲话精神，贯彻落实党中央关于全面推进乡村振兴的决策部署，在巩固拓展脱贫攻坚成果、全面推进乡村振兴、加快农业农村现代化中探索出一条党建引领农文旅融合发展的新模式。

二、连州市丰阳镇党建引领农文旅融合发展新模式

（一）镇党委发挥主体作用，谋篇布局

创新"文化＋旅游＋产业"的融合发展模式对落实乡村振兴战略的总要求，进而实现乡村振兴战略的总目标具有全方位的推动作用。在 2021 年 6 月 30 日的《南方日报》中，丰阳镇党委书记李剑平介绍，"十四五"时期，丰阳镇将大力实施乡村振兴战略，通过党建引领带动乡村产业振兴发展；挖掘、推动红色文化资源和生态旅游融合发展，布局推进"六村连建、四色丰

阳"全域旅游精品路线，致力建设成为连州全域旅游示范镇。2021年8月25日，中国共产党丰阳镇第十四次代表大会召开，大会听取并审议通过了中共丰阳镇第十三届党委工作报告。报告指出：今后五年，丰阳要努力实现经济发展取得新成效，改革开放迈出新步伐，社会文明程度得到新提高，生态文明建设实现新进步，民生福祉达到新水平。特别是要全力全面推进乡村振兴战略，加快农业农村现代化，打响丰阳农旅产业品牌。全面推进旅游驿站、农家乐、农产品店等观光旅游项目建设，致力于把丰阳镇建设成粤北旅游黄金小镇。

根据建设"粤北黄金旅游小镇"，打造"六村连建、四色丰阳"全域旅游精品路线的发展思路，镇党委主动对接帮扶单位制订农文旅相关发展规划和方案，如镇党委主动对接中山大学相关研究团队为丰阳镇制定《丰阳镇十五年乡村振兴发展规划》，并逐步落实《丰阳镇传统村落保护与发展规划》《丰阳镇畔水村创建共同富裕示范村建设方案》等系列规划方案，旨在通过做大做强农产品加工业、做精做优乡村休闲旅游业、做活做新农村电商和劳动体验服务业等方式促进乡村产业兴旺、生态宜居、乡风文明，优化乡村治理，推动乡镇高质量发展、提高农村居民的幸福感、收入水平和生活质量。

（二）帮扶单位发挥带动作用，大力支持

1. 领导重视

在脱贫攻坚阶段，笔者所在的帮扶单位中山大学主要校领导每年均赴丰阳镇开展调研指导工作。2021年7月进入乡村振兴阶段以来，帮扶单位主要领导分别率队赴连州市丰阳镇实地调研，指导工作队推进驻镇帮扶工作，组织工作队召开座谈会，深入学习习近平总书记全面推进乡村振兴的重要指示批示精神，党中央和省委、省政府关于巩固拓展脱贫攻坚成果，推进乡村振兴工作的系列文件精神，研究工作思路和具体措施，提出工作要求。同时，帮扶单位建立党建共商机制，由牵头单位省司法厅召集，定期召开组团帮扶连州市丰阳镇联席会议，为驻镇帮扶工作推进奠定坚实组织保障基础。

2. 真情投入

中山大学自 2016 年起开始定点帮扶连州丰阳镇柯木湾村，历经 5 年时间，先后投入资金超过 1500 万元，对柯木湾村的发展变化起到至关重要的作用。2021 年 7 月进入乡村振兴阶段以来，除财政标准帮扶资金外，三家帮扶单位共审定投入帮扶资金 888.35 万元，募集律所企业、校友捐赠资金超过 300 万元，动员帮扶单位及下属单位共采购连州地区帮扶产品超1199.37 万元。以上帮扶资金主要配合镇党委发展规划，投入农文旅融合发展的项目中，如建设农村基础设施、打造农村文化书屋和文化长廊、打造农业现代化产业、打造新型农村合作社、打造农村电商平台、打造农村精品旅游线路和建设农村文旅会务相关配套等。

3. 发挥优势

省司法厅、广东司法警官职业学院充分发挥法治对农村农业高质量发展的支撑作用、对农村改革的引领作用、对乡村治理的保障作用、对政府职能转变的促进作用，深入推进乡村依法治理，更好地满足农民的法律服务需求。在整体谋划、分步实施的基础上，以点带面，首期在丰阳镇 4 个村利用现有广场、道路、沿路农用房外墙打造法治文化阵地，充分发挥结对律所专业优势，在普法宣传、培育法律"明白人"、提升乡村依法治理能力上出实招，推动形成"一村一特色"法治文化建设，分步开展全国以及省级民主法治示范村创建活动，推动"法治丰阳"整体建设。中山大学围绕教育和医疗优势，重点抓好当地人才培育和医疗援助。如中山大学地理科学与规划学院师生历时 2 年现场调研，为夏东村量身定制了旅游规划，形成了项目成果《夏东村景观提升及旅游规划》；中山大学地球科学与工程学院师生历时一年半时间完成了连州市 1∶50000 的富硒耕地资源调查，并为丰阳镇撰写了富硒土地筛查报告及申报广东省首批富硒土地认证。2022年 10 月，经广东省地质局组织专家评审，丰阳北部地块 1800 亩成功获得广东省地质局颁发的全省第一批天然富硒土壤认证标识，成为广东省最大的天然富硒地块；中山大学社会学、人类学、考古学师生来镇调研丰阳古村的保护与开发情况和考察建立本科教学实习基地，围绕丰阳古村的文化和遗址，形成了《乡村振兴背景下传统村落保护困境与内在动力——以丰阳古村为例》专题调研报告，提出了丰阳古村下一步保护与开发的建议意见。

（三）基层党组织凝心聚力，积极响应

全面推进乡村振兴战略，组织振兴是根本和保障。推进组织振兴，就要把农村党组织建成坚强战斗堡垒，并建设政治过硬、本领过硬、作风过硬的乡村振兴干部队伍，让他们立足实际、明确思路，带领群众积极探索发展集体经济和促进农民增收致富的新路子，努力推动乡村振兴驶上"快车道"。丰阳镇帮扶工作队在组织振兴方面多措并举，以党建引领添活力，走出乡村振兴"新道路"。

1. 抓党建结对帮扶

工作队迅速组建工作队党支部，向3个重点行政村派驻第一书记，工作队员还分别挂钩1—2个行政村，建立沟通协调机制，定期召开村委书记集中会议和自然村党支部书记会议，落实村委干部兼任乡村振兴和党建工作联络员，全面加强乡村党的建设。工作队队员挂点带领各村全体党员学习习近平总书记对乡村振兴工作的重要讲话精神，每月定期主讲"乡村振兴主题党课"，每半年带领各村委外出开展"七色课堂"主题党日活动，指导镇、村规范开展组织生活、做好日常党务，推动党的建设规范化标准化。同时，为进一步落实司法部"乡村振兴　法治同行"活动的任务要求，在省司法厅党委、省律师行业党委和省律协的重视关心下，全省共安排28家律师所与丰阳镇全部11个行政村和部分（17个）自然村结对共建。结对律师所按照统一部署要求，积极组织发动党员律师为丰阳镇各结对联系村"两委"干部和村民开展法治宣传、法律讲座、法律咨询等公益法律服务和捐资助学活动，有效提升了丰阳法治建设水平。自2021年10月结对以来，结对律师所党组织与村党组织举行结对共建仪式、互赠结对共建牌匾；围绕党史学习教育、乡村振兴等不同主题，联合开展主题党日活动21次，通过重温入党誓

词等形式，加强党性锻炼；组织召开党建座谈会 21 场次，交流分享基层党建工作经验和做法，帮助各村党组织进一步健全党建工作制度；结对律师事务所党支部为村党员群众上专题党课 12 次，一些律师所与村党组织实行党员个人"一对一"结对帮扶，乡村党员的综合素质得到提升，村党组织建设进一步加强。通过律师所党组织与村党组织结对共建活动，各村党组织的战斗堡垒作用、党员的先锋模范作用得到进一步发挥，党建引领乡村振兴展现强大生命力和不竭动力。

2.抓干部能力提升

打造战斗力强的基层组织，需要做事能力强的人，引领大家共同奋斗顽强拼搏，探索乡村振兴发展模式。为此，工作队积极面向镇村干部，镇党委和工作队邀请中山大学教授团队和广东白云学院科技特派员团队主讲"物联网大数据平台支撑的智慧农业""5G 与人工智能赋能智慧农业""农产品品牌经营与市场拓展""乡村振兴法制教育"及"碳达峰、碳排放"等专题讲座，并组织镇村干部、企业家代表参加"高校组团聚合力 旅游帮扶促振兴"云论坛，选拔本地村干部和企业家代表等赴韶关参加第二届广东省省级农村电商精英训练营等。同时，工作队队员、驻村第一书记相继主讲"乡村振兴就这么干"主题党课，结合党中央、国家和省市对乡村振兴总体布局规划，丰阳镇"十四五"发展规划，详细为村干部、村民党员介绍了乡村振兴的目标要求和实现路径，进一步提高镇村党员对乡村振兴工作的认识，并主动召集各村的致富带头人、村委会干部、镇政府乡村振兴工作干部参加乡村振兴工作研讨，共商各村发展事务，传达和贯彻落实乡村振兴有关指示精神。同时，组织各村委干部外出开展实践培训活动，并将于 2023 年分三批次组织镇村干部、党员代表一百余人赴中山大学开展乡村振兴培训班，课程内容包括"学习党的二十大精神""生态农业与乡村旅游""党的基层组织条例""传统文化的传承与发展""农村社会管理及矛盾纠纷处理""农村司法和纠纷处理"等，着力促进镇村干部、村民党员政治素养和业务素养"双提升"。

3.抓考评机制完善

在具体机制上，一是协助镇党委镇政府建立综合考评体系，对乡村基层组织及其带头人进行全方位监督和考核，厘清镇管理部门各方权责，杜绝权力滥用，防止权力腐败。二是完善依法治村的制度体系，增强基层干部的法律意识和法治精神，同时对广大村民普及法制教育，引导农民遵法守法并能够用法律武器维护自己的合法权益。进入乡村振兴新阶段以来，工作队共组织开展法律咨询服务260多人次，提供专业法律意见40多条，举办专题法律讲座21次，成功化解矛盾纠纷13起。结对律师所聚焦农村农业重点产业项目，对结对村的企业和合作社开展"法治体检"，特别是针对村以前签订的合同尤其是存在历史遗留问题的合同进行认真审核，共审核合同570多份，提供专业法律意见90多条。同时，律师所捐赠法律书籍1600多册，大大丰富了村民的法律知识需求。三是充分发挥村民自治作用，通过强化基层组织尤其是村民组织建设，不断创新组织方式，畅通村民诉求表达通道，营造邻里互帮、村民互助、和谐发展的组织氛围，实现村民自治组织的良性运转。如丰阳镇牵头成立丰阳顺意马蹄合作社和丰阳牛肉干协会等两星基层党组织，积极探索"党建＋产业"融合模式，将产业发展基础打牢，把乡村产业搞活，让广大农民通过产业兴旺致富，收获乡村振兴的发展红利。

4.抓党员作用发挥

返贫帮扶和巩固"两不愁三保障"是一项需要长期监测的工作，仅靠工作队走访，难以及时掌握了解情况。特别对因病因残和因意外事故等刚性支出较大或收入大幅缩减导致生活出现困难的群众，更需要有一套新的常态化监测反馈机制，持续跟踪。因此，工作队积极探索乡村振兴党建工作新机制，及时制订《党建结对防返贫监测方案》，充分发挥农村党员先锋模范作用，推进实施农村党员"一人包一户"结对监测机制。按照就近原则，原建档立卡贫困户、脱贫不稳定户、边缘易致贫户、突发严重困难户等监测对象均安排党员进行"一人包一户"结对监测。每个监测对象细分落实到具体党员个人，形成了《农村党员结对易返贫致贫风险户监测信息表》，每月向所在党支部报告一次监测对象的返贫致贫风险情况。同时，还将此项工作纳入党员参加"我为群众办实事"的重要实践活动中，取得了良好效果和群众反响。

5.抓后备人才培养

丰阳镇结合自身实际，建立健全村级后备人才培养、选拔、管理、使用机制，在村"两委"换届选举工作中，积极引导各村致富带头人、退伍军人、外出务工人员等优秀青年加入到村"两委"后备干部队伍中，共培养 11 个村党总支书记后备干部 22 人，29 个党支部书记后备干部 58 人。在 2021 年换届党总支书记中新进了 3 名退伍军人和 2 名青年致富带头人，有力地推进"头雁"工程。

第四节　乡村振兴中三大融合发展经验

一、大学生与本土人才同频共振产教融合经验

（一）乡村振兴，人才是关键和基础

丰阳镇党委与工作队深刻领会乡村振兴战略的精神实质，积极抢抓发展机遇，紧密联系自身实际，坚持以优惠政策、产教融合等方式，始终把人才振兴助推乡村振兴作为切入点，努力打造一支强大的乡村振兴人才队伍，使振兴乡村的战略部署在丰阳镇落地生根、开花结果。同时，依托"中山大学乡村振兴实习教学基地"，学校组织各部门各学院，到丰阳镇开展形式多样的红色教育、劳动教育、学生实践活动，让师生们在乡村振兴一线阵地助帮扶、受教育、长才干，把乡村振兴一线变成学校立德树人大课堂和思想引领新阵地，形成良好的双向互动局面。

（二）吸引优秀外出人才回乡发展

丰阳镇党委与工作队积极倡导外出能人和大学生返乡创业，对创业能手

确保政策优先扶持、资金优先倾斜、项目优先领办、困难优先解决、小额金融信贷优先办理，打通服务返乡创业的"最后一公里"，为返乡创业提供广阔空间、搭建良好平台，让回乡创业人才回得来、留得住、干得好、能带富。如由返乡创业年轻人经营的黎家农庄和连州市犇润生态农业有限公司养牛项目为加快推动"打工经济"向"创业经济"转变奠定了基础；丰阳镇畔水村渔晟园项目打造产销一条龙的完整农业生态链，并通过项目的发展带动，吸引更多农村年轻人回到家乡发展，为当地农业发展储备技术人才。

（三）培育高技能农村实用人才

丰阳镇积极推进人才驿站建设，并结合产业发展需要，开展各类新型农村实用人才培训，切实提高农业人才专业技术能力，有效激发农业科技人才创造和活力，引导农业科技人才到实践当中创造。目前，丰阳镇共计成立49家专业合作社、26家家庭农场，培养38个致富带头人、46名种养大户。2021年来，人才驿站共举办5期较大规模的种植技术培训，培训人员达650多人次，组织14人次外出参加种养技术学习培训，组织超过50名种植大户与合作社负责人赴中山大学开展现代化农业和电商知识培训，切实提高农民生产技能。同时，积极加强与农村科技特派员的联系，邀请技术人员进行农业规划与指导，为农民创业致富提供方向和支持，如广东白云学院参与丰阳镇电子商务中心建设，开展电商带货培训；广东科学技术职业学院参与丰阳镇传统建筑规划设计，开展景观建设培训活动。

（四）培养党员致富领军人才

作为乡镇基层，党委政府用心用情用力吸引外部人才，通过建设人才驿站在全社会广泛吸引专家学者、高校毕业生、科技人员参与乡村振兴工作，鼓励各类人才向乡村流动集聚，为乡村发展注入活力和动力。同时坚持"内育"和"外引"相结合，加强宣传引导，用好"乡情"纽带，引领人才回乡创业、就业，适时培养一批懂农业、爱农村、爱农民、政治素质高、致富能力强的"三农"工作队伍。一是把村党支部书记和党员干部培养成致富能人，如丰阳村党支部书记带领村民集中种植玉竹等中草药作物；大富头村两任村委书记、村委干部牵头创办马蹄种植专业合作社；夏炉村委书记牵头创办沃柑种植专业合作社；柯木湾村委委员成立砂糖橘收果厂；新立村委书记牵头成立文化传媒公司等。二是把村年轻党员培养成致富能人，如丰阳村年轻党员刘某某成立农村电商商务公司，文某某担任牛肉干制品协会会长。三是把引进的党员企业家纳入村党支部管理，如新立村引进的蔬菜规模种植项目企业家在本地注册成立农业科技公司，公司党员纳入村党支部管理。四是在致富带头人中发展党员和培养村干部，如多位本地大户、企业家等通过发展入党，现担任村委书记和村委干部。

（五）打造高校人才培养新课堂

2021 年 7 月以来，中山大学共组织 40 余支队伍，超过 900 余人赴连州市丰阳镇开展"五育并举"乡村振兴实践教育活动。在乡镇中，师生将红色教育与劳动教育相结合，将美育体育融入实践教育，着力培养青年学子的学习力、思想力、行动力。在德育方面，组织师生参观红色博物馆，瞻仰连、蓝、江边革命烈士陵园，朗诵合唱"我和我的祖国"歌曲等，坚定跟党走、奋进新时代的决心。在智育方面，组织师生赴千年丰阳古村、稻虾综合养殖产业园、夏东生态村和百草园中药材基地、原中山大学帮扶企业柯木湾生态

图 22—3　中山大学学生到丰阳古村合唱《跟我去丰阳》乡村振兴歌曲

资料来源：项目组提供。

农业公司等参观学习，系统了解"六村联建　四色丰阳"乡村振兴发展规划。同时，由中山大学派驻丰阳镇干部主讲专题党课，系统介绍乡村振兴背景、工作思路和帮扶成效。在体育和劳动教育方面，安排师生走入山环水绕的乡村、走入田埂山间，采摘野生茶叶、体验茶叶炒制和水稻育苗等，培养青年师生崇尚劳动、尊重劳动的品德。在美育方面，共唱本地《跟我去丰阳》乡村振兴歌曲，体会丰阳人民对美好生活的期盼。在教育期间，中山大学附属第三医院还开展"中山大学乡村振兴大讲堂之家庭卫生健康"宣教，赴脱贫户家中送医送药，组织义诊活动、免费发放医药用品，为超过1000余名村民提供了专业医疗咨询。

图22—4　中山大学学生开展采茶劳动实践教育活动

资料来源：项目组提供。

二、特色农文旅产业融合创新发展经验

（一）建设党委指导下的现代农文旅产业集群

产业兴旺是乡村振兴的重点，也是解决众多农村问题的前提。当前，在

政策、市场等推动下，乡村产业发展面临机遇，新产业新业态新模式不断涌现，乡村产业转型升级的动力越来越足。同时，乡村产业发展也面临一些挑战。除了资金、技术、人才等资源要素存在瓶颈外，还存在产业是否与当地发展相适应，是否能发挥示范带动效应，惠及镇村集体与本地村民等问题。2021 年，中央一号文件明确提出构建现代乡村产业体系，打造农业全产业链，让农民更多分享产业增值收益。如何保障产业发展符合镇村规划、惠及更多村民，各级党委的指导参与和监督是关键一环。为此，连州市丰阳镇在一二三产业发展中逐步探索出镇委和村委指导，帮扶单位党委指导，镇委和村委入股，建设两新党组织等党委指导下的现代产业发展新模式。如，丰阳镇人民政府申请成立清远市首个镇域国资公司——连州市拓丰农业发展有限公司统筹各村集体经济发展。国资公司发展种苗、技术、销售、物流、仓储、冷链、配送等业务，建设公共农业产业设施，引导各村集体合作社发展优势产业，促进合作社之间的产能调整和互补，形成农业"1+N"的生产经营体系和产业布局体系，使农业生产具备更高的组织化水平，有效对接农业生产以及市场，从而缓解小生产和大市场之间的矛盾。同时，坚持国资入股和村集体入股的农业产业发展模式。现代农业的发展离不开社会资本的引入，丰阳镇依靠原帮扶资金和乡村振兴资金，投入发展集体经济，通过入股分红、建设现代农业设施租赁、建设两星党支部等多种形式，在管理层面实现以集体经济为主、以社会资本为辅的农业发展模式，保护农民利益，增进农民福祉。

（二）提升农产品质量与效益

工作队推动建立健全镇域农产品质量追溯体系，与中国中检合作，优选柑橘、富硒大米、蔬菜、水产和马蹄等 9 个基地申报出口和粤港澳大湾区菜篮子基地备案，融入广东省菜篮子工程。2022 年，3 个基地成功获得供港澳蔬菜基地资质，并推动成立丰阳第一家外贸出口农业公司，与港澳市场开展蔬果销售对接。

（三）村委指导下的蔬菜规模化种植产业

新立村位于丰阳镇的西北面，既属于偏远山区，也属于革命老区，距离镇区 9 千米，距离县城连州市约 50 千米。结合新立村地理特点和种植传统，镇党委政府和工作队牵头引进广东宏峰农业科技发展有限公司蔬菜种植项目，采用"公司＋基地＋合作社＋大户＋散户"的经营模式，在丰阳镇新立村试点种植芋头、生姜、辣椒、西芹等农作物 550 亩，推行"五个统一"，即统一良种供应、统一肥水管理、统一病虫防控、统一技术指导、统一机械作业，实现良田、良种、良法、良机、良制配套，提高生产组织化程度，引领农业生产方式转变，提升农业供给体系的质量和效率，预计总投入超过 1000 万元，每年为村集体增收 6 万元，每年为农民每亩地增收 3000 元以上，为丰阳镇加快土地流转打造精品和标杆。在该项目的推进中，新立村委发挥党建引领产业发展的关键作用，村委干部带头做好土地整合民事工作，企业按每亩多付出 100 元的租地成本用于提振村集体经济收入，达到双赢局面。同时，企业集中种植后，需优先聘用土地流转村民就地务工，可提高村民的额外收入。针对有意愿跟种的村民，企业采取统一良种供应、统一病虫防控、统一技术指导的帮扶形式，与村民签订保底回收协议，彻底解决村民的种植风险和销售渠道问题，实现广泛的带动效益。

（四）村委入股管理的马蹄规模种植产业

大富头村种植马蹄历史悠久，古语提道：三江草鞋连州履，东陂马蹄西岸石。其中的东陂马蹄产地之一就是大富头村。根据村志记载，大富头马蹄种植历史始于公元 1638 年，主要依靠纯黄泥土，出产个头大、产量高、品质优的马蹄。但长期以来，马蹄种植较为分散，技术不统一，没有稳定的销售渠道，马蹄产业存在质优价低的局面。

为发展丰阳马蹄产业，将马蹄产业作为砂糖橘产业的替代，丰阳镇党委选派优秀党员干部担任大富头村委书记，牵头开展马蹄产业推进工作。换届后，村委干部通过集中讨论决策，制定了大富头村马蹄产业发展规划，以五年实现种植面积超千亩、十年达到 5000 亩为目标。2021 年 6 月，以村民和村委集中入股的形式，建立顺意马蹄种植合作社，并申报"一村一品"项目。该合作社在村委的具体指导下，规模种植马蹄面积从 2021 年的 30 亩，提高到 2022 年的 300 亩，并统一了种植技术、种植良种，申请了马蹄品牌，建立了电商渠道和线下存储仓库等。合作社高品质马蹄售价超过 10 元 / 斤，每亩平均效益提升到 5000 元以上，为大富头村马蹄产业打开了良好发展局面。

据悉，丰阳镇人们种植马蹄意愿大大增强，成立马蹄种植合作社积极性高。大富头村委于 2022 年 4 月牵头成立第二个马蹄种植专业合作社，村委带头入股资金，镇村人民均可自愿参与，由理事会和监事会负责管理监督。目前，在两个村委领办的马蹄种植专业合作社的带领下，大富头马蹄种植规模扩展到 2000 亩，实现全年销售收入超过 2000 万元，村集体经济收入增加超过 10 万元，村民人均增收超过 3000 元。

（五）两新党组织管理下的丰阳牛肉干制品产业

史料记载，丰阳始祖吴敬元是南唐国"征南大元帅"，吴敬元长居楚地，对牛肉干喜爱有加。南唐亡后，吴敬元解甲归隐，但忘不了色香味俱佳的牛肉干，于是用凤山上的杂木烤制牛肉干，带起丰阳当地人食用牛肉干的风尚。千百年来，丰阳牛肉干的制作手艺，也在老一辈人的口口相传中，流传至今。

丰阳牛肉干产业在初始阶段，丰阳镇党委积极推动牛肉干行业人员成立丰阳牛肉干制品协会，并在协会建立两新党支部，归属丰阳村委具体管理。

成立党支部和协会后，丰阳牛肉干产业迎来发展局面，首先是屠宰、加工和销售有了统一的牛肉干市场；其次是统一了烧制标准和售价，避免了内部恶性竞争；最后是通过舌尖上的中国、品城记等平台宣传推广，打出了丰阳牛肉干品牌标签。目前，牛肉干产业已实现年均屠宰生牛超过 4000 头的规模。2022 年，镇党委、镇政府引进企业投入超过 1500 万元，建设起现代化的牛肉干生产加工厂，通过食品安全认证，筹备申请国家地理标志，将牛肉干制品从市场售卖推向商超、预制菜形式售卖，使牛肉干产业成为丰阳镇加工制造的支柱性产业。

（六）镇村入股，党员致富带头人引领下的农村电子商务产业

农村优质的农特产品往往存在质优价低的销售问题，其主要原因在于农特产品没有品牌效益、没有销售渠道，没有经营主体统一开拓市场。为此，镇党委谋篇布局，探索在镇域成立农村电子商务公司，集中打造"丰阳优品"，打通本地农产品的新媒体销售渠道，提高农产品附加值。丰阳电商中心由帮扶单位提供资金支持，代表镇国资和村集体，在本地选拔有农村电商运营经验的致富带头人组成电商运营团队，并邀请有经验的企业入股参与具体管理，做好农产品品控和营销，设计分销鼓励机制，充分发挥帮扶单位、镇村干部、本地乡贤的带动作用，扩大推广推销渠道，为优质农特产品打通销路，倒逼农户重视科学生产。

（七）镇党委和帮扶单位指导下的旅游会务服务产业

丰阳镇党委政府和工作队通过引入中山大学校友企业熊猫文旅股份有限

图22—5　丰阳镇村民文艺队重阳节舞龙表演

资料来源：项目组提供。

公司在当地成立"连州市丰阳四色美丽乡村推广会务服务有限公司",打造企业市场化运作、政府指导监督、基层组织全程参与的"文化＋旅游＋产业"创新模式。2021年12月,"中山大学乡村振兴实习教学基地"落地该公司,采用课堂教学、现场教学、体验教学、劳动教育等各种教学方法实现接待游客和师生数量超过1000人,以真实劳动和沉浸式场景让师生体悟劳动真谛和乡村振兴的重要意义。

三、集约化管理推动本地农文旅产业融合发展的经验

丰阳镇党委政府结合"墨色、红色、绿色、金色——四色丰阳"发展规划,统筹做好农产品规模种植、古村落文化打造和旅游、会务服务一体化的融合发展模式。如墨色重点做好丰阳古村、朱岗古村修复、保护和活化,推进丰阳戏曲、丰阳特色舞蹈进入非遗序列,建设丰阳古村博物馆,出版丰阳千年文化书籍等;红色重点打造梁家村,包括建设红色文化公园、革命烈士纪念墓区、红色风貌带、红色战斗遗址、"大三线"纪念馆等;金色重点打造畔水田园综合体、富硒大米连片种植及育苗基地、新立梯田观光项目;重点打造绿色生态环境,做强山林和林下经济,发展田园民宿和康养产业。

同时,围绕四色丰阳核心区域,打造两条风貌带和碧道。一是丰阳古村至丰阳镇外环路至梁家风貌带和碧道,集中做好古村文化、金色稻田、红色梁家观光线路;二是打造朱岗畔水至水美塘马蹄种植基地、新立梯田、湖江砂糖橘、夏冬生态村风貌带和碧道,集中展现绿色丰阳、金色丰阳风貌。两条风貌带和碧道按照沥青路面、道路沿线美化进行施工,沿途建设房车营地、田园帐篷、采摘乐园、民宿休闲等配套设施,并在每年不同时间推出油菜花节(3月),牛文化节(5月),古村文化摄影节(7月),稻田观光节(9月),农产品丰收节(12月)等特色文旅活动。

丰阳镇党委、镇政府统筹在镇域农文旅企业,成立了"丰阳镇农文旅振兴联盟",联系带动在镇农业合作社、农业科技公司、餐饮和民宿企业、文化传媒企业及电子商务平台等共同发展。通过丰阳电商中心推动镇域农文旅

产业融合发展，与镇农业合作社、农业科技公司共建劳动教育和实践教育实践教学基地，与餐饮企业签订合作协议，打造出"红色党建＋乡村产业＋古村文化＋劳动教育"四位一体的综合性乡村体验路线，让游客通过参观红色爱国主义教育基地（梁家水烈士陵园），参观特色农业产学研基地（蔬菜规模种植、马蹄种植基地）、生态农业红薯种植基地，原生态香菇木耳种植基地，红薯粉"扶贫车间"，中草药加工厂，参观和住宿墨色古村落，亲身体验插秧、收水稻、摘橘子、挖马蹄、挖红薯、采挖中草药和采摘茶叶及加工等活动体验乡村振兴实践和乡村特色旅游。

编者单位：中山大学派驻连州市丰阳镇工作队

作者：黄旭俊、蒋文涵

编者单位：清远市连州市丰阳镇党政办公室

作者：邓潇锋

第二十三章
贵州省"校农结合"创新模式
高效助力乡村振兴

——黔南民族师范学院助推乡村振兴实践模式

  "校农结合"是黔南民族师范学院(以下简称"黔南师院")在贯彻中央、贵州省战略部署,利用高校师生消费、教学科研、实践实习等优势,定点采购贫困村贫困户农产品,并与地方党委政府联合,配套基础设施、资金扶持、科技培训等措施培扶产业,建立示范基地,引领贫困村产业发展增收脱贫致富过程中,开创的一种"定点采购、产业培扶、基地建设、示范引领",助推脱贫攻坚。黔南师院探索出的独特的乡村振兴之路,为全国教育单位提供了可借鉴可复制的模式,教育单位在教育振兴、消费帮扶振兴、人才振兴、文旅振兴等方面可以发挥自己的优势,大展拳脚。

第一节 项目概况

一、项目区位

  平塘县卡蒲毛南族乡是全国唯一的毛南族乡,位于平塘县境东部,北与都匀市墨冲镇沙寨接壤,东与独山县百泉镇羊风毗邻,距县城 17.5 千米,距贵新、独平两条高速公路 18 千米,国道 G552 穿境而过。全乡辖 6 个行政村 52 个村民小组 125 个自然村寨,境内平均海拔 965 米,国土面积 108.2

平方千米，总人口约 1.3 万人，其中毛南族人口占总人口的 97.9%，全乡共有 8 个党支部，476 名党员。

二、项目规模

卡蒲毛南族乡 6 个行政村，其中：非贫困村 4 个，贫困村 2 个，贫困村中省级一类贫困村 2 个（新关村、摆卡村）。全乡现有常住人口 12843 人，2014 年全乡建档立卡 4565 人，2020 年第一季度动态管理后现有建档立卡贫困户 887 户 3206 人，2017 年，黔南师院帮扶卡蒲毛南族乡新关村、摆卡村以来，累计脱贫 820 户 3070 人，其中 2019 年脱贫 42 户 83 人，迄今剩余贫困人口 37 户 136 人全部脱贫，目前正在积极推进脱贫攻坚衔接乡村振兴工作。

三、建设背景

2016 年 12 月，贵州省人民政府以黔府办函〔2016〕252 号文件下发了《贵州省扶持人口数量较少民族贫困村整体脱贫实施方案》的通知，黔南师院承担了帮扶平塘县毛南族人口聚集贫困村的任务。2017 年 3 月初，经过前期充分调研，学院党委在定点帮扶专题部署会上首次提出了"校农结合"的概念并正式启动以"校农结合"为统筹的定点帮扶工作。2017 年 4 月，时任省委副书记、省长孙志刚对黔南民族师范学院"校农结合"工作批示："黔南民族师范学院的做法很好，要大力宣传和推广，对产销对接中存在的问题要引起农业部门和县乡政府的重视，采取有力措施主动破解难题。"2017 年 8 月，中共贵州省委、贵州省人民政府下发《2017 年脱贫攻坚秋季攻势行动令》，要求从 9 月 1 日起，全省大中专、中小学校在市场同价情况下采购贫困村农产品，"校农结合"工作开始在全省全面铺开。2018 年 2 月，随着黔南师院"定点采购、产业培扶、基地建设、示范引领"模式的推广演变，全省"校农结合"工作取得可喜成绩，时任省委书记孙志刚在省教育厅报送的《关于深入推进"校农结合"有关情况的汇报》材料上作出批示："实践证明，

'校农结合'符合贵州实际，一仗双赢，望扎实推进，扩大战果，取得更大实效。"此后，"校农结合"作为全省脱贫攻坚重要"战法"之一迅速在广度和深度上得到全面拓展。

第二节 黔南师院的"校农结合"模式

2017年以来，黔南师院充分统筹育人资源和育人力量，着力提升乡村振兴创新人才培养能力，聚焦脱贫攻坚和乡村振兴中的重大需求，不断推动"校农结合"提质升级，得到省委、省政府主要领导多次指示肯定，成为省脱贫攻坚重要措施在全省推行，2次成为教育扶贫典型在全国会议上做经验介绍，中央、省三十多家主流媒体数百次报道，被誉为"校农结合"模式的发源地。2020年脱贫攻坚收官之年，学校党委被省委表彰为"全省脱贫攻坚先进党组织"。

立足做优做特，适应社会需要，以"接地气服水土"为目标不断完善人才培养体系，深入实施并完善"1+4"工程模式，创新校农、校政、校企、校园（园区）、校产、校网、校校、校贤（才）等"八结合"方式实现"订单式"培养供给，自2019年来，本科毕业生9775人，平均就业率94.85%，研究生就业率100%，成为各行各业骨干。

一、"1"：以消费需求带动乡村核心产业

依托"一码贵州·校农结合"平台实行"三合一"采购，与平塘县"营养餐"公司签约实施"配额换订单"，确保每年本地农产品占比超70%，覆盖定点帮扶的5个村镇，学校食堂月采购贵州农产品56万元，学校教职工家庭采购210余万元。同时，将学生食堂对"大路货"农产品的需求拓展为教职工生家庭对"高精尖特"包装类农产品的需求，充分利用"互联网+"、新媒体、直播带货等多种形式，积极与黔南州电商龙头企业——都匀新路电子商务有限公司合作，开设"校网结合"教职工福利性集团采购，并以此为突破口，

逐步构建起集团采购、资源共享、人才培训、利益共同"四位一体"的合作模式，推动电商经济与乡村振兴深度融合。目前，教职工采购"福利"特色产品 1600 多单 6 万余元，推动"校网结合"电商资源链富集州内高成长农业生产和食品加工企业 150 余家，农村合作社 20 余个，农产品 1000 余种。

二、"4"：打组合拳，发挥院校"人才优势 + 智力优势 + 科研平台优势 + 教育功能优势"

（一）人才优势

2019 年，时任贵州省委书记孙志刚给学校毛南族学生回信强调"三个投身于"，引导更多优秀毕业生投身脱贫攻坚主战场；新增 4 名得力处级干部驻村蹲点，驻村人员增加 1 倍；寒暑假期学生社会实践和涉农专业学生实习实训均投放到脱贫攻坚主战场，扩大点面建立基地，大批专业师生参与调研、整理帮扶资料，校领导班子成员实行轮流到村帮扶。围绕省委、省政府"四新"主攻"四化"，发挥地方高校"家门口"大学优势，以"解读最新政策、分享成功之道、解开心灵疙瘩，共谋乡村振兴之策"为主旨，探索开设"师院有约"——"我与企业家面对面"系列活动，引教入企，引企入园，"订单培养、菜单课程"，培养不同层次产业人才，推动产业链与人才链的高度融合，首期邀请省内知名博士、教授参加，110 余名学生搭上与企业家"面对面"的直通车。

（二）智力优势

结合"国培""贵州脱盲再教育"和"万名科技人员下基层"等行动，坚持扶志与扶智相结合培扶产业，通过与大集团合作共同挖掘布依族"八音弹唱"、联合贵州省农科院等进行移风易俗与技术培训结合，与此同时，帮助开发研学项目等，既发展了产业，提升了村民的收入，拓展了致富路子，也促进了村民文化素养的提高。依托 2017 年开创的"校农结合"工作品牌，将单一的采购农村农产品扩大为学校与农业、农村、农民的深度结合，积极推进"新农科"建设。围绕黔南州调优调强茶叶、蔬菜、水果、刺梨、中药材、食用菌、桑蚕、生猪、生态家禽、生态渔业、牛羊产业、烤烟等12个特色优势产业，学校领导多次深入平塘县卡蒲毛南族乡、塘边镇等乡镇村开展调研工作，推动农林牧副渔以及农残检测、病虫害检测、土壤检测等技术人才培养供应链形成。着力引导学生深入田间地头、扎根山区发展，三年为省内外输送农技人才占比5%。

（三）科研优势

在巩固脱贫攻坚成果与乡村振兴的衔接中，坚持问题导向，坚持"基层出题、学校答题、老百姓改卷"，围绕"四新"主攻"四化"，充分发挥省"高校乡村振兴研究中心""协同创新中心"两大载体，聚焦黔南千亿级产业集群打造，发挥科研优势，与地方政府、行业、企业多主体多方面合作，创建服务地方经济的有效合作模式，先后引进陕西杨凌金栗农业科技有限公司、贵州康之源民族产业发展有限公司、平塘县达康农业旅游、平塘县天源农业发展有限责任公司、平塘县校农对接供销有限公司等企业入驻"校农结合"基地，先后与贵州芭田生态工程有限公司、贵州胜威福全化工有限公司等联合启动"工业反哺"乡村振兴示范工作，校企合作初步共建了一个不同于东部、别于西部、可复制可推广的贵州特色黔南特点"现代产业学院"。其中，"新能源材料现代产业学院"与瓮安芭田达成"煅烧磷矿钙镁分离并制取工业级硝酸钙和碳酸镁的中试及产业化开发"科研成果转化，转化经费180万元，预计可为企业增加产值16.8亿元以上。积极主动对接合作省内外20多个骨干企业，三个月为集群输送130名产业人才，得到省长批示肯定。

（四）教育优势

发挥师范院校教育优势，擦亮师范教育底色，学校通过东西协作、挂职对接、学校联盟、协同领办、定点帮扶等多种形式与省州内外大中小学校建立协作、合作关系，为乡村教育、文化振兴提供智力帮扶、教育支持。已与东西部高校广州大学、华东师范大学加强协作沟通，与中央"三部委"选派干部挂职建立联系的南京师范大学建立41对骨干教师"一对一"结对。加强与扬州竹西中学、"南京市教研室"名师工作室、都匀剑江中学、平塘金伯乐高级中学、毕节望谟中学、沿河翰林高级中学等省内外 30 多所中小学建立合作关系，领办 5 所易地扶贫搬迁安置点学校，积极开展 12 县市易地扶贫搬迁学校教师培训，固化骨干教师"一对一"结对、资源平台共享、联合项目申报、附校"大手拉小手"、教师提升培训、就业示范基地共建等探索成果，借梯登高、借船出海、互利共赢，促进乡村振兴教育与教育振兴乡村良性循环。

第三节　"校农结合"模式的"五步走"策略

"校农结合"模式可分为五步走。第一步，以稳定消费乡村农产品为基础，定期定量采购乡村农产品，解决乡村农产品"卖难"问题；第二步，发挥学校人才科研优势，组成科技服务团队为乡村群众进行技术指导，帮扶他们发展农业生产；第三步，在基本农产品获利刺激农户内生动力的情况下，引导农户选择适合的农业产业，进行规模化种养殖，奠定乡村发展动能源；第四步，发掘乡村文化资源，用全域旅游和特色旅游思维围绕"一村一特""一寨一品"打造村游和乡游产业链；第五步，运用互联网思维整合打包"校农结合"各种资源，引入具有一定影响力的农业发展公司、文化产业公司、互联网科技公司等进行市场化企业化运营，打造"校农结合"乡村振兴品牌。

一、消费稳产

消费扶贫是社会各界力量参与脱贫攻坚的重要途径。2019 年 4 月 16 日习近平总书记在解决"两不愁三保障"突出问题座谈会上强调，要探索建立稳定脱贫长效机制，就要强化产业扶贫，组织消费扶贫。消费扶贫的本质是鼓励和动员全社会力量通过购买贫困地区或贫困群众的产品和服务来帮助他们增收脱贫。"校农结合"从学校食堂农产品刚性需求出发，通过有计划地采购贫困地区农产品，点对点地收购农产品，从而达到引导贫困地区农户主动调整生产计划和产业结构的目的。学校以消费贫困地区农产品作为脱贫攻坚长效手段，不断创新产销对接渠道、方式，依托"以销定产"采购模式，将消费需求与产品生产、物流配送等精准对接，探索构建适应市场规律、满足群众期待、适合复制推广的线上线下购销平台，真正实现"菜园"直通"校园"，将广大师生巨大消费需求彻底变为贫困地区产品销售的无限商机。自 2017 年年初实施"校农结合"消费助力脱贫攻坚后，黔南师院当年食堂农产品采购 39.7 万元，2018 年达到 147 万元，2019 年达到 1131.61 万元，其中省内贫困地区农产品 959.41 万元，占比 84%，采购金额呈几何级数增长，三年直接带动平塘县贫困地区农产品销售 5704.45 万元，累计带动 10057 户，户均增收 6000 余元，人均增收 1500 余元，其中直接带动贫困户 1800 户 8100 人增收，占比 17.8%。2016—2018 年，全县农村居民可支配收入从 8206 元增长到 10065 元，年增速达到两位数，贫困发生率由 16.7%降至 4.3%，学校帮扶的新关村、摆卡村率先在平塘县脱贫出列。

二、科技反哺

稳定的消费刺激了群众的生产积极性，学校趁势配套了一支科技服务团队，专门负责新关村、摆卡村的农户种养殖技术培训和技术示范指导。2017年7月，学校第一批支教支农师生 10 人，大学生暑期社会实践 30 人，"三下乡"志愿服务 50 余人齐赴卡蒲乡参与示范基地建设。同年 8 月，学校化学化工学院"生猪养殖配套技术"、生物科学院与农学院"蔬菜栽培配套技术""长顺紫王葡萄引种"等学校第一批"校农结合"科研成果转化项目落地。之后，随着学校不断强化技术指导服务，逐渐形成了"校农结合"农村产业科研攻关"大地论文"项目阵列，这些项目主要针对农业产业发展规模化和集中度不够、基础设施和配套设施薄弱、科技含量低、创新能力不足、人才缺乏、经济效益和社会效益低等难点问题展开，产出贵州省"三大战略行动"重大招标课题 2 项，贵州省农业重大专项项目 1 项，省教育厅重大专项课题 2 项，省服务农村产业革命科研项目 21 项，服务地方经济社会报告 50

个，省州委托项目 20 个，研究覆盖全州 12 县（市）及平塘县卡蒲乡、塘边镇、大塘镇以及荔波县水功村等 10 余个乡镇（村）。在此基础上，学校又建立了"黔南民族师范学院'校农结合'服务农村产业发展人才基地"，解决"能繁母猪"技术养殖、蔬菜高效栽培、禽畜高效清洁养殖、重大病虫害绿色防控和生态防控、高附加值农产品精深加工以及土壤污染治理等问题 30 余个，逐步从以单纯的科研项目为规划转到以产业发展为规划，发挥好"研"与"学"的重要作用。到 2020 年上半年，卡蒲乡已建成 7 个规模示范基地，同时成功引入了贵州省李桂莲蔬菜专家团队和西安杨凌现代农业企业等进行支持，带动平塘 69 个"校农结合"村蔬菜比 2019 年同比增长 100.34%、食用菌增长 156.3%、新水果增长 281.5%、特色家禽增长 144.04%、生猪出栏增长 145.95%。

三、产业赋能

产业发展是稳定脱贫的根本之策，也是脱贫攻坚和乡村振兴的动能之源。习近平总书记多次强调，产业是发展的根基，产业兴旺，乡亲们收入才能稳定增长。2020 年 4 月，习近平总书记在陕西考察时指出，发展扶贫产业，重在群众受益，难在持续稳定。为了发展帮扶村产业，进一步延伸产业链条，确保贫困群众持续稳定增收，为乡村振兴打下坚实基础。学校加强对帮扶村资源禀赋和市场需求的梳理论证，通过外部消费引导和内部教育培训等方式，帮助贫困地区农户认识自身资源优势、环境优势、产品优势，扬长避短、因地制宜地选择特色产业。

2017—2018 年，"校农结合"催生卡蒲乡"一乡一特""一村一品"很快形成，新关村从无到有建成蔬菜基地 2000 余亩；摆卡村以养殖为主，发展能繁母猪 1000 余头。两村迅速带动周边场河村、甲坝村 5 万羽蛋鸡、亮寨村 800 余头生态黑猪以及河中村 500 亩蔬菜产业成型，一批生猪村、白菜组、茄子寨悄然出现。在产业稳定上，一方面，注重利用自身消费需求为乡村产业化商品提供消化渠道；另一方面，注重利用自身社会资源帮助乡村适当拓展市场，逐步推动农产品规模化和批量化。在产业持续上，坚持产品生产和质量监控标准化、规范化，依托学校"校农结合"产业联盟构建集约化、规范化、专业化农产品安全供应链，实现来源可溯、去向可查、责任可究的原材料动态管理机制。截至 2020 年 12 月，学校帮扶的平塘县卡蒲乡新关村、摆卡村以及塘边镇新建村、塘泥村、新风村等共流转土地 1080 亩种植珠子椒、香茅草、皇竹草等，同时创建了农业种植示范基地，共实现土地流转资金 48.5 万元。三年多来，这些扶贫产业从无到有、从小到大，已逐渐成为当地脱贫致富支柱性产业和乡村振兴基础性产业。

四、文化打底

在前期农业发展基础上，学校帮扶打开思路，逐渐转向文化开发，以激发民宿和农村体验等乡村旅游新兴经济增长点出现。一是组织大学生志愿者参加假期"三下乡"社会实践服务，积极向广大群众宣讲党中央各类民生政策，激发群众振兴乡村内生动力。鼓励广大师生积极、持续参与乡风文明建设，在帮助农村家庭电器维修、乡村文化墙绘制等基础上拓宽工作视野，将大学生创新创业大赛、农产品包装品牌设计大赛、文化创意大赛、产品品牌设计大赛以及民俗民风挖掘、地理标志形象设计等各类赛事活动与助力乡村振兴有机结合起来，发挥黔南师院在音乐、舞蹈、美术、影视、传媒、设计策划、品牌打造等方面的优势，大力营造乡村文化振兴氛围，助力乡村旅游等新兴经济增长点出现。如帮助平塘县塘边镇塘泥村依托"天眼""天坑"，结合该村生态环境特色，积极邀请专家多次到村进行开发论证，与 50 余家旅行社及旅游机构合作开发原生态旅游资源，引入广东伟泓教育公司投入 400 余万元创建了旅游拓展训练基地，将塘泥村天洞探险和乡村旅游、素质拓展以及体验式种养殖有机结合，吸引塘边镇政府追加产业投资 100 万元，举办了首届"贵州省洞穴探险旅游论坛"，3 年来吸引国内外游客 4000 多人次，为群众及村集体实现增收 110 余万元。二是着力打造文化品牌，提升乡村知名度。2018 年 10 月，《"校农结合"助推脱贫攻坚奔小康》独山花灯戏获贵州省高校大学生首届戏曲大赛二等奖和最佳创编奖。汇聚力量投入扶贫点文化品牌的挖掘打造，立足现有旅游文化资源和特色农产品推广，加强民族文化、特色文化旅游产业的设计策划，推动扶贫点文化产业发展。如与深圳市佳音王科技股份有限公司合作挖掘塘边镇清水村布依族群众"八音弹唱"表演技艺，融入流行艺术元素，打造具有时代特色和民族风格的"布依族八音部落"，并在此基础上创黔南非遗文化产业综合体。目前，本项目相关工作正在紧张推进中。

五、振兴品牌

加强"校农结合"扶贫大数据平台建设，建立"互联网+"大数据网络产销平台，研发"校农结合"精准扶贫软件，不断探索"校农结合"的"O2O"模式，打通线下线上互通渠道，将广大市场个性化需求与贫困户定向生产有机结合，组织有意愿、有想法、有闯劲的贫困户参加平台操作培训，支持培训合格农户在校内开设贫困户餐饮或农产品线下直销店，逐步拓展线上农产品电商运营。加强与政府部门和相关企业联合，依托"乡厂校店"营销体验中心，形成校农结合"互联网+"、校农结合"乡厂校店"新融合模式，立足覆盖整合都匀城区，放眼全国销售市场，探索农业生产标准化、产品销售电商化、发展策略金融化、乡村旅游特色化等方式立体打造"校农结合"生态圈。

2019年，学校利用新媒体、播音、美术专业以及来自全国28个省份学生资源优势，开展"我为贵州农特产品免费代言"系列活动，通过贵州农特产品网络直播、代言大赛、推销实践活动等多种形式，推荐贵州本地农特产品，惠及近十万人家庭消费群体。同时，学校与平塘县、都匀市政府联合，将黔南师院"校农结合"孵化中心与农特产品直销直营店整合，建立黔南"校农结合"农特产品体验中心（乡厂校店），以贫困乡村为农特产品生产加工基地、以学校沿街店面（网营馆）为营销实体，实行产供销一体化、线上线下同步运行，融合实体店地域与电商平台，实现展示、推广、销售、体验、品位为一体的体验中心。体验中心位于繁华的都匀市龙山大道黔南师院逸夫体育馆南侧，总面积600平方米，体验中心已申请注册"校农结合"商标，目前已有平塘县12家生产企业生产的百香果、柚子、蔬菜、蘑菇、鸡蛋、大米、矿泉水以及被子、校服等校农结合品牌系列农产品10余种上架销售。

第四节 "强""稳""准""用"，突破瓶颈

一、三大瓶颈制约模式发展

"校农结合"模式在探索和推进的过程中，几经波折，遇到了资金筹措难、项目运作难、联动机制体制构建难三大瓶颈，制约了模式的发展。

（一）**资金筹措难**

项目运行过程中，乡村群众普遍反映缺资金、缺技术，如卡蒲乡很多养殖户尽管有养殖愿望，但由于仔猪价格过高和疾病风险、生猪出栏价波动较大等原因，严重影响群众自己出钱养殖的积极性。同时，学校本身无法像企业一样具有融资注资功能，光靠乡村群众或当地政府筹措资金发展项目难度极大。

（二）**项目运作难**

由于项目运作缺乏专业机构和专业人才，所以从项目设计到项目运作整体上比较浮于表面，很难深入到具体内核，乡村振兴是一项系统工程，必须通过市场手段和政府主导双向发力，目前的情况是只有政府主导，市场行为还相对欠缺，导致项目的实际经济效益和社会效益不大。

（三）**联动机制体制构建难**

"校农结合"实行试点先行，通过长期摸索，虽然构建了学校提供消费市场、政府主导统筹、部门通力配合、多方整合融资、校地技术配套，贫困农户"出工出力"的示范机制。但在实际运作中，仍然缺乏学校、政府、企

业和乡村四者协同的机制体制，整体效果仍待提高。

二、探索创新，突破瓶颈

在项目运行过程中，为突破遇到的瓶颈，黔南师院充分发挥党建引领核心作用，整合各方面资源要素，坚持政府主导、以购代投、发挥优势、勇于探索，创新性地采用"强""稳""准""用"等措施，突破了"校农结合"推进工作中的瓶颈问题。

（一）"强"——党建引领

黔南师院将 23 个党组织与帮扶的平塘县卡蒲毛南族乡新关村、摆卡村，塘边镇新建村、塘泥村、新风村 5 个村党支部联合共建脱贫"指挥部"，与贫困党员实行"1+1"结对帮扶，按照"缺什么补什么"的原则，先后直接投入物资 130 余万元，组织党员办实事 500 多件次，解决实际问题 100 多个，帮扶村贫困户实现人均年收入 4000 元以上，全部脱贫。

（二）"稳"——消费采购

以学校食堂与贫困村签订"订单式"采购合同解决帮扶村贫困户"卖难"问题为出发点，创新"配额换订单""互联网 +"线上线下直购以及教职工指导性采购等方式，探索"以购代捐""以买代帮"等方式包保帮扶，稳定采购刺激生产。仅 2020 年，采取"配额换订单"、教职工指导性线上线下采购等方式采购农产品金额达 770 万元，其中采购贵州农产品 755 万元，占比 97%，全年采购数量 2198 吨，其中采购省内农村农产品 2173 吨，占比 98.8%，惠及 90% 以上农村群众。

（三）"准"——优势发挥

精准发挥人才、科研、平台等优势，以组建"科技服务团"帮助贫困村进行技术指导为切入点，实施"大地论文"工程解决贫困村种养殖业的疑难杂症。承担贵州省"三大战略行动"重大招标课题等项目 100 余个，安排产业扶贫专家 17 人分赴帮扶乡村调研 186 次，培训和现场指导 300 多次，培训农户 2000 余人，为平塘县卡蒲乡反季节番茄、豇豆以及白菜、萝卜等蔬菜种植提供技术支持，在病虫害防控和蔬菜市场销售等方面精准解决了乡村群众最为关心的"土问题"。

（四）"用"——人才培养

以落实习近平总书记"扶贫先扶志、扶贫必扶智"重要指示为目的，发挥教育优势，大力培养脱贫攻坚衔接乡村振兴的人才。组织 300 多人次党员师生为帮扶乡村完成校园围墙和乡村墙绘工作，共完成墙绘 1400 余平方米，节约资金 60 余万元。指导学生为帮扶的新风村进行"布依族土法南瓜挂面"产品包装设计以及领办学校校园文创设计，与深圳佳音王公司合作开发"八音弹唱"系列文化产品，帮扶场合村、水功村等进行村庄规划和乡风文明以及乡村治理体系打造等系列工作，在定点帮扶乡村建立实践实习实训、成果转化等基地，不断优化人才培养方案，提升人才培养质量，激发广大青年学子更加了解山区、走近山区、思考山区、扎根山区。

编者单位：深圳赛纳策划机构

作者：邓雪丽、邓钟尉、许波、徐文雄、曾叶靖

编者单位：黔南民族师范学院

作者：李庭坤

第二十四章
贵州省原生态高原明珠云上花海
风情小镇文化建设

——赫章县兴发乡小海村特色建设实践模式

本案例是正在编制的国土空间规划体系下的实用性村庄规划，按照贵州省多规合一实用性村庄规划编制要求和特色田园乡村村庄规划编制要求进行编制，具有较强的时效性及实施性。

小海村作为赫章县乡村振兴示范点，毗邻阿西里西大草原游览区，具有较好的发展条件。本案例以国土空间规划语境下的多规合一实用性村域规划为前提，通过守底线、控边界优化村域空间布局，结合生态治理、资源盘活、特色挖掘、配套设施提升等措施优化人居环境、发展特色产业、完善功能配套。

另外，结合小海村特色田园乡村建设要求，通过"策划＋规划＋设计""三位一体"的思路，精准打造小海村庄核心区乡村振兴示范点。

第一节　项目概况

一、项目背景

小海村位于贵州省毕节市赫章县兴发苗族、彝族、回族乡东南部，阿西里西生态旅游度假区阿西里西大草原游览区和大韭菜坪游览区中间，村域总面积 20.82 平方千米；苗、汉、彝民族聚居，苗族人口占全村总人口 85%以上。无第二产业，第三产业主要为依托阿西里西大草原游览区发展的餐饮住宿配套，发展相对滞后。无村集体产业。

小海村位于乌蒙山深处、阿西里西生态旅游区范围内，村域内草原辽阔、山峦逶迤，田野环绕，村景交融。

为了巩固脱贫攻坚成果同乡村振兴有效衔接，加强新建农村住房规划管控、优化村庄布局、保障乡村产业发展，推进"多规合一"实用性村庄规划编制和特色田园乡村建设，开展本次村庄规划编制工作。

二、目标定位

"田园乡村示范村""农文旅融合发展示范村"。

根植于小海村独特的山草田园村居基因，以生态农业为载体、以乡村旅游为主导、乡村人居为提升、文化创意为灵魂，以提升区域内产业发展核心竞争力为主线，以提高当地百姓生活品质与经济收入为出发点，将小海村打造为集高品质农业生产、农业科普教育、农产品加工、乡村休闲旅游、山地旅游度假、乡村文创等于一体的阿西里西特色田园乡村范例。

三、规划策略

（一）价值挖掘——基于文化特色旅游行为的功能业态策划和产业发展谋划

1.置入多元业态，激发乡村活力

形成以生态农业为基础，乡村休闲娱乐旅游经济为引擎，乡村体验经济、美食民宿经济等为延伸的多种发展模式。与区域形成差异化发展，利用阿西里西旅游区市场的开发缺口，构建以乡村休闲文化旅游产品为核心的村庄发展定位，从而塑造小海村旅游亮点。结合阿西里西生态度假区及赫章县旅游市场需求，围绕活动、体验和产品，打造以休闲度假、文化体验、特色民俗、牧歌体验为特色的旅游产品体系。

2.引入特色文化，创新文化体验

引入草牧文化及窑炉文化，打造苗族民俗文化、草牧文化、窑炉文化等多元文化体验场景，形成小海村独特的文化体验。延续小海村苗族民俗文化，开展特色民俗活动体验和特色美食体验。以景观塑造的方式，突出当地草场和牧羊文化，形成特色旅游点。复原窑厂、窑炉技艺，打造传统技艺传承、交流和体验场所。创造特色活动，打造趣味体验——创造多种感官体验，增加空间附加值，使之成为多样体验的旅游目的地。

（二）**空间重塑——立足内涵发展的村庄秩序构建和存量用地更新**

调整用地指标，弥补建设用地缺口：保障村民一户一宅建设用地需求，保障村庄养老设施、文化活动设施等公共服务设施配套需求，保障阿西里西综合服务区用地需求和村庄休闲经济发展用地需求，保障农业升级提质配套设施建设和物流平台建设用地需求。

盘活农村闲置房屋、集体建设用地、荒地、闲置地、水面等资产资源，打造融入特色文化的重要空间节点，如综合服务性的主题空间、开放的游览场所、符合的公共设施载体、共享的交流空间。

景村共建，营造田园乡村风貌：加强生态环境保护、田园景观塑造、村居人居环境优化和微空间环境品质塑造。

第二节　规划措施

一、恢复上百年的苗族风情古镇文化

（一）保护村落传统格局与风貌

延续村庄现状山水田园村路的风貌格局，控制村庄规模，保护村庄肌理，维护村庄空间秩序。

对现状建筑进行整治提升，统一屋顶样式、墙面材质与色彩，局部节点增加特色元素如美人靠构建、百灵鸟或牛角脊花脊檐，以突出苗族传统建筑风貌特征。

对周边田园林草等生态环境进行整治，强化村庄生态系统建设和生态修复保护，对田园空间结合作物类型、种植模式、田园肌理和周边要素进行风景化设计，突出田园乡村风貌特色。

（二）加强非物质文化保护

加强文化普查整理力度：落实专人加大对本地苗族民间文化的普查、挖掘、整理、研发和开发利用力度，加强教育宣传提高对抢救和保护民间文化重要意义的认识。

建设乡村综合文化广场和传习所：结合村庄人居环境提升和产业发展规划，在村民文化广场建设民俗文化广场和传习所，作为展示、宣传、交流和传授传统文化的主要场所。

建立非遗大师工作室：结合村域东侧阿西里西旅游综合服务区建立非遗大师工作室，并依托工作室组建专业团队，深入研发非遗项目及产品，创立民间文化"沙龙"，搭建交流平台。

推进传统文化旅游：结合乡村休闲旅游，开发苗族特色民俗文化旅游项目和产品，促进文化的传播和发展。

二、保护和提升苗族村落自然环境

（一）加强生态系统建设

加强公益林保护：对列入补偿的生态公益林实行封、造、改相结合的管理模式；对宜林荒地进行全面造林；通过多种方式做到公益林保护的可持续性。

加强草地生态保护：对村域内退化草地、废弃地，根据自然条件进行生态修复与重建，改善草原生态环境中水、土、肥、植被等自然因素，提高草原自愈能力。

加强造林绿化建设：坚持生态保护与经济发展并重，大力推进村庄果品经济林绿化，鼓励农民改厨、改厕，实现生活垃圾处理无害化。

加强农村环境综合整治：整治水渠、水塘，严禁向水体内乱倒垃圾，疏浚现状河道、水渠，定期清除河道内垃圾、杂物，改善村庄水体环境。

（二）加强生态修复保护

耕地生态环境保护：将优美的绿色农业空间向观光、休闲、旅游、养生等价值功能方向拓展，发挥其生态景观功能；积极开展生态设施建设，促进土壤微生物生态和农田生态不断改善。

草地生态保护：采用围栏养护或轮牧的方式对草地生态系统进行合理利用和保护。

水系保护：保持良好的水环境，杜绝各类污水直排河道，清除河旁杂草垃圾；并做好滨水环境的绿化，种植观赏性水生植物。

居住生态环境保护和改善：加强村民住宅设计引导，重点做好农房外立面色彩控制和农房建筑立面修复工作，强化农村居住点、道路、村民宅院绿化，完善配套设施，做好生活垃圾、生活污水处理，改善卫生条件。

三、植入苗族村落新产业

打造连接韭菜坪和大草原之间兼具旅游接待和乡村旅游功能的苗族特色旅游风情小镇，主要从特色农业、休闲旅游、旅游接待三大方面重点打造。

特色农业：以现代农业与生态农业为主要发展方向，体现"农业＋生态"的发展理念，构建特色农业田园乡村。

休闲旅游：以观光休闲、科普教育、文化体验等为主要发展方向，体现"农业＋文创＋旅游"的农文旅"三位一体"发展理念。

旅游接待：依托阿西里西大草原游览区，打造以酒店民宿、文化体验、特色餐饮、娱乐运动、节庆活动等为主的旅游接待综合服务区。

第三节　建设方案

一、功能策划

要素先导：根据小海村资源条件和功能定位，对产品、农业景观资源及文化资源等进行设计。凸显地区特色或旅游吸引力，以明确细分客源市场，确定核心竞争力。

文化挖掘：充分挖掘当地文化，以农文旅融合为导向，将项目的规划与农村教育相结合，增加乡村旅游的科技含量，与厚重独特的乡土文化相结合，与差异化的地脉和人脉相结合。

自然为核：项目的策划还要满足旅游者回归自然、逃避城市、休闲放松等的需求。除了要着重突出农业和休闲功能外，更要兼具趣味性浓、参与性强、体验性足，体现"农"味和"野"味，以多样的形式满足不同消费层次游客的需要。同时还要根据不同时期、不同主题或利用各种节日、盛事来进行节庆活动的策划，展现地方民俗风采。

二、总体规划

（一）功能分区

充分解读乡村振兴的内容要求，结合小海村资源条件、民俗文化、用地条件等实际，规划确定不同的功能分区，划出不同的空间，使这些空间和区域可以满足不同的功能需求，同时又紧密结合。

规划形成"一带、三区、多点"的功能空间布局形态。其中，"一带"为乡村振兴示范带，它贯穿核心区范围，串联三大功能分区，使之形成连续有机的整体。"三区"为田园乡村示范区、农文旅融合发展示范、阿西里西景区综合服务区。"多点"为构成三大功能区的主要节点。

（二）规划布局

落实现状建设用地范围、新增宅基地用地需求、新增配套设施和产业发展用地需求，落实阿西里西景区配套设施建设用地需求。

规划范围内农村宅基地 8.57 公顷、公共管理与公共服务设施用地 3.57 公顷、商业服务设施用地 16.84 公顷、留白用地 0.52 公顷。

三、总体规划设计

（一）田园乡村示范区

1.位置规模

位于核心区西部，含岔河组、小海组、中山组农村建设区及周边农林用地，用地范围约 84.96 公顷。

2.设计思路

完善村庄基础配套设施，提升村容村貌，优化产业结构，提升农业种植技术，提高农产品品质。体现人与自然和谐共处，使生态效益、经济效益、社会效益相结合，打造风格独特、景色优美的休闲体验型生态农庄，实现生态、自然与可持续发展相结合。

3.设计重点

在村庄中部规划一处开敞空间，建设内容充分体现地方民族民俗风情、村庄特色文化等，满足村民日常生活、生产需求，同时满足游客旅游需求。加强村庄人居环境整治，塑造典型的苗族文化村特色。升级、丰富、美化农业种植，增加旅游相关配套设施。致力打造为集民俗特色村和乡村旅游于一体的农业旅游综合体（见图 24—1）。

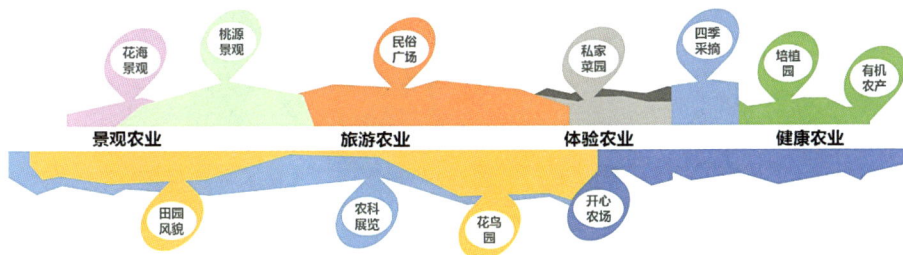

图 24—1　田园乡村示范区设计思路示意图

资料来源：项目组提供。

建设内容包括：

村民住房建设：民俗文化村、小海新村、预留发展用地。

配套设施完善优化：农村党群便民服务中心、小海幼儿园、卫生室、老年人活动中心、民俗文化广场、农业科研科普展览馆、现代化农业智慧服务平台。

田园资源整理利用：四季鲜蔬采摘园、开心农场、现代农业观光园、私家菜园、农业升级示范园、花卉苗圃培植园、多彩花鸟园、田园风光区。

（二）农文旅融合发展示范区

1. 位置规模

位于核心区中部，占地面积为 39.88 公顷。

2. 建设内容

中草药种植观光园、荞麦花园、尼古拉·桑普之门、牧羊文化观光园、采风玻璃台、环草原架空栈道。

（三）阿西里西景区综合服务区

1. 位置规模：位于核心区西部，占地面积为 69.40 公顷。

2. 建设内容：水上乐园、亲子公园、康体公园、文化街、酒店民宿、军事演艺基地、创意街区（见图 24—2）。

图 24—2　总平面设计图

资料来源：项目组提供。

第四节 人居环境提升

一、道路界面美化及设施提升

根据道路等级、功能对主要道路、次要道路、宅间路、田园道路进行分类整治提升，包括断面优化、路面清洁及硬化、路侧绿化美化、增设景观路灯、导览牌、护栏等具体措施。

对主要道路路面进行清洁，施画道路线界定道路范围；道路两侧通过本土乔灌花草进行绿化提升，丰富绿化层次感；增设景观路灯和导览牌。次要道路两侧可结合村民住宅种植果树或菜地；对宅间路路面进行硬化或铺设石板，两侧绿化主要考虑竹林、菜地、果园。菜园围栏、绿化隔离主要采用竹木、石砖瓦材等乡土材料。另外，对招呼站进行提质改造，并结合民俗文化广场新增生态停车场，满足村民及游客停车需求。

二、建筑风貌整治指引

整体上采取"拆"+"整"+"改"的建筑风貌整治策略。拆除违章建筑、搭建用房、封闭围墙，梳理村落空间；整治残破老房、拆违后残破建筑、围墙、街巷空间等，改造成为村民宅旁绿化或公共活动空间；对沿路建筑、公共空间和重要节点周边建筑、主要视觉界面的建筑进行立面改造。

（一）立面整治指引

通过墙面材质、色彩和屋顶统一建筑风貌，使用苗族特色元素和当地特色材料，营造乌蒙山深处自然古朴的苗乡风貌，局部节点增加展示元素，强调苗族特色和阿西里西特色，体现地域文化（见图24—3）。

（二）院落整治指引

充分挖掘利用当地建筑特色和乡土材料，采用简单的设计手法，对建筑周边的院落空间、宅前屋后绿化等进行整治提升，打造乡土特色庭院空间和绿化环境，提升居住舒适性和满足感。

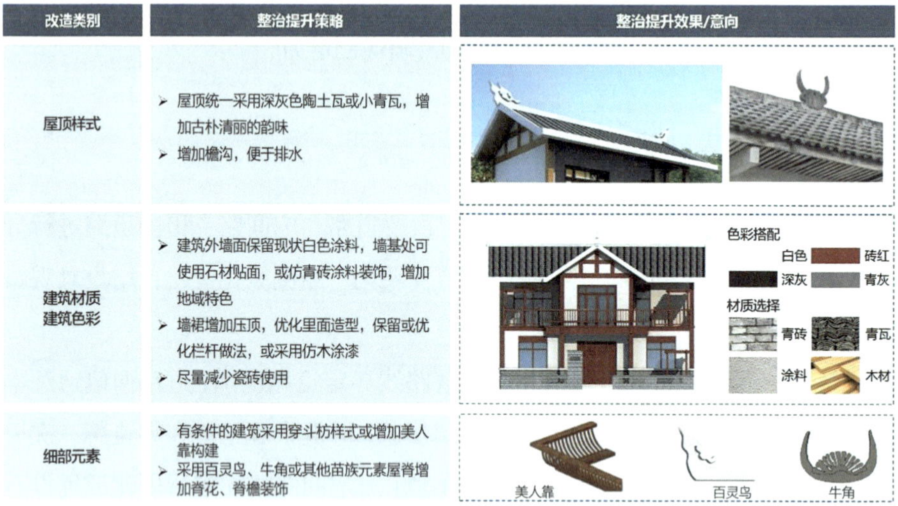
改造类别
整治提升策略
整治提升效果/意向
屋顶样式
➢ 屋顶统一采用深灰色陶土瓦或小青瓦，增加古朴清丽的韵味
➢ 增加檐沟，便于排水
建筑材质
建筑色彩
➢ 建筑外墙面保留现状白色涂料，墙基处可使用石材贴面，或仿青砖涂料装饰，增加地域特色
➢ 墙裙增加压顶，优化里面造型，保留或优化栏杆做法，或采用仿木涂漆
➢ 尽量减少瓷砖使用
色彩搭配
白色
砖红
深灰
青灰
材质选择
青砖
青瓦
涂料
木材
细部元素
➢ 有条件的建筑采用穿斗枋样式或增加美人靠构建
➢ 采用百灵鸟、牛角或其他苗族元素屋脊增加脊花、脊檐装饰
美人靠
百灵鸟
牛角

图 24—3　建筑立面整治指引示意

资料来源：项目组提供。

院落空间：充分利用废旧砖材、瓦材和当地石材，通过设计组合，形成乡土特色院落围合形态；提倡拆除院落围墙，打开庭院空间；以花坛或绿化形式围合院落，打造空间共享的村舍风貌。可种植月季、蔷薇等装点围墙，形成花卉围墙。

绿化特色：庭院绿化以乡土树种为主，种植桂花、石榴、月季等适应当地气候且具有美好寓意或经济效益的树种。可搭建瓜棚果架，形成一种农家温馨、休闲的庭院绿化空间。宅旁可选择当地竹子，对建筑立面进行掩映，适当配植叶树和开花乔灌木，如杜鹃、菊科地被等；可利用建筑窗台阳台挂花，增加彩化，装点整体立面。

三、公共空间和公共建筑整治

梳理村庄重要节点及公共空间，化零为整，对其进行分类控制引导，合理组织各个公共空间与道路交通的衔接，为村民提供日常休闲游憩、邻里交往及民俗活动的场地。公共空间也可承载村庄作为乡村旅游地的集散功能、形象宣传功能和本土文化传承功能。

公共空间整治主要包括村庄入口节点、村民广场、宅旁闲置地等环境整治。入口节点增加特色化入口标识，并进行景观优化，增设景观路灯和村史展示牌，并对路侧外立面进行优化提升，入口标志景观全方位展示小海村形象及文化。宅旁闲置地主要进行清洁整治和绿化提升，改造为小型开敞空间，增设石桌椅，提供邻里休憩交往场所。

公共建筑整治主要包括党群服务中心整治、幼儿园升级改造、公厕提质改造、给排水管道升级改造等。党群服务中心整治包括优化场地环境，增加绿化面积；路灯、宣传栏等室外小品特色化改造，增加苗族特色元素，凸显地域风情，进行篮球场塑胶化改造和公厕改造。幼儿园升级改造主要包括优化立面效果，增加当地建筑特色及儿童建筑特色；增加绿地面积，增加儿童活动场地和活动设施及篮球场塑胶化改造。公厕提质改造主要对现状公厕进行外立面整治和清洁化改造，并在民俗文化广场新增旅游公厕，建筑体现苗族建筑特色。给排水管道升级改造主要为将现在裸露在外的给排水管道进行地埋式改造，采用 DN150 PVC 给排水管。

四、标识系统设计指引

完善村庄入口、公共活动空间、停车场等重要服务空间的导引指示系统。

结合村庄文化特点、村庄主题定位及发展规划，提炼村庄文化符号，并将其运用至村庄入口标识、公共设施、村庄小品等。对路牌、门牌、导视牌、警示牌等进行统一设置。

第五节　实施保障

一、实施策略

采用"三步走"实施策略，以田园乡村建设为出发点，融合小海村山草林田村资源，农文旅"三位一体"发展推进小海村"三生同步""三产融合"发展。短期来看，聚焦小海山、草、林、田、村及苗族文化资源的开发，打造小海村田园乡村品牌特色；中期来看，全面推进农文旅"三位一体"发展，推进乡村产业振兴，打造赫章乡村发展示范村；长期来看，乡村旅游、幸福乡居颇具成效，"三生同步""三产融合"发展形态全面展现，形成贵州省乡村振兴典范。

二、近期建设计划

从国土空间综合整治和生态修复、产业发展、农房建设、公共服务和公用设施、人居环境整治等角度确定短期建设计划，明确各类项目内容、位置、规模、投资估算、实施年限及实施方案，确保项目按规划设计方案落地。

编者单位：悦城（广州）城市规划设计股份有限公司
作者：王湘婉、张义科

编者单位：乡村振兴局
作者：庄永康、文永松、文鼎贵、李杰

第二十五章
广东省乡村振兴中非物质文化遗产
保护与发展规划

——连南县油岭村千年古寨瑶族非遗文化保护实践模式

油岭古寨首批"中国少数民族特色村寨"之一，是八排瑶最古老的聚居地之一，是瑶族历史、传统文化艺术、民俗风情等文化保留较完整的地区。规划通过将非遗文化要素转化为标志、装饰纹样、小品、标识等，应用于古寨的建设中，着力世界非物质文化遗产的申领。

第一节 古寨概况

油岭古寨位于连南瑶族自治县东南部，系三排镇油岭村管辖的自然村，海拔 700 多米，地处"万山朝王"群山之巅，境内喀斯特和花岗岩地貌平分秋色。距 S261 线省道 8 千米、清连高速公路 11 千米、广州 210 千米。

油岭古寨是连南"八排瑶"中之一排，清康熙年间连山县令李来章所著《连阳八排风土记》记载："排坐南向北，两山环抱，中有层级，高下相承，瑶人次第居之，面对高良（今县城）。石山背后，高山耸立如屏。下有圆墩，因立祖庙。地平坦，多古树，山背出小水，细流涓涓。以竹引入排"。"入排俱深山险崖，路小，仅通行人。"

"油岭古寨"原为"游岭"，意思是游聚而成的村落，因其最初是由周边南岭、李村、房坪、镖坪、陈岭、罗周田、样岭、白义田、何岭等小村落聚集组成排寨而得名。

油岭古寨占地面积约 15 公顷，因逃避封建王朝围剿而形成，据当地老人反映历史上最多时有房屋 800 多幢、1000 多户、5000 多人，分布有盘、李、龙、邓、房、沈、唐等姓，目前仅存唐、盘、房三姓。寨内依两条主干道石阶来划分，左为一连，中为二连，右为三连。青砖灰瓦民居依坡而筑，层层叠叠，错落有致，石板巷道纵横交错，主次分明。新中国成立后，油岭古瑶寨大部分瑶民搬迁到山脚下居住，目前寨内有 228 户、738 人口，经济来源以传统农耕、种桑养蚕、林业和外出打工为主，以养猪养鸡为辅。

1996 年油岭村被广东省文化厅授予"广东省民族民间艺术之乡"，1998 年被国家文化部授予"中国民间艺术之乡"称号。

油岭的历史传统文化形式有：建筑（古村落）、语言、服饰、生活生产方式、婚姻习俗、丧葬习俗、社交礼仪、社会组织、节庆娱乐、民间故事、童话、民谣、歌舞、扎染、绣花、雕刻技艺等。

目前，油岭历史传统文化被列入国家非物质文化遗产名录的有"瑶族耍歌堂""瑶族长鼓舞""瑶族盘王节"；被列入省级非遗名录的有"瑶族耍歌堂""瑶族长鼓舞""瑶族盘王节""排瑶民歌""婚俗""刺绣"。目前，正在申报的有"瑶族口头文学"和"瑶族长鼓传统技艺"。

一、油岭耍歌堂源远流长

耍歌堂是粤北山区连南瑶族自治县八排瑶祭祀祖先、追忆历史、喜庆丰收、酬谢还愿、赛歌赛舞、传播知识、谈情说爱和亲友聚会的最隆重的传统节庆以及文化活动。"耍歌堂"是瑶语译音，意为庆丰收。每年农历十月十六的"盘王节"，是瑶族各个分支共同的节日，在这个节日里，居住在广东省连南瑶族自治县境内的八排瑶人，一般都要举办"耍歌堂"活动，又叫"耍望"节。2011 年被正式列入首批国家非物质文化遗产名单。

耍歌堂活动主要包括鸣炮、祭祀、师爷舞、出歌堂、过九州、长鼓舞、对歌、瑶族民间乐器演奏、法真表演、追打黑面人（驱邪）表演等。

二、油岭长鼓舞独具魅力

长鼓舞是连南八排瑶族地区最具特色的传统性舞蹈，由排瑶祖先迁徙到连南时一同传入，至今已有一千多年历史。每逢春节、三月三、六月六、十月十六等传统节日及"耍歌堂"，排瑶必聚集到村前的广场或收割后的田野，吹响牛角、敲起铜锣、击长鼓而舞以欢庆节日。

长鼓，瑶族叫"汪都"，即"横鼓"，长约 4 尺，两头大，中间小，呈喇叭形。长鼓由瑶胞亲手制作，鼓身用沙桐木制成，两端蒙上牛皮或羊皮作为鼓面。舞时横挂于腰间，右手五指并拢，以掌拍鼓，发出"咚"声；左手持一竹片，敲打鼓面，发出"比"音。表演时随着舞蹈动作和表现内容变换节拍，以达到艺术效果。

1964 年 10 月，油岭歌舞队代表广东瑶族，首次携瑶族长鼓舞到北京参加"全国第三届少数民族群众业余文艺观摩演出会"，荣获二等奖，受到党和国家领导人的亲切接见。1980 年 9—10 月，油岭瑶寨歌舞队经过不断的传习排演，再次进京参加第一届全国少数民族文艺会演，以矫健的舞步、撼人的鼓音、多变的套路和精深的艺术造诣，张扬瑶民族的艺术想象，挥洒瑶民族的生命热情，也在描画瑶民族血液中的古朴纯真，像磁铁般销魂夺魄地把瑶民的思想意念，凝聚成强烈的民族意识和民族心理素质，瑶族长鼓舞再上新台阶，夺得一等奖。油岭歌舞队先后到北京、广州、上海、昆明、南宁、银川、拉萨、香港、澳门等地演出，甚至走出国门远赴新加坡、澳大利亚、马来西亚等地，参加各种喜庆活动，以其特色鲜明的表演彰显了原生态瑶族风情的魅力。1997 年，油岭村管区被省文化厅命名为"广东省民族民间艺术（长鼓舞）之乡"，1998 年，油岭村被省文化厅定为"长鼓舞培训基地"，2000 年，被国家文化部命名为"中国民间艺术（长鼓舞）之乡"（见图 25—1 所示）。

图 25—1　长鼓舞表演

资料来源：油岭村村委提供。

三、油岭刺绣巧夺天工

瑶族服饰刺绣，指广东省清远市连南瑶族自治县瑶族妇女特有的一种传统手艺，有 1000 多年的历史。《瑶族简史》记载：早在汉代，瑶族妇女就能刺绣五彩缤纷的"斑布"衣服，进入明清时期，挑刺艺术又有提高。"用五色绒杂绣花卉，善以简练生动手法，表现出复杂的自然现象"。2009 年被列入广东省第三批省级非物质文化遗产名录。

刺绣以一枚细长的针为主，取用深青色布，以布底刺绣，用红、黄、绿、白等绒线挑绣刺成刚柔相应、色彩协调、千变万化的图案。瑶族妇女刺绣不用打板、打图，反面绣正面看，世代靠口述手传。

刺绣物品主要包括花冠、花衣、花裤、花裙（分成马裙、大裙、小伙子裙）、绑腿、小孩花帽、马裤、女青年头帕、挂袋等。油岭瑶族刺绣花纹图案有自然山川、树木花草、禽兽虫鱼、先祖印记、路径城墙等先辈们对自然的认识和生活劳动的智慧积累及历代的迁徙历程。排瑶妇女刺绣显示了排瑶妇女的聪明才智和对美好生活的追求。

四、油岭民间习俗——婚丧嫁娶

油岭婚俗分订婚、认亲、择日、举行婚礼（没有新郎的婚礼）、回门五个过程，充分体现了八排瑶族的民族文化和生活习俗。

婚俗：排瑶实行从夫居、从父姓的制度，即使过继的儿子或入赘的女婿也要改从父姓。排瑶家庭，丈夫是家长，主持经济收支和社交活动，但不专权，有事多与妻子商量。男女平等，夫妻和睦，同甘共苦，离婚现象很少。过去，排瑶人的离婚手续十分简单，如感情不和，经亲友和瑶老劝说无效，即可离婚。各自找来本家的叔伯兄弟和瑶老作证，并带一竹筒酒到寨路上，背对背喝完酒，瑶老将竹筒砍开两片，夫妻各持一片背道而别，便算是离婚生效。离婚再嫁不受歧视，但再嫁时婚礼比闺女出嫁稍微简单。

八排瑶男女求婚，有两种不同的方式：一种是父母包办，订小亲，俗称童婚；另一种是自由恋爱，俗称讴莎腰。讴莎腰是瑶语，讴意为唱，莎腰指未婚姑娘，意思是以唱歌向姑娘求婚。婚礼程序：炒黄豆—送嫁—迎亲—婚宴—回门。

瑶人认为他们是皇帝的后代，油岭村寨还沿袭"尸体座椅"出殡的习俗，他们认为死后灵魂会找寻祖先地回归，因而要举行"指路""过九州"等仪式。挂纸是指每年到坟墓的祭祀，以家族为单位，主要由男丁扫坟祭祀。

第二节　古寨非遗文化保护利用

在深度调查了解古寨的历史沿革、文化传承、经济社会发展情况和现实状况的基础上，将非遗文化转化为"1+5"的要素特色框架，"1"是指古寨特色要素体系，"5"是组成古寨特色最为核心要素，包括图腾、服饰、建筑、古寨家具以及标识系统等，重点对5大特色要素提出相应的建设导控要求，进一步挖掘、提升和凸显古寨建设特有风貌和民族传统文化特色。

一、图腾转化为标志

图腾是一种非常古老的原始宗教形式。图腾表面上看是对动物、植物的崇拜，实质上是对祖先的一种崇拜。在一定的文化圈中，同一图腾意味着同源共祖。图腾也是最早的社会组织标志和象征，它具有团结群体、密切血缘关系、维系社会组织和互相区别的职能。同时通过图腾标志，得到图腾的认同，受到图腾的保护。

在几千年的悠久历史中，瑶族人形成了自己民族的信仰，包括神、盘王以及英雄崇拜等。

神崇拜：瑶族人认为世界万物都是由神来主宰的，一切都需要祈求祖先和鬼神来保驾。崇拜的神灵有天神、地神、山神、水神、灶神等。

盘王崇拜：在瑶族人的思想里，盘王是他们的始祖，也是其民族的图腾。瑶族人把盘王写上族谱、《过山榜》和《祖图》等，以示铭记。

英雄崇拜：瑶族人崇拜古代氏族部落战争的英雄。

将图腾转化为各种标志（见图25—2），用于古寨的建设中。

图 25—2　图腾标志

资料来源：油岭村村委提供。

二、转化为装饰纹样

根据古寨刺绣图案，提炼、转化为装饰纹样，用于建筑、栏杆、地砖、窗户等。常见的刺绣图案见图25—3、图25—4。

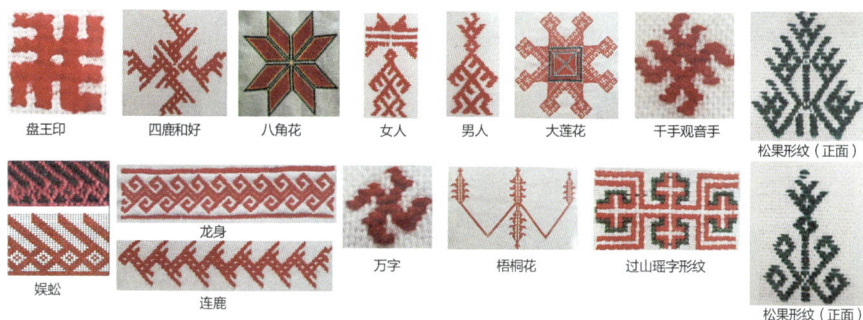

| 盘王印 | 四鹿和好 | 八角花 | 女人 | 男人 | 大莲花 | 千手观音手 | 松果形纹（正面） |

| 娱蚣 | 龙身 连鹿 | 万字 | 梧桐花 | 过山瑶字形纹 | 松果形纹（正面） |

图 25—3　装饰纹样

资料来源：油岭村村委提供。

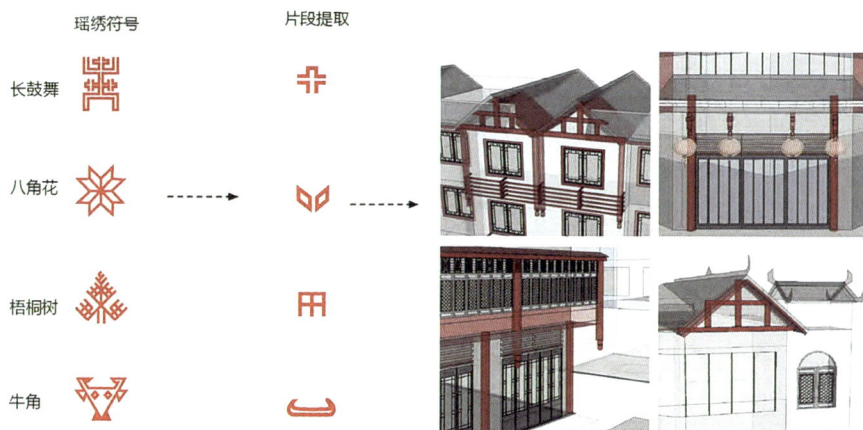

图 25—4　瑶族元素提炼在建筑中运用

资料来源：油岭村村委提供。

三、转化为小品

提取古寨的风俗习惯、舞蹈、刺绣图案、乐器等为设计元素，进行抽象处理，用于灯具、座椅、花池、垃圾箱、景观小品（公共艺术品）等城镇家具和环境设施，提升整个地区的民族特色氛围（见图 25—5）。

例如提取古寨舞蹈文化为设计元素，通过抽象设计语言，表达排瑶舞蹈的摇曳生姿形态，同时对排瑶文化的传承与发展及其与油岭发展相互融合，

方案一

工字钢

竹编网

彩色涂料

深棕色木头

← 480mm →

← 500mm →

800mm

464mn

← 330mm →

正立面图

顶视图

透视图

方案二

木头

彩色涂料

← 500mm →

850mm

500mm

正立面图

顶视图

透视图

← 4600mm →

太阳能电池

玻璃灯罩

8100mm

12140mm

12600mm

彩色涂料

长鼓造型外包

4050mm

4050mm

彩色涂料

侧立面图

正立面图

透视图

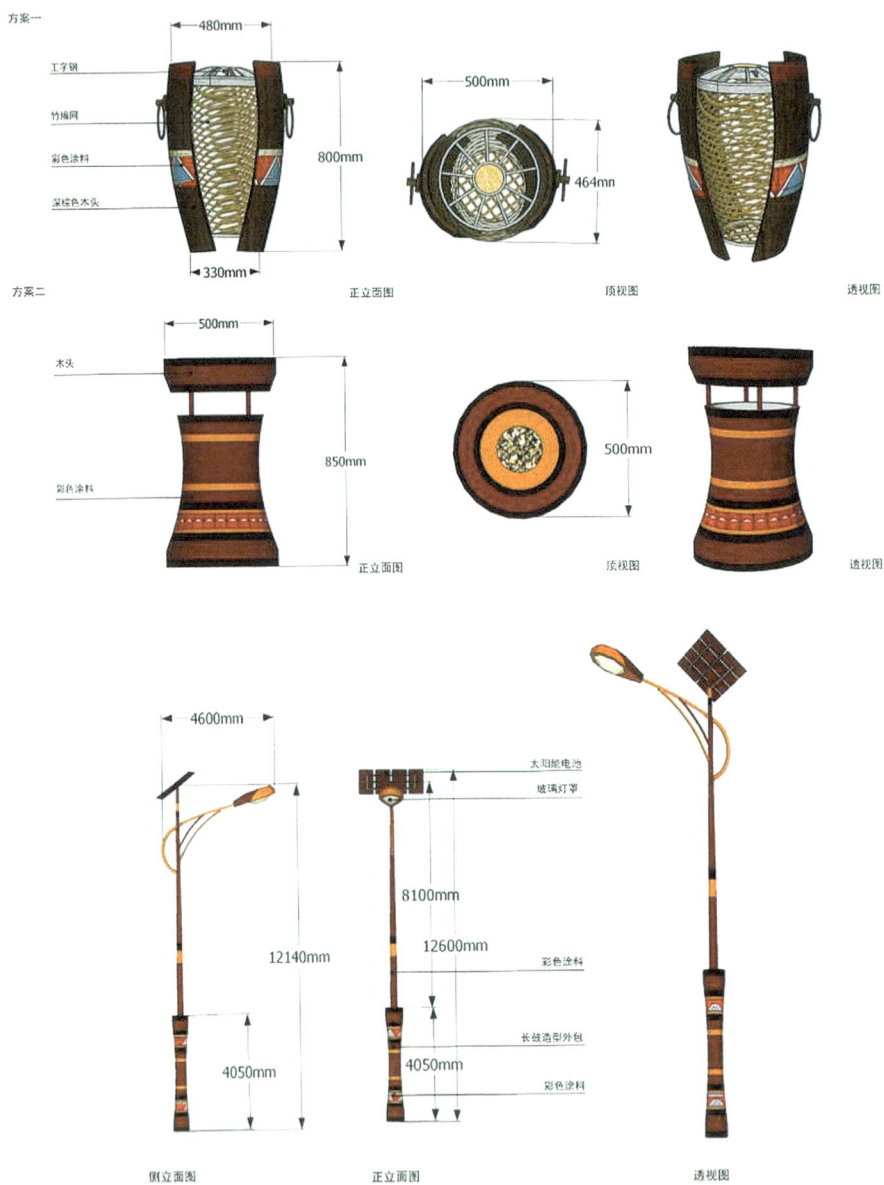

图 25—5   瑶族元素在城镇家具中运用

资料来源：油岭村村委提供。

展示了瑶族文化的魅力与艺术价值。

四、应用于标识系统

（一）入口标识

入口标识采用立柱构筑物、板式构筑物、牌坊、景观雕塑或小品的形式，整体风貌应精心设计、构思新颖，凸显古寨的独特性与标识。

（二）道路指示牌

采用立柱标识牌、板式标识牌等标识形式，标识材质、外观和风格宜新颖、现代，局部设计表现古寨的文化元素，增强古寨的文化认同感。

（三）标识牌

对于公园、广场、滨水等地区的标识，根据公园的主题与环境的关系进行设计，增加标识的趣味性与互动性，标识色彩以自然色、纯度较高的颜色为主；造型选取接近自然形态的造型加以简化提炼；材质是以当地特色的木材和石材为主，优先选用当地新型材料。居民活动量较大的地方，标识宜采用昼夜两用的方式。

第三节　古寨建设方案

一、古寨建设现状

古寨依山次第居住，因地制宜布局，规模小而集中，自然生动灵活。

油岭老排的传统村落风貌是八排瑶中保存最完整、最古朴的，同时老排的村庄格局保存较完整。

瑶民依山次第居住——油岭老排街巷以祖庙为中心自西南向东北辐射，同一等高线上的建筑形成了弧形街巷，村庄街巷整体呈三角网状，步道蜿蜒，开合交替。

祖庙、原乡政府、晒谷场及街巷交叉处多形成公共开敞空间。

远观油岭老排，整体呈梭形，融入盘王山的自然环境之中。近观油岭老排，村庄天际线顺应地势，与远处山体轮廓自然融合，依次交错。

两条由村顶到村脚直通的石级村道（巷道）将村落分成三片。

二、规划愿景

发展定位：打造中国乃至世界的瑶族之都和旅游胜地。

主题定位：寻梦瑶乡气韵，共享古寨风情。

形象口号：原汁原味的瑶寨；活化的瑶族博物馆；排瑶文化的瑰宝；连南旅游新名片。

三、规划思路

以瑶族风情为载体，以油岭古寨为主体，以古村活化升级为发展目标，打造复合型古村落活化升级改造示范村经典案例。体现了个性化、集群化、复合化。

个性化：个性化的视野；个性化的体验；个性化的资源。

集群化：以瑶族风情文化体验为龙头，打造瑶族"耍歌堂"、瑶族长鼓舞、民间艺术、民俗文化体验游览的集合群。

复合化：以民俗文化体验为龙头，融合本土瑶族文化等特色资源，利用古朴民居、瑶山风光、五彩缤纷的瑶族服饰、多姿多彩的民间艺术、古老神奇的宗教信仰、独具风格的传统节日、千奇百怪的风物掌故等资源，实现瑶寨的活化升级。

四、规划策略

（一）人居环境改善策略

人居环境改善策略体现在基本生活配套设施完善、村庄美化、基础设施提升方面。

基本生活配套设施完善——优先提升油岭村公共服务中心、文化活动中心、旅游接待中心、原乡政府公共中心场所等公共服务设施均等化。

村庄美化——油岭古寨村庄环境美化绿化整治，包括景观美化、古村祖庙建筑修葺美化及瑶寨民居建筑群修缮等。

基础设施提升——注重生活垃圾、生活污水治理，完善公厕、供排水设施、停车场设施等公共设施。

（二）人文环境提升策略

对古村落的人文环境进行分析梳理，结合人文环境风貌再造和产业发展提出策略。如对历史环境要素保护利用、提出文物和非物质文化遗产保护利用思路，包括各级文物保护单位的陈列展示推介项目、非物质文化遗产保护项目等。

文物展示策划——各级文物保护单位的陈列展示推介项目及其配套设施展示策划等。

非物质文化遗产保护项目——非物质文化遗产研习、传承与推广体验活动项目等。

（三）环境风貌再造策略

环境风貌再造策略主要是对旅游线路、旅游场所重要节点、旅游节事活动进行安排与设计提供瑶寨风情和休闲农业旅游配套设施，以及古寨旅游标示设置和游客服务中心设置。

旅游线路——对整个油岭进行完整的旅游线路规划，包括油岭老寨线路、新村游览线路以及线路中重要旅游节点的设置和安排。

瑶族风情节事活动——对瑶族的节庆活动安排（玩坡节、开唱节、盘古王节、三月三等）。

稻田鱼和休闲农业旅游配套——油岭之味——瑶家美食节。

五、建设方案

通过"1公里寻梦山路"，将油岭村现存的历史环境要素进行串联，形成连续的古寨及一线，打造集油岭老排民居群展示、文化旅游、瑶族特色美食、休闲康养功能于一体，最能体现油岭古寨历史变迁和文化特征的传统文化村落。其中，将古寨人口、油岭之味体验区、油岭老排民居群和瑶山梯田景观串联，强化油岭古寨文化记忆。打造一条瑶乡寻梦山路，成为当地最具特色、最具吸引力的排瑶古寨旅游线路。

规划打造五片多区享风情的功能区：入口接待片区、风情美食片区、民俗生活片区、祭祀文化片区、梯田景观片区五大片区组成。入口接待片区重点打造瑶寨特色形象停车场以及高档民宿接待区；风情美食片区重点打造瑶寨民俗活动体验区以及瑶寨小吃一条街；民俗生活片区重点提升村民的生活品质以及恢复原乡政府核心区；祭祀文化片区重点提升景观活动区的观景平台品质以及梳理文化活动并植入；梯田景观片区重点植入民俗表演活动以及梯田景观。再依据各个片区的重点内容将其进行更细致的分区划分，以提升瑶寨给游客提供的风情体验感。

打造两条活动线路来展示油岭古寨非遗——佛字流线联活力和仙逝民俗述人文。

佛字流线联活力：在有民俗活动之际，瑶家人会沿着既定的路线和地点，举办活动，以向上天祈福，油岭古寨线路恰好形似"佛"字，又呼应了瑶家人对神明、对灵魂的尊重之情，"佛"字路线将各个活动举办地点串联起来，激活了整个瑶寨的活力。

仙逝民俗述人文：家里有人仙逝，可分为起、承、转、合四个部分来主要叙述，以家的位置靠神路近的地方为起点，绕一圈后再送他出山或者回归神庙，希望先辈们死后能去往更好的地方，表达了瑶家人从古至今对灵魂的尊重。

第四节　古寨非遗文化保护成效

一、梳理资源，保护利用

全面梳理连南瑶族自治县油岭村发展脉络，系统地认识油岭古寨历史文化资源的价值和特色。全面整合油岭村历史文化资源，构建系统性、多样性、开放性的油岭村历史文化资源体系，填补油岭村历史资源的梳理及保护工作的长期不足。科学有序地指导油岭村历史文化资源的挖掘、保护、利用和管理工作，落实国家和广东省制定的相关法规政策，对研究对象的保护要求确定、区划划定及管理制定提出可行性的指导性框架。科学合理化地将历史文化资源与旅游相结合，最大限度地达到活化利用。

二、列入首批中国少数民族特色村寨

2009 年，国家民委、财政部联合开展了少数民族特色村寨保护与发展试点工作。试点以来，少数民族特色村寨保护与发展工作广泛开展，涌现了一大批民居特色突出、产业支撑有力、民族文化浓郁、人居环境优美、民族关系和谐的少数民族特色村寨，在保护少数民族传统民居、弘扬少数民族优秀文化、培育当地特色优势产业、开展民族风情旅游、改善群众生产生活条件、增加群众收入、巩固民族团结等方面取得了显著成效。为更好地推动少数民族特色村寨保护与发展工作，国家民委组织开展了少数民族特色村寨命名挂牌工作，下发了《国家民委关于印发开展中国少数民族特色村寨命名挂牌工作意见的通知》，由各地民委推荐，经专家评审公示并报国家民委委务会议批准，决定命名 340 个村寨为首批"中国少数民族特色村寨"，并予以挂牌，其中，广东省共有包括油岭古寨在内的 7 个少数民族村寨入列（见图 25—6）。

三、助力世界非物质文化遗产申领

（一）刚性规划，活化利用

强化保护规划刚性，强调"活利用"韧性，通过政策引导、费用减免、资金补助等方式，吸引社会资本投入保护利用。鼓励根据传统建筑和古民居的特点进行合理利用及功能置换，用作村寨服务、文化展示、参观游览、公益等，提出传统建筑或古民居通过依法转让、抵押和出租等形式进行保护利用。

图 25—6　村庄效果图

资料来源：油岭村村委提供。

（二）非遗特色文创产品开发

将"发展特色传统文化，传承地方民俗文化"，作为油岭古寨历史文化资源体系规划中的核心工作内容。集中各级政府及社会力量，通过特色文化产业规划引导，让瑶寨村民在参与文化资源开发的过程中"尝到甜头"，调动自主参与的积极性，从而促进文化产业由输血向造血转变。

民俗文化产业离不开文化体制机制的创新，这是民俗文化产业能够崛起的制度保障。地方文化产业"借势转身"，建立一套系统的长效机制做保证，民俗文化产业发展才能取得好的效果。

在认清"家底"的基础下，寻找可以背靠的"资源树"和"旅游树"，通过产业发展实现油岭文化振兴。

1. 旅游纪念品

结合油岭古寨、非物质文化遗产等具有地域特色的文化，挖掘其特色因子，将其应用到旅游纪念品制作中。利用各景点图案、非遗文化制作瑶寨模型、油岭排服饰、油岭盛装、长鼓、刺绣等纪念品，结合实用性，在形状、造型上突出油岭的特色。这些纪念品的制作、销售和传播，能够对油岭旅游起到很好的宣传和推广作用。并且这些纪念品会根据市场需求，随时调整，推陈出新。

2. 印刷、出版物

书籍：介绍油岭历史、民俗、传说、轶事系列；油岭古迹系列；油岭名人系列；油岭土特产品系列；油岭风味小吃系列等。

声像制品：介绍油岭的录像、光盘系列；介绍"油岭古寨"系列录像、光盘；各景点的光盘照片、明信片、幻灯片系列；以油岭为背景或介绍油岭风光 MTV 集、油岭风景影像书签系列等。

3. "互联网 +"——传承新路径

借助互联网的力量传承和传播中国传统文化已成为互联网企业的历史使命。借助"互联网 +"的传播推广，打造"个性定制产品"。以市场化的创新商业模式来运作非遗文化，有利于非遗文化的快速传播，对于互联网创业者以及非遗文化继承人和企业来说也将是一个新的市场机遇。

编者单位：广州中大城乡规划设计研究院
作者：谭建荣、曾永浩、彭静萍、邓长胜、周娟、江虹

编者单位：连南县三排镇及油岭村村委
作者：邓祎强、房春红、赖家木、唐海宁

第二十六章
浙江省传统村落园林建设理论与生态技法

——"浙派园林"乡村建设实践模式

　　浙江省是中华文明的主要发祥地之一，也是中国自然山水式园林文化的起源地。在浙江省"七山一水二分田"的诗画山水、五千年文明史积淀的璀璨文化，以及浙商"四千精神"孕育的蓬勃经济等的共同滋养下，"浙派园林"地域风格逐步发展形成。"天人合一、道法自然"的东方自然山水美学思想，在浙派园林"真山真水"的创作之中得到淋漓尽致的体现。相比其他风格的园林，浙派园林呈现出更加包容、大气、生态、自然的无限魅力，成为东方自然山水美学思想的重要代表和新时代中国园林地域风格化的杰出典范，为浙江省乡村振兴中的美丽乡村建设与生态振兴提供了理论基础。

　　传统村落是物质文化遗产与非物质文化遗产的承载场所，传统村落景观生态技法是美丽乡村建设中传统营造技艺重要的组成部分。研究传统村落景观生态技法有利于传统文化的传承，有利于传统技法的拯救，有利于传统村落景观原始风貌的修复，有利于传统技法的改良创新。

第一节　浙江省代表性传统村落分析

　　传统村落既是传统文化的介质，也是农耕历史与文化的"活化石"与"博物馆"，但是它们正遭受令人担忧的毁坏。城市的扩张，传统村落的劳动力向城镇大量转移，导致部分传统村落逐渐空心。城市完善的教育、医疗与生活服务吸引了大批传统村落的人们到城市中安居，导致部分传统村落无人打理逐渐坍圮。

现存的传统村落现状也令人担忧。有些历史悠久的传统建筑被拆除重建成现代风格的砖混建筑；质朴的卵石或石板路被挖掉重新浇筑成水泥路或铺成现代花岗石路；蜿蜒曲折的溪流或河流被加装形态统一的栏杆或被钢筋混凝土"沟渠化"。盲目粗暴地套用城市建设模式去指导传统村落建设，把城市的审美标准与理念技法简单嫁接到传统村落中，导致城市中熟悉的元素占据了传统村落，传统村落的原始景观风貌出现了类城市化、千村一面、保护性破坏的问题。

浙江省的村落，特别是传统村落，也正在遭受以上问题的困扰。浙江传统村落在几千年的发展中，坚持"天人合一"的思想，采用能够与自然和谐、对生态环境影响最低的生态技法去建设村落景观，所以能够屹立数百年乃至千年，有的至今依然焕发着生机活力。因为"口授心传"的传承方式与时代发展，那些优秀的生态技法渐渐地被人遗忘，甚至部分生态技法濒临失传。生态技法源于传统村落，与传统村落景观风貌有很大的契合度，对传统村落原始景观风貌修复有着实质性的指导作用与意义。

住房和城乡建设部公布的五批中国传统村落名录中，浙江省的国家级传统村落有 636 个；住房和城乡建设部与国家文物局联合公布的七批中国历史文化名镇（村）名单中，浙江省的国家级历史文化名村有 44 个。通过对 44 个初步确定的浙江省国家级传统村落调研范围进行叠加对比分析，能够比较准确地排除园林风貌类似的传统村落。另外，从叠加对比分析过程中得知，浙西地区、浙南地区的地形比浙北地区、浙西地区复杂，在各种因素的影响下，几乎没有平原河网类的传统村落，因此可以把它们排除在调研范围外。但是，濒临海洋的浙东地区、浙南地区明显有海岛聚落类的传统村落，因此需要结合文献资料，增补缺失的海岛聚落类传统村落 2 个，最终形成 16 个浙江省代表性传统村落名单（见表 26—1）。

表 26—1 浙江省代表性传统村落名单

地理区位	地形地貌	村落名称	村落特点
浙东村落	山岭坡地类	许家山村	浙东沿海山地石屋建筑群落代表。石屋、石巷、石院、石墙、石板桥、石路与石凳组合形成的石头世界
	山间盆地类	李家坑村	宁波海曙四明山中保存最完整、规模最大的传统村落，像一部用石头写成的凝固历史，明清四合院遍地
	平原河网类	冢斜村	江南传统村落代表，至今存留着富有绍兴地方特色风格的民居、祠堂、古井与完整的卵石街巷格局体系
		走马塘村	中国进士第一村。河网流水密布，道路四通八达，人称"四明古群，文献之邦，有江山之胜，水陆之饶"
浙东村落	海岛聚落类	东门渔村	浙江第一渔村，"活炭"渔文化博物馆。坐山面海，风光旖旎，海防历史悠久，古迹、古貌、人文景观众多
浙北村落	山岭坡地类	荫坪村	三面环山，自村北向南有条卵石铺筑的古道穿村而过。村口古树参天，清澈凉爽溪水绕村流过，风景宜人
	山间盆地类	新叶村	目前国内最大的叶氏聚居村落。传统建筑风格与皖南、赣北类似，村落格局呈现五行九宫风水格局
	平原河网类	荻港村	全国最大、最全、最有名的桑基鱼塘聚落地，四面环水，河港纵横交错，是浙北地区最有代表性的江南水村
浙西村落	山岭坡地类	郭洞村	江南风水第一村。地处层峦叠嶂的山谷之中，山环如郭，幽邃如洞，故名郭洞。郭洞森茂竹翠，静雅宜人
	山间盆地类	榉溪村	秀雅的山水自然景观和婺州山地的人文景观构成了集古屋、古巷、古井、古树、古风、古韵于一体的传统村落
		霞山村	位于钱塘江的源头，鹅卵石堆砌的千年村落。民居既有徽派建筑庄严肃穆的气势，也有江南婉约秀巧的神韵
浙南村落	山岭坡地类	独山村	周围高山耸立，村前孤峰对峙，江水清流，古街、黄泥屋，形成质朴的山区生活气息，存留着"明代一条街"
		碗窑村	村前绿水漾波，村后青山叠翠，村东拱桥高架，村西飞瀑悬空，古色古香的古民居、古戏台、古庙宇、古瓷窑洋溢着悠悠古韵，仿佛世外桃源
		下樟村	村貌质朴如旧，建筑依山就势，错落有致。四周绿树成荫，云雾缭绕，山高洞深，石奇瀑美，幽若仙境，大自然的鬼斧神工展示得淋漓尽致
	山间盆地类	河阳村	山清水秀，民风淳朴，是江南罕见的传统村落活化石。清一色的灰色建筑群落，如清水出芙蓉，婉约、含蓄
	海岛聚落类	东沙村	舟山群岛历史闻名的渔村，也是清朝民国时期东部沿海的繁华商埠。悠悠石板小巷，精美四合院，让人不禁穿越时空，感受浓郁的渔镇风情

第二节　浙江省传统村落园林建设生态技法分析

研究表明，浙江省传统村落园林生态技法涵盖了宏观、中观与微观三个层次。

一、宏观层次生态技法

浙江省传统村落宏观层次生态技法主要解决村落选址的问题。传统文化中，"天人合一"代表着生态智慧的核心观念，天是自然，人是人类，"天人合一"代表着人与自然和谐共生。"天人合一"思想投射到浙江省传统村落园林建设宏观层面的生态技法是指传统村落选址所形成的"理想风水模式"。

"理想风水模式"是指传统村落背靠连绵的群山峻岭，前临河水，远方有低矮丘陵作揖，左右各有群山环抱，在群山环绕中有平坦开阔的盆地或谷底，发源于群山的溪河蜿蜒流经盆地或谷地，村落则坐落在群山环抱之中，呈现出"左青龙、右白虎、前朱雀、后玄武"的空间风水格局，优点表现在以下四个方面。

（一）便利的生活条件

平坦开阔的盆地或谷地，方便了人们建造房屋与耕作劳动；周围环绕的群山，为人们提供了造房所需的木材以及烹煮所需的薪火；蜿蜒的河溪为人们提供了生活与生产用水，算得上是"艺则有圃，薪则有山，行则有道，饮则有水，耕则有地"。

（二）舒适的生态环境

传统村落位于地势比较平坦的盆地或谷地中间，坐北朝南，背山临水，冬天北侧群山可以抵抗严寒的东北风，夏天把凉爽的东南风沿着河流送到村落，另外村落位于河流北侧的安全区域，避免了夏季洪涝灾害。

（三）安全的生活环境

传统村落被群山峻岭所环绕，大多三面高一面低，高处可以将群山作为屏障，预防与抵挡敌人侵袭，低处用于迎敌，易守难攻。

（四）优美的园林环境

山水自古以来作为浙江省传统村落选址的首要因素，曲折蜿蜒的河溪、清净幽悠的盆谷、苍翠秀茂的山岭，既给传统村落的人们提供了天然的居住环境，也成为古代官绅、商贾与士大夫所追逐的"世外桃源"。

二、中观层次生态技法

浙江省传统村落中观层次生态技法主要是解决村落园林景观格局分布合理性的问题。景观格局是指大小与形状各异的景观要素在空间上的排列与组合，包括景观组成单元的类型、数量或空间分布与配置。斑块、廊道、基质是景观格局的基础元素。斑块强调的是面积的空间概念，形态与周围环境的非线性区域有很大差异，内部景观有同质性，是构成景观单元的基础结构。廊道是外观上与两侧环境有区别的狭长地表区域，是形状特化的斑块，也有同质性，是构成景观的基础结构与功能单元，呈隔离的条状与过渡性的连续分布。基质是景观中面积最大、连通性最好的景观元素，在景观功能上起到关键作用，影响着生态系统物质、能量与信息的交流。

浙江省以传统村落的组成元素为聚落，聚落周围的地形、地貌、山水、林地、农田、植物、道路等要素深刻地影响着浙江省传统村落的位置、面积与形状，从而影响着传统村落的整体原始风貌与生态环境。把浙江省传统村落中的块状要素——池塘、林地、建筑群看成斑块；把传统村落中的带状要素——河流与道路看成廊道；把传统村落中的植物、房屋、铺装看成基质，可以看出浙江省传统村落的景观格局是在对环境因子动态适应与利用的过程中形成的（见表26—2）。

表26—2　浙江省传统村落园林景观格局适应环境的分析

名称	构成要素			形成原因	适应性分析
景观格局要素	斑块	廊道	基质	基质的多样性决定斑块与廊道	村落组成元素可比喻为景观格局的要素，而且房舍、植物是田地、蔬果地、建筑群存在的基础。村落景观格局是为了适应环境而出现的
村落组成元素	田地池塘蔬果地建筑群	河流道路	植物房屋铺装	地质、气候、人为因素让自然肌理出现变化	

　　浙江省传统村落中观层次的生态技法就是合理地调整斑块、廊道与基质在村落园林景观格局中的合理比例。因为当村落选址确定后，浙江省传统村落的斑块、廊道与基质的形态、面积与大小往往决定了村落对自然的影响程度，它们合理的比例能够让村落内部的环境形成与周围环境和谐共生的良好生态系统。唯有如此，浙江省的传统村落才能抵挡各种因素的侵扰，从而屹立千百年，以物质文化与非物质文化遗产的瑰宝形式呈现在我们面前。

三、微观层次生态技法

　　浙江省传统村落微观层次生态技法主要是解决各园林要素的施工问题，例如，地形、理水、植物、建筑或铺装的施工问题。浙江省的传统村落历史非常悠久，既有400年历史的碗窑村，也有2000年历史的冢斜村。它们能够存在几百年甚至几千年，除了选址和景观格局合理外，优秀建设技法的作用也是难以忽视的。生态的建筑材料、简便的施工方法、完美的细节把控令浙江省传统村落的各园林要素能够符合当地环境气候与自然规律。例如，浙江省夏季多雨的地方——杭州、嘉兴、湖州等地，它们的传统村落会用石材将房屋基础垫高，并且设置悬挑的屋檐，从而让房屋起到防潮作用；浙江省冬季寒冷的地方——台州、丽水、衢州等地，它们的传统村落会用厚重的石头砌垒墙壁，从而让房屋起到隔热保温、降低能耗的作用；浙江海风频繁的地方——宁波、舟山、温州等地，它们的传统村落会将窗户的体量缩小，从而起到削减风速、减少进风量的作用。以上例子说明了浙江省传统村落园林建设有着非常高明的智慧与生态技法，它们能够适应当地地形地貌与气候环境，降低环境负面效应，因此能够成为生态良好、生产富足、生活舒适的美丽宜居村落。

浙江省传统村落的美，在于她有岁月与光阴，能够让人感知季节与岁月的美，享受生活的宁静。"枯藤老树昏鸦"与"小桥流水人家"，最为人可见、可忆、可喜。对16个有代表性的浙江省国家级传统村落实地调研后，结合文献资料分析，得知浙江传统村落园林建设技法如下：

（一）地形方面

原有用于塑造地形的石砌（干砌）挡墙逐渐被浆砌（钢筋水泥）挡墙替代。比如，檴溪村河流原有卵石砌垒的部分驳岸现已经被钢筋水泥的密封性驳岸替换，失去了原有的透水性，雨天时，容易出现雨洪河水漫到路面的情况。但在茹坪村、独山村、碗窑村、许家山村、东门渔村依然存在着传统的石砌（干砌）挡墙。

（二）理水方面

原有理水形态渐渐失去了应有的作用。因为自来水到家，引水的溪流被荒废，苍朴的古井被填埋，卵石或块石砌垒的渗透性很强的生态引水沟全被卵石水泥砌筑替换。比如，新叶村以前解决生活与生产用水的引水沟全部被水泥改成规整方正的水沟，仅为排水而用。但李家坑村、檴溪村、河阳村依然存在着较为原始的理水形态，如引水沟、溪流、池塘或水井，它们解决生活用水、生产用水与雨水排放问题的功能依然存在，做法也传承着较为原始的技法，简单、生态、实用、经济。

（三）植物方面

浙江省以传统村落的植物分布很有特色。浙东北的传统村落因为聚落族居性质与地理条件限制，内部的建筑密度非常大，屋檐连屋檐，弄巷纵横交错，所以植物多数是孤植点缀，偶尔会出现植物群，然而植物群下面往往是蔬菜地；浙西南的传统村落因为大多分布于山岭，所以房屋依山就势，高低错落有致，周围的植物成片成群但多是较矮的灌草。浙江省传统村落中往往有许多百年或千年古树，周围除了茂密的自然植被外，都是蔬菜或经济性植物，比如说番薯、毛竹、枣树、核桃与柿树。独山村为山岭坡地类传统村落，黄泥屋顺山势而建，布局错落有致，房屋掩映于郁郁葱葱的矮灌植物中，若隐若现，偶尔有几棵老樟树，而村落前面都是成畦成行的蔬菜园地。

（四）建筑方面

许多浙江省传统村落建筑群的风貌受到或多或少的破坏。因为没有合理、系统的规划设计指导传统村落的修复或建设，所以部分建筑形状、风格或颜色与传统建筑有很大差异，比如，鸟瞰浙江省金华市的郭洞村，村内有好几幢现代砖混结构的红瓦房屋在粉墙黛瓦建筑群中显得非常突兀。但许家山村保留着原始的石屋做法，独山村保留着原始的夯土建筑做法，碗窑村保留着原始的木构建筑做法、河阳村保留着空斗墙青砖建筑做法，它们都是浙江省传统村落劳动群众的智慧结晶。

（五）铺装方面

部分传统村落因为道路翻修或雨污管线增修，把原始透水性强的卵石、青砖或石板铺装挖掉，替换成水泥路或现代的火烧面或荔枝面的花岗石。比如有的村因为雨污管网增修，把村内很多原有的石板路挖掉，装好雨污管网后，因为经费有限、施工偷工减料或没有保护意识，老石板被替换成了工字纹的火烧面芝麻灰花岗石，导致李家坑村的地面没有了沧桑朴素的神韵。但有些传统村落原始铺装得以留存，碗窑村与许家山村的卵石路、荻港村与走马塘村的石板路、独山村与杨家堂村灰空间的夯土地面与新叶村的青砖路，它们的做法简单而生态，仅靠各种石材间的镶嵌、填埋、挤压或摩擦形成稳定的铺装，散发着浓郁的乡土气息。

综上所述，浙江省传统村落地形、理水、植物、建筑与铺装各园林要素，都或多或少地受到了人为破坏，导致村落的原始风貌受到了影响，甚至有的传统村落出现了熟悉的城市元素。幸好，浙江省传统村落中依然存在着许多濒临失传的各园林要素的生态技法。北宋文学家张舜民曾赞扬传统村落的美："水绕陂田竹绕篱，榆钱落尽槿花稀。夕阳牛背无人卧，带得寒鸦两两归。"浙江省传统村落中濒临失传的生态技法为原始园林风貌的修复提供了可能。

编者单位：浙江省浙派园林文旅研究中心

作者：陈波

第二十七章
海南省乡村振兴战略中的魅力乡村规划建设典型经验

——三亚市中廖村"魅力乡村"建设项目实践模式

中廖村依托三亚市便捷的交通区位和得天独厚的地理、人文、民俗、环境优势，发掘黎族民俗文化内涵，坚持奉行"宜林则林，宜耕则耕"的土地利用原则，实行"大脚革命"，以生态效应为目标，践行"绿水青山就是金山银山"的生态发展理念，进行绿地景观的乡野化配置。

响应三亚市委、市政府"双修""双城"的战略部署，打造以乡村生活、生态农业参观及体验为主题，以放松、康体为主旨，以民宿、运动、采摘、康养为载体的乡村旅游产品，将黎族民俗文化和观光农业相结合，推进乡村振兴健康持续发展。

引入社会资本和力量，对乡村建设进行可持续投入，避免了政府大包大揽、虎头蛇尾，并且围绕城乡总体规划、基础设施建设、一二三产合理化布局、公共服务和社会管理等方面持续加大资金投入，引入市政服务与商业设施，让乡村的优美生态环境与城市的便利生活配套相互结合，把中廖村真正建设成为与城市共存共融、功能互补的美好家园。2016—2020年，村民年人均收入从6800元提升至20050元，村民切实享受到美丽乡村的建设发展成果。

通过多年以来不懈的努力，中廖村先后获得"世界旅游联盟旅游减贫案例""全国乡村旅游重点村""海南省五星级美丽乡村""海南省五椰级美丽乡村"等十余个世界级、国家级和省级奖项，成为海南省乡村振兴战略中魅力乡村规划建设的典范。

第一节　项目概况

一、建设背景

项目所在地中廖村位于三亚市吉阳区，聚居有汉族、黎族，该村产业现状以第一产业传统种植业为主，包括稻田、果林和蔬菜种植等；同时兼有以交通运输和劳务输出为主的小规模第三产业；2014年人均年收入约为6800元。

该村水田南繁育种，坡地果树种植等产业较发达。村内有两个灌溉用水库：尖岭水库和黄猄水库，为农田灌溉提供了充足的水资源。该村南邻环岛高速，西接G224国道，周边交通发达，距离三亚市区仅半小时车程。

三亚市正以"双修""双城"工作为总抓手，举全市之力把三亚做强、做精、做优、做美，以此推进国际化热带滨海旅游精品城市建设。在这个大背景下，综合考虑中廖村便利的交通区位、良好的生态环境、淳朴的少数民族（黎族）民俗民风和零违建的有力管控，将其作为美丽乡村建设试点。力争通过各方的共同努力，结合"大脚革命"理念，把中廖村建成三亚市最宜居的海绵村庄示范点。

二、建设范围

三亚市中廖村"魅力乡村"建设项目涵盖中廖村全域范围，包括全村8个自然村9个村民小组，涉及全村742户、3350人。

全村总面积6810亩，其中耕地面积占30.54%，林地面积占22.32%，水田地面积占16.15%，外发包种植、温室、大棚面积占7.20%，果园地面积占30.84%，村活动场所占地面积0.06%，其他面积占39.11%。用地分类为水田和坡地。

第二节　建设条件

一、优势条件

(一) 自然景观资源丰富

三亚市北靠高山，南临大海，地势自北向南逐渐倾斜，形成一个狭长状的多角形。境内海岸线长 258.65 千米，有大小港湾 19 个，主要港口有三亚港、榆林港、南山港、铁炉港、六道港等，水上交通物流发达。主要海湾有三亚湾、海棠湾、亚龙湾、崖州湾、大东海湾、月亮湾等；有大小岛屿 40 个，主要岛屿 10 个，是国内为数不多的具有热带海岛风光的旅游城市。

三亚市地处低纬度，属热带海洋性季风气候区，年平均气温 25.7 摄氏度，气温最高月为 6 月，平均 28.7 摄氏度；气温最低月为 1 月，平均 21.4 摄氏度；全年日照时间 2534 小时，年平均降水量 1347.5 毫米。三亚市地表水资源多年平均降雨深度 604 毫米，半径流系数 0.43，年总径流量 11.5 亿立方米，水资源十分丰富。

(二) 少数民族文化特色突出

三亚市聚居了汉族、黎族、苗族等 20 多个民族，少数民族中以黎族为主，占总人口的 36.2%。黎族是海南岛最早的居民，也是海南省特有的少数民族。根据考古材料，可以推知黎族的先民早在 3000 年前的殷周之际，就定居于海南岛，过着原始母系氏族公社的生活。当时人们居住在靠近河流的山岗和台地上，使用石斧、石锛、石铲等工具，进行原始锄耕农业和狩猎、捕鱼等生产活动。

"合亩制"是黎族特有的生产和社会组织。"合亩"是汉语的意译，黎语称"纹茂"，是"家族"的意思，代表着"大家一起做工"或"大家的田"。从其本来意义看可能是一种较原始的家族公社。一个合亩包括若干个家庭，各个家庭之间有着血缘关系，以后逐渐有非血缘成员参加，合亩内的主要生产资料（主要是土地）由合亩统一经营，合亩全体成员共同劳动，按户平均分配。

黎族传统服饰文化内涵丰富，黎族妇女常穿直领、无领、无纽对襟上衣，有的地方穿贯头式上衣，下穿长短不同的筒裙，束发脑后，插以骨簪或银簪，披绣花头巾，戴耳环、项圈和手镯。男子传统装束一般结发于额前或脑后，上衣无领、对胸开襟，下着腰布（吊襜），部分美孚黎①男子上衣与女子无多大分别。

黎族传统民居多是简陋的茅草房，在五指山腹地住传统的船形房屋，船形屋以竹木扎架，用茅草覆盖，以藤条或竹做地板，离地约半米尺。

中廖村聚居有大量的黎族，充分发扬黎族民俗文化特色，打造传统黎族风貌，通过民族民俗文化特色打造不一样的旅游体验。

（三）各级政府高度重视，政策资金扶持有力

三亚市委、市政府深入贯彻和践行习近平总书记"绿水青山就是金山银山"的发展理念，着力建设美丽乡村，统筹用地保障，推进乡村建设及乡村产业发展，创新共享富农机制，集中资源开展美丽乡村提质升级建设，打造宜居宜业宜游的乡村振兴"三亚样板"，全力推进国际化热带滨海旅游精品城市建设。

吉阳区按照中央及省、市部署要求，围绕把吉阳打造成为充满活力魅力的世界级滨海旅游城市核心区、充分开放包容的海南自贸港标杆城市示范区，建设成为乐居、乐业、乐游的美好新吉阳，凝心聚力谋发展。稳步推进乡村振兴，打造"一村一品"特色，整合政策、资金、项目等资源，鼓励国有企业、社会资本等力量参与，大力推广"企业＋经济联合社＋农户"等模式，发展多种形式的农业规模经营。

（四）依托并发挥海南自贸区独特的政策和税收优势

海南自贸区全称是中国（海南）自由贸易试验区，2018 年由习近平总书记在庆祝建办经济特区 30 周年大会上宣布成立。当年 4 月 14 日，中共中央、国务院发布《关于支持海南全面深化改革开放的指导意见》，明确以现

---

① 美孚黎，黎族支系之一。

有自由贸易试验区试点内容为主体，结合海南特点，建设中国（海南）自由贸易试验区，实施范围为海南岛全岛。建设海南自贸区是党中央、国务院着眼于国际国内发展大局，深入研究、统筹考虑、科学谋划作出的重大决策，是彰显我国扩大对外开放、积极推动经济全球化决心的重大举措。

海南自贸区的建设要充分发挥海南全岛试点的整体优势，紧紧围绕建设全面深化改革开放试验区、国家生态文明试验区、国际旅游消费中心和国家重大战略服务保障区，实行更加积极主动的开放战略，加快构建开放型经济新体制，推动形成全面开放新格局，把海南打造成为我国面向太平洋和印度洋的重要对外开放门户。按照海南省总体规划的要求，以发展旅游业、现代服务业、高新技术产业为主导，科学安排海南岛产业布局。其中，在三亚市选址增设海关监管隔离区域，开展全球动植物种质资源引进和中转等业务。

税收方面，对注册在海南自贸区并实质性运营的鼓励类产业企业，按15%征收企业所得税；对企业员工个人所得税征收最高不超过15%。税收优惠政策对于吸引企业和人才具有重要作用。

中廖村的建设发展离不开社会资本力量和相关人才的引入，通过成立项目公司独立运营，可以减轻政府后期投入，实现社会资本与美丽乡村的紧密结合。对标"国家生态文明试验区、国际旅游消费中心"的建设，利用中廖村得天独厚的自然生态环境和黎族民俗文化特色吸引外来游客；充分发挥自贸区税收优势，引入适宜的企业和人才，实现中廖村可持续发展。

二、劣势条件

（一）产业结构不合理，二三产业发展薄弱

中廖村以第一产业传统种植业为主，包括稻田、果林和蔬菜种植等；同时兼有以交通运输和劳务输出为主的小规模第三产业。产业结构不合理，2014年人均年收入6800元，亟待提高。

（二）基础设施有待完善，生物多样性不足

根据土地利用现状分析结果，中廖村是较典型的远郊种植型传统村落。

以农林用地为主，村内未见成规模的工商业设施。建成区分布呈组团状，形成四个主要自然村。基础设施有待完善，空间秩序自由发展，绿色基底较充分，但生物多样性稍显不足。

（三）空间标识性不足，地表水水质不佳

村落空间秩序处于自发生长阶段，空间形态丰富，视觉品质需给予必要提升。道路路面平整，路旁零星绿地，水肥与光照充足，可以适当绿化。建筑形态简洁，色彩明快，可适当添加建筑细部以实现个性化。村庄地表水体水质不佳，须采取适当措施加以整治。

第三节 规划目标

一、设计理念

"魅丽"乡村，幸福生活。

乡村不仅要美丽，而且应该有魅力。不仅对客人有魅力，对村民也要有魅力，要让村民对村庄有"三感"：认同感、归属感、自豪感。

二、设计原则

立足现状、生态优先、特色鲜明、和谐发展。

立足现状：以现实条件为出发点，不拆房、不砍树、不填河。

生态优先：以"双修""双城"为契机，贯彻"大脚革命"理念，实现海绵化村庄的目标。

特色鲜明：突出区域自然和人文特征，形成比较优势。

和谐发展：对规划区域内的人口、经济、社会以及文化各方面要素均衡考虑。

三、规划目标

建设以观光休闲农业、民宿、民俗文化为主导产业，辅以乡村旅游服务业，因地制宜特色鲜明，环境优美街容整洁，生活富足社会和谐，建设宜居型海绵化的远郊种植型美丽乡村。

第四节　总体规划布局

一、土地利用规划

本案例土地利用规划的基本思想是立足于旧村改造，充分利用现状建设用地，控制新增建设用地，实现土地资源整合，改善生活居住环境。

方案采取集中紧凑发展的策略，重点发展区位条件优越、现状基础设施和建设条件良好的中和、芭蕉两村，迁移新田村，维持朝南村。

表 27—1　规划用地平衡表

用地名称		代码	用地面积（万平方米）	比例（%）	人均面积（平方米）
总用地			432.10	100.00	1122.34
村庄建设用地		V	49.90	11.55	129.61
其中	村民住宅用地	V₁	30.33	7.02	78.78
	村庄公共服务用地	V₂	3.48	0.81	9.04
	村庄产业用地	V₃	6.89	1.59	17.90
	村庄基础设施用地	V₄	9.20	2.13	23.90
非村庄建设用地		N	7.19	1.66	18.68
非建设用地		E	375.01	86.79	974.05
其中	水域	E₁	19.07	4.41	49.53
	农林用地	E₂	355.94	82.37	924.52

本案例规划布局呈现条带状生长，形成"两圈两轴一心"的基本结构。靠近 G224 国道形成 C 形商服圈，村落内部向两侧翼发展形成生活圈，围裹

着生态绿地形成的村落核心。两圈由南北向纵贯全村的田园轴线互相隔离开,同时借由主入口至朝南村的主路所形成的人文轴线相互连接。如此布局是为了避免商业经营对村民日常生活带来过多干扰。

二、基础设施规划

(一)道路交通系统规划

本案例交通组织采用人车混行的形式,充分利用现状道路体系,适当扩增以实现各居住组团之间的交通联络。同时增加 G224 国道的出入口,以加强与外域交通的联系。条件允许的地段,对道路局部单侧拓宽,形成港湾式停车空间,充分利用狭窄道路,提高通行效率,保障交通安全。同时在干路单侧开辟出骑行道路,建立村域慢行交通系统。

(二)慢行交通系统规划

利用村内干路规划专门骑行区域,并用醒目颜色标示,供公路骑行爱好者使用。本案例规划了 15 千米和 10 千米两个骑行环线,一般可骑行 30—45 分钟。沿途配置四处骑行驿站,供游客小憩。

(三)给水系统规划

根据三亚市"双修""双城"建设进度,本案例建议未来本村水源接入 G224 国道的市政设施。在 50.00 米标高处,建设一处给水泵站,供给全村生活用水。

(四)污水系统规划

为实现"双修""双城"的战略目标,建成生态型美丽乡村,本案例采用雨污分排的排水体制。雨水由海绵化排水明沟排入稳定塘或人工湿地。根据三亚市综合管廊建设进度,本案例先期阶段采用湿地生态处理方式,建议未来污水经由管线,排入市政污水系统。

(五)垃圾管理

本案例采取垃圾集中外运的方式处理生活垃圾,规划区域内不安排垃圾无害化处理设施。

（六）公共商业和服务设施

本案例安排了三个集中的农特产集贸市场，其中位于入口附近的主要经营本村土特产品和民族手工艺品以及旅游纪念品等。其余两个安排在居住区核心位置，主要面对村民提供主副食品和日常生活用品销售，方便村民生活。同时安排了服务于游客及村民的公共服务设计，以体现人性化设计。

三、绿地与生态系统规划

（一）海绵化村庄

本案例在道路旁增设海绵化排水边沟，将地表径流通过重力流，经湿地基质进行过滤汇入稳定塘，溢流出水排入人工湿地中。通过扩增现状坑塘规模，建设生物浮岛稳定塘，对地表径流进行收储与初步处理，实现雨水再利用。在原有河道旁增设人工湿地，对水质进一步处理，形成生态良好的滨水景观带。

生态驳岸具有海绵化的强渗透性，可与周边土壤进行充分的水体交换，形成滨岸生态廊道（见图 27—1）。生态驳岸隔离未经处理的污水对河道水

图 27—1　生态驳岸示意图

资料来源：项目组提供。

体的污染，同时为水生生物建立适宜的生境，加强河道水体的生物自净能力。本案例除河道水体外，划分为人工湿地、人工湖体、坑塘三种类型，占耕地面积的1/10。

（二）"大脚革命"——生物多样性

除基本农田保护区和现状建成区外，本案例奉行"宜林则林，宜耕则耕"的土地利用原则，实行"大脚革命"，恢复乡村原始风貌，以生态效应为目标，进行绿地乡野化配置，响应"双修""双城"的战略部署。本案例绿地配置划分为防护绿地和生态绿地两种类型。其中防护绿地兼有防护与生态涵养双重功效，生态绿地则着重强调生物多样性目标。

本案例形成了"两带一心"的绿地结构（见图27—2）。防护林带在建设用地周边南北两个盛行风方向形成防护屏障，核心的生态绿地则在建设用地核心区域起着环境调节器的作用，成为整个村落的绿色心脏。

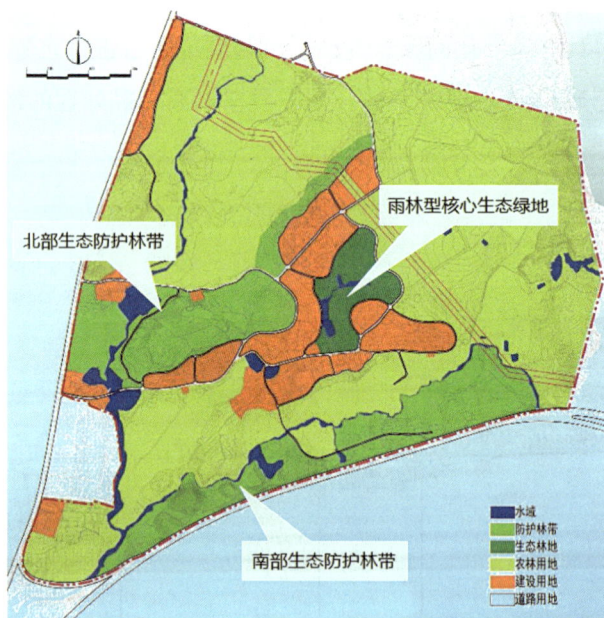

图27—2 绿地系统规划图

资料来源：项目组提供。

四、景观与风貌控制规划

本案例景观组织不单纯追求视觉效果，遵循"大脚革命"的基本理念，以生态效益为前提，以构建乡村风貌为目标，形成三类六种景观风貌（见图27—3），营建与城市景观截然不同的乡村风光体验。风貌控制的目标，就是要实现"望得见山，看得见水，记得住乡愁"。

图 27—3　景观结构示意图

资料来源：项目组提供。

要记得住乡愁，就需要极富乡情的视觉形象。任何一种理念，都要通过一个载体来培养，进而发扬光大。"追根溯源，情系农家"的文化理念也在潜移默化中得到诠释。

标示系统是村庄的说明书，既要易于辨识，又要富有特色。本案例力求材质造型质朴粗犷，着力体现浓郁的乡村风貌。

五、产业发展规划

（一）乡村资源分析与评价

中廖村周边旅游资源非常丰富，海南省五个 5A 级景区，有四个分布在其 50 千米范围内；海棠湾、亚龙湾、三亚湾等著名湾区环伺周边；三亚市中心城区到此仅 30 分钟车程。

中廖村现有资源主要以种植业、黎族文化等乡村特有资源为主。在今后的发展过程中，应主要开发以生态农业、科技农业、水果种植采摘业、小动物畜牧业、观赏植物业等为主的现代农业，同时辅以当地的黎族文化、黎族特色饮食、休闲农业、休闲养生、乡村运动等具有乡村气息的旅游项目。在不破坏中廖村现有自然资源、地质地貌、生态环境的基础上，结合农业发展旅游产业。

（二）乡村产业空间总体布局

本案例乡村产业布局遵循"立足现状，产业优化"的基本原则，形成"五带""六区"基本结构（见图 27—4），一二三产业在空间上镶嵌互补，在产业链上首尾衔接，形成村庄产业镶嵌体。

"五带"为五大产业条带：民族工艺品加工产业带、乡村观光产业带、生态农业体验带、观光农业产业带、休闲体验农业产业带。

"六区"六个产业聚集区：入口服务区、自驾车观光区、林果采摘区、农业科普区、坡地果树种植区、生态绿地体验区。

（三）乡村型游玩产品

打造以乡村生活、生态农业参观及体验为主题，以放松、康体为主旨，以娱乐、运动为辅助的乡村旅游产品。旅游产品设计，注重年龄段覆盖，强调家庭全员参与。

（四）农家乐及采摘园

本案例农业资源现状分布的特点是斑块式布局，种植品种单一，多以水果和水稻耕地椰林、槟榔种植为主。分散在自然村落周边区域，需要把零星

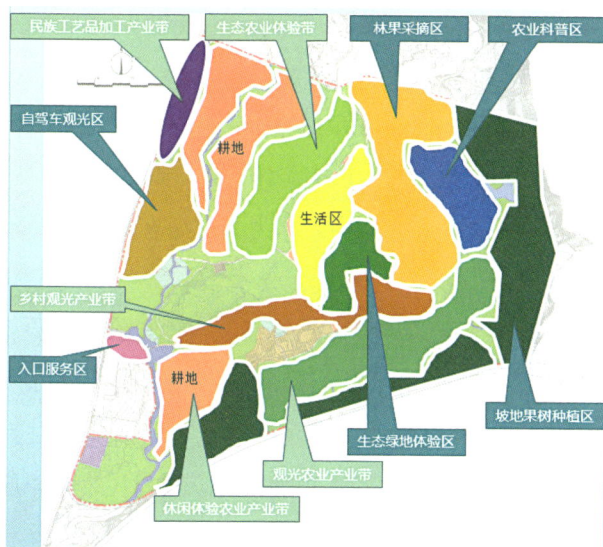

图 27—4 功能分区图

资料来源：项目组提供。

的农业资源集中布置，把规划范围较大的农业资源分等级开发利用，在未来的产业规划建设中需要开拓业态的多样性和受众的广泛性。

（五）有少数民族特色的民宿业

民宿业指利用自用住宅空闲房间，结合当地人文、自然景观、生态、环境资源及农林渔牧生产活动，以家庭副业方式经营，供旅客乡野生活、避寒度假疗养之住宿处所。可以在创办青年旅馆的同时，大力发展特色黎族民宿，为村民创收。让游客与村民同吃同住，打造具有自身民俗特色的乡村民宿。

（六）农副产品销售

海南矿泉水水质好，弱碱性，矿化度小于 0.35g/L，钠含量低于 20mg/L，含有多种对人身体健康有益的微量元素，口感好。海南工业少，一般无污染，因此把当地矿泉水包装后，作为旅游产品贩卖，可起到良好的效果。

另外，可把当地黎族的手工艺品、民族文化产品、食品等作为旅游产品对游客出售，增加收益。

（七）旅游收益测算

本案例的地理位置处在以三亚市区为中心的一小时经济圈内，从三亚市区开车约 30 分钟即可到达，因此主要吸引的是三亚市区的消费人群。同时，也可吸引北方来此越冬的"候鸟人群"，为北方游客提供一个不一样的少数民族乡村体验。

中廖村乡村生态游主要以中心区的民宿业、生态农业体验、农业观光采摘为主体，以乡村游、农业游带动周边的观光、休闲，也可开发民宿＋体验农业＋观光农业的二日游产品。村民主要从事民宿业及农家乐、生态农业等，在满足村民日常生产、生活需求的同时，给村民带来丰厚的收益。

第五节　实施效果

一、引入社会资本进行可持续性的开发与运营

2017 年 4 月，深圳华侨城集团与吉阳区政府、中廖村委会就产业合作开发达成初步意向，并签署了《美丽乡村产业发展合作框架协议》，在规划方案基础上加以完善并得以实施。

华侨城正式进驻中廖村后，围绕城乡规划、基础设施建设、产业布局、公共服务和社会管理等方面，持续加大对中廖村的资金投入，引入城市公共服务设施，让乡村的优美生态与城市的生活配套设施充分结合，把中廖村真正建设成为与城市共存共融、功能与特色互补的美好家园。

二、打造中廖品牌，带动村民增产创收

自华侨城进驻中廖村以来，先后投入资金逾 5000 万元，对中廖村各类资源进行科学统一规划，整体布局，提升村民人居环境，打造了村上书屋、黎家小院、大榕树广场、南非叶茶坊、艾鲁工坊等文旅场所。自 2017 年以

来，中廖村累计接待游客 113 万余人，带动 200 余户、约 400 名村民共同参与美丽乡村建设，村民累计创收约 1800 万元，在家门口吃上了"旅游饭"。同时引进多方资源，联动企业、商家、村民发展餐饮、民宿、食品加工等第二产业，增加游客消费选项，逐步实现"文化旅游＋特色产业＋村民农庄"的创新发展模式。

截至 2021 年，中廖村已建成 9 栋民宿 55 间客房，每年直接带动村民创收约 182.34 万元。村民年人均收入从 2016 年的 6800 元提升至 2020 年的 20050 元，村民切实享受到美丽乡村的发展成果。

三、主客共建共享，重构乡愁乡貌

华侨城海南集团在保留村中好水好景的基础上，遵循乡村生存的自然法则，尊重地域和地区发展的文化脉络，对中廖村进行了原址提升规划改造计划，重新还原农村原有的生活场景，还原一个有乡村感、有历史感、有家味儿的故园。

（一）利用闲置田地，合理规划打造

重点对村庄的公共设施进行升级改造，新建游客中心、公共洗手间；改造村内原生态种植业，打造特色蔬果"花园"——黎夫彩园；打造阿爸茶社、儿童乐园等，提升游客旅游体验度。

（二）统一规划，整体布局特色民宿

共租赁了 18 户村民的闲置旧民宅房屋，融入当地民族文化元素后设计改造为民宿，这些民宿均藏于椰林中，装修简约，装饰元素大多就地取材，每一处设计都匠心独运，让住客体验别样黎族风情。

（三）发展特色餐饮业，大力弘扬餐饮文化

为进一步凸显中廖村餐饮特色，村内开设四家特色餐厅，阿爸茶社是极具海南特色的传统饮品集中营，延续并弘扬海南老爸茶文化精神；小姨家餐厅主打特色小吃，秉承深厚的老店工艺传承；土坛树老鸭店是槟榔树下的露天餐厅，主营黎族农家菜，对于喜欢地道乡土菜的吃货一族来说，是不错的尝试；先有鸡餐厅是中廖村着力打造的一户一味餐厅，以"中廖走地鸡"为主要烹饪食材，打造集健康、美味、正宗、便捷为一体的特色餐厅。餐厅中还有特色"莲花灶"，可为游客提供、接地气、回味曾经的消费体验，培育农旅融合发展新业态，提升农业综合效益。

（四）整合特色文化，发展旅游产业

对村民的原生态表演进行了包装，在村内精心布置了莲花池、黎家小院、大榕树广场等演艺点，精心排练各种演艺节目定时进行表演活动，用独具当地特色的文化演艺内容吸引游客前来参观；与海南热带海洋学院合作、引入海南特色非遗项目，让非遗文化得以更好地传承和发展；引进自行车及电瓶车骑行项目，延伸消费链条。与此同时，中廖村深入挖掘和继承黎族文化，设计了一批极具特色的黎族形象IP代表：大力神（黎族人民开天辟地的祖先）、椰壳怪（会捣蛋的小精灵）、槟榔族（世代繁衍生息的黎族人）。中廖村根据其特有的民族优势，不断优化完善进一步塑造独具韵味的美丽乡村，以不砍树、不拆楼而闻名全国的美丽乡村中廖村迎来了一个全新发展时代，取得了良好的社会效益和经济效益。

主客共建共享，利用闲置田地，合理规划打造，统一规划，整体布局特色民宿，开展特色餐饮业，大力弘扬餐饮文化，整合特色文化，发展旅游产业。村民化身"上班族"，还乡于民助力乡村变革。大力开展"一户一味""一村百美"产品，以租赁或合作开发模式，带动村民从事相关美食产品的发展。

编者单位：广州新城建筑设计院有限公司

作者：徐刚、胡辉伦、卢遂斌

第二十八章
广东省湛江市乡村振兴战略中水产生态养殖助推乡村经济大发展

——雷州半岛鹤地水库生态养殖示范点实践模式

鹤地水库地处雷州半岛北部，位于西北 14 千米的河唇镇，部分为广东省化州市西部地区，库区跨越到广西壮族自治区的陆川、博白二县，处于九洲江中游，集水面积 1440 平方千米，总库容 11.5 亿立方米，是以灌溉为主，结合防洪、发电和航运等综合利用的大型水库。由于近年来养殖尾水随意排放，造成鹤地水库水质连年下降。因此，湛江市水产技术推广中心站委托广州碧水生态科技有限公司在二级保护区建设两个生态养殖示范点。

鹤地水库贯彻习近平总书记提出的"绿水青山就是金山银山"的环保理念，尽最大可能维持经济发展与生态环境之间的精细平衡，走生态优先、绿色发展的路子。采用"微生物制剂＋水体曝气＋碧水纳米填料＋人工水草／过滤毛刷＋生态浮岛＋水生动植物＋过滤坝"等相结合的净水技术。使两个示范点的水质大幅提升，有力地保护了 400 多万人的"大水缸"。

第一节　项目概况

一、建设背景

鹤地水库是湛江市最主要的饮用水水源地，兼具防洪、发电、灌溉等功能。为贯彻落实党中央关于生态文明建设的决策部署，坚决打赢污染防治攻坚战，保护好湛江市 400 多万人的"大水缸"，根据《关于加快推进水产养殖业绿色发展的实施意见》《湛江市鹤地水库饮用水水源保护条例》《湛江市人民政府办公室关于印发鹤地水库饮用水源保护区内鱼塘专项整治工作方案的通知》等相关法律法规和文件精神，结合实际情况，由市水产技术推广中心站在二级保护区建设两个生态养殖示范点。发挥示范点辐射带动作用，全面推进乡村振兴战略，推动全市生态养殖快速、稳定发展。

二、实施地点

实践推广点包括两个生态养殖示范点，分别为红湖农场库湾养殖场和石角示范点，按照《鹤地水库二级保护区内鱼塘生态养殖技术指引（试行）》要求建设，面积约 300 亩，丰水期可接纳来自上游池塘面积约 850 亩。其中红湖农场库湾示范点（以下简称农场示范点）试验示范池塘建设面积约 100亩，丰水期可接纳来自上游池塘面积约 250 亩；石角示范点试验示范池塘建设面积约 200 亩，丰水期可接纳来自上游池塘面积约 300 亩。

第二节　建设条件

一、优势条件

鹤地水库是湛江市著名的游览区，位于湛江市西北 75 千米的廉江市，水库于 1959 年建成，地跨广东省廉江市、化州市和广西壮族自治区的陆川县、博白县，集雨面积 1440 平方千米，库区蓄水面积 122.6 平方千米，总库容 11.5 亿立方米，年均供水量 15.5 亿立方米，是省内最大的"人造海"，是广东省第二大水库。

水库大堤共有主、副堤 33 座，渠首山上建有"青年亭"，匾额为郭沫若所书，登亭远望库区，水天一色，浩如烟海，昔日的山陵被水分割、包围，变成了无数的"洲岛"，形如落珠，气象万千。

　　鹤地水库是湛江最主要的饮用水水源地。曾经，鹤地水库受非法抽砂、水浮莲泛滥成灾、周边猪场臭气熏天等影响，个别地方水质恶化。从 2013 年开始，鹤地水库污染治理力度全面升级，当地各部门合作，大力清拆水库周边养猪场、取缔非法渔业网具、分类整治围库造塘、因地制宜处理生活污水。同时，严厉打击水库非法抽砂，有效地控制了局面。此外，雷州青年运河管理局还全力清理库区水浮莲、蓝藻水华，并开展水库鱼苗投放活动。

二、劣势条件

　　随着我国经济快速发展和社会生活水平的提高，水产品的需求量逐年增大，我国对水产养殖业发展的关心和扶持力度明显增强，水产养殖业发展取得了显著成绩，但水产养殖业的快速发展也不同程度的存在对水生态环境的破坏。

　　当前池塘高密度养殖方式在我国最为普遍，按照传统养殖方法，大量的残饵和粪便排入水体，养殖尾水污染日益严重。水产养殖尾水中的主要污染物有氨氮、亚硝酸盐、有机物、磷及污损生物。

　　鹤地水库也不例外，水库周边大大小小的养殖池塘尾水直接或间接排入鹤地水库，使水库的水质连年下降。如采用"三池两坝一湿地"技术连片处理养殖尾水需要有比较大面积的池塘放弃养殖，这样就造成当地的养殖户不配合。

第三节　目标定位

一、发展定位

　　坚持生态优先、绿色发展的原则，结合鹤地水库二级保护区内实际情况，因地制宜、综合施策，推进生态绿色养殖。通过水生动植物及有益微生物的定向培养，物理过滤吸附，充氧曝气等，建立起稳定的人工生态体系，实现人工生态体系向自然生态体系的演替，充分利用自然系统的循环再生、自我修复等特点，恢复水体生物多样性，达到生态平衡，实现水生态系统的良性循环。

二、总体目标

通过"过滤坝 + 太阳能曝气系统 + 生物载体填料 + 高效微生物 + 生态浮床 + 水生动植物"模式进行水体净化处理，使鹤地水库的水质得到明显改善，让湛江人民都能喝上放心的饮用水。

第四节　规划布局

一、方案设计

按照《鹤地水库二级保护区内鱼塘生态养殖技术指引（试行）》。二级保护区湛江辖区内连库（第一口）鱼塘作为生物净化池，接纳其他生态养殖塘的尾水，其他鱼塘实施生态养殖。

（一）养殖池塘清淤

针对连库（第一口）鱼塘实施封堵排污口、拆除养殖棚舍、消除投料养殖、清理地表粪污等处理，达到"不投料、不施肥、不排污"的治理效果。

（二）构建原位生物净化池

接纳其他生态养殖塘的尾水，筛选营养吸附效率高的沉水、挺水和浮水植物等进行接纳水体的悬浮泥沙初级沉降；投放滤食、杂食性的鱼类、蛙类、螺蛳等摄食藻类、浮游动物等；利用有益微生物促进尾水中残饵、粪便等分解；构建完善的生态系统，进一步提高水体净化效率，明显改善水体水质。

（三）养殖水体循环再利用

连库鱼塘接纳其他生态养殖塘的尾水，通过系统生态净化处理后设计回流再循环利用，减少水量流失，提高利用程度，保持水体营养的循环连通，实现生态化养殖。

二、生态处理单元

根据实际情况对示范点进行改造，生物处理池综合处理采用的治理单元包括：

（一）生态浮床

生态浮床技术是一种具有净化污染、修复生境、恢复生态、改善景观等多种功能的新型生态环境技术。生态浮床主要是利用无土栽培技术，采用现代农艺和生态工程措施综合集成的水面无土种植植物技术，可为多种野生生物提供生境的漂浮结构，由床体、植物和固定系统组成，可以随着水位的波动上下左右移动。扎在水中的植物根系能够吸收大量的氮、磷等营养物质，促进降解水体中的有机污染物；植物根系、浮床和基质在吸附悬浮物的同时，为微生物和其他水生生物提供栖息、繁殖场所，兼可美化水域景观（见图28—1）。

图 28—1　生态浮床实景图

资料来源：项目组提供。

（二）水生植物净化水质

水生植物在生长过程中会吸收水体中的营养物质，包括氮、磷等，同时，水生植物还可以与其他微生物、水生动物（包括养殖的鱼虾）等形成共生关系，构成完整的生态链。有代表性的水生植物有：

1. 沉水植物

沉水植物生长在水中，在光照所及之处均可生长，既可吸收水中富营养物质，又可为鱼类和其他水生动物创造栖息环境，还可为养殖鱼虾提供饵料，如苦草和轮叶黑藻。

2. 挺水植物

挺水植物是滨岸水生态系统里一个非常重要的组成部分，要尽可能构建挺水植物多样性的环境。在种植方法上，一般可以直接栽在池边的滩地上、斜坡上，也可栽在盆、缸及竹木框之类的容器做成的植物定植床上。在裸露的驳岸构建滨水植物（以美人蕉、再力花、狐尾藻、铜钱草为主），增加该区域的水体景观。

3. 浮水植物

浮水植物的根系长在底泥中，叶子漂浮于水面。漂浮植物的根则直接生长在水中。浮叶植物和漂浮植物不仅能够吸收水体中的污染物质，还能够增加水体的溶解氧。设计采用狐尾藻、铜钱草、荷花、通心菜等浮水植物（绿色蔬菜）增加水生态，提升水体的净化效率和水景观，同时也具有一定的经济产出价值。

（三）水生动物净化水质

根据实际情况，投放适当量的浮游动物、底栖水生生物、滤食性鲢鳙鱼类等完善水生态系统食物链食物网，丰富生态系统结构，达到净化水质目标的同时使生态系统更稳定，易于日后维护管理。

（四）太阳能曝气复氧

养殖尾水由于耗氧量大于水体的自然复氧量，导致水体中的溶解氧逐渐下降，水体甚至可能处于缺氧状态，导致水体恶化。因此，需要对养殖尾水进行人工曝气增氧。曝气增氧能够加快有机物的氧化分解，提升好氧微生物菌群的数量，从而增强水体的自净能力、改善水体水质。

（五）微生态修复

通过高效有益微生物对养殖尾水进行微生物净化，快速调节水体的微生态结构，加快养殖尾水中的有机物、氮和磷的直接分解和转移，大幅度地降低水体指标，净化水质；与水生动植物形成完善生态链，促进水质提升，提高水体透明度。

（六）过滤坝

过滤坝由空心砖和粒径大小不一的滤料构成。滤料可选择碎石、鹅卵石、棕片、陶粒和沸石等介质，养殖尾水通过过滤坝时，过滤坝能够吸附水体中的污染物质。

第五节　实施效果

采取"过滤坝＋太阳能曝气系统＋生物载体填料＋高效微生物＋生态浮床＋水生动植物"进行水体净化处理后，库湾池塘在水质净化、生态养殖和景观布设方面都体现了较好效果（见图28—2）。

二、石角示范点实施效果

采取"太阳能曝气系统＋生物载体填料＋高效微生物＋生态浮床＋水生动植物"进行水体净化处理后，石角镇示范点水体透明度和溶解氧含量均获得提升，水质净化效果明显，在满足池塘生态养殖改良的基础上，局部生态景观效果也具雏形（见图28—3、图28—4）。

库湾示范点和石角示范点养殖池塘水体质量在生态处理前后出现明显提升，库湾示范点原养殖池塘水体化学需氧量（COD）、总氮和总磷分别为 28.50 ± 6.03 mg/L、3.17 ± 0.81 mg/L、0.11 ± 0.03 mg/L。参考《淡水池塘养殖水排放要求》（SC/T 9401—2007）有关淡水养殖废水排放标准值，库湾示

老人塘试验示范点

库湾临库一号塘

库湾二号塘

库湾三号塘

图28—2 库湾示范点建设后现场

资料来源：项目组提供。

范点养殖池塘水体COD尚未达到二级标准，超标率达14%；总氮和总磷基本满足二级标准，未能满足一级标准。在进行养殖池塘生态处理后对应指标呈现较好变化，其中COD含量下降至9.0mg/L，基本达到《淡水池塘养殖水排放要求》（SC/T 9401—2007）要求的一级水质标准，总氮、总磷的含量也有明显下降，降低幅度最大达66.6%，各项指标均满足一级水质标准。

石角示范点和鹤地水库水体质量较库湾示范点改善幅度更大，水质提升更明显，石角示范点原COD含量相对其他处理池塘属于最高，生态处理后其水质变化是全部示范点中最明显的，基本都能满足池塘排放水体低于鹤地

图 28—3 石角示范点建成后

资料来源：项目组提供。

图 28—4 石角示范点生态处理效果

资料来源：项目组提供。

水库水体质量要求，甚至均明显低于收纳水体水质标准（见表 28—1）。

表 28—1 水质检测指标施工前后比较

取样日期	施工前			施工后		
检测项目	检测指标			检测指标		
	化学需氧量（mg/L）	总氮（mg/L）	总磷（mg/L）	化学需氧量（mg/L）	总氮（mg/L）	总磷（mg/L）
库湾示范点临库一号塘	23	2.54	0.08	14	1.27	0.05

续表

取样日期	施工前			施工后		
	检测指标			检测指标		
检测项目	化学需氧量（mg/L）	总氮（mg/L）	总磷（mg/L）	化学需氧量（mg/L）	总氮（mg/L）	总磷（mg/L）
库湾示范点二号塘	37	3.88	0.13	11	0.51	0.10
库湾示范点三号塘	26	2.40	0.13	18	1.39	0.08
库湾试验点老人塘	28	3.86	0.09	/	/	/
石角示范点临库一号塘	35	2.04	0.10	26	0.94	0.09
鹤地水库	21	1.48	0.05	28	1.05	0.05

编者单位：广州碧水生态科技有限公司

作者：孙涛、王蒙

编者单位：中国水产科学研究院南海水产研究所

作者：肖雅元

第二十九章
江西省农业空间可持续发展策略研究

——南城县农业空间科学布局实践模式

　　农业振兴是"三农"问题中的首要问题。保证农业空间布局的科学性是农业振兴的关键。本项目客观地描述南城县农业现状，找到存在的问题及影响因素，找出区域农业经济的增长极，才能在乡村振兴发展战略中，协调南城县内部经济结构，为地区经济发展提供政策制定依据。

　　为了实现这一目标，在研究中根据波特菱形理论[①]中基础要素与高级要素并重原则，构建了由 5 项一级指标、20 项二级指标组成的南城县各镇（乡）农业竞争力评价指标体系，构建了因子分析模型，计算出各乡镇农业综合实力得分和各单项农业因子得分，找出了区域农业经济的增长极，并描述南城县农业现状，找到存在的问题及影响因素。

　　本章在波特菱形理论的指导下构建了南城县农业综合竞争力波特钻石模型。采用因子分析找出了农业经济的增长极，采用聚类分析对乡镇进行了科学分类，便于分类施策。通过优势农业类型分析，找出了各乡镇应该发展的优势农产品，从而全面、客观、准确地分析出南城县农业发展现状。根据一系列分析结果，针对性地提出了南城县乡村振兴策略。

---

① 刘颖琦、吕文栋、李海升：《钻石理论的演变及其应用》，《中国软科学》2003 年第10 期。

第一节　认清农业发展的底层逻辑是乡村振兴农业发展的要领

一、农村产业兴旺是乡村振兴的重点

农业振兴是"三农"问题中的首要问题。农业作为提供支撑国民经济建设与发展的基础产业，农村经济是现代化经济体系的重要组成部分。乡村振兴规划，实质上是规划乡村地区如何实现转型振兴与可持续发展，适时推进乡村空间重构。①

2018年9月，中共中央、国务院印发《乡村振兴战略规划（2018—2022年）》（以下简称《规划》）。《规划》强调，产业兴旺是实现乡村振兴的重点，要求"构建现代农业产业体系、生产体系、经营体系，实现农村一二三产业深度融合发展，有利于推动农业从增产导向转向提质导向，增强我国农业创新力和竞争力，为建设现代化经济体系奠定坚实基础"。2018年中央一号文件强调，乡村振兴要坚持科学把握乡村的差异性和发展走势分化特征，做好顶层设计，注重规划先行、突出重点、分类施策、典型引路。如何才能科学把握乡村农业发展的差异性和分化特征，做好乡村农业振兴顶层设计和农业发展空间科学布局？笔者认为，只有找到农业发展的底层逻辑，客观地认识乡村的差异性，才能解决这一问题，找到乡村农业振兴的钥匙。本章以江西省南城县农业空间规划为例做了一定的尝试。

二、寻找农业经济增长极、科学布局农业空间是南城县农业振兴的底层逻辑

南城县素有"赣地名府、抚郡望县"之称。乡村振兴规划给南城带来了千载难逢的机会，但由于自然条件和历史原因，南城县县域经济及农业发展

---

① 刘彦随：《中国乡村振兴规划的基础理论与方法论》，《地理学报》2020年第75期。

水平并不平衡。为了在乡村振兴规划中摸清南城县的农业产业及经济结构，有必要对南城县自身的农业竞争力状况进行评价，找到拉动南城县农业经济的增长极。这是实现南城县农业崛起，实现南城县乡村振兴战略目标的基础和前提。在衡量一个地区农业经济发展状况时不能简单比较一两项指标数据，应该从各方面综合考察，构建科学的农业竞争力指标体系。农业农村现代化是实施乡村振兴战略的总目标，农业是乡村振兴的重要产业支撑，科学地分析农业产业体系和合理的农业产业布局事关乡村振兴规划的科学性及乡村振兴战略的实施成效。

三、因地制宜制订南城县农业空间布局方案

本章在波特菱形理论的框架指导下，进行农业发展竞争力研究及各乡镇农业发展类型定位研究。首先，参考朱侃等人的农业竞争力评价指标体系，构建南城县各镇（乡）农业竞争力评价指标体系，从南城县统计年鉴及统计年报中采集各指标的数据，采用因子分析计算南城县各乡镇的农业综合实力得分和各农业因子得分，了解各乡镇的农业综合实力和单项实力，并使用公因子得分及综合得分对南城县各镇（乡）进行农业竞争力聚类分析，以便于乡村振兴分类施策的开展。其次，根据产值集中指数、产量比较优势、规模比较优势确定南城县县域农业发展方向与重点领域、优势农业与农业产业定位、特色产业体系与空间布局。最后，在上述分析结果的基础上提出南城县乡村振兴农业发展策略，寻找到拉动南城县农业发展的增长极，选出各乡镇的优势农业类型，可为科学制订分区协同方案、优化农业空间提供科学依据。

第二节　南城县农业空间发展布局研究设计

一、南城县概况

南城县位于江西省东部、抚州市中东部，是江西省入闽的门户城市。全

县面积约为 1698 平方千米，下辖建昌镇、株良镇、上唐镇、里塔镇、洪门镇、沙洲镇、龙湖镇、新丰街镇、万坊镇、徐家镇、天井源乡、浔溪乡等 12 个乡镇；其中，建昌镇为县政府驻地。

从自然环境因素来看，自然地理条件方面，地属亚热带季风性湿润气候，气候温和，雨量充沛，季风显著，四季分明，光照充足，无霜期长。年降水量约 1650 毫米。地形地貌方面，地貌分为河谷平原、山地、丘陵三种类型，地势东西高，中部为南北贯通的河谷平川地带，山地分布在东西两侧边缘，属武夷山余脉。丘陵占 77%，山地占 18%，河谷平原占 5%，境内丘陵起伏，山峦连绵。山地主要分布于县境东西两侧边缘地带，海拔 200—1000 米；丘陵主要分布在盱江、黎滩河、抚河西侧低山之下，海拔 100—200 米；河谷平原主要分布于河流两岸，地势平坦，海拔 66—100 米。林地资源方面，县域东西两翼是山林地最为集中的区域，乡镇林地总规模超66667 公顷，占县域总面积的 68%。

水文条件方面，南城县河流属抚河水系。主要河流有盱江、黎滩河、芦河，此外有大支流 18 条、小溪流 58 条。绝大多数支流从东西两面汇入贯穿县境中部的盱江，形成叶脉状水系。河流总长 550 多千米。盱江（包括黎滩河）汇水面积占全县土地总面积的 9%；芦河的汇水面积占全县土地总面积的 5%。

从区位条件来看，南城县地处江西省以及抚州市的东部。北与临川、金溪两县相接，南与南丰、黎川两县交界，西接宜黄、临川，东临资溪。它是赣闽的重要门户，南北运输的咽喉，具有独特而重要的区位条件。从宏观区域发展来看，南城县是长江三角、珠江三角和闽江三角经济发达地区后沿，居于江西省入福建省的门户位置。福银高速、济广高速、206 国道、316 国道、昌厦公路交会贯通，向莆铁路纵穿腹地。从中观区域来看，南城县位于江西省东部，是赣东经济集聚区之一，距离南昌 160 千米。县域内有高铁、国道、省道、县道相互交织形成路网，交通条件较好。

从各乡镇来看，目前，高速公路出入口枢纽较为便利的主要有建昌镇、天井源乡、上唐镇；有国道通达的乡镇有建昌镇、株良镇、上唐镇、徐家镇、里塔镇、沙州镇、新丰街镇、万坊镇和天井源乡；有省道通达的乡镇有洪门镇、龙湖镇；浔溪乡仅有县道通达。从交通密度来看，中心城区所在地的建昌镇为交通密度最高的地区，其次为天井源乡，此为中心城区所在地，两地交通条件较好；上唐镇位于银福高速入口处，交通较为便捷，交通条件优越。徐家镇、株良镇、里塔镇和沙州镇有国道线路途经。各镇的交通条件也可作为其他产业的支撑。应推进县域内与周边公共设施共建共享，统筹提升交通、信息、能源基础设施能力。

南城县农业发展条件的优势是：南城县有很好的光热和气候条件，雨量充沛，南城县河流属抚河水系，水系发达，水利设施条件较好，非常适合农作物生长。县域内有大面积的森林资源，生态环境好。具有交通区位优势、充足的农业劳动力资源、特色农业资源、特色农业产业；劣势是：农业用地减少趋势明显、人口老龄化、农业农村发展面临挑战。

二、南城县农业空间发展布局研究设计思路

（一）研究方法与理论框架

波特菱形理论，又称为钻石模型，由美国哈佛商学院著名的战略管理学家迈克尔·波特于1990年提出[1]。该理论从资源要素条件、需求条件、相关及支撑产业、企业战略四个基础要素以及政府和机遇两个辅助要素方面分析一个国家所有行业和产品在国际市场中的竞争地位[2]。由于该理论的综合性和包容性以及在解释竞争现状上的强大说服力，已被广泛应用于各行业的竞争研究当中。霍利斯·钱纳里（1961）提出，农业资源配置是否有效率，影

① 刘颖琦、吕文栋、李海升：《钻石理论的演变及其应用》，《中国软科学》2003年第10期。

② 刘俊浩、李加明：《基于"钻石"模型的农业产业集群要素分析——以山东寿光蔬菜产业集群为例》，《农村经济》2008年第1期。

响其农产品生产和出口的比较优势。①

波特将生产要素划分为初级生产要素和高级生产要素。他认为初级生产要素重要性越来越低，因为对它的需求在减少，即跨国公司可以通过全球的市场网络来取得。高级生产要素对获得竞争优势具有不容置疑的重要性。高级生产要素需要先在人力和资本上大量和持续地投资，而作为培养高级生产要素的研究所和教育计划，本身就需要高级的人才。但波特同时提出初级生产因素对农业和以天然产品为主的产业依旧重要。在南城县农业实际竞争中（见图 29—1），丰富的资源或廉价的成本因素容易造成没有效率的资源配置，可能成为其发展困境；另一方面在相对竞争优势较低的情况下又会产外生性和内生性压力来促进南城县农业发展被迫调整升级，抓住机遇从而实现跳跃式发展。即使当前南城县农业发展面临挑战，但其竞争优势可以从不利的生产要素中形成。

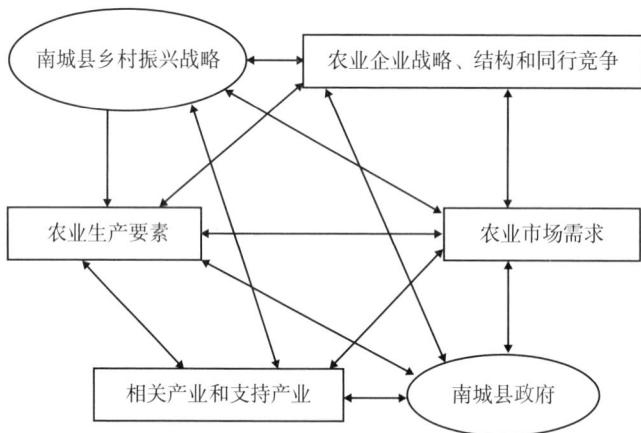

图 29—1　南城县农业综合竞争力波特钻石模型

资料来源：项目组提供。

---

①　Chenery H., Comparative Advantage and Development Policy, *The American Economic Review*, Vol.1, 1961.

三、南城县各乡镇农业发展竞争力评价研究

(一) 评价指标体系构建

本章根据波特钻石模型中基础要素与高级要素并重原则，参考已有的钻石模型在农业竞争力中的应用，主要依据朱侃等在 2019 年建立的对中国西部地区进行农业竞争力的评价指标体系，构建包含农业生产基本要素竞争力、农产品市场竞争力、农业经营主体竞争力、农业产业竞争力、农业制度机制竞争力在内的 5 项一级指标、20 项二级指标组成的南城县各镇 (乡) 农业竞争力评价指标体系 (见表 29—1)。

表 29—1　南城县各镇 (乡) 农业竞争力评价指标体系

一级指标	二级指标		数量单位
农业生产基本要素竞争力	X_{11}	农业劳动力数量	人
	X_{12}	耕地灌溉面积	公顷
	X_{13}	农用柴油使用量	吨 / 公顷
	X_{14}	农药施用量	吨 / 公顷
	X_{15}	农用化肥施用量	吨 / 公顷
	X_{16}	高标准农田面积	公顷
农产品市场竞争力	X_{21}	农林牧渔总产值	万元
	X_{22}	第一产业从业人员比重	—
	X_{23}	农民人均可支配收入	元
	X_{24}	人均粮食占有量	公斤 / 人
农业经营主体竞争力	X_{31}	主要新型农业经营主体数量	户
	X_{32}	人均经营耕地面积	亩 / 人
	X_{33}	农业劳动力生产率	公斤 / 人
	X_{34}	粮食作物土地生产率	公斤 / 亩
农业产业竞争力	X_{41}	农村用电量	万千瓦时
	X_{42}	多样化指数	—
	X_{43}	产值增速相对优势指数	—
	X_{44}	农产品市场数量	个
农业制度机制竞争力	X_{51}	农业技术服务机构从业人员数	人
	X_{52}	每万户村民委员会个数	个 / 万户

（二）基于因子分析的南城县乡镇农业竞争力评价

本章的数据来源为南城县各镇（乡）政府部门提供的 2018 年统计年鉴和各类统计年报。使用因子分析抽取了 5 个因子。第一个因子（$F1$）为农业效益因子，第二个因子（$F2$）为农业技术因子；第三个因子（$F3$）为农业产业因子；第四个因子（$F4$）为农业设施因子；第五个因子（$F5$）为农业用地因子（见表 29—2）。

表 29—2　南城县各镇（乡）农业竞争力得分及排名

镇（乡）	F_1		F_2		F_3		F_4		F_5		F_T	
	得分	排序	得分	排序	得分	排序	得分	排序	得分	排序	得分	排序
株良镇	0.46	5	0.88	3	-0.76	10	2.14	1	0.34	4	0.56	1
里塔镇	0.53	4	0.47	5	1.40	1	-0.11	8	0.29	5	0.56	2
龙湖镇	0.04	6	0.51	4	1.09	2	-0.64	9	1.21	2	0.43	3
上唐镇	-0.46	9	1.84	1	0.53	5	0.48	4	-0.89	11	0.39	4
万坊镇	1.87	1	-1.37	12	-0.24	8	0.03	6	0.67	3	0.18	5
沙洲镇	-0.01	7	-0.10	6	0.83	3	-0.10	7	0.26	6	0.16	6
洪门镇	-0.07	8	-0.33	7	0.68	4	-1.03	11	0.15	7	-0.10	7
徐家镇	0.73	2	-1.01	11	-0.50	9	0.87	2	-0.67	10	-0.13	8
建昌镇	0.55	3	1.26	2	-2.19	12	-1.71	12	0.03	8	-0.26	9
天井源乡	-0.99	11	-0.34	8	-0.17	7	0.71	3	-0.57	9	-0.34	10
浔溪乡	-2.18	12	-0.92	10	-0.83	11	0.06	5	1.45	1	-0.72	11
新丰街镇	-0.46	10	-0.88	9	0.15	6	-0.71	10	-2.27	12	-0.74	12

从综合得分（F_T）来看，位于南城县西南的株良镇、里塔镇得分最高，表明两镇的农业竞争力在南城县中具有较优势地位；龙湖镇、上唐镇、万坊镇、沙洲镇的农业竞争力综合得分均大于 0，但是位于南部的龙湖镇和上唐镇综合得分整体要高于位于北部的万坊镇和沙洲镇；洪门镇、徐家镇、建昌镇、天井源乡、浔溪乡及新丰街镇农业竞争力综合得分则低于 0，表明该地区的农业竞争力低于全县整体平均水平。

从农业效益因子（F_1）得分情况可见，万坊镇、徐家镇、建昌镇的农业效益因子得分排名较高。三镇均位于南城县北部，靠近镇中心与抚州市中心，整体经济水平较发达，反映在农业发展的效益上具有较强的竞争力。

从农业技术因子（F_2）得分情况可见，上唐镇、建昌镇、株良镇的农业技术因子得分排名较高，表明这些镇的农业技术现代化水平较高。南城县各镇（乡）之间的农业技术因子得分差异较大，表明农业现代化技术尚未得到全域性的应用和普及。

从农业产业因子（F_3）得分情况可见，里塔镇、龙湖镇、沙洲镇在农业产业规模、产业结构上具有较强的竞争力。结合实际统计数据可知，农业在三镇的经济、就业结构中较为重要。建昌镇作为镇中心，第二、第三产业在产业结构中占据较重要地位，因而得分较低。浔溪乡由于第一产业在生产规模与发展水平上都居于全镇末尾，因而得分最低。

从农业设施因子（F_4）得分情况可见，株良镇、徐家镇、天井源乡在这一项中得分较高，特别是株良镇在该项得分显著高于其他镇（乡），表明株良镇农业设施的完善为其农业发展带来了较大的竞争力。而建昌镇作为镇中心，农业不是主要产业，因而在农业设施上得分最低。

从农业用地因子（F_5）得分情况可见，浔溪乡、龙湖镇、万坊镇得分较高，特别是浔溪乡在这一项中得分显著高于其他镇（乡），说明浔溪乡土地的粮食生产能力强，土地质量较好，具有进一步发展的良好基底条件。而位于镇中心位置的天井源乡在此项上得分最低，说明其土地生产能力最差，土地要素无法在其农业竞争力提升中充分发挥作用。

（三）基于聚类分析的南城县乡镇农业竞争力分类

利用公因子得分及综合得分对南城县各镇（乡）进行农业竞争力聚类分析（见表29—3）。

表29—3　南城县各镇（乡）农业竞争力同质性的聚类分析

类别	数量	镇（乡）
第一类	1	株良镇
第二类	1	建昌镇
第三类	1	浔溪乡
第四类	9	里塔镇、龙湖镇、上唐镇、万坊镇、沙洲镇、洪门镇、徐家镇、天井源乡、新丰街镇

四、南城县优势农业分析

（一）南城县农业整体优势分析

产值集中指数原是反映某一产品生产规模与全国相比的优势指标，其值越大，表明被替代或模仿的可能性就越小。本章将其运用于衡量南城县农业产业（产品）尤其是特色农业的生产规模与江西全省农业产业相比的规模优势。具体到主要农产品上，南城县的中草药材产值集中指数最高，数值高达4.059，在江西全省中拥有绝对的产值规模优势；其次为豆类、薯类、鱼类养殖、谷物和水果、坚果、茶叶种植。在油类、糖类经济作物以及林木、竹类、林产品等林下经济方面处于劣势。

（二）南城县各乡镇主要农产品的比较优势评价

综上所述，以产量比较优势为基础，结合规模比较优势，将10镇2乡的19种农产品分三类：粮食与经济作物，畜牧业、渔业与林业产品，蔬果、茶叶及其他农产品，并进行比较优势分析，汇总出南城县下辖各乡镇具有相对优势或劣势的主要农产品类型，如表29—4所示。由于各乡镇指数值在1±0.1区间的农产品类型众多，将处于这一区间内产品的生产力和规模视作与全县平均水平无异，没有明显的优势或劣势，仅归纳产量比较优势指数显著大于或小于1的产品。鉴于各镇在具有规模优势的稻谷、渔业以及具有产业基础的蜜橘生产上比较优势差别不大，以这三种产品产量的绝对值数据为补充，尝试选出各乡镇的优势农业及其定位（见表29—4）。

表 29—4　江西省南城县下辖乡镇主要农产品比较优势表

乡镇	优势（显著＞1）	劣势（显著＜1）
建昌镇	中草药材、茶叶	油料、甘蔗、乌鸡
株良镇	甘蔗、食用菌	豆类、黑猪、乌鸡、中草药材
上唐镇	油料、油茶籽	
里塔镇	甘蔗、乌鸡、油茶籽	中草药材
洪门镇	薯类、中草药材、家禽（乌鸡）、板栗、坚果	豆类、甘蔗、猪
沙洲镇	豆类、瓜果、梨、桃	蔬菜
龙湖镇	豆类、薯类、黑猪、乌鸡、板栗、坚果、梨、桃	—
新丰街镇	豆类、油料、甘蔗、瓜果、桃	蔬菜、乌鸡、中草药材
万坊镇	家禽、中草药材	豆类、薯类、油料、猪
徐家镇	黑猪、油茶籽、梨、桃	猪
天井源乡	油料、甘蔗、乌鸡	薯类
浔溪乡	中草药材、黑猪、乌鸡	甘蔗、橘

建昌镇：中草药材、茶叶的种植和高附加值加工农业。

株良镇：以食用菌为代表的城市健康食品直供地，粮食（水稻）基地，糖料加工。

上唐镇：高品质食用油基地，粮食（水稻）基地，蜜橘种植，水产养殖。

里塔镇：综合农业大镇——乌鸡养殖，蜜橘种植，油料、糖料加工，粮食（水稻）基地。

洪门镇：综合农业——中草药种植，家禽养殖，林产品。

沙洲镇：瓜果、水果种植业。

龙湖镇：综合农业大镇——畜禽、水产养殖，粮食（豆、薯）种植，林产品，水果种植。

新丰街镇：瓜果、水果种植，高品质食用油、糖料加工。

万坊镇：家禽、水产养殖，中草药种植，粮食（水稻）基地。

徐家镇：黑猪养殖，水果种植，粮食（水稻）基地。

天井源乡：乌鸡养殖，油料、糖料加工。

浔溪乡：特色畜禽（黑猪、乌鸡）养殖，中草药种植。

第三节　南城县农业发展策略

一、发挥生态环境优势，走生态优先、绿色农业发展之路

农业是半自然人工环境，对自然资源依存度极高，农业的振兴与乡村生态振兴密不可分。面对资源约束趋紧、环境污染严重、生态系统退化的严峻形势，党中央高度重视生态文明建设。生态文明作为国家发展战略目标和基本要求，已被纳入中国特色社会主义"五位一体"总体布局，并取得全社会的广泛共识。自然要素本身也是区域发展的动力，应当作为支撑动力系统的一大要素。南城县有着极好自然资源禀赋，如气候适宜、光热条件好、水资源丰富，拥有天然的森林生态屏障、湿地资源、多样的物种，可以走绿色发展之路，同时为绿色农业奠定了基础。南城县应做好山水田林湖的整体保护，守住耕地红线，加快农业科技创新推广，引进绿色肥料，加强高标准农田建设，提升地力。开展生态农业、循环农业。整治农业面源污染。加强粮食功能区、重要农产品生产保护区和特色农产品优势区建设。

二、基于竞争力层次的差异性，各乡镇分类施策

根据农业发展竞争力综合评价结果，南城县各乡镇农业发展水平和基础存在显著差异。南城县应对不同层次的乡镇分类施策，重点针对得分较低的竞争力要素进行资金投入和技术支持，以改善各乡镇的农业发展条件。株良镇和建昌镇的农业综合竞争力位于第一位、第二位，在农业生产效益、现代技术的应用与推广上表现突出，具有雄厚的农业发展支撑条件。作为综合型服务城镇，两镇只需利用其在效益与技术上的优势，维持农业在两镇经济发展中的现有作用和地位，向一二三产业多元融合的方向发展。浔溪乡由于突

出的土地生产能力，超越了里塔镇、龙湖镇等产业规模较大的农业大镇，一跃成为竞争力排名第三的城镇，表明农业在浔溪乡具有广阔的发展前景。浔溪乡应通过科学技术投入，进一步发挥优质土地资源优势，弥补农业规模的不足，走高效农业路线。位于第四层次的里塔镇、龙湖镇、上唐镇、万坊镇和沙洲镇农业基础总体相当，但在某些方面的问题和短板拉低了其总体竞争力水平，亟须解决与改善。结合各镇的农业发展特色，里塔镇和龙湖镇作为综合农业大镇，可通过农产品交易市场等基础设施的建设，为两镇大宗农产品销往全省甚至全国各地提供优质平台；上唐镇需普及土壤改良、有机肥使用等技术手段，提升土地的生产效率；万坊镇则需进行防疫、良种选育、畜禽粪便处理与综合利用、新型化肥和农药等现代农业技术的普及，减少大规模家禽、水产养殖对土壤、水体的污染，防止动物疫情和病虫害对本镇养殖和种植业的外部冲击。剩余的洪门镇、徐家镇、新丰街镇和天井源乡在两项以上的要素中表现较差且综合得分为负，表明这三镇一乡农业发展各方面的基础条件欠佳，竞争力较弱，是南城县需要重点扶持的对象。四个乡镇均需加大现代农业技术的投入和应用。除此之外，洪门镇要加强基础设施的建设；徐家镇需提高土地生产能力；天井源乡设施条件较好但在其他四项上得分为负，表明天井源乡只有通过农业技术的投入挽回土地质量的劣势，才能充分发挥现有基础设施优势，避免产业规模小、农业经济效益低下的恶性循环；新丰街镇的情况最为严峻，农业在当地经济、就业结构中占据主导地位，然而农业经济水平并不发达，土地的产出效率极低，首要任务是农业基础设施建设和现代农业技术普及，才能有效地改善土地质量，取得农业经济发展的长足进步。

三、发挥乡镇特色，打造专业农业

从各乡镇自然环境差异和农产品品质等实际情况出发，综合考虑以上竞争力基础以及优势农业分析结果，尝试对南城县特色农业发展进行布局，以期充分发挥各乡镇农业资源优势，降低农产品种类重复、产品积压等不良竞争发生的可能性，促进南城县农业经济的可持续发展。

南城县特色农业被分为四个大区，并以休闲旅游农业思想为指导，以穿越境内的四条主要交通干线为纽带，形成了两个特色农业发展轴带。四个大区分别是由建昌镇和万坊镇组成的西北部优质中草药种植区，徐家镇和沙洲镇组成的北部梨桃特色水果区，浔溪乡、洪门镇和龙湖镇组成的以板栗、黑猪和乌鸡为特色的东部坚果与特色养殖农业区，以及株良镇、天井源乡、里塔镇、新丰街镇和上唐镇组成的以蜜橘和油料、糖料加工为代表的南部蜜橘与特色加工产业区。两条轴带一条是东北—西南走向的休闲采摘农业发展带，由济广高速和206国道连接北部梨桃和南部蜜橘特色水果区形成；另一条则是西北—东南走向的旅游观光农业发展轴，由福银高速、214省道联结西北部中草药种植和东部坚果与特色养殖区形成。万坊镇的廖坊水库以及洪门镇与龙湖镇的洪门水库风景优美，为发展湖泊观光旅游提供了自然资源基础。而建昌镇发达的中草药种植与加工业，则为中医药养生度假旅游提供了产业支撑。需要指出的是，各镇的池塘养鱼和水稻种植的比较优势相当，共同支撑起南城县渔业和谷物种植业在江西全省占有的产值规模优势，是各镇发展的基础农业，因此不作为特色农业类型进行布局安排。

具体到各乡镇的特色主导类型，农业在建昌镇的产业结构中占比不高，但建昌镇农业具有经济效应高、农业技术推广普遍的特点，因此建昌镇应利用其技术优势，将乌鸡养殖，油料、甘蔗种植等污染高或附加值相对较低的产业发展力度转移到高附加值、低环境污染的中草药、茶叶种植与加工业中来。万坊镇应以水稻种植和水产养殖基地的农业发展实力为支撑，发挥邻近建昌镇的地理位置优势，接收建昌镇的技术溢出，共建优质中草药产业集群。株良镇则可发挥综合性城镇农业服务业较为发达的优势，通过建立以互联网为主要平台的营销体系，推进仓储物流配送和农产品检测中心的建设，将株良镇打造为以食用菌为代表的蔬菜等城市绿色健康食品直供地。针对南城县在江西全省油料和糖类经济作物中处于劣势的局面，天井源乡和新丰街镇可发挥其在全县油料生产上的领先地位，通过新技术的投入，提高油料生产和加工的品质，带动南城县的油料产业追上全省平均水平。上唐镇的养殖业不突出，因此应充分发挥油料生产的比较优势，建设高品质食用油基地，与天井源乡和新丰街镇共同建设食品加工产业集群。浔溪乡总体农业生产规模、产品产量远落后于其他乡镇，应以具有显著比较优势的中草药种植和特色黑猪、乌鸡养殖业作为着力点，通过产前的土壤准备、选育良种，产后的精加工包装、广告、销售等新技术和服务的投入，提升产品质量和附加值，进一步巩固高土地生产率优势，实现自身农业经济效益的提高并缩小与全县平均水平的差距。里塔镇、龙湖镇在种植、养殖业的多个类型产品中表现优异，是综合农业大镇，可在原有产业基础上分别加大对具有领先优势的蜜橘和坚果产品的品牌建设。最后，徐家镇、沙洲镇和洪门镇的主导产业类型较为单一，可分别以梨、桃、瓜果种植和畜禽养殖业为主。

四、提升产业融合发展水平

产业融合发展一方面指一二三产业的融合开发，另一方面也指农业内部农林牧渔间的融合发展，有利于改善农业发展模式单一，经济效益低下的问题。

在农业与旅游业的融合方面，建昌镇应大力推进中药材种植、科研与观光的融合发展，发展中医药养生度假旅游。在当前人口老龄化的社会背景下，创新"医、药、养、游"的养老养生服务体系，整合资源打造中医药特色旅游线路，同时发展融中医养生、文化传承、特色烹饪展示于一体的中医药康养药膳，将有广阔的市场前景；沙溪镇、徐家镇则可通过提供水果采摘等农活体验服务，将两镇打造为周边城市人口周末近郊自驾游目的地，从而推动当地农家乐等餐饮、住宿服务业的发展。

农业内部融合指的是农业产业间的支撑。洪门镇、龙湖镇的畜禽养殖产生了大量粪便，对环境造成了严重污染，而实际上，这些粪便可通过资源化处理，转化为农用生产有机肥和清洁可再生能源。建议洪门镇或龙湖镇建设沼气工程，集中处理各镇畜禽养殖产生的粪尿，不仅有利于降低废弃物导致的环境污染，还可为种植业的发展提供有机肥料，为农村居民提供沼气、生物天然气等能源，并进一步经过发电上网，为当地提供新的经济增长点。

五、构建新型农业经营体系

构建新型农业经营体系是转变农业发展方式，发展现代农业的客观要求；是确保农产品有效安全供给，提高农业效益和增加农民收入的重要支撑；也是适应工业化、城镇化快速发展，大量农村劳动力进城务工就业，应对"谁来种地"问题的迫切需要。针对部分乡镇农业发展的产业规模效应不足问题，南城县可依托南丰蜜橘标准化园及示范园、建昌帮中医药产业园、白花蛇舌草一二三产业融合项目、江西同善堂药业集团、南城县徐家乡蔬菜合作社、南城盱江瓜果种植专业合作和洋望药材种植专业合作社的成功经验，培育建设一批以大型企业和合作社为代表的新型农业经营主体，并以特色化、专业型种养大户和种养结合的生态家庭农场为支撑，构建新型农业经营体系，共同带领各乡镇农业向规模化、集约化、产业化方向发展。

六、大力发展生产性服务业

南城县渔业和种植农业部门的产值规模与江西全省相比具有绝对优势，但农林牧渔服务业的发展在全省属于较为落后的水平。基于此，南城县应加快推进支持农业生产性服务业发展的政策出台，通过鼓励生产前的农业机械化、化肥、饲料、牲畜良种及能源供应等农用生产供应服务，生产中的土壤准备、植保货物防疫、新技术推广和应用及管理新型咨询服务，以及生产后的农产品收购、贮藏、加工、包装、销售等服务的投入，提高各乡镇的农业生产效率，延伸农业产业链，推动南城县农业发展的专业化和现代化。

七、做好农业发展监管体系和人才保障

质量和品质是影响农产品市场竞争力的核心要素。目前南城县正处于以南丰蜜橘、洪门鳙鱼、麻姑米等为代表的标志性产品品牌推广与建设的重要

阶段，一旦农产品的口碑遭到破坏，将给南城县农业发展带来沉重打击。因此，南城县应首先加快推进特色农产品质量检测机构的建设与检测设备的推广，为农产品的质量提供检测服务。其次，通过建立健全区域特色农产品监管体系，完善对农产品生产过程的监控，保证农产品质量和安全性。最后，通过加强宣传，提升经营主体对产品质量重要性的认识。只有保证农产品的农药残留等指标符合统一规范标准，杜绝一切质量不过关产品上市，才能使各乡镇农业产品在激烈的市场竞争中赢得口碑，促进南城县农业经济的可持续发展。

此外，针对各乡镇技术要素投入不足的情况，除了加大对先进设备和技术本身购买和应用的硬投入外，也应加强对科技后备人才培养的软投入。在科学技术深入各行各业的今天，农业对各类科技人才的需求与日俱增。农业科技人才是推动农业科学技术创新并加速农业现代化进程的保障。目前，南城县农业科技人才队伍建设还无法满足现代化农业发展的需求。为此，南城县应按照现代化新型农业发展的总体要求，通过建立综合培养模式、灵活引进机制及高效激励机制，完善农业科技人才保障机制，为南城县各乡镇的农业现代化建设提供专业技术指导人员。

编者单位：中山大学地理科学与规划学院

作者：郭文平、陈伊璐、田立涛、郭湘、梁颂岷、谢紫寒

第三十章
广东省佛山市半城市化乡村社区治理

——南海区大沥镇大镇社区"都市田园"建设实践模式

　　"半城市化地区"是珠江三角洲（以下简称"珠三角"）城乡融合发展过程中的典型空间，具有城乡功能相互渗透、景观交错混杂、治理复杂多样等特点，既是岭南地域文化传承的空间载体、三生空间有机融合的优质场所，也是推进城乡统筹治理，破解"城乡二元""本外二元"困境，实现城乡居民美好生活、打造理想家园的重点区域。

　　广东省佛山市南海区大沥镇大镇社区紧邻广佛都市圈核心区，具有良好的交通和区位条件。其历史悠久，开村至今已近九百年。改革开放后，历经高速增长的工业化和城镇化浪潮，大镇逐渐从传统乡村演变成为一个"亦城亦乡"的乡村社区，呈现半城市化的特征。与大都市经济来往、人口流动频密，赋予其持续发展的动力，同时经济社会剧烈的变动也对乡村发展产生了极为深刻的影响。随着发展从外延粗放向内涵集约转变，半城市化的负面效应凸显，表现为地方记忆难驻留、破碎土地难整合、公益项目难落地、城乡人群缺沟通四类典型困境。为此，本案例以大镇社区为对象，聚焦上述半城市化地区乡村社区发展的痛点难点，在规划编制、土地整合、空间优化、场地运营四个方面开展实践探索，形成以治理为主线，突出城乡交融、塑造"都市田园"地域特色的"大镇范式"，获得广泛认同，在南海区全区推广。相关规划项目《佛山市南海区大沥镇大镇社区人居环境整治特色精品示范村设计》获得了广东省优秀城乡规划设计二等奖。

自 2019 年起，项目组从规划、设计到实施一体化全过程跟踪服务，并派驻长期驻村设计师，提供贴身咨询服务。项目库中近 20 个近期项目有序推进，部分已陆续投入使用。通过整理旧村片区土地、提升全域环境质量、引入院士团队企业、策划城乡互动活动等系列工作，新旧居民的认同感与归属感明显增强，大镇社区已成为南海区融入粤港澳大湾区宜居宜业宜游优质生活圈的典型示范，并于 2020 年被纳入南海城乡融合示范片。

第一节 项目背景

党的十九大报告提出坚持农业农村优先发展，实施乡村振兴战略，并将其提升到战略高度，为新时代农业农村改革发展指明了方向、明确了重点。2018 年 4 月 23 日，习近平总书记再次针对乡村振兴作重要指示："要结合实施农村人居环境整治三年行动计划和乡村振兴战略，进一步推广浙江好的经验做法，建设好生态宜居的美丽乡村。"党的十九届中央全面深化改革领导小组第一次会议审议通过了《农村人居环境整治三年行动方案》（以下简称《方案》），明确 2018—2020 年农村人居环境工作的主攻方向和目标，为补齐农村人居环境突出短板，如期实现全面建成小康社会目标打下了坚实基础。

2018 年 6 月，佛山市召开乡村振兴工作会议，确定《中共佛山市委佛山市人民政府关于推进乡村振兴战略的实施意见》及七大行动方案，佛山全面吹响乡村振兴号角。2018 年 8 月 14 日，佛山市住房和城乡建设局、佛山市国土资源和城乡规划局正式印发《佛山市实施乡村规划建设提升工程的行动方案》，明确推进生态宜居美丽乡村建设，提升农村人居环境相关工作目标任务和工作安排。

2018 年 12 月 29 日，南海区人民政府办公室正式印发《南海区关于全域推进农村人居环境整治建设生态宜居美丽乡村的实施方案》，提出推进生态宜居美丽乡村建设，提升农村人居环境，推进经济社会发展成果城乡共建共享。

为打造农村人居环境整治示范亮点，以点带面、从线到面，逐步形成建设生态宜居美丽乡村的强大合力，不断提升农村人居环境，南海区重点打造首批农村人居环境整治特色精品示范村（居），通过示范引领，带动全区生态宜居美丽乡村规划建设上新水平。

第二节　半城市化地区村庄特征

一、基本特点——"半城半乡"的都市田园

（一）地处大都市边缘，受城市辐射影响显著

半城市化（Peri-urbanization）区域指的是城市边缘区域。作为一种创新性理论概念，在 20 世纪 80 年代后期由加拿大学者麦基（MeGee）从对亚洲发展中国家城市化和城市发展的研究中首次提出。他认为半城市化区域主要分布在大城市间的城市交通走廊内，是一个与周边城市相互交流密切，非农产业发展十分迅速的"半城市半农村"地区。随着粤港澳大湾区都市圈的迅速发展，半城市化地区村庄受到都市圈核心功能辐射，成为城乡互动最为频繁的区域。

（二）社区自治程度高，非农集体经济发达

农村集体经济组织将集体内部信任制度化，逐步形成了以宗族文化为基础、以集体经济为纽带、以村庄自治为基本单元的"三位一体"的"村社共同体"。其具有极强的内聚性和排外性，通过经营领域内的集体土地获取租金收益，提供村庄公共服务并给村民分红，形成了大量不再依赖农业为生的"非农化村庄"。

（三）土地利用碎片化，"都市田园"空间格局

作为农村工业化典型的珠三角地区，其"半城市化地带"在城乡空间混合方面呈现出与众不同的特征。"自下而上"的农村工业化和村庄自治的

非农发展，导致城乡土地利用混杂，景观碎片化特征明显。产业的聚集程度相对较低，大多工业用地使用低效，农地林地被工业城镇建设蚕食，留存的农地多处于闲置状态，形成村、城、田混杂交融的"都市田园"空间形态。

二、大镇社区概况——区位交通良好，人口流动频密，城乡混合

（一）区位交通

大镇社区位于广佛东西发展轴以及南海中轴线侧，南邻禅城，东接南海全球创客小镇、广佛智谷，一小时都市生活圈全面覆盖南海区、禅城区（见图30—1）。

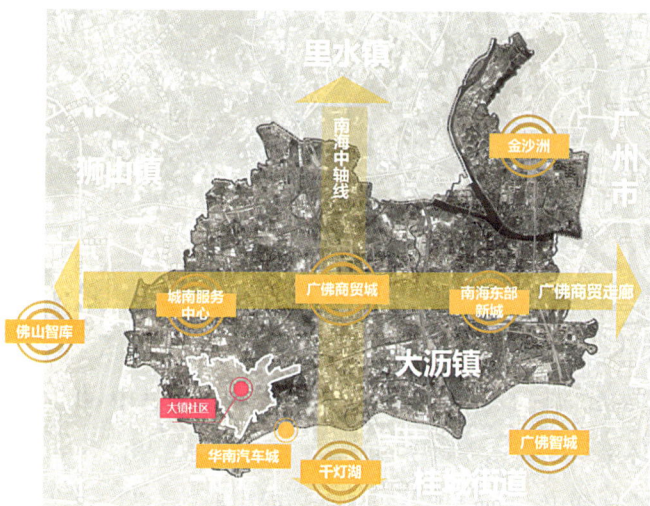

图30—1　大镇社区区位图

资料来源：项目组提供。

社区有多条重要交通干线贯穿，包括东西向的广三高速、广佛新干线以及南北向的广佛高速、佛山一环高速，社区与广州、禅城、大沥老城以及南海商贸中心千灯湖片区联系紧密（见图30—2）。

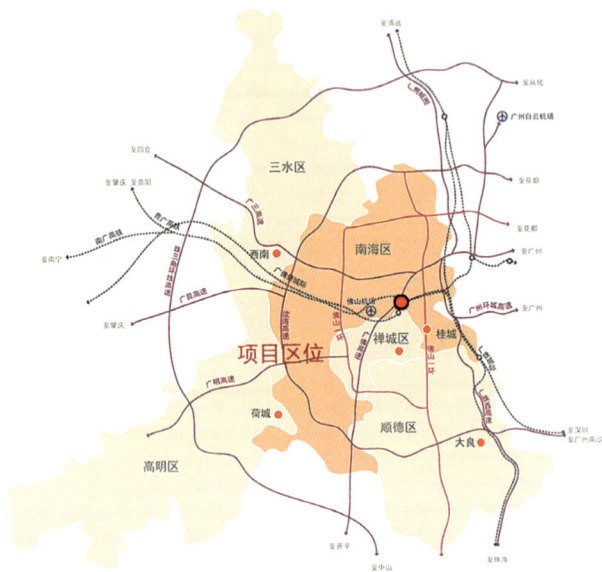

图 30—2　大镇社区区位交通图

资料来源: 项目组提供。

(二) 人口经济

大镇社区共有 9 个自然村, 11 个经济社, 以商铺出租与土地出租为主要收入来源。社区常住人口约 14000 人, 其中流动人口占全社区人口的一半以上。截至 2020 年 12 月, 社区户籍人口 6688 人, 其中 60 岁以上 1422 人, 18 岁以下 1610 人, 流动人口 7060 人。

(三) 土地利用

社区以组团式布局, 全域总面积为 342.75 公顷, 建设用地多为厂房、村居等混杂状态。形成城中有村、村中有城、城乡混杂的"三分城、三分村、四分田"空间格局。

(四) 历史文化

大镇社区历史悠久, 拥有相对丰富的历史文化遗存。社区内有三处不可移动文物, 包括两处市级文保单位 (邝氏始祖墓、朝议世家邝公祠), 一处佛山市登记不可移动文物（湛河公祠），多处古树名木以及多处其他文物古迹。

第三节　半城市化地区村庄发展困境

一、地方记忆难驻留："城市化竞争"使传统乡村肌理受侵蚀，乡村独特的历史记忆逐渐模糊消亡

传统岭南村落具有独特的空间肌理与公共空间，聚落、林地、农田、河流布局和谐，遵从传统聚落营建法则，具有深厚的地方文化。但在城市化竞争中，农田、林地等开发成本低的空间容易被侵占，城市交通对村落传统布局造成切割，农村工业产业造成环境污染，导致村庄独特的历史记忆与格局难以被完整保留。

二、破碎土地难整合：土地权属复杂导致"空间破碎化"，出现高成本的"补丁式"改造路径

在未来发展中，现状存量用地不足，需依靠存量用地更新提质。广东省 2008 年推行"三旧改造"政策，以期对非正式历史用地实现功能置换和升级。但是半城市化地区马赛克式的土地利用布局、村庄中破碎化的土地空间，导致在更新中难以成片地进行更新改造。而由于过去村庄建设的约束性较差，目前存在许多复杂的历史遗留问题，导致土地权属不够清晰，产权主体复杂，使得更新改造难以推进。

三、公益项目难落地："村社共同体"利益博弈激烈，导致涉及公共利益项目难以落实

村庄通过集体经济合作组织，形成多个相对独立、依靠经营村域土地资源运行的利益主体，其主动追求土地非农化租金收益以推动集体经济发展，承担村民土地分红和提供村域基本公共服务。这种兼有村民自治权和土地经

营权的"村社共同体"掌握着社区大量的集体建设用地资源，随着城市化深入发展，利益诉求多元复杂，"村社共同体"利益博弈日趋激烈，往往导致社区涉及公共利益项目难以落实。

四、城乡人群缺沟通："封闭性管理"使场所运营受限，导致城乡人群交往缺少联系

由于处于都市边缘区，优越的交通与低廉的地租使村庄吸引了大量城市外来人口。村庄的本地居民经过前期的非农化过程经济条件得到提升，迁出至新的社区空间，并进行封闭化管理，而旧村中则集中了许多外来人口，在人群活动空间上造成割裂。此外，珠三角村落中宗族观念较强，以宗族为核心的文化空间与文化活动进一步造成了城乡人群的交往受阻。

第四节　大镇社区的创新实践

以大镇社区为代表，针对半城市化地区特征、问题，聚焦痛点，开展规划编制、土地整合、空间优化、场所运营四个方面的探索创新。

一、规划编制新思路：基于城市历史景观保护视角，识别地方场景提炼地域代表特征，留住地方记忆

大镇社区是广东邝姓始源地，拥有 800 多年历史的聚落文化。然而在"城市化激烈竞争中"传统肌理受到侵蚀，导致村庄独特的历史记忆与格局难以被完整保留。

基于城市历史景观（Historic Urban Landscape，HUL）视角，依托社区现存物质环境，对社区价值与遗产的"动态层积"进行地方场景识别。继而，从地方场景提炼出"西洋菜田，龙头圩市，朝议世家，蚝壳祠堂"等地域代表性特征，平衡半城市化地区遗产保护与发展之间的关系，留住令人留恋的地方记忆（见图 30—3）。

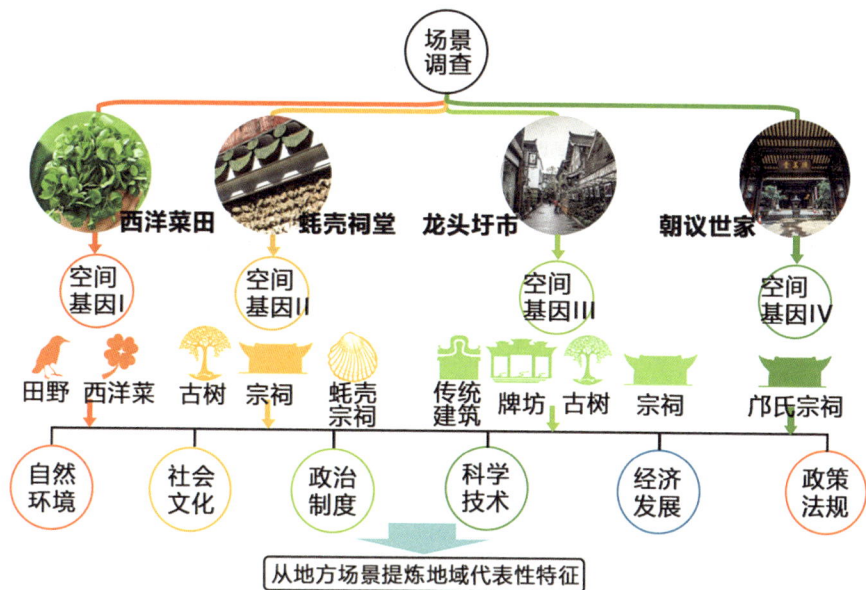

图 30—3　地方场景识别思路

资料来源：项目组提供。

二、土地整合新途径：基于尊重产权视角，谋新"契约式退出整理"和"托管"模式，实现多方共赢

大镇社区的土地权属复杂，尤以旧村最为突出，各类混杂用地镶嵌其中形成十分细碎的权属土地"碎片"，导致更新提升时不得不采用高成本、系统性欠缺的"补丁式"改造方式。

对此，提出基于尊重产权视角，对破碎土地开展"契约式退出整理"。村集体通过对退出土地进行整改利用，用于提升人居环境或反哺村集体建设，产权人保留宅基地名义上的"长期性"占用权利。继而，在不改变集体土地属性的前提下，由政府对低效集体建设用地进行"托管"，通过地块整合，基础设施配建，引入优质企业，在推动产业升级的同时与社区共享经营收益，实现多方共赢。典型案例如民旺瀚星科学园，通过托管模式进驻大镇社区，引入中国科学院院士团队，并于 2020 年 6 月正式开工（见图 30—4）。

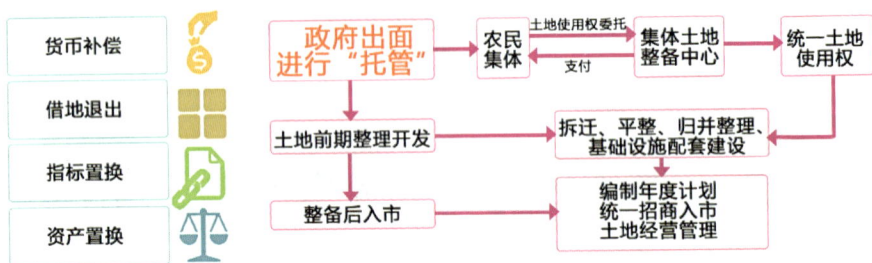

图 30—4 大镇社区土地整合"托管"模式

资料来源：项目组提供。

三、空间优化新策略：基于健康发展视角，前置"联济用地重划"和"经营权设定"，落实公益配套

针对大镇社区作为"村社共同体"利益博弈激烈，导致涉及公共利益项目难以落实的问题，提出对社区经营性集体建设用地进行"联济用地重划"，将负责提供公共服务的"经联社"用地和负责各村小组分红收益的"经济社"用地进行权属交换，前置规划配套落位需求，保障公共服务。继而前置"经营权设定"，如大镇龙头圩市复兴项目，通过制定"资产包形式"，明确各类资产责任，破解旧村面临公益项目难落地以及产业发展缺配套的双重困境（见图 35—5）。

四、场所运营新方法：基于城乡互动视角，梳理构建富有活力的日常生活场景，共塑美好家园

针对大镇社区"封闭性管理"场所运营局限，导致城乡人群缺少交往联系，活力不足的问题，提出基于城乡互动视角，以社区地方性知识为主线展开以人为本的五条脉络，梳理城乡互动日常生活样式的关系。围绕全球邝氏宗亲会祖训，开展大镇·四季"孝德传承，善美大镇"朝议世家活动，通过日常生活化场景改造，共建大镇·十二时辰"城乡互动日常化"美好生活家园，城乡市民共塑美好生活。

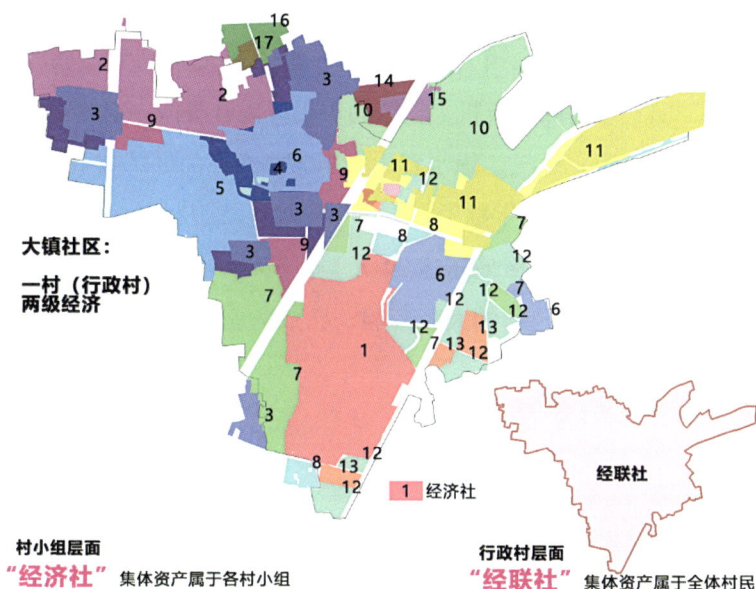

图 30—5　大镇社区村社共同体示意图

资料来源：项目组提供。

第五节　实施成效

一、多元人群更融洽

市民认同感与归属感明显增强，原居民回流，新居民不断涌入，社会人员进驻，社区活力重新焕发。

二、城乡互动更频繁

通过闲置地整理、环境美化行动，原居民幸福度、认同感及收益上升明显。

具体表现为：第一，以绿色发展理念转化环境优势为发展优势，积极探索生态宜居乡村建设之路。2018—2021 年，社区投入超过 1 亿元，建起了中心公园、小型公园，打通并平整了道路，建起了垃圾压缩站，连道路两旁的闲置地和菜地，都建起了 1 米高的围墙围蔽，环境得到整治和改善。第二，借助"三旧"改造政策契机，辐射周边工业提升改造。集约连片改造智慧工业园，约 150 亩。第三，绿水青山带来实实在在的经济收益。2020 年，大镇经联社总收入比 2018 年翻了一番。大镇社区红卫村村民人均分红打破了最高纪录。厂房租金价格最高达 24 元 / 平方米，涨幅达 6 倍。第四，探索出城乡融合"都市田园"的大镇经验，已成为南海区首批区级乡村振兴示范村。

高新企业、中国科学院院士团队、社会人员的持续进驻，为社区品质提升提供了源源不断的动力。

随着城乡互动的日常化，大镇社区已经成为市民的亲子教育学习打卡点、都市生态网红休闲游园、美好生活目的地。

三、新旧文化更交融

成功落地一系列岭南文化现代化交往空间项目，大镇社区已成为"留住乡愁的寻根地""岭南文化旅游新名片""文艺青年文化探寻新地标"。

四、乡村治理更高效

将规划内容纳入村规民约，强化村庄自治能力，制定长效维护治理机制。

以村书记为主导，通过"扶持农合组织，强化村庄自治，深化集体股改"等方式形成协同开放的乡村治理模式。自 2019 年，大镇社区 11 个经济社先后表决通过了修订的《村规民约》，将卫生整洁、安全建房、车位停放、出租屋管理等纳入村规民约，共同缔造美丽家园。

编者单位：广东省城乡规划设计研究院有限责任公司
作者：王磊、张翔、谭宇文、简泳茵、闻雪浩

第三十一章
广东省城乡融合中的美丽乡村群建设
——广州市从化区万花园美丽乡村生态集群实践模式

该项目地处广州市从化区，有着粤港澳大湾区支撑，利用自身的区位优势、资源禀赋，以城带乡、以乡促城、一村一品，促使从化中心城区、万花园、美丽乡村三板共建，打造城乡一体化发展新格局。

在准确把握"政府""农村"和"市场"三者的各自特点与定位的前提下，积极响应党的改革方向，发挥市场在资源配置中的决定性作用，积极实现集体用地资源入市，三方协调，构建城乡互动发展机制。以生态、生产、生活"三生协调"为理念，将解决民生问题作为乡村群建设的重要切入点和突破口，乘从化城市建设发展之势，实现农村地区产业化升级和优化建设。

第一节　项目概况

从化区，位于广东省中部，广州市三个副中心之一，是广州市"北优"战略的重要组成部分。素有"北回归线上的明珠"和"广州后花园"之美誉，是珠三角联通粤北地区的桥头堡，有"中国温泉之都"之美称。

万花园美丽乡村群位于从化区中南部，北临佛冈县四九镇，东接温泉镇，西南与明珠工业园相邻，20分钟车程联通从化中心城区，无缝对接从化区新城片区。

一、交通区位：承空港高铁面向全国，依高速城轨联系省域，接地铁国道融入粤港澳

从化区处于广州市"半小时经济生活圈"，距新白云国际机场 35 千米车程，距广州北站 60 千米车程，能够快速连接粤港澳大湾区。地铁 14 号线穿过从化区新城片区，40 分钟联通从化区和广州市。

万花园美丽乡村群西距京珠高速出入口 14 千米，东距从莞深高速公路出入口 13 千米，南距大广高速出入口 12 千米，大广高速从化段建成通车后，将打通从化区连接粤北地区的主动脉。随着温泉大道、花卉大道和温泉大桥等"二路一桥"竣工通车，美丽乡村群将占据从化区区域性交通网络核心区位。

二、旅游区位：区域旅游资源丰富、旅游产品占据一定市场

万花园美丽乡村群位于从化区中部，周边旅游资源丰富。东靠"岭南第一泉"——从化温泉旅游度假区，有碧水湾温泉度假村、崴格诗温泉庄园等高品质温泉度假产品。北临石门国家森林公园、流溪河国家森林公园、响水峡等生态旅游景区。南面有北回归线标志塔、钟楼古村、广裕祠等人文旅游景点。万花园美丽乡村群处于不同旅游资源的交集区位，能够与周边景点快速联系。

近年来，从化区推出了一系列"一日游""两日游"特色线路，随着"宝趣玫瑰世界——碧水峡特色漂流两日游""碧水湾养生温泉——大丘园生态农庄""石门国家森林公园——田心农庄"等旅游线路相继启动，美丽乡村群本地的农业体验观光项目逐渐得到了市场的认可，与周边的温泉度假产品、自然生态旅游开始形成资源互补、联动发展，有助于提高从化区旅游品牌知名度。

三、自然资源：资源禀赋丰富、山水田花得天独厚

（一）山：百仗连郊野，倚山望沃原

万花园美丽乡村群处于珠江三角洲至粤北山区的过渡地带，地势自北向南呈阶梯状分布，形成"山地—山谷—低丘缓坡—平原"的地形地貌。龙潭山雄占乡村群西北，山上有成片的原始森林，环境清幽自然。郊野山横卧在从化区与清远市佛冈县的交界处，宛如一道自然屏风屹立在乡村群北方。百仗山则位于美丽乡村群东北部，山势较为平缓，延绵向西直到流溪河。乡村群东西两侧为低丘缓坡，缓丘上果树繁茂。

群山与丘陵对整体地块呈环抱之势，盘踞在乡村群北部，自然形成"青龙白虎"的风水格局。高低错落的山峰轮廓构成了美丽乡村群连绵舒展的天际线。山上林木茂密，以亚热带常绿阔叶林为主，植物聚落主要由壳都科、樟科、禾本科等植物组成。

（二）水：清川入罗塘，细水润流溪

万花园美丽乡村群内水系交错纵横，水塘—溪流—水库形成了"点—线—面"相呼应的水系格局。现有两处大型水面：龙潭水库位于西北龙潭山山腰上，宽阔的水面与周边山林相映成趣，自然景色优美，是从化区重要的水源保护地，溪水顺流而下汇聚成龙潭河。麻村水库位于郊野山下，水域面积 19.46 公顷，水质优良，水库岸边保持着原生态的自然景观。溪流、灌渠多数从山谷中发育，流过大片田野直到流溪河，溪流水主要用于农业灌溉，沿途景观有较大的开发潜力。鱼塘零星散布在溪流两侧和居民点周围，多用于渔业养殖。均衡分布的水系和优良的水质为发展现代农业和旅游观光业提供了生态条件。

（三）田：稻香十里户，瓜甜村舍旁

万花园美丽乡村群地处从化山区和平原交接处，田园地势平坦，是从化区难得的一大片农地。田园物产丰富，现有水稻、荔枝、黄皮、龙眼、红葱头等经济作物，其中较为出名的有城康村的红葱头、从城鸡心黄皮、光辉村

大丘园火龙果等品牌农产品，还有土鸡蛋、晒干菜、野生菌等土特产。

凭借丰富的农业资源，"田心社""大丘园""山泉居"等一批农家乐正逐渐走向市场，包括特色餐饮、蔬菜采摘、花果观赏、畜牧喂养等一系列农业体验项目，为游客提供"吃""住""游""购""娱"一体化的田园生活体验。美丽乡村的阡陌景象、收获场景的硕果累累、村民的淳朴好客，共同组成了一幅生动闲适的乡村田园风景画。

（四）花：树映驿路景，花美农人家

万花园美丽乡村群地处北回归线附近，属亚热带季风性气候，常年温暖湿润。当地土壤为微酸性，富含有机质，非常适合花卉生长。良好的种植条件加上便利的交通区位吸引了33家花卉企业进驻，鲜切花、小盆栽产业已初具规模。西和村三大花卉企业——宝趣玫瑰世界、西和兰花基地、天适樱花悠乐园，形成冬品兰花，春踏樱花、夏赏玫瑰的季节主题花卉产业。大部分企业以种植小盆栽为主，产品包括观叶、观花、观果等各类盆栽，充分满足华南花卉市场需求。随着农业观光旅游的不断发展，万花园已经推出了"玫瑰花节""樱花节"等花卉旅游节，努力将花卉旅游打造成继温泉旅游后从化区的第二张旅游名片。

四、人文资源：传统岭南村落、两文化兼容并蓄

（一）村：自然传统的岭南村落，闲适安逸的生活方式

万花园美丽乡村群规划范围内涉及城康村、西和村等12村，村庄主要分布在县道沿线或村庄主要道路。大部分村落保持着自由松散的村落格局。民居往往背靠丘陵和山地，前堂宽阔，或有水塘，依山傍水。部分建筑保持着岭南特色，如城康村的大围呈梳式布局，中部为公用大堂和院巷，住户分住两边，家族聚居的同时保证每一户的生活空间，体现了村民深厚的家族意识。

村庄内的生活节奏较慢，村民的主要经济来源以耕田和在外打工为主，工作较为轻松。村内会定期举办村民运动会、广场舞、老年人茶话会等活动

来丰富村民的日常文化生活。

（二）风俗文化：美食与节庆地道淳朴，广府与客家文化兼容并蓄

万花园美丽乡村群有着深厚的文化底蕴，客家人和广府人共同居住在村庄里，虽然有着不同的语言和生活习惯，客家文化和广府文化在这里交会，形成独具特色的地域文化。村中同姓的族人多会聚居在一起，祠堂是一个家族的核心。每逢过年过节，族人都会到祠堂祭拜先祖，期望来年风调雨顺。或遇红白喜事，要在祠堂前聚会摆宴。在外的族人会定期出资修缮祠堂，以示家族的团结兴旺。民间有着"食在广州，味在从化"的说法，在这里可以吃到"从化五道菜"以及各类地道的客家美食。美丽乡村群的每个农家乐都独具特色，大丘园的各类火龙果料理，田心农庄的酿豆腐、盐焗鸡、糯米酒等美食都深受食客喜爱。

第二节　搭建城乡共融下的美丽乡村群体系

一、以点带面构筑乡村发展平台体系，建设美丽从化半壁江山

（一）美丽乡村群是从化区推动乡村地区中长期发展的特色战略

聚焦发展重点：从化区有 221 个行政村，分散布局在全市 80% 以上的国土空间中，这也使要均衡乡村地区的全面发展几无可能。第一批 22 个美丽乡村的打造计划让人们看到从化区乡村发展的亮点所在，而形成美丽乡村群则是让星星之火走向燎原之势。

实现以城带乡：乡村地区的快速发展，离不开城市地区的带动作用。从化区明确了以新城片区为代表的一系列城市发展战略，而美丽乡村群则是依托和围绕这些城市功能而产生。

打造区域品牌：从化区以自然山水田园风光而著称，为人所熟知的是温泉和流溪河，而很多宝贵的资源还"养在深闺人未识"。美丽乡村群就是要整合区域资源形成相较于单个村庄更强有力的区域品牌，搭乘城镇化的快车

走向世界，形成城乡交相辉映的发展格局。

（二）建设美丽乡村群对于完善城乡规划体系的具体作用

美丽乡村群是一种新型的乡村发展平台，其相应的规划并不存在于《中华人民共和国城乡规划法》所确定的规划体系之中，但确实是对完善城乡规划体系具有积极作用的一种规划类型，概括而言可以归纳为"承上""启下""补缺""增色"四点。

"承上"：对接从化区副中心规划，落实总体层面规划的要求，对接农业、水利、旅游等相关规划成果，落实区域产业、防灾、环保、重大基础设施等内容，统筹条块体系的各类规划，达到平台型规划的效果。

"启下"：作为"乡村片区总体规划"，为美丽乡村群内的单个村庄的规划发展，提供重要的上层次指引，提供更加具体的编制思路，以避免"就村论村"的尴尬。

"补缺"：主要针对重点解决城市、镇总体规划和村庄层面规划不涉及的但又需要重点明确的内容，如乡村片区的功能组织、乡村与城市的规划协调统一等方面。

"增色"：因地制宜，提出具体的区域品牌的发展路径，尤其是跨越了村和镇的行政界线来打造市级的乡村发展品牌，使乡村地区的规划特色更为鲜明。

二、立足城乡融合战略，系统打造七大美丽乡村群

从更高层面，理解与想象从化区未来可以形成的美丽乡村群系统的结构，从而把握当前万花园美丽乡村群在市域层面的特征与职能。

基于对从化区的认识，结合副中心规划等的部署，以及第一批 22 个美丽乡村的布点，提出从化区域范围内可以打造的，包括万花园在内的七个美丽乡村群，以供从化区在构建乡村区整体发展策略中参考。七个美丽乡村群各具特色，互成规模，共同诠释"中国最美乡村群"。

吕田美丽乡村群：主体位于北部生态旅游区的吕田镇，包括狮象、份田

等美丽乡村，主要有 105 国道、从化区旅游环线等交通设施通过。片区临近流溪河国家森林公园，区域内的地形地貌有着一定的特色，生态资源条件非常优越。同时片区离城市较远，有着较为浓郁的乡村气息，这将成为其一大特色亮点。

良口美丽乡村群：位于北部流溪河国家森林公园所在的良口镇，包括溪头美丽乡村，主要有 105 国道通过，流溪河森林公园是其中重要的资源优势，吸引大量来自都市地区消费人群，是该片区建设美丽乡村群的重要基础。

温泉美丽乡村群：主体位于北部生态旅游区的温泉镇，包括宣星、平岗等美丽乡村，有大广高速、105 国道、地铁 14 号线等重要基础设施通过，多年来为从化区生态旅游发展的重镇，形成了相当的品牌知名度，未来要进一步借助温泉的影响力，推动周边村庄承接产业功能外溢，形成以温泉特色为主题的美丽乡村群。

万花园美丽乡村群：位于从化的中南部，包括城康村、西和村等 12 个村，主要有莞深高速公路、大广高速、温泉大道、花卉大道、温泉大桥等重要基础设施，立足自身优势，建设成为"以城带乡，以乡促城"的样板，以实现文明、生态、城乡共荣的新平台；形成水文化、花文化和都市农业休闲文化相结合的广州最美乡村群。

江浦美丽乡村群：位于江浦街，现有凤二、锦一等美丽乡村，增从高速、省道 256 线等重要交通设施穿过该片区，并连接同为生态旅游发展重点片区的增城派潭、小楼等镇，因此是增从两地实现生态旅游互动发展的重要片区，对于加强两地合作共建共享旅游市场有着积极作用。

鳌头美丽乡村群：主要位于鳌头镇，包括黄茅、中塘等美丽乡村，有佛清从高速路、G106 国道通过，副中心规划提出在鳌头片区打造战略性新兴产业区，将对这一片区的村庄发展产生一定的影响，结合村庄良好的生态环境，未来村庄将成为产业区休闲、度假的好去处。

太平美丽乡村群：位于太平镇，包括共星、三百洞等美丽乡村，主要有广从快速、钟太快速、地铁 14 号线等交通设施通过，副中心规划提出在太平片区发展医疗健康及创意产业，结合本片区乡村资源特点，有能力承载相关的疗养、保健、养生等功能，形成对城镇功能的有力支撑。

三、三板共建，打造城乡一体化发展格局

（一）以城带乡，以乡促城

万花园美丽乡村群以从化区副中心建设为依托，以从化区新城片区建设的时间衔接和空间联合作为重点，以多个重点项目建设为抓手，利用村庄群的规模优势进行区域联动、取长补短，逐步实现农业产业化、提高农民素质、实现农民增收、完善农村基础设施建设。建设一个"规划建设有序、村容村貌整洁、配套设施齐全、生态环境优良、乡风文明和睦、管理机制完善、经济持续发展"的宜居、宜业、宜游的社会主义新农村群。

一方面，以城带乡。承借从化区新城片区发展的契机，加快基础设施建设，改善农民居住生产环境，吸引具有区域影响力的生产要素向万花园美丽乡村群集中。建立高效土地经济运转体制和区域联动的市场营销体系，积极引进外来资本和先进技术，促进城市反哺农村。积极发展规模农业，生态农业，逐步解决"三农"问题。

另一方面，以乡促城。巧妙利用乡村群的生态环境优势、资源优势、土地优势，发展观光农业、休闲旅游、养生养老等产业。缓解城市空间紧张、环境恶化、市民压力大等城市病症状，为城市的发展提供一个安娴的后花园。

（二）加快万花园布局调整、协调新城建设、带动美丽乡村

万花园经过多年发展，已形成相当规模的花卉产业集群，具有较高的知名度，休闲观光各具特色。从化区新城片区的规划建设不可避免与万花园在空间布局上存在一定冲突，同时园区现存在企业布局较为分散、基础设施跟不上、观赏性较差和旅游项目单一的问题。因此，加快万花园布局调整，成为当前一项十分重要的工作。规划在从化区新城片区以北地区划定 15.5 平

方千米范围，加快流转周边农地承载企业搬迁，完善相关配套推动企业发展，整合企业类型带动花卉旅游，强化展示功能兼作新城绿地，从而使万花园、从化区新城片区建设呈现出"城园相融"的特色。同时通过万花园关联多产业的带动，进一步强化乡村地区的发展动力。

（三）一村一品突出特色，系统化建设美丽乡村

依托万花园美丽乡村群，依据一村一品的原则，进一步拓展西和村花卉旅游的建设，以各具特色的农家乐打造光辉美丽乡村，以温泉健康疗养为主题打造光联美丽乡村，以生态休闲度假为主题打造城康美丽乡村。逐步形成以这四个村为代表的万花园美丽乡村群核心区域，辐射整个美丽乡村群，带动周边乡村的发展。

四、三方协调，构建城乡互动发展机制

"三方协调"，就是要准确把握"政府""农村"和"市场"三者的各自特点与定位，积极响应党的改革方向，发挥市场在资源配置中的决定性作用，积极实现集体用地资源入市。

（一）政府：统筹实现"生产·生活·生态"协调发展

在美丽乡村群的规划建设中，政府要统筹安排，实现"生产·生活·生态"协调发展。生产方面，鼓励和促进发展生态农业、花卉企业、旅游度假等各类都市农业和生态旅游协调发展；生活方面，把提高农村人居环境质量、社会保障水平和公共服务能力作为工作重点；生态方面，加强水系整治力度，加大农林保育、自然修复等工作力度。在美丽乡村群的规划建设中，逐步从单纯的人居环境改善，走向引导多元化的现代产业体系构建，并始终坚守发展的生态红线与底线，做到大力快速发展的同时也要保得住青山，留得住绿水，记得住乡愁。

（二）农村：加强村庄用地集约，释放农村发展活力

要在保证"三农"稳定的基础上，积极挖掘农村用地潜力。加快农村用地和建设现状摸查，依托"三旧改造"适度集中农村居民点，释放存量土地

资源，并配合从化区新城片区与万花园建设。

采用滚动开发的模式，充分利用农村挖潜指标和部分周转用地指标。通过走一条"系统规划—发动农民—集约土地—引进项目—发展生产—增加收入—改善民生"的集约土地发展乡村路线，增强农村发展的活力。

（三）市场：引进市场主体投资现代乡村生态旅游业，激发区域发展活力

规划通过对水文化、花文化和都市休闲文化的解读和活用，打造出休闲度假的品牌项目、完善服务体系的配套项目和创造特色惊喜的周边项目，构建一个特色鲜明、内容丰富、配套完整的旅游服务体系，激发区域发展潜力，盘活整个区域的发展。休闲度假项目如筹办花博会、园博会、国家级的温泉养生基地或者田园养老基地等，会让人们逐渐爱上乡村，享受乡村生活，从而愿意长期居住在乡村；配套项目如餐饮住宿、商业购物等，可以使人暂时放下忙碌的工作，体验舒适的慢生活，放松身心；而周边项目如田园农家乐、野外生存体验等，将带动水果蔬菜产业的发展，以此形成高品质的体验农业，提高村集体及村民的经济收入。

第三节　万花园美丽乡村群建设方案

一、"三生"协调，城乡一体，架构整个产业体系

本着建设广州最美乡村群的目标，万花园美丽乡村群产业体系以生态、生产、生活"三生协调"为理念，将解决民生问题作为乡村群建设的重要切入点和突破口，坚持生态效益与经济效益相统一的原则，乘从化区新城片区建设之势，逐步让乡村就地都市化、农业就地产业化。

万花园美丽乡村群建设把城市与乡村作为一个整体，统筹谋划、综合研究，通过政策调整，促进城乡在规划建设、产业发展、市场信息、政策措施、生态环境保护、社会事业发展方面实现一体化，实现城乡在政策上的平

等、产业发展上的互补，使整个城乡经济社会全面、协调、可持续发展。

城乡一体化是随着生产力的发展而促进城乡居民生产方式、生活方式和居住方式变化的过程，使城乡人口、技术、资本、资源等要素相互融合、互为资源、互为市场、互相服务，逐步达到城乡之间在经济、社会、文化、生态上协调发展的过程。

美丽乡村群产业体系的构建是基于对其区位资源条件的判断、方向定位的把握以及对未来市场发展趋势需求的预测而作出的，其整体产业结构特点是突出从化区的自然生态、乡村田园在珠三角都市圈中的优势。规划确定打造"现代花卉种植及观光游览""主题娱乐休闲及风情度假""乡村田园养老及农家体验""森林户外探险及健康养生"四大类产业组团，打造水韵乡村旅游项目、花卉旅游品牌项目、都市农业休闲文化项目，并通过水系和绿道将各类项目串联起来，构建一个特色鲜明、内容丰富、配套完整的旅游服务体系，激发区域发展潜力，盘活整个区域的发展。

联通打造一条从龙潭水库到莲花世界的水系，并以莲花世界为核心，通过建设湿地公园、滨水商业街，带动城乡统筹发展；打造流溪河、龙潭水库至滨水景观带，提升美丽乡村群建设水平。

依托万花园产业基础，采用"一三联动"发展的模式，在优化宝趣玫瑰园、天适樱花园等原有项目的基础上，建设花卉展览馆等一系列的旅游景点，从而将"花卉旅游"打造成美丽乡村群的"特色名片"，形成高品质观光农业。

通过对城康村进行旧村改造发展生态养生养老产业，打造旅游项目，提升美丽乡村建设水平，同时建设特色乐园、儿童公园等其他休闲项目，让人们逐渐爱上乡村，享受乡村生活。

二、"三区"共建，城乡互促，划定整个功能结构

基于统筹协调、城乡一体的规划原则，以规划范围内的村庄发展现状和空间环境基础为依托，把规划范围划分为南部新城核心区、中部城乡协调

区和北部生态保育区。并通过一系列的支撑体系规划实现三区共建、城乡互促。

（一）南部新城核心区

以从化区新城片区控规所划定的近期完成建设区域为范围，尊重已有的法定规划，发挥新城的核心带动作用。

（二）中部城乡协调区

山脚线以南、除去核心区域的其他区域，包括田园养老、万花园、主题公园组团和新城远期建设空间。作为从化区新城片区与美丽乡村群之间的发展过渡地带，在空间发展上遵从"弹性开发"的原则，在从化区新城片区和美丽乡村群之间形成一定的缓冲空间。最大限度地降低从化区新城片区对于美丽乡村群发展的侵占和干扰。同时，将有机带动万花园花卉产业、主题乐园旅游产业与养老产业规模化发展，有利于美丽乡村群更好地利用新城优质的公共资源，形成城乡协调发展的良好态势。

（三）北部生态保育区

该区域涵盖了规划范围内所有的山体。作为村庄环境屏障，宜遵循环境保护原则，保证生态资源的合理利用及维育。

三、一轴通五区，两带蕴城乡

（一）一轴——人文景观风貌发展轴

主要依托温泉大道和环市路北段，联系规划范围内的五个风貌片区。不仅是促进经济发展的重要干道，同时也是连接规划范围内景观特色、人文经济发展要素的载体。规划结合道路穿越的不同地段情况打造出贴近生活、体现人文、突出特色的动态综合景观风貌发展轴，作为提升本地文化韵味、生活品质，彰显经济发展信心的名片。

（二）两带——城乡景观风貌协调发展带、流溪河滨水景观风貌控制带。

1.城乡景观风貌协调发展带

结合南起从化湖（莲花世界），北至龙潭水库的特色水系，串联新城"蓝绿交融莲香柳岸"、万花园"姹紫嫣红碧波花海"、美丽乡村"传统底蕴岭南水乡"等一系列富有地域特色的景观节点，打造一条城—花—乡景观风貌协调发展带。以此作为整个规划范围内富有内涵、极具特色的纵向视线通廊。

2.流溪河滨水景观风貌控制带

依托流溪河良好的自然生态景观，沿水系规划建设适宜人们休闲、娱乐的带状活动场所，增强居民、游客的亲水性。同时严格控制开发容量，秉承"可持续发展"的规划建设理念，始终保持自然的生态基底，让居民、游客有回归自然、归属自然之感。

（三）五区——主题突出、特色鲜明的五个风貌核心区

1.从化区新城片区建设及综合展示风貌区

从化区新城片区是从化区未来发展的重要战略部署，是彰显从化区基础设施建设等经济硬实力以及文化、科技等软实力，展示城市核心竞争力的重要平台。规划旨在将新城建设成"山、水、城、田"一体的绿色休闲、宜居宜业的综合新城，综合展示其城市服务、康体疗养、休闲度假、生态居住、文化创意等方面城市功能，彰显其多元化、现代化的城市风貌。

2.现代花卉种植及观光游览风貌区

作为从化区展示现代都市农业、倡导人文生态旅游、实现乡村产业结构转型的重要实施基地，规划在万花园现有的产业发展基础之上，通过用地结构和空间布局的调整，打造一条集产、加、展、销于一体的花卉产业带，改变传统乡村产业单一、发展趋同的风貌，突出新农村新风貌。在更大区域范围内，体现乡村自身资源价值，发挥"以乡促城"的作用。

3.主题娱乐休闲及风情度假风貌区

规划利用和调整部分从化区新城片区控制性详细规划东北部的用地，在优良的自然生态环境和良好的交通区位助推下，通过引入大型旗舰项目如世界型动漫乐园、环球风情小镇等展现城乡互融的活力风貌。

4.乡村田园养老及农家体验风貌区

此风貌区规划主要依托优良的自然环境——山、水、田的舒适格局，充

分发挥村落特色优势，结合田园养老产业以及现代都市休闲农业的发展，传达"归田园以养老"的生活意境，展现本区贴近生活、贴近自然、宜居宜游的风貌意象。

5. 森林户外探险及健康养生风貌区

此风貌区重在依托分区内优良的自然生态环境，通过发展森林户外探险和健康养生产业，一方面保护了乡村的自然生态基底，另一方面倡导了城乡居民积极健康、绿色低碳的生活理念。综合展现乡村可持续发展的景观风貌以及"游山水以养生"绿色低碳生活印象。

四、存乡建城育缓冲，布局用地

美丽乡村群规划中，规划范围用地总面积为 7835.94 公顷，2020 年从化区群内建设用地为 1967.37 公顷，占美丽乡村群规划范围用地面积的 25.11%，其中，城乡居民建设用地面积为 1958.83 公顷，占规划范围用地面积的 25.00%。

美丽乡村群建设用地中城市建设用地为 1708.76 公顷，主要分布在从化区新城片区核心区及城乡协调区内；村庄建设用地 122.80 公顷，主要分布在城乡协调区。村庄建设用地主要包括居住用地、公共管理与公共服务设施用地、商业服务设施用地以及工业生产设施用地等。

美丽乡村群规划区范围内非建设用地中水域面积为 283.42 公顷，农林用地 5585.15 公顷。

五、以阡陌交通之势，应山水村落之理，构建 20 分钟城乡交通系统

主动与从化区新城片区控规的城市道路对接，完善道路交通系统，引导产业组团分期开发，促进城乡共同发展。在整个美丽乡村群规划范围内着眼于新的空间与功能组织结构。从功能角度着眼，在从化区新城片区外围村庄群内建立新的疏导性路网，合理组织过境交通，并实现各个村落间充足的联

系。各个村落之间适当保持一定的"通而不畅"，营造美丽乡村群安宁和谐的生活氛围，避免吸引大量交通。

六、主题策划，系统梳理，节点提升，促进乡村风景化

从景观学上来看，由自然景观和人文景观组成的乡村旅游地"景观综合体"具有特定的结构和功能，万花园美丽乡村群需要通过聚落文化、水文化、花文化等特色景观资源的营造达到保护和优化景观元素的目的；从旅游学来讲，万花园美丽乡村群特色景观资源有可用于开发利用的景观资源，因此具有生态、文化、美学等多种价值。

（一）聚落景观导控

1. 整体空间形态引导

美丽乡村群范围内现状村庄大部分维持传统格局，自然条件优越，环境优美，具有典型的山、林、田、河、塘、村相互交融的村落景观格局。村落布局与自然环境相融合，以"自然生长"模式与山水环境融为一体。随地形地貌依山就势，聚落多以 10—20 户为一组团，道路似"枝"，组团呈"叶"，呈现"小集中、大分散"的分布特征以及空间灵活的簇状组合方式。

大部分村庄各自然村落群呈现传统梳式布局，就单个村庄沿道路或者河流集中分布，大部分村落被明显地分为几个散落的村落群，构成自然聚落的中心"祠堂"和风水塘布局。大部分村庄整个格局形态与山、林、田等自然景观和谐统一。

为优化村庄空间布局结构，将规模小、分散的居民点进行整合，实现村庄集中发展。

规划尊重现有村落格局和建筑肌理对村庄进行梳理，注重建筑和山体、地形、环境的相互融合，保持原有道路肌理，结合各村自身环境与人文特色，构建宜人、多变、各具特色的空间（见图 31—1）。

2. 村庄整体色彩引导

美丽乡村群范围内村庄坐落于布满林地的区域中，因此村庄整体风貌中

Strategy 1

对原有村落密集的建筑区域，部分建筑进行拆除腾空，转变为水面、林地、田地等村落活动和聚集中心。

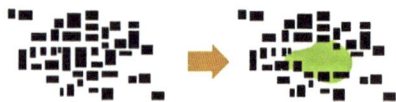

Strategy 2

沿河流域道路布置的村庄适当拆除部分建筑，打通生态廊道，加强农田、林地、水面的通透感。

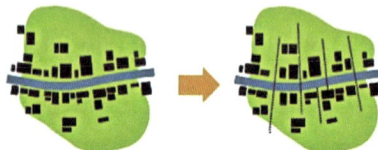

Strategy 3

被河流或农田包围的村落在外围拆除部分建筑以缩小面积，从而置换成水塘或农田。

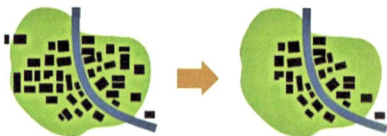

Strategy 4

保持原有村落机理，梳理现状建筑，新建建筑注意与周边环境结合，依山傍水而建。

图 31—1　村落肌理分析

资料来源：项目组提供。

背景色调取决于山林色彩的变化。片区的主色调不是一种颜色，而是一定明度、纯度范围内的色调或色系，相对于变化的背景色，主色调由建筑群体决定。主色调的选择要与乡村大面积色彩为主的底色有适当的对比与调和关系，区别于城市的拥挤和繁华，彰显乡村静谧、自然的特色。

主色调的选择综合考虑乡村的现状风貌、自然状况、历史继承、文化传说以及乡村发展主方向等多个要素。春季夏季与绿色的主要背景色相配要清爽、悦目；秋季与金黄色的主要背景色相配要达到柔和、温暖的效果；冬季与褐色的主要底色相配则应生动、安静。同时，要体现现代新农村的时代特色。

3.街巷空间设计引导

采用具有地域特色的形式，选用当地材料，采用低造价的施工方法，对沿街立面进行修补和翻新，使建筑沿街巷空间立面和谐统一。

沿街立面改造主要采用加法设计原理，保证原有建筑主体结构完整稳定。立面改造以装饰为主、以拆除为辅，通过对窗间墙、阳台板、檐口等部位的装饰处理，形成统一整齐的建筑界面（见图31—2）。

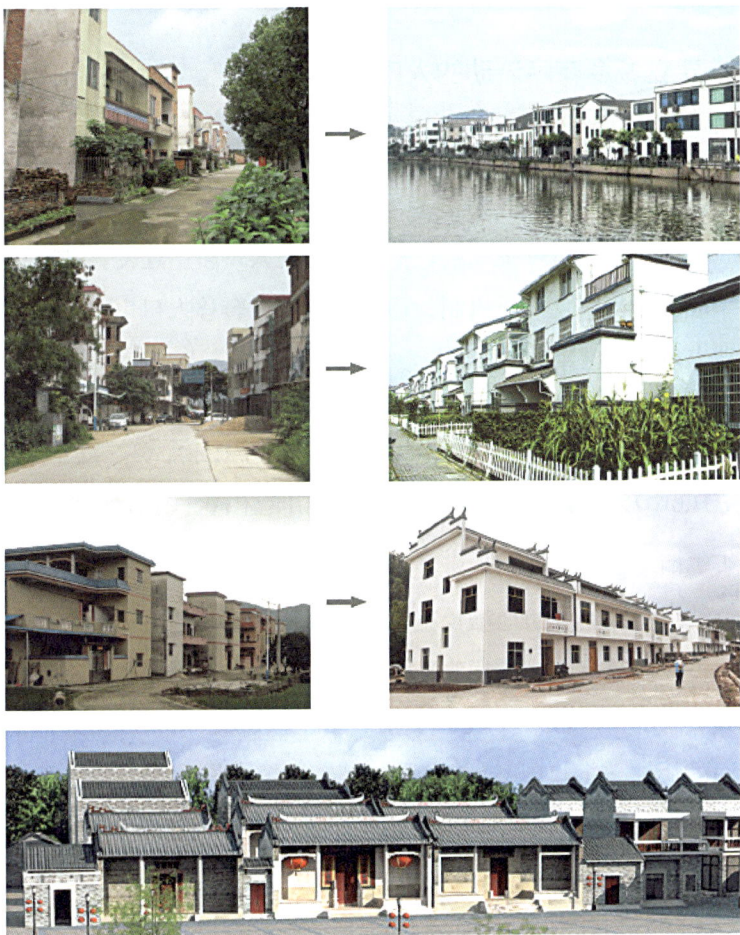

图 31—2　整治对比图

资料来源：项目组提供。

4.田园景观导控

通过农田整理，连接成片，实现规模化生产。

农田与林地交界地区之间补植灌木，创造生物走廊；共享田园模式，形成特色农林景观带。

第四节　万花园美丽乡村群建设的思考

一、建立城乡有序流动的人口迁徙制度

分析美丽乡村群常住人口、城镇化率、入户制度等方面存在的问题，从农村宅基地分配方式、户籍管理制度、"新乡贤"制度等入手，探索在保留户籍的同时，建立人口登记制度，依登记实现人口自由迁徙，建立认定集体经济组织成员资格固化权益机制，逐步健全农业转移人口市民化承办分担机制，推动人口双向流动。

二、创新土地流转制度，促进土地资源自由流动，建立城乡统一的建设用地市场，提升农村建设用地的价值和农民资产增值

分析美丽乡村群建设用地资源、土地市场形成和供需、农村土地资源等情况，总结从化区建设用地增长主要来源。从土地利用总体规划、集体建设用地手续、三旧政策实施连片改造等方面分析存在的问题，探索土地利用总体规划修改审批权、省市农用地转用及土地征收和占用未利用地审批权（含三旧方面的用地报批权限）、跨省增减挂钩节余指标建新方案审批权、留用地的补偿改革以及三旧连片改造政策松绑等，建立城乡统一的建设用地市场，提升农村建设用地的价值和农民资产增值。

三、完善农村产权抵押担保权能

研究现行法律及政策规定，分析农村产权融资面临的困难，探索城乡基

础设施和生态资源产品资本化模式，完善确权登记颁证、流转平台搭建、风险补偿和抵押物处置机制等配套政策，建立乡村资产抵押担保融资机制，推进财政金融创新，完善农村产权权能。

四、促进公共资源合理配置，补齐短板，缩小城乡居民生活水平差距

研究农村生产生活水平情况特别是公共资源配置情况，如道路通达性、环境卫生水平、通水、通网，以农村生产和生活短板为体现，并且基本农田作为主要的制约因素。探索基本农田调整补划审批权，实施全域土地综合整治和基本农田微补划的正向优化政策，放宽实施土地综合整治形成的耕地、水田和复垦指标等方面的约束，指标上可以形成城乡流动，支持增加的耕地用于从化区的基本农田补划工作；探索农村生态保护修复，支持只征不转的连片生态用地划定工作，促进农村生态水平优化提升。

编者单位：广州筑鼎建筑与规划设计院有限公司
作者：彭静萍、周娟、江虹

编者单位：广州市从化区乡村振兴中心
作者：吴李、邓永雄、李振华、赵红霞、许钱华、谢兴恺

第三十二章
湖北省发挥科技生态农场智库
引领乡村实现农业农村现代化

——中国赤壁科技生态农场规划实践模式

科技生态农场作为农业农村发展新型农业生产模式的创新，是推动乡村振兴、实现城乡融合发展的重要载体。其具体指把乡村优美环境、人文风俗、历史文化、产业资源、产业发展、生态建设在空间上进行集中和集聚，以科学技术为支撑，以土地"三权分置"为保障，以生态农场建设运营为发展方向，深挖科技生态农场的模式内涵及发展潜力，设计完善的管理、运营与服务系统体系，全面推进农业产业发展生态。

深入贯彻党的十九大提出的"加快建设创新型国家""创新是引领发展的第一动力，是建设现代化经济体系的战略支撑"指示精神，坚持政府引导、市场运作，突出重点、创新示范，统筹推进、分步实施生态农场。

坚决落实《中共中央 国务院关于全面推进乡村振兴 加快农业农村现代化的意见》和农业农村部办公厅《推进生态农场建设的指导意见》，根据"战略思维、遵循规律、立足现有、放眼前沿、市场引领、政策支持"的基本原则，坚持高水平起步、高标准要求，按照产业领域、产业基础、龙头企业、创新能力、支撑项目五个方面条件，规划由第一产业升级延伸、第二和第三产业联动的战略性产业外延合作共建发展模式。

第一节　宏观背景

2021年2月21日，中央一号文件《中共中央　国务院关于全面推进乡村振兴　加快农业农村现代化的意见》发布，主要突出了两大主题：一是乡村振兴；二是农业农村现代化。

党的十九届五中全会审议通过的《中共中央关于制定国民经济和社会发展第十四个五年规划和二〇三五年远景目标的建议》，对新发展阶段优先发展农业农村、全面推进乡村振兴作出总体部署，为做好当前和今后一个时期"三农"工作指明了方向。对"产业振兴、人才振兴、文化振兴、生态振兴、组织振兴"等振兴战略、振兴目标、振兴措施分别进行解读，这是以"全面推进"为核心开展实现乡村振兴和农业农村工作的一次战略升级，是一个更有效的管理机制，是深化现代文明与乡土传统的城乡融合、文化融合、一二三产业融合具体举措和部署的总目标、总规划。

"十四五"时期，是乘势而上开启全面建设社会主义现代化国家新征程、向第二个百年奋斗目标进军的第一个五年。民族要复兴，乡村必振兴。全面建设社会主义现代化国家，实现中华民族伟大复兴，最艰巨最繁重的任务依然在农村，最广泛最深厚的基础依然在农村。解决好发展不平衡不充分问题，重点难点在"三农"，迫切需要补齐农业农村短板弱项，推动城乡协调发展；构建新发展格局，潜力后劲在"三农"，迫切需要扩大农村需求，畅通城乡经济循环；应对国内外各种风险挑战，基础支撑在"三农"，迫切需要稳住农业基本盘，守好"三农"基础。党中央认为，新发展阶段"三农"工作依然极端重要，须臾不可放松，务必抓紧抓实。要坚持把解决好"三农"问题作为全党工作重中之重，把全面推进乡村振兴作为实现中华民族伟大复兴的一项重大任务，举全党全社会之力加快农业农村现代化，让广大农民过上更加美好的生活。

第二节　农业农村现状与挑战

当前，全国部分地区"三农"工作开展面临的实际问题主要归纳如下：

产品阶段性供过于求和供给不足并存，农业生产标准化建设滞后，农业供给质量亟待提高；农民适应生产力发展和市场竞争的能力不足，生产资源分散限制农业生产规模化节约化，新型职业农民队伍建设亟须加强；产业资源渠道信息闭塞，产业经济效益不明显，农产品收获的经济效益低下挫伤农业生产积极性，农产品价值提升问题亟待重视；农村基础设施和民生领域欠账较多，农村环境和生态问题比较突出，城乡差距进一步扩大，农业产业劳务短缺，乡村发展整体水平亟待提升；国家支农体系相对薄弱，农村金融改革任务繁重，城乡之间要素合理流动机制亟待健全。

《中共中央　国务院关于实施乡村振兴战略的意见》对实施乡村振兴战略进行了全面部署，是开创新时代"三农"工作新局面的一个纲领性文件。该意见要求，举全党全国全社会之力，以更大的决心、更明确的目标、更有力的举措，推动农业全面升级、农村全面进步、农民全面发展，谱写新时代乡村全面振兴新篇章。为此，我们要做到统筹城乡发展，重塑城市与乡村关系。一方面，要继续加快推进农业农村现代化。着力解决农业供给效率不高等结构性调整难题，主要以需求为主导，追求质量效率与食品安全；利用科学技术、转变农业经营方式降低农业生产成本，提高效益；切实保护与改善农村生态环境，确立保障农产品供给、增加农民收入和农业可持续发展的目标。另一方面，继续推进农业农村各项改革。巩固与完善农村基本经营制度，主要是推动农村土地制度改革，继续稳定农民与土地的关系；发展农村集体经济，推进农村集体产权制度改革；扶持新型经营主体和新型农民，鼓励发展创新型经济体发展模式（科技生态农场）；建设和完善社会化服务体系；完善国家对农业的支持保护制度；实现小农户和现代农业发展有机衔接。

第三节　"三权分置"构建新型农业经营体系

深化农村土地制度改革，推进土地"三权分置"，提速农业经济优质发展，建设农村"生态农场"。认清农村土地制度的历史地位，把握农村土地制度的变革方向，对未来农业转型发展、农村环境改善、农民稳定增收至关重要。

"三权分置"有利于推进农业现代化，是继家庭联产承包责任制后农村改革又一重大制度创新；是农村基本经营制度的自我完善，符合生产关系适应生产力发展的客观规律，展现了农村基本经营制度的持久活力，有利于明晰土地产权关系，更好地维护农民集体、承包农户、经营主体的权益；"三权分置"有利于促进土地资源合理利用，构建新型农业经营体系，发展多种形式适度规模经营，提高土地产出率、劳动生产率和资源利用率，推动现代农业发展。

一、半个多世纪以来，农村土地在中国的历史地位

改革开放以前，国家对农村土地实行集体所有统一经营制度，这一制度支撑了我国工业优先发展战略，1978 年开始实行农村土地采取集体所有、家庭承包经营制度，对农业产品增长和农村稳定发展起到了基础性作用。

第一阶段是从"一大二公"人民公社体制到"三级所有、队为基础"体制，主要是将人民公社集体土地所有权与经营权高度统一，变为以生产队为核心的集体土地所有和统一经营。

第二阶段是从"三级所有、队为基础"体制到"集体所有、家庭承包"体制，实现了所有权与承包权分离，每个家庭成为农业经营的微观主体。

第三阶段是家庭承包权与经营权分离，20 世纪 80 年代末期开始自发产生并延续至今的土地流转、规模经营，自下而上地开启了农村土地承包权与经营权的第三次分割，实际发生的经营权利逐渐得到了法律承认、界定和保护，土地经营主体实现多元化。

二、推进土地"三权分置"是农村土地制度深化改革的制度保障

农村土地"三权分置"成为深化土地制度改革的顶层设计。习近平总书记指出："完善农村基本经营制度，要顺应农民保留土地承包权，流转土地经营权的意愿，把农民土地承包经营权分为承包权和经营权，实现承包权和经营权分置并行，这是农村改革又一次重大制度创新。"

（一）制度保障是根本

围绕土地"三权分置"由政府主导，沿长土地承包时间、经营期限，统一并分类规范土地流转地价，制定农业用地、配套设施用地标准。2019年中央"一号文件"就进一步推进农村土地制度改革做了系统部署，重点是做好承包地确权登记颁证收尾工作，探索第二轮土地承包到期后延包的配套政策措施，规范土地经营权流转，审慎推进宅基地制度改革，促进农村土地资源的优化配置。文件同时提出要完善落实农村承包地"三权分置"的法律法规和政策体系，这是农村土地承包制度改革创新的根本方向。新修订的《农村土地承包法》，将农村承包地"三权分置"正式写进了法律，下一步要尽快将这些法律规定转化为具体的规章制度，完善"三权分置"的政策体系。

（二）实施路径是关键

近年来我国粮食总量始终保持紧平衡，但仍存在结构问题，特别是大豆油料自给率比例低，粮食安全问题凸显。2022年中央"一号文件"第一条内容就指出："全力抓好粮食生产和重要农产品供给。"现阶段，我国农业生产稳粮扩豆增油保障国家粮食安全工作任务艰巨。

围绕2022年中央"一号文件"精神，各地在制定稳粮扩豆增油的工作措施中，需结合市场需求多举措推进稳粮扩豆增油的各项工作，从农业生产土地源头抓起，流转并盘活三荒土地，撂荒、抛荒土地，无收益、低收益土地，分区、分片、分类规划并有序推进。

1.抓思想、稳信心，优先贯彻战略部署。

2.抓任务、稳面积，优先抓好粮食种植。

3.抓主体、稳队伍，优先支持规模生产。

4.抓保障、稳政策，优先扶持粮食生产。

5.抓示范、稳产量，优先实施科技兴粮。

（三）立足"三农"是核心

2019年的中央"一号文件"，围绕激发农业农村发展新活力，着眼于"三农"领域必须完成的硬任务，对全面深化农村改革作出了再动员再部署。落实中央"一号文件"部署要求，加快实施乡村振兴战略，必须对标全面建成小康社会必须完成的硬任务和新要求，以土地制度改革为牵引，深入推进新一轮农村改革。将从以下几个方面分别开展各项工作。

1.加快构建新型农业经营体系。

2.不断深化农村土地制度改革。

3.全面加强农村集体资产管理。

4.健全完善农业支持保护制度。

5.拓展集成农村改革试验内容。

土地有序流转可以引领产业集群、增加规模效应，提高土地利用率、产出比，改善农村生态环境、改变乡风、乡貌，推进城乡一体化，转变农民身份，提高并稳定农民收入，真正意义上实现农业强、农村美、农民富。

三、全域发展"生态农场"是农业经济新一轮发展的必由之路

"三农"工作重心已历史性转向全面推进乡村振兴，推进"生态农场"建设是贯彻习近平生态文明思想的重要举措，是探索农业现代化的有效途径，是推进农业绿色低碳发展的有力抓手。

（一）"生态优先"是发展的底线

"生态农场"建设核心要秉承生态理念。生态系统是"生态农场"建设最重要的环节，在规划设计过程中严格秉承整体、协调、循环、再生及多样性原则，科学合理实现资源匹配和利用，精准推广生态技术，落实生态补偿，确保生态循环农业发展，推进农村生态文明建设。

（二）"建立标准"是发展的基础

"生态农场"建设重点要打造行业新标准。运用现代高新科技，用严谨的思维围绕农场建设、标准生产、食品安全、乡村养老、环境治理、减排固碳、装备配套等方面，致力打造行业新标准。

（三）"模式示范"是发展的核心

"生态农场"建设要致力于探索可持续发展的新模式。以区域资源禀赋为基础，一带一品、一区一品，实行集约化、规模化，为全产业链发展作铺垫；在单品上推进品种培优、品质提升改良，为形成区域性品牌助力；在产品类型上结合市场需求建设微型、小型、中型、大型、特大型农场；培植家庭经营、返乡创业、合伙经营、企业运营等诸多形态的生态农场经营主体；在运营上实行自营、代管、托管制度；在链接上把技术、产品、市场、金融上下疏通流动。形成制度化、标准化、可推广、可复制、可持续发展的新模式。

第四节　科技生态农场破冰创新

一、破冰发展，融合创新

2021年12月湖北省首个"两山投资运营"平台在赤壁市率先成立。为了盘活山、水、林、田、湖、草、沙等自然资源和集体农民的各类闲置资源，赤壁市委、市政府高度重视"两山投资运营"平台的建设与运营，市委市政府为贯彻落实习近平生态文明思想，推动赤壁市经济社会发展全面绿色转型，加快推动建立健全生态产品价值实现机制，走出一条生态优先、绿色发展的新路子，探索绿水青山转化为金山银山（以下简称"两山"）的新路径新模式，打通生态资源价值实现通道，形成新时代践行"两山"理念的"赤壁样板"。赤壁市立足农业农村改革前沿和实现乡村振兴目标的发展需要，于2022年3月21日由赤壁市人民政府办公室印发了《关于印发赤壁市"两山投资运营"平台建设实施方案（试行）的通知》，"两山投资运营"平台的建设与实施，为中国赤壁"科技生态农场"项目推进土地"三权分置"试点改革创造有力的政策保障、提供了高效便捷的运营通道。

二、"两山投资运营"平台建设　实施方案（试行）的主要任务

（一）搭建专业运营体系

1.组建运营平台

搭建赤壁市"两山投资运营"平台，提供生态资源资产收储整合、交易流转、运营策划、招商引资、产业导入等服务。

2.搭建数字平台

积极对接市政务服务和大数据管理局，将赤壁市产业招商数据、文旅项目普查数据、自然资源管理数据进行整合，形成资源数据库，搭建赤壁市"两山投资运营"数字平台，并同步对接省内外相关数据平台，为全市生态资源及指标交易提供后台管理、信息发布、项目招商等功能。

3.建立运营机制

加快完善市"两山投资运营"平台管理层配备和部门设置，统一运营管理，构建以收储中心、数据中心、评估中心、信用中心、交易中心、风控中心为核心的组织架构，建立相关内部管理制度。

4.强化运营服务支持

以赤壁市高质量发展研究院为载体，积极对接省内外大院大所、高校等研究机构，发挥第三方智库作用，为"两山投资运营"平台孵化、团队建设、项目策划、产品创新等提供咨询服务，提高平台运营效率。

（二）夯实基础工作体系

一是形成生态资源资产清单。显化集体资产股权占有、收益、抵押、担保、有偿退出等权能，明确农村各类生态资源所有权及延伸出的各类权益，积极推进宅基地使用权和承包地经营权发证工作，构建生态资源价值核算评估体系，制定全市生态资源资产清单。二是编制生态资源资产管控清单。结

合国土空间规划、自然资源资产清查等工作，编制市域范围内生态资源资产管控清单。三是整合提升形成项目库。对近期可供开发的闲置资源及低效开发项目，实施红线收储、统筹整合策划，按照区域、产业分类，形成集中连片优质的生态资源资产项目包，针对单个项目规划做好相应配套项目衔接，形成"两山投资运营"平台项目库，并纳入相应数据平台进行统一信息化管理。

（三）提升生态产品价值

一是挖掘特色生态产品。以长江经济带乡村振兴示范区建设为重要抓手，构建一二三产业融合的现代乡村产业体系，建设一批休闲农业精品园区，打造一批休闲农业示范点，实现农业产业向"优特化"升级。依托赤壁市丰富的山林资源，围绕"双碳"目标，在林业碳汇指标交易等方面推动生态资源为生态产品。二是增强产品周边消费吸纳能力。在现有和待开发优势生态产品周边 IP 打造等方面推动消费者与生态产品产生情感共鸣。三是强化产品策划推介力度。通过公共品牌 VI 发布等策划手段，利用线上线下推介平台开展项目招商引资，形成"好生态变好项目、好项目变好资产、好资产变好品牌"的高效经营模式。

（四）拓宽资源融资渠道

一是引导社会资本投入。发挥城发集团基建优势，强化乡村基础设施和民生设施建设力度，增强乡村地区生态资源的资金吸纳能力。在政策性资金安排等方面给予倾斜，引入社会资本和市场专业人才，积极投入乡村振兴、生态产品价值实现等领域的项目开发，发展现代农业、乡村旅游、健康养生、文化创意、精品民宿等新产业新业态，将生态资源优势转化为产业经济优势。二是设立专项基金。依托本地金融机构，培育打造一批专业化、规范化、高效化的绿色金融专营机构，设立"两山投资运营"发展专项基金，优先支持"两山投资运营"平台招商类项目。三是创新绿色金融产品。扩大贷款抵质押担保物范围，完善生态资源实物资产的抵押贷款机制，探索生态资源"虚拟资产"的质押贷款实现路径；以商业银行流动资金进行贷款，拓宽生态资本市场融资渠道。鼓励提供生态产品的企业发行绿色债券进行融资。鼓励政府性融资担保机构为符合条件的生态产品经营开发主体提供融资担保、融资增信等服务。引导保险机构创新保险产品，为生态资源资产提供保险服务。四是调动金融机构融资积极性。建立生态资源融资风险共担机制，专项基金、政府性融资担保机构、银行等按比例分担融资风险，调动银行等金融机构为生态产品提供融资的积极性。

（五）加快配套制度改革

围绕"两山投资运营"平台建设过程中的制度性、机制性障碍，推进体制机制创新，为其推进提供制度保障。一是推进自然资源产权制度改革。二是推进农村集体产权制度改革。三是稳慎推进宅基地"三权分置"制度改革。

（六）构建利益共享机制

构建国有自然资源的共享共建共管模式；构建集体、村民和市场主体的项目合作开发与收益共享机制；探索平台与运营主体利益共享机制。

"两山投资运营"平台建设实施方案（试行）中制定了严格周到的保障措施，成立赤壁市"两山投资运营"平台建设领导小组，领导小组下设市"两山"办，由市委书记、市长作为赤壁市"两山投资运营"平台工作领导小组组长，开展实体化运作，负责日常事务对接、各部门协调等工作。

"两山投资运营"平台建设工作对推动赤壁市实现"冲刺全国百强县、创建全国文明城、建设共同富裕示范市"奋斗目标的意义重大，同时有效引导了全市生态资源权益所有者参与"两山投资运营"平台建设，形成政府引导、全社会共同参与的良好建设氛围。通过总结提炼试点实践经验，推动全域推广，形成可复制、可推广的"两山"转换改革"赤壁样板"。

三、科技生态农场模式思路

中国赤壁"科技生态农场"项目阐述乡村产业振兴、乡村人才振兴、乡村文化振兴、乡村生态振兴、乡村组织振兴这五个方面的振兴目标。实现按照产业兴旺、生态宜居、乡风文明、治理有效、生活富裕的总要求，建立健全城乡融合发展体制机制和政策体系的振兴目标。通过"农业＋产业""产业＋生态""创新＋科技""模式＋推广""运营＋服务"的融合发展理念，贯彻落实中央政策，结合赤壁市农业发展总体规划，推动赤壁市第一产业的产业结构调整与产业升级，以模式创新为基础，结合科技赋能，促进产业价值延伸，引导第一产业深度开发。推进科技生态农场建设与运营，从而实现赤壁市一产结构调整与升级的价值转化及一二三产业融合联动发展。

四、科技生态农场实施目的

科技生态农场的融合创新，即产业发展、生态建设、信息资源、组织管理、科技技术、服务运营的统一与实践。

（一）通过科技生态农场建设，重构赤壁市第一产业结构，促进产业发展

分阶段对赤壁市第一产业生产进行整体规划和产业集聚，最终形成具有完整产业链＋供应链的产业（生态农场）集群，发展壮大区域第一产业规模，使区域第一产业实现科学化、规模化、集聚化、系统化、标准化。

（二）通过科技生态农场建设，建立生态体系进行产业生态建设

将生态农场各创新要素之间进行互补匹配，促使系统的整体功能发生质的飞跃，形成农业产业领域独特的、可复制的、可推广的、以融合创新为驱动的创新经济模式，提高第一产业整体核心竞争力。

（三）通过科技生态农场建设，发挥信息资源价值

发挥并挖掘信息资源的价值，重构区域产业创新版图，利用信息资源将现代科技技术和服务对传统产业进行全方位、全角度、全链条的赋能改造，以"鼎新"带动"革故"，与实体经济深度融合，提高全要素生产率，重塑地区第一产业结构，推动区域经济快速发展。

（四）通过科技生态农场建设，进行新型的组织管理形式

针对生态农场的建设、生产、运营、推广等目标需求，设计建立生态农场的组织结构，分别将从组织规划、组织设计、组织运作、组织调整四个方面展开各项工作，生态农场模式推广阶段的重点任务之一是利用生态农场的现有产业进行产业引资，吸引企业及个人共同参与，促使美丽乡村建设发展，吸引乡贤归乡创业，增加就业岗位，带动农民整体致富，为地方经济作出贡献。

（五）通过科技生态农场建设，以科学技术赋能产业发展

以科技小院为技术输出源，通过理论联系实际问题，运用科技手段及技术成果，赋能并服务生态农场的建设、生产、运用等领域。根据生态农场的发展需求不断运用现代科技知识、现代技术和分析研究方法，以及经验、信息、技术成果等要素提供综合服务，吸引更多的科技型企业、金融机构及社会资本共同参与科技生态农场发展建设中，学习他们的先进技术、管理经验，并使之服务区域内现有的产业。

（六）通过科技生态农场建设，开展专业化的服务运营

生态农场的服务运营向上将遵循生态农场的经营战略，通过运营战略环节把经营战略细化、具体化；向下推动运营管理系统贯彻执行具体的实施计划，以实现经营战略的目标。在生态农场的服务运营中，以协同共建发展开创政企合作新模式，将与地方政府建立良好的共建合作机制，以生态农场可复制、可推广的发展特点，解决地方区域农业发展需求并实现产业引资，择机成立独立的生态农场托管服务主体，一站式服务，满足生态农场经营者各阶段对服务运营的动态需求，灵活解决生态农场生产端遇到的困难、问题和顾虑，实现政企合作的社会效益和经济效益双丰收。

第五节　生态农场示范案例

2022年1月21日，由湖北省某农业科技有限公司创始团队率先发起，在赤壁市委、市政府的领导下，设计科技生态农场示范模式，根据已有资源，分步骤、分阶段实施推进"中国赤壁科技生态农场"。

"中国赤壁科技生态农场"依照《中共中央　国务院关于实施乡村振兴

战略的意见》的指导精神，构建现代乡村产业体系的具体举措。通过模式创新、产业引资和产业导入，依托乡村特色优势资源，打造农业全产业链和产业新村，让农民更多分享产业增值收益。

"中国赤壁科技生态农场"的大胆改革创新思维，着重解决了当前我国农业生产面临的窘境，打破原有土地分散、劳务外流、产业无序、市场不畅等诸多问题，率先在湖北省赤壁市吹起了农业农村标准化、规模化、集约化、科学化、生态化、市场化农业生态生产的改革号角。

一、科技生态农场建设规划

（一）项目名称

"中国赤壁科技生态农场"简称"生态农场"。

（二）项目主体

湖北省某农业科技有限公司是以全农产业为基础，产业、科技、创新为引擎，秉承工匠精神，坚持创新驱动，结合国家产业政策致力于全农产业的模式研究，深挖细究产业发展趋势，不断融合探索全农产业发展之路，积极探索全农产业化与产业集聚各项工作，联合社会各界实施共建赤壁市乡村振兴科技生态农场的发展路径。

（三）生态农场模式亮点

1. 构建产业生态

赤壁生态农场拟定优先发展具备地方资源优势的油茶＋楠竹双产业发展为主导，结合赤壁市实际情况，同步衔接市场需求，初步拟定结合贵州省酱酒产业的原料市场需求，以订单农业的形式同步推进酱香型白酒酿造原料糯高粱的种植产业，逐步在赤壁市形成酱酒产业链＋原料供应链共建体系，并因地制宜发展高经济价值的灵芝菇种植产业，建设"赤壁市油茶、楠竹、酱酒原料红高粱产业特色经济带"，实现乡村振兴并带动地方经济整体发展，从而重塑乡村产业结构、重塑乡村整体面貌，打造了全新的产业新村。

2. 化零为整

将原有农户的闲散土地、荒地、林地、鱼塘湖泊集中统一规划，经过土地整治、产业配套建设等，按土地片区网格化、功能化、产业化、标准化设计成生态农场，面向社会进行产业引资经营。

3. 产业定位

根据国家战略，各层级规划要求，结合当地禀赋规划片区生态农场的未来方向，结合市场以需定产，形成安全稳定的产业链＋供应链协作关系，有序组织农业生产。

4. 标准化生产

制定生态农场的建设标准、配套标准、运营标准、管理标准，从而促进农业生产规模化、集约化、标准化、科学化、市场化。

5. 管理服务

针对生态农场的生产与运营需求，成立独立的运营管理托管经营主体，一站式服务，满足生态农场的经营管理动态需求，灵活解决生产端的各项问题和顾虑。

6. 产业引资

通过农业生产农民身份的转换，由农民向职业农民（农艺师）、企业家身份的转变，解决产业发展痛点问题，进行产业引资，掀起新一波归乡投资热潮，逐步带动区域内一二三产业融合与联动，助推区域经济稳定健康发展。

二、生态农场的实施路径

中国赤壁生态农场建设分为两种方式：一是升级改造原有农业主体为生态农场。二是规划新建生态农场。

具体实施路径为：推进政府主导下的"三权分置"土地制度改革工作；以科技小院作为技术支撑，开展产学研一体化下的农业科技研发、农业科技创新为驱动的产业赋能和综合服务；进行生态农场主体建设；因地制宜导入产业，进行产业引资和发展产业链；品牌建设、运营管理和生态农场模式复制与推广。

三、嘉树生态农场示范农场

嘉树生态农场位于赤壁市茶庵岭镇白石村，靠近 107 国道和京广铁路线，临近武深高速赤壁南出口，项目占地面积 510 亩，交通极为便利。

四、嘉树生态农场功能板块

（一）科技小院

对产业发展领域涉及的现代种业、土壤改良、良品培育、技术攻关等科研项目进行科技赋能与服务。

科技小院的设立：分别由华中农业大学、湖北省林业科学研究院申报"湖北赤壁油茶科技小院"（已批复）；华中科技大学申报"湖北赤壁楠竹科技小院"（尚在审核中）；湖北省农业科学院申报"湖北赤壁蔬菜科技小院"（尚在审核中），湖北省某农业科技有限公司作为实施单位，改造装修原嘉树农庄部分建筑设施用于科技研发和科技培训，并作为专家教授、科研团队及学生的工作、生活场地（见表 32—1）。

表 32—1 科技小院设施一览表

设施名称	设施面积	设施名称	设施面积
科研办公区	约 300 平方米	多媒体培训室	约 100 平方米
专家别墅	约 500 平方米	多功能会议室	约 100 平方米
科研团队公寓	约 1500 平方米	多功能接待室	约 100 平方米
农场生活区	约 300 平方米	专家办公室	约 200 平方米
科研餐厅	约 200 平方米	成果展示厅	约 100 平方米

（二）科技种养殖产业区

嘉树生态农场科技种养殖产业区以科技小院为技术支撑，开展产业前端的产业科技研究各项工作。科技种养殖产业区按照当地气候条件、地理环境等因素，并结合市场需求方向，科学规划生态农场种养殖产业，发挥科研技术优势，做好油茶育苗、食用菌新品开发、酱香型白酒酿造酒用高粱品种实验种植、中药材育苗种植、特色水产养殖等产业课题的研究，合理安排嘉树生态农场科技种养殖产业区的产业生产（见表32—2）。

表32—2　嘉树生态农场科技种养殖产业规划

产业名称	面积	备注说明
林果生产试验区	160亩	油茶、火龙果、黄桃、葡萄培育试验
大棚育苗试验区	15亩	灵芝菇、羊肚菌等食用菌培育试验
特色种植试验区	150亩	红缨子高粱、特色蔬菜种植实验
水面养殖实验区	110亩	武昌鱼、大白刁、红尾、鲈鱼、桂花鱼

（三）产业配套区

嘉树生态农场根据生态农场产业生产需要，建设相应所需配套设施，如农产品初选加工区、谷物晾晒场停车区、农场生活区、产品展示中心等（见表32—3）。

表32—3　嘉树生态农场产业配套设施列表

设施名称	面积	备注说明
农产品初选加工区	20亩	用于农产品的初选及分拣加工
谷物晾晒停车区	50亩	灵芝菇、羊肚菌等食用菌培育试验
种养殖生活区	300平方米	农场配套生活设施
产品展示中心	300平方米	农产品展示及销售

（四）科技小院的运营带动计划

科技小院发挥其人才聚集、农业科技研发、技术服务的优势，依托广大科技专家和技术团队的力量，有效连接农业企业，搭建科技小院技术平台。根据生态农场建设发展需要，联合大专院校的专家共同成立楠竹产业发展研究院、油茶产业发展研究院、食用菌产业研究院等研究机构，对生态农场的农业产业开展专项研究，并实施乡村科技兴农集成服务，同时发挥出示范引领效应。

科技小院将解决专家与农民、科研与生产、育人与用人零距离的问题，优化构建"政产学研用"一体化模式，将科技小院建成科技兴农、产业开发、科普教育、农民培训、人才培育相结合的基地，发展建设科技小院博导辅导中心，根据生态农场产业业态，成立对应博士工作站，发展建设生态农场大学生实训基地，让科技人员在田间地头进行科研课题的研究，让更多乡村职业农民在应用科技过程中获得收益，让更多青年人在科技创新创业中茁壮成长，实现共同赋能生态农场的建设运营，促使农业产业健康发展。

科技小院将加强产业运营管理机制。因势利导建立质量导向的政策平台、合理分工的工作平台、绿色发展的考核平台、公正权威的评价平台，实现农业高产优质和资源高效利用目标，引导广大农民进行高质量生产与高效益开发，充分保障粮食安全、食品安全、生态安全；着力提高土地产出率、劳动生产率、资源利用率与污染防控率，推动产业转型升级和农业绿色发展，探索现代农业可持续发展之路。

五、生态农场规划新建计划

第一阶段：项目计划规划 2000 亩土地面积，预计新建 4 个以特色产业发展为主导的生态农场，平均每个生态农场占地面积 500 亩。

第二阶段：项目计划规划 5000 亩土地面积，预计新建 10 个以特色产业发展为主导的生态农场，平均每个生态农场占地面积 500 亩。

第三阶段：项目计划总规划 20000 亩土地面积，预计新建 10 个以特色产业发展为主导的生态农场，平均每个生态农场占地面积 1000 亩。

以上建设规划依据当地土地资源、政策支持及项目推进进度进行动态调整。

六、生态农场产业业态

产业发展主要目标：建设"赤壁市油茶产业、楠竹产业、酱酒原料红高粱产业的特色经济带"。

（一）生态农场油茶产业

油茶是多年生常绿树种，四季常青，浑身是宝，经济效益高且稳定：挂果期 70—80 年，亩年产值在 5000—10000 元；产业链长；籽实是优质的茶油原料，茶壳在医药、日化、保健等行业被广泛应用，茶饼（茶枯、茶粕）既是优质饲料，也是生物肥料的预混添加料。通城县黄袍山油茶基地已初具规模，目前赤壁的油茶种植大户只有四家，种植面积约 5000 亩，还处于起步阶段。

油茶产业是国家实施乡村振兴战略重点发展扶持的阳光产业，赤壁市属于油茶主产区和适宜栽培区，依托赤壁的地理优势发展油茶产业，对实施乡村振兴战略具有战略意义。政府在推进砖茶发展、打造砖茶品牌的同时，应注重发展油茶产业，把砖茶、油茶"两茶"并举。

首先，政府发力。先谋后动，制定产业发展规划，举全市之力按规划大面积推广，在荒山、荒坡、残次林、房前屋后、沟渠路边栽种，在现有的竹林、树林套种，用 5—10 年的时间发展 70 万亩左右。

其次，科技支撑。生态农场项目公司计划由华中农业大学著名油茶专家、湖北省林科院著名油茶专家、湖北省林科院著名油茶专家共同组建技术服务团队主导油茶产业发展，有代表性地建设 10—15 个示范基地和 2 个种苗基地。

最后，完善产业链。高标准建设油茶产业园区，在油茶深加工的基础上延伸产业，力争用 5—10 年的时间，实现油茶全产业突破 120 亿元产值的目标，打造湖北乃至中南地区油茶产业示范区。

1.油茶的经济价值与生态效益

（1）油茶的经济价值。油茶全身都是宝。油茶果不仅能生产出纯天然绿色保健的高档食用油，而且是食品、制药、化工以及化妆品工业的重要优质原料。茶壳、茶麸可研制洗涤、化妆、生物肥料等产品，提高附加值。

（2）油茶的生态效益。油茶适应性强，根系发达，是保持水土、涵养水源的理想树种。油茶树皮光滑，叶片厚革质，防火性能好。油茶是四季常绿的阔叶树种，在冬季开花，花开时节，花朵洁白，漫山遍野，具在极高的观赏价值。此外，可利用油茶观赏性，以育苗基地、油茶园林基地、产品加工基地为依托，开发林业生态旅游等项目，具有良好的经济效益和生态效益。

2. 油茶种植投资效益

综合油茶种植大户的投资成本，大概估算出现在种植油茶的基本成本（以每亩计算）分别有：(1) 山租 150 元。(2) 炼山 60—100 元。(3) 开平台、打穴、施基肥、复土、种植合计 300—400 元。(4) 种苗 90 株，450 元左右。(5) 肥料 150—200 元。前期投资合计约 1200 元，以后至丰产期每年投资约 300 元。

种植后的油茶，一般有抚育管理的第三年就能开花结果，栽种 3 年苗 5 年就可进入盛果期（丰产期），以后长期有收成，管理也比较简单。丰产期每亩一年可采摘生茶果 1500 公斤以上。出产茶油 100 公斤以上，按茶油每公斤 100 元计算，每亩每年产值达 1 万元以上，即每株油茶树产值可达 110 元以上。而且茶壳、茶枯还有综合利用价值。

油茶的种植是一次种植、多年收益，除了向市场提供茶油之外，其中茶饼、果皮都可以另作他用，是一种经济价值高、市场潜力大的种植项目。

（二）**生态农场楠竹产业**

赤壁现有楠竹 38 万亩，享有"中国楠竹之乡"的美誉，根据 2021 年 11 月 3 日印发的《湖北省推进竹产业高质量发展的意见》，要充分发挥赤壁市 38 万亩楠竹基地的潜在优势，首先，引导产业发展方向提高资源价值；其次，扶持做大龙头企业，发挥规模化效应和引领作用，建设楠竹产业绿色园区；最后，加强人才支撑，共建招商平台。项目计划由华中科技大学业内著名专家组建竹产业科技团队，自带成果、专利、资源助力楠竹产业。

（三）**酱酒原料红粱产业＋特色蔬菜产业（以红缨子糯高粱＋榨菜为例）**

为促进"生态农场"产业稳步健康发展，结合短线产业配套，以订单农业模式，引入酱香型白酒原料高粱产业＋特色蔬菜订单种植，当年生产，当年见效。

主季以红缨子高粱种植为主，生产周期为 130 天。高粱地也可根据实际需要灵活套种红薯及马铃薯等经济作物。

小季轮作配套种植，以榨菜种植为主，生产周期为 90 天，生产管理简单，效益明显。

预估投入与产出财务数据见表 32—4、表 32—5。

表 32—4　"红缨子"高粱种植产业引资主要投资与收益分析统计预估

总种植面积	计划预估种植 1000 亩			
投入名称明细	单位成本	投入小计	项目明细类别	小计
土地租赁费	200 元 / 亩	20 万元 / 年	预计产量	700 斤 / 亩
种植劳务投入	700 元 / 亩	70 万元 / 年	订单价格	3.0 元 / 斤
红粱种子投入	20 元 / 亩	2 万元 / 年	每亩产值	2100 元 / 亩
肥料、防病农资投入	200 元 / 亩	20 万元 / 年	预估每亩净利润	580 元 / 亩
机耕机收投入	400 元 / 亩	40 万元 / 年	预估总利润	58 万元 / 年
合计每亩投入	1520 元 / 亩	152 万元	备注说明：暂不包括其他随机动态发生的收支项	
总计投入	152 万元 / 年		预估总产值	210 万元 / 年

表 32—5　榨菜种植产业引资主要投资与收益分析统计预估

投入名称明细	单位成本	总种植面积	1000 亩	备注说明
土地成本费	已含主季成本中	每季总投入	92 万元 / 年	预估投入
种植劳务投入	600 元 / 亩	每亩预计产量	6000 斤 / 亩	保守预估产量
有机肥投入	100 元 / 亩	产品订单价格	0.35 元 / 斤	按保底销售动态预测
机耕及运输投入	200 元 / 亩	亩产销售收入	2100 元 / 季	按保底销售动态预测
种子投入	20 元 / 亩	全年总产量	600 万斤 / 年季	保守预估产量
每亩总投入	920 元 / 亩	备注说明：暂不包括其他随机动态发生的收支项		
计划种植总规模	1000 亩	全年销售收入	210 万元 / 年季	按保底销售动态预测
计划每季总投入	92 万元	全年预估毛利润	118 万元 / 年	按保底销售动态预测

注：表 32—4、表 32—5 预估数据将根据当地土地资源、劳务资源及市场因素动态变动调整。

（四）特色食用菌产业（灵芝菇）

在选择生态农场产业业态时，因地制宜，筛选包括高经济高产特色食用菌（灵芝菇）产业等特色产业，探索农业产业化过程中土地整治、土壤改良和轮耕轮作、由产品初加工到深加工再到精加工的产业循环经济增长极，反哺主季农业产业端，从而打造湖北省赤壁市科技生态农场产业模块发展模式。

灵芝菇产业投入与产出预估。蕈菌模式下的生态农场食用菌生产建设期投入，主要包括平整土地、建设冬暖棚。种植食用菌前，冬暖棚内土地需旋耕、除草、消毒，建设可调温、调湿、浇水、通风的半自动化管控设施。

蕈菌模式的生产资料投入主要包括菌种费、覆土材料、菌棒费、农业机械费、水费、电费、技术服务费、管理费、销售费、维护费、修理费和其他等项费用。菌种费是指菌棒投入的费用。除上述费用之外，劳动支出也占有重要比重（见表32—6）。

表32—6　灵芝菇种植产业引资主要投资与收益分析统计预估

投入名称明细	单位成本	总种植面积	**100 亩**	备注说明
旋耕费	100 元 / 亩 / 茬	全年种植投入	1998 万元 / 年	6 茬鲜菇 / 年
开床费	200 元 / 亩 / 茬	每亩预计产量	2.0 万斤 / 亩	1 茬鲜菇 / 月
菌棒费	15000 元 / 亩	产品销售单价	2.0 元 / 斤	按批量供应预测
驯化药剂 + 营养液	10000 元 / 亩	亩产销售收入	40000 元 / 茬	1 茬鲜菇 / 月
种植劳务投入	4000 元 / 亩	全年总产量	1200 万斤 / 年	6 茬鲜菇 / 年
灌溉采摘投入	1000 元 / 亩	备注说明：暂不包括其他随机动态发生的收支项		
技术服务投入	3000 元 / 亩	**全年销售收入**	24000 万元 / 年	6 茬鲜菇 / 年
每亩总投入	33300 元 / 亩	**全年预估毛利润**	402 万元 / 年	6 茬鲜菇 / 年

注：表32—6预估数据将根据当地土地资源、劳务资源及市场因素动态变动调整。

（五）生态农场品牌建设

湖北省某农业科技有限公司作为科技生态农场的建设运营主体，负责科技生态农场涉及的各项资源汇集、产业集聚和运营工作；由赤壁市政府和科技生态农场涉及的上下游企业、社会团体和生态农场主体共同参与品牌建设相关工作。

品牌建设将分为区域公共品牌建设和企业品牌建设两项内容。

1. 地方政府主导区域公共品牌建设运营工作

生态农场建设运营单位配合政府及授权机构共同完成区域公共品牌的打造。有影响力的区域公共品牌可以为本地区农产品进行赋能，实现农产品溢价，带动了农业产业发展。建立农产品区域公用品牌，可以有效地整合地方"多而散、小而弱"的农业品牌资源，有利于塑造地区农产品良好的整体形象，快速提升知名度、竞争力和附加值，推动"现代农业千亿产业集群"快速发展。

2. 企业品牌建设由企业自主建设

企业品牌是企业无形资产，成功的企业品牌塑造，可引领企业经营发展；对内加强企业管理，促使企业自我规范；增强企业员工荣誉感，吸引企业人才；可以提升企业产品质量和提升企业服务质量，从而对外提升企业竞争力；形成良好的企业经营氛围，增强企业外交能力。打造企业品牌将是企业发展中的重要工作内容。

（六）生态农场实施区域

赤壁市科技生态农场采取区域示范运营的形式进行分步实施，逐步外延，计划在赤壁市茶庵岭镇白石村开展项目首期嘉树生态农场样板试点建设，并逐步影响到周边十里八乡，起到示范引领带动作用。

一是计划依托赤壁市茶庵岭镇白石村原有的农业产业基础，将赤壁市茶庵岭镇打造成赤壁市科技生态农场示范区，并逐渐形成农业产业链＋供应链集聚区和生态农场发展综合体。

二是以嘉树生态农场为生态农场的区域推广示范区，逐步扩大生态农场的建设数量及建设规模，根据生态农场建设及运营需求，适时配套增加相对应的农产品深加工、农品收储、运输、农品交易、贸易服务等项目，进行一二三产的产业融合。通过生态农场生产与经营，将农民身份进行转换，由农民向职业农民（农艺师）、企业家身份的转变，解决农业生产发展痛点问题，结合乡村养老，将生态农场示范区建设成区域样板综合体，减少城乡间的差距，将该示范区域建设成赤壁市科技生态农场产业新村。

三是生态农场建设重点要打造行业新标准，用严谨的思维围绕生态农场建设、标准化生产、食品安全、环境治理、乡村养老、人居环境、减排固碳、装备配套、管理服务等方面建立相应的标准，逐步摸索并制定出完整的生态农场标准体系，为生态农场的标准化建设与运营做准备，形成一套可复制、可推广的融合创新发展模式。

四是以示范区域为发展中心，做好生态农场的试点建设与示范运营工作，总结经验，优化生态农场商业模式，逐步向湖北省内其他地区乃至全国进行科技生态农场模式复制推广。

第六节　生态农场建设的深远意义和发展模式

一、生态农场建设的深远意义

"生态农场"是中国农业生产自土地改革以来又一次历史性农业生产模式革新创举。生态农场践行国家发展乡村振兴，做功能性配套，建设前端农业基地，吸引专业生产加工企业、创新型科技企业、专业服务型企业和地方乡贤共同参与生态农场项目模式创新、科技服务与实体经济相结合，加快推动科技创新策源地建设，是推动区域产业经济高质量发展的重要举措，以农业、科技、金融、农旅、康养、服务创新融合为契机，布局区域未来产业发展新方向，进一步推动湖北省赤壁市科技创新势能转化为经济发展新动能。

探索政府资源与社会资源对接的新机制，科技资源与市场资源融会贯通，行政管理与专业服务的创新运用。用科技手段指导农业生产、规范企业经营、防范市场风险、创新管理服务，促进农业科技发展与管理服务贯通，努力将生态农场建设成为具备数字产业化的现代生态农业、全农产业链发展与产业集聚模式的引领者、农业科技产业发展增长极、制度标准策源地和创新人才首选地。

二、生态农场发展模式

2022 年 2 月，农业农村部办公厅《推进生态农场建设的指导意见》提出，到 2025 年通过科学评价、跟踪监测和指导服务，在全国建设 1000 家国家级生态农场，带动各省建设 10000 家地方生态农场，遴选培育一批现代高效生态农业市场主体，总结推广一批生态农业建设技术模式，探索构建一套生态农业发展扶持政策，持续增加绿色优质农产品供给，不断提高农业质量效益和竞争力，让生态农场建设成为推动农业生产"三品一标"的重要平台和有力抓手。

《推进生态农场建设的指导意见》明确了生态农场建设的四方面重点任务：

1.培育一批生态农业市场主体。

2.推广一批生态农业技术模式。

3.探索一套生态农业扶持政策。

4.构建一套生态农业监测体系。

编者单位：贵州安良中长农业有限公司、贵州金粱农业科技有限公司
作者：何业坤、何飞燕

第三十三章
广东省佛山市高明区革命老区乡村建设

——广东省红色文化助力乡村振兴实践模式

　　佛山市高明区以生态文明为指导思想，以革命老区特别帮扶计划为重要抓手，依托绿色生态资源及红色革命文化，大力实施乡村振兴战略。本案例规划坚持生态保护优先原则，提出党建引领的规划策略，在工作方式上采用在地规划的形式，探索乡村规划工作坊的模式，每月定期举行"村庄规划座谈会"，充分听取村民的意见，解决村庄建设问题。规划立足高明实际，探讨高明区绿色崛起背景下的革命老区乡村振兴路径，重点探索两条路径：一是以党建组织振兴为抓手，落实革命老区特别帮扶计划，促进城乡融合、城乡一体化、全域旅游等具有高明特色的乡村振兴路径；二是实施生态提升，推动"美丽资源"向"美丽经济"转变，助力高明区绿色崛起。本案例规划的成效得到了相关方的广泛认同：自上而下，地方部门的管理意图有了清晰的实施路径；自下而上，村民的需求也成了一个个看得见的生活场景。绿水青山，绿色为底，红旗飘扬，红色为魂！红绿交织下，高明革命老区迎来了前所未有的发展变化，并将融入高明区绿色崛起的新格局，未来的振兴将指日可待。

　　本项目获得高明革命老区政府的一致好评，目前，高明革命老区村庄已根据规划进行建设，大部分村庄已完成施工，并取得了一定的成效。同时，项目获得广东省优秀城市规划设计一等奖。

第一节　项目概况

一、项目背景

佛山市高明区地处广东省中部、粤港澳大湾区西翼，是广东省重要的革命老区，同时也是佛山市乡村发展不平衡、不充分矛盾最突出的地区之一。高明区以生态文明为指导思想，以党建组织振兴为重要抓手，大力实施革命老区特别帮扶计划，弘扬红色革命文化，谋求绿色崛起，持续推动高明革命老区乡村全面振兴。

本项目的规划范围为佛山市高明区的革命老区，重点研究高明区更合镇、杨和镇革命老区村庄规划建设，探索佛山市高明区的革命老区乡村组织振兴实践。

二、现状分析

（一）绿色生态资源

佛山市高明革命老区的自然景观资源丰富，目前已开发的有杨和镇皂幕山森林公园、美的鹭湖森林度假区以及更合镇的绿地拾野川小镇；其他未开发的自然资源更是生态保护良好，拥有原生态的自然风景，譬如杨和镇内的大沙水库、西坑水库，更合镇内的合水杪椤自然保护区、香山森林公园等。其中，合水杪椤自然保护区占地面积1038公顷，其核心杪椤保护区占地面积170公顷，具有较高的欣赏与考古价值；香山森林公园生物多样性丰富，生态基底良好，因山上盛产香椿树得名。

（二）历史文化资源

佛山市高明区的革命老区拥有悠久的历史，在抗日战争时期，贡献良多，杨和镇内的皂幕山是抗日战争时期新高鹤游击队的根据地，是重要的抗日战争革命老区，有着光辉的革命历史。因此，高明区更合镇、杨和镇的许多村庄均为革命老区，目前在更合镇内有革命烈士纪念碑5座、革命名人故居 2 处、革命事迹建筑 3 处，包括"合水革命烈士纪念碑""谭宝荃革命烈士纪念碑""陈定陈妹革命烈士纪念碑""黄仕聪烈士纪念碑""抗日游击队云良联络点旧址""游击队白洞旧村驻地旧址"等。此外，高明区内拥有丰富的历史文化资源，目前仍保存较多的历史文物，其中杨和镇内现有 6 处历史建筑，分别为罗志故居、巨澜冯公祠、松涧冯公祠、杨梅观音山及两处古炮楼。

依托高明革命老区良好的绿色生态资源和丰富的红色革命等历史文化资源，从 2018 年 1 月开始，佛山市高明区以党建组织振兴为抓手，推行革命老区特别帮扶实施方案，按照"缺什么补什么"的原则，重点推进村道巷道硬化、农村生活垃圾处理、农村生活污水处理、农村安全优质供水、乡村风貌改造与提升、公共服务设施建设六大公共基础设施和民生工程建设项目，助推革命老区绿色崛起。

第二节　振兴发展策略

一、党建引领，发挥基层党员先锋作用，推动乡村振兴

以党建组织振兴为抓手，结合乡村人居环境建设及加强社会主义核心价值观宣传，通过党建引领，加强乡村基层组织振兴，带领高明革命老区乡村振兴发展（见图 33—1）。党建组织振兴的主要举措如下：一是通过成立乡村振兴理事会，优化调整农村基层治理架构；二是建设党群服务站，对无职党员设岗定责，通过党建组织推动乡村振兴；三是组织党员进村入户，发挥农村基层党组织的领导作用，积极参与乡村振兴的规划、建设工作，推动党员履职为村服务；四是动员乡贤支持乡村振兴建设发展，推动乡村治理"熟人社会"回归。

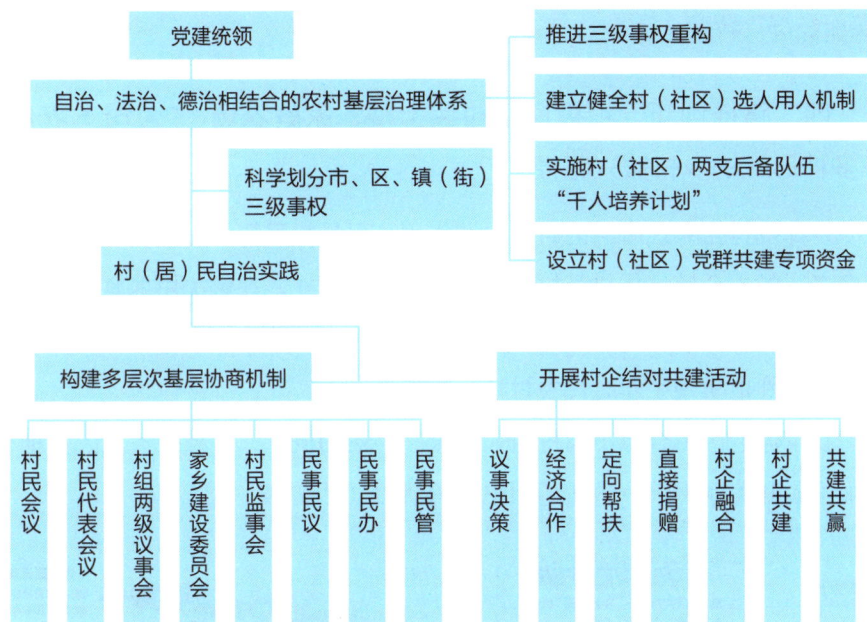

图 33—1　党建引领架构图

资料来源：项目组提供。

二、在地规划，建立工作坊的模式实施性强的村庄规划

在革命老区试点村旺田村、洞心村、广建村、水井村等，探索乡村规划工作坊的工作模式。在党群服务站的带领下，依托驻村规划师，构建政府、村民、社会等多元主体交流平台，采取在地规划的工作模式，并每月定期举行"村庄规划座谈会"，解决村庄规划建设问题，助力乡村振兴。

三、生态先行，推动"美丽资源"向"美丽经济"转化

对入村党员设岗定职，发挥党员带头作用，以行政村为单位，实施生态提升，加强环境保护，包括沟渠池塘清理、河道治理、环卫治理、污水处理等。结合生态提升工程在高明革命老区的杨和镇坑美村等村庄打造旅游休闲、徒步观光、绿色骑行等精品旅游路线和精品村落，推动"美丽资源"向

"美丽经济"转变。

四、路径创新，积极探索村民上楼、家庭农场、"公司＋农户"等多种形式的乡村振兴路径

发挥乡村振兴理事会的组织协调作用，引导村民探索上楼模式，在高明革命老区的更合镇坑尾村等村庄实行村民上楼模式，在解决用地紧张与村民新增居住需求矛盾的同时，通过土地的盘活，完善公服配套，增加村集体物业，创造性地实现了新时代农村社区的建设。

在革命老区更合镇小洞村引入了家庭农场的概念，让外来务工人员拥有美丽家园和美丽田园，激活了园中村的活力（见图33—2）。

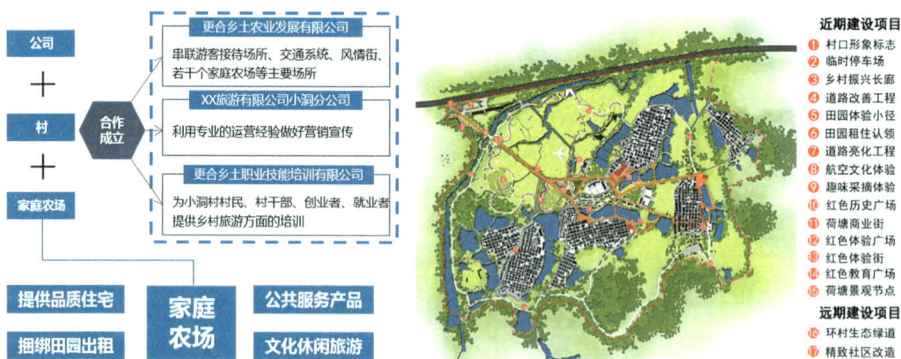

图 33—2　更合镇小洞村规划方案图

资料来源：项目组提供。

以党建组织为桥梁，构建社会资本与乡村的联系通道，吸引社会资本支持乡村振兴发展。在革命老区杨和镇大布村引入了"公司＋农户"的田园综合体模式，结合乡村旅游发展花卉种植、水果种植等产业，带领村民走上产业振兴、美丽宜居、生活富裕的振兴道路。

第三节　规划实施状况

规划构思：规划立足高明实际，探讨高明绿色崛起背景下的革命老区乡村振兴路径，重点探索两条路径：一是以党建组织振兴为抓手，落实革命老区特别帮扶计划，促进城乡融合、城乡一体化、全域旅游等具有高明特色的乡村振兴路径；二是实施生态提升，推动"美丽资源"向"美丽经济"转变，助力高明区绿色崛起。

一、落实革命老区帮扶计划，推动基础设施均等化，补齐发展短板

以党建组织振兴为抓手，按照高明革命老区振兴计划、五好新农村建设、美丽乡村建设等建设要求，规划在杨和镇龙湾村和北坊村等村庄推动村道巷道硬化、农村安全优质供水、农村生活污水处理以及文化站、健身活动

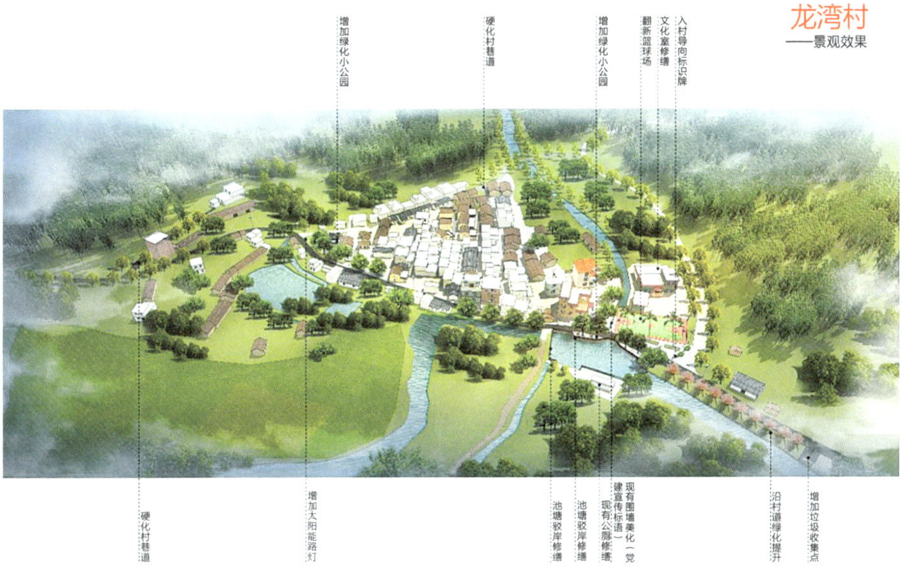

图33—3　杨和镇龙湾村规划效果图

资料来源：项目组提供。

中心、小公园等设施建设，补齐乡村发展短板，助推革命老区绿色崛起（见图33—3）。

二、编制"多规合一"规划，推动革命老区城乡一体化发展

本次规划与城市总体规划、分区规划、控规等上位规划进行衔接，落实上位规划纲要内容，并提出村庄规划道路与上位规划道路的衔接处理原则，编制"多规合一"的村庄规划，以入村党员为媒介，大力宣传规划思想，促进城乡一体化发展。

依托镇区便捷的交通，整合现状资源，在高明革命老区杨和镇对川村发展农村商品零售、农村生活服务、农产品加工等产业，打造并扩大品牌效应，发展生态餐厅、绿色餐饮等产业业态，推动革命老区城乡一体化发展。

三、发展生态旅游发展，助推革命老区"全域旅游"发展

依托高明革命老区的皂幕山森林公园、西坑水库、香山森林公园、美的鹭湖森林度假区等自然景观资源，结合高明区其他历史文化资源，发展乡村旅游、休闲旅游、文化旅游等旅游产业，构建高明"全域旅游"体系，借助党建组织振兴力量，动员乡贤、社会资本支持乡村振兴，助推高明革命老区旅游发展。

结合各村生态本底，以保护村庄生态环境为原则，发展生态农庄、市民农场、自然教育园等业态，设计爬山、徒步、山地自行车、野餐等各类休闲活动。规划在高明区杨和镇大田村建设皂幕山景区入口，配套停车场、游客服务中心、民宿等设施，发展生态旅游（见图33—4）。

四、加强产业发展研究，推动革命老区产业振兴

发挥党建组织振兴作用，整合驻村规划师、入村党员、乡贤、村民等多方力量，加强产业发展研究，在高明革命老区探索"农业＋旅游""农业＋教育""农业＋文旅"等多种形式的产业振兴路径。

图 33—4　大田村规划效果图

资料来源：项目组提供。

　　针对高明区的特色农产品，如高明革命老区更合镇的粉葛、蘑菇，杨和镇的花卉、坚果等，加强"一村一品，一镇一业"品牌打造，结合乡土文化、红色文化，打造以休闲度假旅游、红色旅游为支撑的"农、旅、产、镇、融"互动发展的产业体系，助推革命老区产业振兴（见图 33—5）。

图 33—5　产业体系分析图

资料来源：项目组提供。

五、项目实施状况

目前佛山市高明区的革命老区内的大部分村庄正在逐步推进人居环境整治提升建设工作，其中有 247 个自然村依据规划已落实革命老区特别帮扶计划，有 7 个自然村创建美丽乡村的建设工作已经通过验收。更合镇小洞村以党建组织为抓手，以文化建设为推手，不断探索"党建＋文化"助力乡村振兴的新模式，目前小洞村党群服务中心已建成，小洞红色步行博物馆处于建设中。此外，杨和镇大布村党群服务中心、更合镇硐心村文明实践站、更合镇广建村文化广场和文化楼、更合镇水井村休闲广场等均已建设完成，规划的成效得到了相关方的广泛认同。

编者单位：广州亚城规划设计研究院有限公司

作者：林金龙、张晓生、寇海林、蒋丹鸿、薛成芳

第三十四章
3D 雷达射频技术与物联网智慧
赋能乡村振兴

本章重点介绍 3D 雷达射频技术以及该技术在智慧农业、食品安全、土壤改良、中医农业等方面的应用，为我国乡村振兴提供新技术、新产业、新业态、新模式、新方案。该技术可实现农业生产的无人化、智能化、自动化，通过建设 T3DR"宏基站"监测系统，对环境温湿度、土壤水分、二氧化碳、气象预报等和无线通信网络实现农业生产环境的智能感知、智能预警、智能决策、智能分析、专家在线指导（云平台），为农业生产提供精准化种植、可视化管理、智能化决策。云平台是集监控、电子商务、农机管理、食品溯源防伪、农业休闲旅游、智慧养殖、乡村生态产业园等要素于一体的现代农业信息服务，集物联网、大数据、云计算、移动终端、人工智能技术等功能于一体，具有强大的数据处理能力，在智慧农业体系建设中发挥核心作用。信息服务云平台正在与农业深度融合，具备农业信息感知、定量决策、智能控制、精准投入、个性化服务的全新农业生产方式已经运用到了实践中。

第一节　3D 雷达射频技术简介

一、具有业界领先的人工智能处理器

基于自创的 Raise-OSA 三维芯片开发架构，发明了拥有自主知识产权的

具有超低延迟、超低功耗和高算力的人工智能处理器开发平台，开发出首个业内专注于延迟优化的人工智能处理器。在创建处理器芯片开发平台时改进了底层的神经网络架构、重构计算器件和处理组件（PE），对片内数据存储和传输也做了优化，其性能指标超过了英特尔、谷歌、英伟达和华为等公司的人工智能处理器，在 2020 年 6 月的国际人工智能测评大会上获得了金奖。

二、实现多种技术在芯片级的融合

将多传感器融合技术、软雷达射频技术、3D 雷达成像技术和人工智能技术融合为一体，形成了小功率、低成本的人工智能 3D 雷达射频芯片。以低成本实现射频芯片的超宽带处理，可为 5G 和 6G 基站提供极简、低功耗和极低成本的解决方案。搭建基于 T3DR 的微波层析成像扫描的"宏基站"，该站辐射半径为 2500 米，是 5G 基站辐射半径的 5 倍，只要在辐射区即可实现 3D 雷达射频芯片功能。

在芯片级进行跨领域的技术融合，为人工智能带来一系列技术革新，为智能终端配备透视到物体本质的分析、识别和推理能力，为机器学习和推理提供精准数据和无延迟算法，可超越目前普遍接受的人工智能图像识别和语音识别等表象识别，为智能终端设备和智能机器人匹配模仿人类智慧的认知能力，为智能应用市场带来革命性的技术创新。可使科学研究回到本源，为医学（细胞、病毒和病菌级）、物理（量子 / 粒子级）、化学（元素级）的研究探索提供直观的、精准的观察分析工具。从表象的研究和探索，回到原始的对本源的研究。为重新描绘可见和不可见的物质及宇宙，打开了另一个窗口。

三、3D 雷达成像技术和人工智能技术的应用

经过机器学习的人工智能算法，可精准定位，形成 3D 图像；基于 T3DR 的微波层析成像扫描设备，可以用到智慧农业、食品安全、智能安防、智慧医疗、智慧金融、智能交通、智能教育、智能家居等行业，市场领

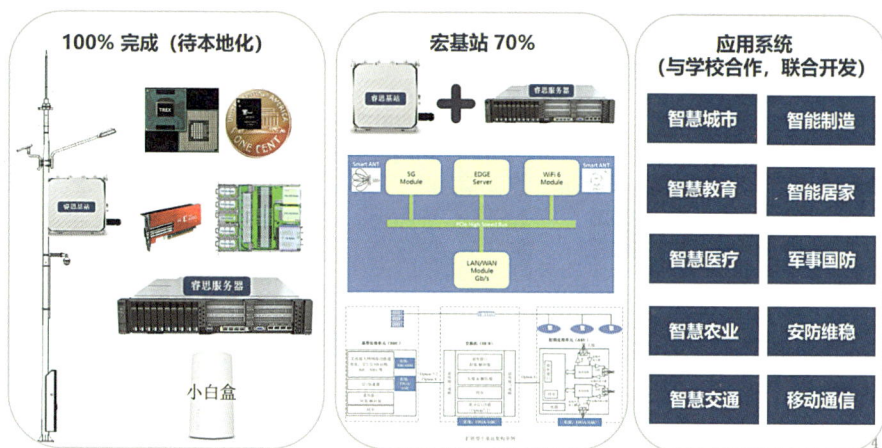

图 34—1　3D 雷达成像技术和人工智能技术的应用

资料来源：项目组自绘。

域广阔。

开发的核心产品主要包括以下三大产品系列：

1.软雷达超宽频射频芯片，将与 Raise-5G 人工智能服务器一起构建 Raise-5G 智能基站。Raise-5G 智能基站可以克服当前 5G 基站的几大缺陷，在降低基站功耗、提高覆盖率、增加网速上实现巨大提升，同时也极大地降低了 5G 基站的建设成本，样机已进入试验阶段。

2.人工智能 3D 雷达频射终端处理器芯片，将与 Raise-5G 人工智能服务器、Raise-5G 智能基站配合，构建智能终端设备，可实现智能应用系统的极简化。

3.非接触、无感知、精准便携的透视扫描监测设备，可用于医疗、安防、消防等领域，实现监测的透视化，与 Raise-5G 人工智能服务器和 Raise-5G 智能基站一起构建极简化的智慧应用系统。

T3DR 芯片的应用市场广泛，几乎涉及人工智能行业应用的方方面面，可以作为目前人工智能行业应用中终端设备的升级和补充。基于终端产品将以非接触式替代大部分非接触和接触式的智能终端设备，TREX 与 T3DR 相互分工，可以用在几乎所有的智能应用场景，在 **T3DR** 的智能应用场景中，**TREX** 提供云或边缘计算（见图34—2）。

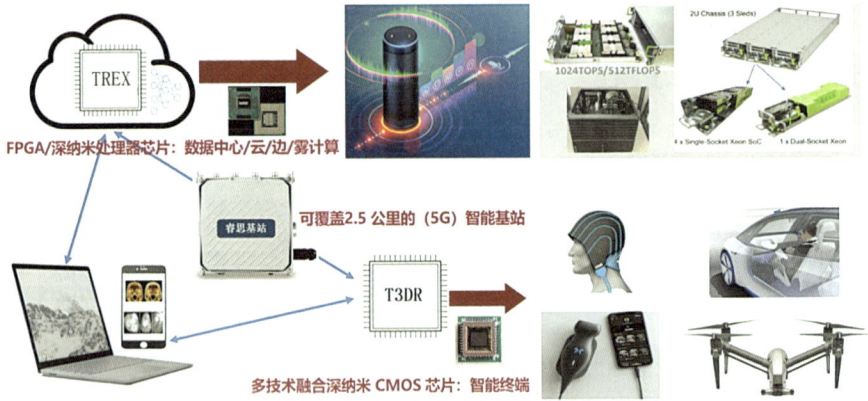

图 34—2　TREX 与 T3DR 芯片的应用

资料来源：项目组自绘。

第二节　3D雷达射频技术在智慧农业中的应用

一、现代智慧农业

本章所提的智慧农业是在原物联网、大数据、智能传感等技术（RFID 溯源 2.0 版）基础上增加了 3D 雷达射频技术后的升级版，相当于 4.0 版的现代智慧农业，可实现农业生产的无人化、智能化、自动化。通过建设 T3DR "宏基站" 的监测系统，对环境温湿度、土壤水分、二氧化碳、气象预报等和无线通信网络实现农业生产环境的智能感知、智能预警、智能决策、智能分析、专家在线指导（云平台），为农业生产提供精准化种植、可视化管理、智能化决策。云平台集监控、电子商务、农机管理、食品溯源防伪、农业休闲旅游、智慧养殖、乡村生态产业园等要素于一体的现代农业信息服务，这种现代农业信息服务是集物联网、大数据、云计算、移动终端、人工智能技术等功能于一体，具有强大的数据处理能力，在智慧农业体系建设中发挥核心作用。正在与农业深度融合，具备农业信息感知、定量决策、智能控制、精准投入、个性化服务的全新农业生产方式已经运用到了实践中。

二、具体应用

建成覆盖全面、业务协同、上下贯通、开放共享的农牧业 3D 雷达射频技术信息系统，完善城市相关数据采集、传输、共享基础设施，建立数据采集、处理、应用和服务体系，实现城乡融合。

（一）科技系统服务农业

重点推进重要农产品、动植物病虫防控、农牧业资源环境、农业种业、农业机械、畜禽养殖等数据资源整合开发应用。

1. 农业管理系统

构筑包括农机综合信息化服务网络和农机综合监管网络两大服务网络的智慧农业管理系统，实现内部办公与业务自动化，建立农机监理、农机管理、农机推广和农机化服务等农机业务管理信息系统，运用物联网 3D 雷达射频技术对大田光照、土壤墒情、气象预报、病虫监测、孢子捕捉分析、原位根系扫描、土壤 pH 值等环境进行实时监测和数据采集，上传物联网云平台，进行大数据分析与调控。

2. 设计和实施分布

主要体现在生产源头的计算机视觉感知设备与传感器网络，对生产环境与生产流程进行智能感知与实时传输和存储。建立生产全过程实时数据库和可视化信息平台，通过物联网控制设备和终端人机对话界面的可视化，实现生产全过程智能化决策、精准化种植和标准化管理，从而实现农业生产的自动化、精准化，减少人力，有效利用资源，降低农业生产成本。

3. 3D 雷达射频技术运用

将 3D 雷达射频技术运用于制种、研发、种植、加工、销售、土壤改良、运营管理。与相关生产资料及设备企业合作形成集农产品安全溯源、智能施肥机研发与定制、水肥一体化、灌溉自动控制、自动环境调节等多种服务于一体的智慧农业，旨在构建起一个"从农田到餐桌，从生产到销售，从传统到创新，从食品到药品（药食同源）"的农业智能化服务体系。

利用3D雷达射频技术选择农作物、中药材、瓜果类、水产品等最适宜生长地，采取政府施策、科学指导、合理规划、规模种养，打造地理品牌，建设地理品牌农副产品生产、加工、贸易基地。形成"品质＋品牌"的双优品效应，提升地理知名度，增加品牌收益率，加快乡村振兴步伐。

（二）立体化合作模式

物联网智慧农业的"新技术、新产业、新业态、新模式"有助于实现农业现代化和乡村振兴。将个体农户松散式农田或合作社标准化农田改造成智慧高标准农田，不仅能提升瓜果蔬菜、粮食作物的品质，增加农产品附加值，提高食品安全性，还能充分利用物联网和3D雷达射频及人工智能芯片技术将农民从胼手胝足的劳作中解放出来，做新型智慧农业职业工人甚至职业经理，将振兴乡村的全要素科学有效地激发出来，提质增效、智慧快捷，实现农业产业化、企业化、市场化。

1. 农事管理

建立智能芯片研发、生产基地，组织生产必要产品，联合相关协作企业，打造示范样板基地，完善运营管理机制，实行"总公司—服务中心—服务网点—服务站—合作社—职业公司—农户"的多层次、立体化合作模式，强化标准化运营、管理机制，建立国家标准化体系和服务系统，进而在全国复制，建立各省（自治区、直辖市）服务中心和市、区、县服务网点及镇、乡、村站。发挥作物专家优势，实现与基地负责人双线领导，在种植计划任务管控的同时提升农业作业专业化水平（见图34—3）。

2. 用工管理

合作社或职业公司实行公司化管理，通过智能工卡进行劳务用户管理，实现智能考勤打卡、日常费用结算、作业轨迹回放，使农民成为新型的合作社职工或职业经理人，成为智慧农业的"新型农民"。

图 34—3　立体化合作模式

资料来源：项目组自绘。

3. 组织管理

让"新型农民"有更多的时间参加学习培训和从事各类活动，陶冶情操，增进文明，提升文化技术水平，促进基层组织建设。组织各种活动和培训，实施农业农村产业振兴、人才振兴、生态振兴、文化振兴、组织振兴战略，培养更多新的经济增长点。

第三节　3D 雷达射频技术与食品安全

一、食品安全现状

根据美国食品药品管理局（FDA）报道，每年由食品引起的各类疾病，给美国带来近 700 亿美元损失。

在亚洲，有毒食品和污染事故每年都有报道，例如：福冈核电辐射物已被发现在来自日本的绿茶样品中；鸭肉中的沙门氏菌在中国台湾造成 143 人中毒；印度报道，已有致命化学物质已经侵入印度的食品链。

二、现有的食品安全模式

由政府的监管实验室对食品进行采样抽查，出现重大事故后及时处理。食品消费者仅仅依靠"官方证书"，无法保障最终的食品安全。

三、基于 T3DR 的食品安全模式

雷达射频及人工智能芯片可行性报告的食品安全监测系统。

其中：

1.硬件：毫米波芯片，固定频谱→全频；

2.软件：云端大数据和人工智能，毒素成分→全方位材料系列＋个人健康信息；

3.消费电子设备：嵌入设备（USB，钥匙扣等）→嵌入智能手机；

4.App：各种功能，版本提供不同服务，例如：基本功能、升级功能、过敏源。检测（花生、味精、重金属）→各种毒素等。物联网溯源（RFID）和 3D 雷达射频芯片技术可增加消费者信任度，让所有消费者清晰地看到所消费食物产品的来源地气候、土壤、环境、生长、生产、加工、包装、储存、运输、商超或物流派送全过程的数据和影像，从根源上杜绝了假冒伪劣产品，实现真正意义上的食品安全，大大地提高了消费者的信任度和购买欲，市场前景广阔。

第四节　生态农业合作社与土壤改良

一、生态农业合作社概况

生态农业合作社（以下简称"生农合"）是一种针对"三农"问题的创新合作模式。以往的农村合作社都是由农民组成，在农村针对农业生产活动组织的协作体系，"生态农业合作社"是由政府＋总公司主导的"服务中心—

服务网点—服务站—合作社—职业公司—农户"多层次、立体化合作模式，直接和城市居民以稳定的农副产品供需契约为纽带，形成覆盖一二三产的全面城乡一体化合作体系。

二、生农合建设运营体系

（一）第一个板块："生农合"一、二号肥

生农合绿色生产体系的第一个板块是"生农合"一、二号肥。生农合绿色生产体系中最具特色的是"生农合"一号肥，该肥料既保持了氮磷钾肥的高产优势，又通过与特有的生物制剂混合，施肥遇水后在土壤中融合为网格化膜状通道，一方面可在作物根部形成水肥盆，作物吸收后，浓度差形成的动力学机制又将远处的肥料引致根部；另一方面，将氮磷钾的运动限制在膜状通道内，避免了氮对土壤中有机质的大量消耗，也避免了磷钾与土壤中金属阳离子的置换，从而避免了土壤发生板结。生农合的专家认为："生农合"一号肥有效地实现了世界粮食理事会于2004年提出的第二次绿色革命的愿景。既固化了始于20世纪60年代以来的第一次绿色革命的高产成果（氮磷钾肥进入农业），同时又保证了土壤的质量，特别保证了土壤中微生物群落的生存环境，从而保证了农作物矿物质微量元素的含量，进而保障了人类的身体健康。

"生农合"二号微生物肥也是生农合绿色生产体系的又一关键技术产品。由于化肥农药的广泛使用，大规模地灭杀了土壤中的微生物群落，使农作物产品既失去了原有的美味，又无法供应人体需要补充的各种微量元素。"生农合"二号微生物肥，可以有效地向土壤中补充微生物菌群，并且可以根据作物需要或是土壤中矿物质微量元素的具体情况，向各类作物提供不同的微量元素，从而实现微生物、矿物质和微量元素精准匹配的控制工程。

生农合绿色生产体系的其他支撑技术还包括利用生物制剂制成的防病虫害产品——"光合叶宝""穴盘式蔬菜工厂化种植大棚"等。

（二）第二个板块：公共服务云平台

生农合绿色生产体系的第二个板块是物联网 3D 雷达射频技术（T3DR）对质量信息追溯的升级版公共服务云平台，该平台与以往各类平台的不同之处在于，以往的 RFID 应用系统侧重于物流、仓储过程的物品快速识别和运动轨迹追踪，而生农合的品质农业（T3DR）追溯系统依靠其主体机构在物联网技术方面的重大突破，实现了针对每一物品究其生产产品构成的"主料""辅料""部件""工具设备""人工工序""产品集散"等各个环节进行全程可视化追溯展现。任何一个生农合产品的消费者通过手机端即可看到所购农副产品的全流程影像。这些产品质量紧密相关的数据影像都是由分布各处的 T3DR 透视成像，而非人为在后台数据库中设置，整个 T3DR 追溯设备的设置及工作体系将向全体消费者开放，供人们随时观看核验。

（三）第三个板块：生农合云平台

绿色生产体系的第三个板块是"生农合云平台"。生农合的系列产品通过一个便捷交易交互流通的通道走进千家万户，任何消费者均可以通过手机端系统进入生农合云平台下单购买生农合产品。

生农合云平台同时也为加入平台的城市居民消费者和专供生产种植区的农民合作社之间构建专门的电子社区平台，每一个县乡的农民与对应城市的若干社区居民形成稳定的绿色农副产品供需关系后，由生农合云平台为他们设立一个专门的电子社区，供双方实现在农副产品稳定供需关系以外的其他日常交互，包括组织乡村旅游、共商农副产品深加工体系建设投资、青少年务农学习、乡村居家养老和就业帮助等。

生农合云平台推出的品质农产品在 T3DR 质量信息追溯服务平台具有向社会各类企业提供终端服务的功能，T3DR 质量信息追溯服务平台遵循国际国内产品代码标准，这对 T3DR 普及应用及国家信息安全有重大意义。

通过引用可信身份秘钥验证（IKI）技术，将 RFID 应用从现有的"物品管理"和"防伪"的常规功能提升至产品质量过程 T3DR 全程可视化展现的新水平，通过标签芯片扫读可获知任意物品的主料、辅料、部件、工序和集散路径等所有关乎品质的信息，并实现全程可视化。

三、实现统一电商 O2O 模式

以京东、淘宝、拼多多为代表的电子商务，2017 年三家年营业额已经超过 5.7 万亿元，而我国每年社会零售商品总额总计超 60 万亿元，也就是说现有的电商只占有 10% 左右的份额，90% 的社会商品零售业务通过多如牛毛的线下实体店和其他销售渠道来完成，因此，全球电商领域，包括各级政府以及众多的电商企业都将目光瞄向了 O2O 线上线下综合电子商务（传统电商和直播带货）主战场，力图将更多的线下实体店纳入电商体系，生农合云平台力图形成一个覆盖全社会的、能够帮助众多的线下实体店实现对消费者进行消费激励的系统，因此一方面可以使消费者体验快乐消费的体验，激发消费活力，另一方面可以使众多的企业实体店和生产实体获得了空前的引流聚合的能力，大大地拓展其业务，强化了生存能力，开拓了农业新模式。

以电子社区构建生态产业合作社强化城乡一体化。随着生农合菜篮子不断融合其他农副产品的销售展开，生农合平台依据订货、供货、生产、消费的关系为城市的若干社区与若干乡镇，构建专门化的电子社区，谓之生态农业合作社。该社不同于以往的农村各类产业合作社，以往的产业合作社是由农民在农村对农业生产展开的积极协同组织形式，而生态产业合作社则是跨城乡依据农民与居民之间稳定的供需契约，构建的新型社会经济组织模式，随着生态农业合作社电子社区的形成，除了日常农副产品的生产、消费、供需之外，在社区内就乡村旅游、务农学习、养老、资源融合、投资创业等各方面展开深度交流，强化城乡一体化的发展。

编者单位：北京如是芯科技文化有限公司
作者：李兆敬
编者：钱永俊、何飞燕、覃伯淇、程建群、蒋国平

第三十五章
县域数字经济平台与"一十百千万工程"推动数字乡村发展

数字经济是新的经济社会发展形态，是新一轮产业变革的核心力量。突如其来的新冠疫情对全球经济以及社会发展造成巨大冲击，也为世界各国加快产业数字化发展、推进产业数字化转型、打造经济增长新引擎提供了契机。我国数字经济在逆势中加速发展，数字经济不断下沉至县域经济体。当前，我国县域数字经济千帆竞发，但由于基础条件薄弱等原因，发展当中存在不少困难和问题，需要认真研究谋划，明确科学的发展路径。

第一节　我国县域数字经济现状趋势

一、政策解读

我国将发展数字经济作为一项国家战略，在逆势中加速赶超，数字经济不断下沉至县域经济体。

2019 年年底，农业农村部、中央网信办印发了《数字农业农村发展规划（2019—2025 年)》，对新时期推进数字农业农村建设作出明确部署，描绘了数字农业农村建设的发展蓝图。

2020 年 7 月 29 日，国家发展改革委办公厅印发《关于加快落实新型城镇化建设补短板强弱项工作　有序推进县城智慧化改造的通知》，就有序推进引导县城智慧化改造进行了部署。

2020 年 10 月 29 日，《中共中央关于制定国民经济和社会发展第十四个五年规划和二〇三五年远景目标的建议》通过，建议提出，优先发展农业农村，全面推进乡村振兴，加快农业农村现代化发展。

2022 年 1 月 12 日，国务院印发的《"十四五"数字经济发展规划》提出，到 2025 年，数字经济迈向全面扩展期，数字经济核心产业增加值占 GDP 比重达 10%，数字化创新引领发展能力大幅提升，智能化水平明显增强，数字技术与实体经济融合取得显著成效。

2022 年 2 月 22 日，《中共中央　国务院关于做好 2022 年全面推进乡村振兴重点工作的意见》，即 2022 年中央一号文件发布。文件提出，推动乡村振兴取得新进展，农业农村现代化迈出新步伐。扎实有序做好乡村发展、乡村建设、乡村治理重点工作。

县域经济是我国经济发展的战略基石，也是新时期承载农业农村现代化、乡村振兴、城乡融合发展等多重战略的核心载体。发展数字经济、推动县域传统产业数字化转型是促进县域经济高质量发展及乡村振兴的重要突破口。

二、县域经济发展趋势

为全面建成小康社会奠定扎实的物质和经济基础，是县域经济在中国特色新型工业化、城镇化进程中应当担负的重任。随着经济全球化步伐的加快，发展县域经济面临的挑战日益严峻，主要反映在：（1）经济整体素质不高，经济增长方式粗放，经济增长质量不佳。（2）人口总量庞大，人口素质较低，优质人才缺乏。（3）经济社会发展不活跃，要素资源短缺，产业自主创新能力较弱，产业升级压力大。我国正处于工业化、信息化、城镇化、市场化深入发展的阶段，在国家大力实施乡村振兴战略、国家新型城镇化规划的部署下，推动实体经济和数字经济融合发展，在发展传统农业、工业的同时，积极探索数字化技术在县域经济中的应用，是未来发展县域经济的最优途径。

第二节　县域数字经济平台建设内容

一、发展要点

县域数字经济发展需加强系统谋划，以产业数字化和数字产业化为主线，以数字化治理为牵引，以数字基础设施建设和相关制度建设为保障，加快构建县域数字经济生态体系及平台，促进县域经济高质量发展。

（一）立足本地资源禀赋推进数字产业化

一是科学确定数字经济核心产业定位。借助"外脑"力量，认真分析研究本地数字经济资源禀赋、产业基础和发展形势，选准符合本地比较优势的数字经济核心产业，明确发展思路。二是坚持"项目为王"理念。把引进、推进项目作为实现数字产业化发展的关键手段，选择本地具备条件的领域作为突破口，引进一批具有竞争力的企业，培育数字经济核心产业。与数字经济科创企业开展战略合作，以商招商形式吸引更多业内优质企业在县域落户，逐步形成产业集聚。三是加强省、市统筹。省、设区市及有关部门要加强对县域数字产业化的指导，从全省数字经济发展战略出发作通盘谋划，努力形成各县（市）特色鲜明、不同定位、相互协同的发展态势。

（二）着力加快电商发展

数字经济时代，"得互联网者得天下"。在县域要增强互联网思维和电商发展意识，顺应社会生产生活方式的深刻改变，大力发展线上交易，充分发挥电商对经济社会发展的拉动作用。一是加大电商人才培育力度。积极引进知名电商企业及机构在县域设立培训机构、合作办学，或委托其开展人才培训，为本地培育一大批电商专业人才，形成发展电商的浓厚氛围。二是抢抓直播电商风口机遇。抓住"直播经济"飞速发展契机，鼓励电商模式创新和电商直播等新业态发展，培育一批直播电商企业和平台，发挥典型示范引领作用，进一步激发电商在引导经济转型升级、扩大城乡消费、促进就业，增收、推动创新创业等方面的作用。三是着力打造区域知名品牌。根据本地产品特色，精心打造区域知名品牌，规范产品标准，提高品牌知名度，树立区域形象。四是筑牢电商发展的产业支撑。加强县域产业谋划，瞄准适合互联网交易的产品和服务，大力扶持相关产业发展，为电商交易几何式增长提供强大的供应链支持。五是加强物流和快递行业配套。提升快递行业服务能力和服务质量，为电商物流配送提供有力保障。六是鼓励支持电商进农村。构建县、乡、村三级物流体系，打造农村电商公共服务中心，完善农村电商人才培育机制，加强乡镇商贸基础设施信息化设施建设，促进形成线上线下融合、商品和服务并重、农产品进城和工业品下乡畅通的现代农村市场体系，全面提升农村电商发展水平。

（三）大力推动传统产业数字化发展

围绕县域重点产业，聚焦不同层级，加快推动本地制造业数字化、网络化、智能化转型。在企业层级，鼓励发展智能制造。在产业链层级，加快链上企业上云用云。引导帮助企业"入网上云"、实际"用云"，推进产业链、供应链数字化，实现精准测链、补链、强链。在产业环境层级，加快打造有利于制造业数字化转型的大生态环境。积极引入具备先进水平的数字化服务商，扶持本地数字化服务商发展，增强县域数字化转型服务供给能力。

（四）积极探索发展数字农业

通过大数据、人工智能等手段对农业产前规划、产中作业、产后销售等进行全方位优化，改变和提升以传统小农户为基础的生产方式，助推数字乡村建设和乡村振兴。一方面，积极推进数字农业试点建设。在具备规模化经营等有利条件的地方，积极探索与数字化服务商合作共建标准规范的数字农业基地，实现农业精准化种植、可视化管理、智能化决策，通过建设产地仓、打通线上渠道等方式，推动农产品产供销全链路数字化。探索发展品牌化数字化室内农业。另一方面，着力夯实数字农业发展的基础。加强农业生产者数字技术培训，采用多形式、多层次培养各类数字农业人才，提高农业生产者的数字化、信息化知识水平，为数字农业的规模化发展提供扎实的人才基础。加快土地规范、合理流转，推动农业产业化规模化，为推广数字农业奠定坚实的基础。

（五）进一步提升数字化治理水平

一是扎实推进数字政务建设。推进政府运行方式、业务流程和服务模式数字化智能化，持续做好政府数字化服务平台应用推广工作，推动更多服务事项"无证办、掌上办、移动办"。二是务实建设智慧乡村。综合考虑乡村管理升级需要与政府财力状况，有序推进智慧城管、智慧交通、智慧公共安全、智慧社区、智慧医疗、智慧文旅文创、智慧生态环保建设，逐步形成"用数据决策、用数据服务、用数据管理"的公共管理与服务机制。三是推动数字化服务普惠应用。适应统筹新冠疫情防控和经济社会发展需要，推进教育、医疗、文化、养老等领域数字化发展，努力为人民群众提供更加智慧便捷的公共服务。

二、建设目标

以"互联网+"和大数据为基础，以民生服务为导向，以创新为路径，通过县城数字经济"1495"平台项目的建设，大力拓展互联网与社会经济各领域融合的广度和深度，融合发掘和释放数据资源，引进数字基础型、数字服务型、数字应用型项目落地，推动县域经济产业结构的转型升级，促进一二三产业协同融合，形成无处不在的惠民服务、透明高效的在线政府、融合创新的信息经济、精准精细的城市治理、安全可靠的运行体系，切实发挥大数据在经济社会运行中的作用，实现县域数字经济高质量发展。

三、项目规划

（一）"1495"基础设施建设

县域数字经济平台规划内容包括"1495"基础设施建设和信息化平台建设。县域数字经济"1495"平台的核心包括：一个引擎（县域智脑），四轮驱动（互联网＋政务中心，互联网＋交易中心，互联网＋媒体中心，互联网＋智力中心），九大产业（数字农业、数字工厂、数字文旅、数字物流、数字医疗、数字养老、数字环保、数字教育、数字金融），五大研究院（县域经济全球化研究院、国家级县域经济研究院、国家级数字县域研究院、县域物联网研究院、县域文旅研究院）。县域数字经济"1495"平台的核心理念是以大数据、云计算、人工智能、区块链、元宇宙、物联网、北斗网格码等数字化技术为基础，从数字化基础设施、数字运营中心、领域核心应用、数字战略研究等层面全方位推进县域数字化发展创新，构建面向政务、商务、民生、产业数字化支撑与保障体系，作为县域数字经济的强大心脏，未来十年将强力推动县域经济的高质量跨越式发展。

（二）信息化平台建设

打造善政、惠民、兴业三大信息化平台。善政工程、惠民工程、兴业工程，共计 31 个信息化子项目的实施将快速增强县域互联网＋政务、民生服务（基础民生服务、精准扶贫）、数字商务、数字产业化、产业数字化的能力，为推动乡村振兴、高质量可持续发展提供支撑。

善政工程：包括全球万物互联联合编码中心、政务云计算中心、一网统管运营中心（城市数字平台）、质量溯源管理系统、"12345"（民呼我应综合信息平台）、新型网格化智慧社管平台、新型网格化智慧城管平台、智能招商平台、信息化项目管理平台、政府绩效考核系统、审批知识库系统、电子档案管理系统等。

惠民工程：包括消费扶贫平台、精准扶贫平台、智慧医疗、智慧教育、党政到我家系统、民生智慧监督系统、知识图谱应用系统、智能导办机器人。

兴业工程：包括产业大数据系统、电商公共服务平台、物流配套管理系统、创业支持系统、人才服务系统、易政通服务系统、产业发展服务平台、中小企业云、云上孵化器。

四、建设内容

（一）"1495"基础设施建设

1. 一个智脑

县域智脑：以县域大数据为核心的智能化平台，打造县域经济发展数字化新引擎。

2. 四个中心

互联网＋政务中心：推动电子政务平台规范化、标准化建设，构建沟通快捷、责任到位、处置及时、运转高效的电子政务运行新机制，全面提高政府管理和政府公共服务水平，实现线上线下深度融合。

互联网＋交易中心：构建电子商务交易中心、农村综合产权交易中心、县域数字资产交易中心等，引导县域经济通过数字平台进行交易，带动县域数字经济的发展和投资。

互联网＋媒体中心：打造融媒体中心，实现内容、渠道、平台、经营、管理等方面的深度融合，成为主流舆论阵地、综合服务平台、基层信息枢纽和精神文化的家园。

互联网＋智力中心：以县在外优秀人士为主体，整合国内外智力要素，构建经济发展资源网络，实现人才、技术、资本、项目的导入。

3. 九大板块

基于县域经济特点和资源禀赋，打造九个数字产业板块，支撑五年倍增计划。

数字农业公共服务平台：将数字化信息作为农业新的生产要素，用数字信息技术对农业对象、环境和全过程进行可视化表达、数字化设计、信息化管理的新兴农业发展形态，是数字经济范畴下用数字化重组方式对传统产业进行变革和升级的典型应用之一。包括农业物联网、农业大数据、精准农业、智慧农业四个主要部分。

数字工厂公共服务平台：在计算机虚拟环境中，对整个生产过程进行仿真、评估和优化，并进一步扩展到整个产品生命周期的新型生产组织方式。是现代数字制造技术与计算机仿真技术相结合的产物，主要作为沟通产品设计和产品制造之间的桥梁。

数字文旅公共服务平台：借助数字化技术，推动文化和旅游真融合、深融合，用文化提升旅游的品质内涵，以旅游扩大文化传播和消费，促进乡村旅游供给侧结构性改革，以"文化＋旅游＋科技"模式重构文旅产业链。

数字物流公共服务平台：应用数字技术对物流所涉及的对象和活动进行表达、处理和控制，达到"物流操作数字化、物流商务电子化、物流经营网络化"，形成"平台＋多式联运"应用模式。

数字医疗公共服务平台：把现代计算机技术、信息技术应用于整个医疗过程的一种新型的现代化医疗方式，是公共医疗的发展方向和管理目标。包括医疗设备的数字化、医疗设备的网络化、医院管理的信息化、医疗服务的个性化、便利化。

数字养老公共服务平台：主要是面向居家老人、社区及养老机构的网络系统与信息平台，提供实时、快捷、高效、低成本、物联化、互联化、智能化的养老服务，满足老年人的养老、健康、安全、情感等需求。

数字环保公共服务平台：利用信息化手段和移动通信技术手段处理、分析和管理整个城市的环保业务和环保事件信息，促进城市管理现代化的措施；由环境监管信息集成系统、环境数据中心、环境地理信息系统、移动执法系统、环境在线监控系统、环境应急管理系统及综合报告系统组成。

数字教育公共服务平台：聚焦大数据在教育领域的实践，基于大数据的个性化学习以及智能决策支持，重构传统教育行业，推动实现教育公平，提高教育质量。

数字金融公共服务平台：通过互联网及信息技术手段与传统金融服务业态相结合的新一代金融服务，包括互联网支付、移动支付、网上银行、金融服务外包及网上贷款、网上保险、网上基金等金融服务。

4.五大研究院

为数字县域提供顶层设计、体制创新、区域经济研究、产业研究、人才、技术支撑。包括县域经济全球化研究院、国家级县域经济研究院、国家级数字县域研究院、县域物联网研究院、县域文旅文创研究院。

(二) 信息化平台建设

1.信息化平台总体框架

基础环境层：基础环境在框架图中处于最底层，是支撑信息化平台建设的重要基础设施，包括硬件环境（服务器、机房）、网络环境（有线网络、无线网络）和编码环境（北斗）等。

数据资源层：数据是信息化平台建设的重要战略性资源，主要包括基础源数据、分类目录库、业务流程库、数据归档库、系统日志库、编码资源库。

支撑系统层：支撑系统在整个框架中承担着承上启下的关键作用，处于应用层和数据层之间。主要包括身份认证、合约管理、密码管理、单点登录、支付管理、物流服务、接口服务和可视化服务等。

应用服务层：应用服务是在基础环境、数据资源、支撑系统基础上建立的各种智慧应用和应用整合，主要包括善政工程、惠民工程、兴业工程。

渠道服务层：是整个信息化平台面向最终用户的入口，是各类用户获取所需服务的主要入口和交互界面，实现各种用户交互操作、信息提取、信息处理等功能。用户可以通过桌面端、微信、小程序、大屏和 App 等渠道进行访问。

标准规范体系包括信息化平台的技术标准规范和综合现有信息技术的标准规范两部分，它是确保应用系统设计、建设和运行符合相关标准的保障体系，在模型的各层都有相应的标准规范。

信息技术标准及安全体系是确保平台安全建设和运行的保障体系，它贯穿于信息化建设的各个层面。

2.善政工程

数字县域 GUC 编码中心：全球万物互联联合编码是基于新 IT 时代，为实现全球万物互联，无缝对接各异构系统数据，进行数据融合时推出的一种全新编码，可以通过编码实现物品标识、精准地理位置、信息索引、万能链接等功能。GUC 赋能功能农业，保障功能农产品的全产业链溯源；以智能化技术改良土壤矿素，支撑功能农业全产业链服务。通过搭建农业大数据平台，将农业种养殖、生产加工、运输、销售等全产业链串联起来，形成数字农业大数据分析各态势，辅助领导决策。

政务云计算中心：建设县政务云计算中心，为各部门提供统一的计算资源、存储资源等服务，同时以高性能计算机为基础提供高性能计算服务，满足地区各部门信息化建设和部署需求。政务云计算中心包括政务云机房建设和政务云数据中心建设。

一网统管运营中心（城市数字平台）：对"人、地、事、物、情、组织"等城市管理和服务要素进行统筹管理，实现城市运行"全域感知、全时响应、全程协同、全息智研"，确保城市更安全有序。"一网统管"就是将城市精细化管理的要素内容"进一网，能统管"。（1）将分散在各个部门的城市精细化管理要素数据统一整合治理，实现"一云汇数据"。（2）对各类管理和服务网格统一归并，优化重构城市运行管理标准事项以及分拨处置工作机制，实现"一网治全城"。（3）基于多维度的数据融合和跨部门的业务融合，利用城市指挥中心大屏幕及多种硬件设备，基于大数据分析，辅助领导综合决策、效能监督，实现"一屏观天下"。

质量溯源管理系统：通过农产品质量安全政府监管平台、农产品质量安全消费者服务平台、农产品质量安全企业端管理平台以及农产品质量安全大数据服务中心保证农产品从田间到餐桌的整个流程的管理，保证农产品的安全性。

12345（民呼我应综合信息平台）：紧紧围绕打造"五型"政府，深化横纵向平台部门联动协同、全流程服务效能监管、智能调度管理，打造民生诉求"主入口"，纳民声、汇民意、聚民心；打造政务服务"总客服"，服务通、数据通、决策通，从而真正实现一号响应、一号通办、一号智慧。平台负责对受理的事件进行集中调度、派发、监督，调动街道内各部门进行协同工作处理，同时将结果进行反馈。平台功能与管理制度相匹配，业务覆盖社会管理与服务全方位，实现事件调度、协同处置。与各部门的业务系统进行无缝对接，部门系统可作为指挥中心的二级平台来使用。资源整合后，县级指挥中心在平时可将案件分派给各部门、街道进行处置，在发生应急事件时可指挥调度全县资源来应对。

新型网格化智慧社管平台：采用物联网、大数据、虚拟三维地理信息系统等技术，基于网格化管理，细化社会治理单元，通过信息化手段，把人、地、物、事、组织等内容全部纳入其中，协助政府完成所辖区域的精细化、动态化治理与服务。

新型网格化智慧城管平台：通过信息技术的集成应用，将城市综合管理的巡查发现、投诉受理、协调督办、事件处置、检查考核、设施监控、指挥调度等工作纳入信息化管理，构建市、区政府及各职能部门共享的城市综合管理信息网络平台，形成上下联动、左右互动、纵向到底、横向到边的综合管理格局。

智能招商平台：基于现有招商服务系统升级智能招商平台，系统集企业服务、楼宇（园区）管理、政府监管于一体，帮助楼宇（园区）管理者向公众展示楼宇信息、发布招商公告，租户可通过平台查看楼宇（园区）情况、筛选意向楼宇（园区）。简化楼宇（园区）招商流程，提高楼宇（园区）招商效率。为政府提供楼宇（园区）、企业信息的采集，并分析各类型企业的数据，计算其相应的经济指标。集中了楼宇（园区）及其入驻企业的数据、促进楼宇（园区）管理，而且简化了楼宇（园区）建设统筹工作，方便进一步掌握楼宇经济动态。系统通过对接打通政府服务、社会第三方服务，为企业提供政策服务、数据服务、金融服务等。系统包括企业服务系统、疫情防控系统（疫情防控期间推出）、物业管理系统、租务管理系统、招商管理系统、经济地图系统、大数据分析系统等。

信息化项目管理平台：用于大数据主管部门需要对管辖区域范围内的所有电子政务项目进行统一管理，对新建项目进行评估，对已有项目进行统一的治理。

政府绩效考核系统：升级后的系统以政府部门的绩效目标设定、绩效目标执行、绩效评估、绩效改进为主线，建立起目标管理框架结构体系。从而准确地实现了领导班子、班子成员、公务员的绩效考核、评估等功能，通过该系统可以帮助政府部门从过去的传统管理模式转变成通过自我激励、自我管理实现组织目标的管理模式。帮助全国各级政府基于战略管理框架设定政府绩效目标与计划；以公民为导向，建立动态、持续的内外沟通协调机制；推进政务公开、提高绩效水平。系统包括绩效门户展示子系统、绩效考核子系统、干部考评子系统、公务员考核子系统、任务督办子系统、大数据决策分析子系统、绩效管理移动端子系统等。

审批知识库系统：建设审批知识库系统，为综合窗口服务，提供窗口审批知识库、法规风险知识库、常见问题知识库等内容，形成窗口收件清单系统，辅助一窗制模式的运行。

电子档案管理系统：基于省电子证照平台建设电子档案管理系统，通过系统对政务中心庞大的物理资料和电子资料进行协助管理，协助完成资料的电子化及纸质资料的追踪、存放，包括电子档案的资料采集、数据处理、分布式存储、电子书管理、档案管理、统计分析、业务接口管理、考核管理，以及物理资料的资料存档、资料调取、资料查阅和二维码一码通用等功能。

窗口工位管理系统：对窗口工作人员在岗工作情况进行管理，减少窗口设施设备、简化窗口工作操作复杂度，提升管理部门窗口的管理能力、窗口运行情况信息采集能力和前后台即时沟通能力。功能包括指纹比对上岗、窗口在岗及排班、信息采集登陆集成、窗口接待记录、接待数据显示、一键呼叫协助、内部通知等。

3.惠民工程

消费扶贫平台：消费扶贫平台开发涵盖生产、加工、流通、消费各个环节的大数据分析挖掘，涵盖产品大数据、供应链大数据、质量安全大数据、扶贫溯源大数据、市场大数据管理，实现农业产销监测与可视化、农产品智慧供应链决策、供需匹配与订单农业分析辅助等功能。平台支持大宗产品对接、集团采购、食堂采购、超市渠道、社区O2O、新零售等渠道。

精准扶贫平台：(1) 建立高效的扶贫数据采集和校对系统。落实数据采集责任制，让帮扶人员和业务部门承担数据的主体责任，实施手机App数据现场采集、校对、修订机制。(2) 探索以大数据为支撑的扶贫管理创新机制。鼓励扶贫干部懂数据、用数据、用数据说话，以大数据推动决策的科学化和治理的精细化，作为扶贫管理创新的重要源泉。实现扶贫数据随时随地便捷访问，推动大数据在精准识别、精准决策、精准施策和精准考核方面的应用。(3) 提高日常数据和报表处理的自动化程度。推动无纸化数据处理，减少过多人工参与带来的数据偏差；减轻各级部门整理报表的工作量，实现扶贫档案自动生成，提高扶贫管理的规范化程度。(4) 提高扶贫干部工作支持与督导能力。落实扶贫干部、驻村工作队、扶贫企业和第一书记的主体责任，推动扶贫痕迹化管理。贫困户信息、帮扶措施、帮扶计划、帮扶成效、脱贫验收等数据在线化，系统自动分析工作绩效滞后的环节，对落后的主体实施督导，对出现的问题及时研讨对策。(5) 提高扶贫数据的共享和服务水平。探索扶贫数据的开放共享，推动大数据与教育部门、医疗部门应用的集成对接，以最便捷方式主动落实扶贫政策，实现应享尽享畅享，提高群众满意度。

智慧医疗：从新医改等多角度出发，搭建卫生信息中心和卫生信息网络，横向连接下属各级医院，纵向延伸至基层医疗卫生服务机构，通过信息化手段整合医疗资源，实现居民健康信息的采集、传输和保存，实现区域卫生信息共享、远程会诊、居民动态电子健康档案，建成覆盖全县多级卫生系统的网络互联互通、信息资源共享、标准统一规范、应用功能完备、便于行政监管的远程医疗网络及居民健康信息管理体系，同时提高卫生行政部门的管理职能和医疗机构的工作效率，减少医疗投入，方便群众就医，打造独具智慧城市特色的县域卫生信息化建设平台。

智慧教育：在数字化信息和网络基础上，构建起涵盖教学、科研、管理、技术服务、生活服务等方面的校园信息平台，通过收集、处理、整合、存储、传输和应用，使数字资源得到充分优化利用，实现从环境(包括设备、教室等)、资源(包括图书、讲义、课件等)到应用(包括教学、管理、服务、办公等)的全部数字化，在传统校园基础上构建一个数字空间，以拓展现实教育的时间和空间维度，提升传统教育的管理、运行效率，扩展传统校园的业务功能，最终实现教育过程的全面信息化，全面助力教育行业信息化水平的提升。

门牌管理系统：以门牌为载体，作为面向全体辖区居民的入口。与其他各大平台互联互通，实现大数据化、服务多元化，进而发展成为物联网之一的通用标准门牌系统。在线下为每户安装楼栋门牌，同时在村出入口或人员密集区域安装村社区宣传牌。系统以小程序的方式实现，无须下载和无须安装，便于群众操作。只需使用微信或支付宝扫一扫社区二维码或门牌二维码即可进入。

党政到我家系统：建立民生政策资金数据库、扶贫资金数据库、贫困户基础信息库，精准识别贫困户，户籍车辆等信息数据，并对相关信息进行公开公示，保证公平公正。

民生智慧监督系统：民生智慧监督平台旨在依托大数据信息和云计算科技，全面整合全县现有的惠民政策、扶贫领域数据资源和信息平台，包括惠民、扶贫资金和项目，将个人户籍、车辆、住房、工商、税务等信息资源导入汇总，搭建全县"互联网＋民生监督"平台。平台分为大数据监督和信息公开两个子系统，通过数据监督平台实现数据比对、预警监管、调查处理、全方位地加强项目和资金监管，通过信息公开平台实现信息的公开、全民监督，构建党员干部不能腐、不敢腐的监督机制，有效消除群众身边的"微腐败"，促进各项政策落实落地，推动全面从严治党向纵深发展，向基层发展。

知识图谱应用系统：知识图谱应用系统由知识库管理平台、知识数据库构建、知识图谱能力引擎、基于知识图谱的智能业务部应用组成。

（1）知识库管理平台是一个多方协同共建的知识管理平台，用于对来自全县各区各部门、各类服务渠道不同应用的现有知识及未来通过县级知识库新产生的知识进行统一管理和维护。主要功能包括知识图谱及知识目录管理、版本管理、录入审核、更新维护。分类聚类、知识检索、比对查重、评价纠错、导入导出、统计分析等。

（2）知识数据库是存储全县各级各类政务知识的数据库，主要包括词条库和问答库两种数据结构。以知识图谱和知识目录建立知识之间的关联关系。知识资源既可依托知识库管理平台手工创建，也可通过对接全县各区各部门知识库进行数据共享获得。

（3）知识图谱服务能力接口是全县政务信息知识库和各部门现有或计划建设的知识库、应用服务实现对接的技术路径，也可通过服务接口，对接社会互联网平台，实现与社会化互联网平台的知识共享与推广。对于已建设的知识库，可通过服务接口方式与全县政务信息知识库之间实现对接互通。

（4）知识图谱业务应用包括：智能知识检索系统。以政务知识图谱作为全县政务知识承载平台，可为政务服务大厅工作人员、12345 服务热线座席工作人员、全县各单位业务答疑工作人员等提供知识检索服务，提高知识流转速度和办事效率。智能政务咨询系统；通过政府门户网站、政务服务网上大厅、政务 App 等网上渠道，结合新技术、新手段，为社会公众提供自动化的智能咨询、智能搜索、信息聚合等服务。

智能导办机器人：通过人机对话，以语音方式回复公众疑问，包台政务咨询、公共服务咨询、办事咨询、办事指引及自助办事等。通过点击或语音识别进入对应的业务场景，可提供办事预约、预约取号、在线取号、进度查询等业务服务。通过大厅地图实现机器人大厅巡航，并播放相关业务宣传。支持音、视频等多媒体资源，播放业务宣传资料。机器人支持通过体感，自助与办事人打招呼。在公众问到实体机器人未训练的知识时，在公众未感知的状态下由后台人员接管并提供咨询服务；后台人员也可以持续训练机器人，使其可以回答和处理更多的咨询需求。管理平台可以进行远程管理、远程升级智能管理，方便用户添加或修改语义库、知识库内容。

4. 兴业工程

产业大数据系统：智慧农业产业大数据系统可以整合大量、分散的农业信息，建立统一的农业数据库和综合性应用系统，同步推进"12316"农技专家服务系统、农业监管与执法系统、农产品质量溯源系统的应用。农业技术的发展不仅可以改变农业生产管理方式，促进农业生产由经验管理向科学管理转变，高效挖掘农业生产、经营、管理、服务领域规律，为各个环节的健康发展提供支持，进而推动农业现代化的实现，提升县域农业产业的整体竞争力。农业产业大数据系统以"互联网+"现代农业为目标，着重加强农业信息数据共享与应用，整合全县农业生产数据，促进农业协同化发展。采用"1+N"的模式开展农业大数据应用建设，即建设 1 个县级农业大数据指挥中心，统一指挥并整合共享全县已经建设或计划建设的 N 个智慧农业应用，以县级大数据中心为基础平台，实现"一张图"管理农业，同时避免重复搭建，以有限的资金解决多个建设问题。

电商公共服务平台：建立了行业管理、品牌建设、交流活动、行业调研、资讯报告、人才服务、产业园区、金融服务、诚信档案九大服务模块。全面满足企业发展电子商务的需求，为企业提供一站式综合服务，为相关政府部门提供行之有效的行业管理和服务手段。并制定完善的运营管理标准和服务规范，形成完善的政府引导、市场化运作的可持续发展的运营服务管理体系。

物流配套管理系统：基于网上办事大厅系统和微信平台，结合"互联网+"政务服务要求，实现全流程网上办事服务。将物流功能与大厅的实体服务功能进行整合，在大厅咨询帮办区开始物流服务窗口，并建设一套与业务流程相衔接的物流发件及查询跟踪系统，提供物流登记、办理、缴费、追踪、查询等服务功能，真正实现全程不见面的网上办事。

创业支持系统：创业支持系统也是一个比较典型的复杂适应系统，通过个体和系统本身的自组织运行，市场竞争与合作，支持创业成功的收益和股权，创业支持过程固化的经验和学习组织化的提升来保证创业支持系统的完善和发展。

人才服务系统：随着互联网的普及应用，越来越多的人和企业选择通过网络进行求职和招聘，因此，基于互联网的人才服务系统的建设和发展具有较强的社会意义和经济意义。人才服务系统以服务为中心，以服务人才、服务企业为目标，所有功能都围绕服务人才和企业来设计。

易政通服务系统：易政通政务服务平台由线上支撑平台与线下优质服务两个部分组成，主要业务模式为"1+1"，即帮办（人力服务、呼叫服务、资料服务、培训服务、特办服务、政策服务）+代办（工商服务、税收筹划、金融服务、数据服务、政策筹划、资质服务）。其中帮办服务对象为政府，主要通过六大产品协助政府提高政务服务效能优化市场营商环境；代办服务对象为企业，主要通过代办六大产品帮助企业拿到政府政策，解决办理政务事项难的问题。易政通服务为全国性服务平台，由县域落地中介服务商管理系统、企业服务管理系统、呼叫中心管理系统、线上教育培训系统等组成，为企业办事提供服务支撑，为政府优化营商环境提供社会化服务。

产业发展服务平台：为科技企业、科研机构、产业园区提供知识产权、高新认定、人才服务、政府扶持、项目融资、技术转移、上市培育、项目规划等"一站式"服务。通过创新应用、示范先行，带动产业和技术发展，促进形成技术创新、应用创新、商业模式创新、体制机制创新、开放合作创新、创业创新要素集聚的发展格局。充分发挥政府在规划设计、政策扶持、标准规范、试点示范等方面的引导作用，创新与县域经济社会发展相适应的投融资机制，充分调动市场积极性，广泛吸引社会资金投入信息化建设。

中小企业云：中小企业云平台有效帮助中小企业解决在发展过程中普遍存在的管理提升难、融资贷款难、人才提能难和市场拓展难等难题，同时提高产业链竞争能力，支持中小企业信用发展，最终实现以信息化推动新型工业化，以新型工业化推进产业结构优化升级。

云上孵化器："云孵化"是以云计算平台为核心的新型孵化模式，通过对初创企业所需产品研发、交付运营、宣传推广等服务资源的整合，建立起一整套基于云计算平台的生态系统，帮助企业快速成长。传统孵化器主要为创新创业提供物理空间和硬件设施，初创企业、创新创业者、创业导师等主体在既定的空间里从事创业孵化活动。传统孵化器往往空间容量有限、创业资源有限、能够吸纳创新创业者数量有限；基础设施资金投入量大，建设成本高，运行维护成本高；技术日新月异，产品不断翻新，硬件设施淘汰率上升，资源浪费现象比较严重；对于高科技研发初创企业，基础硬件的老化与更新不及时，不能很好满足其基本需求。

第三节　县域数字经济平台价值分析

经济收益：项目建成投入达产后 5 年内，每年在平台上流通的货值将超过数百亿元，交易量超过数十亿元，预计营业收入 20 亿元以上，上缴利税 1 亿元以上。

社会效益：5 年内带动直接就业人员 2000 人，间接带动千人万企进入新数字时代，引进博士以上学历人员 10 人以上，培育高科技企业 10 家，间接和直接科创板或创业板上市公司 3 家，建成国家级创新中心及实验室 1—3 个，参与国家重大科研项目 1—3 个，争取国家支持成为本省最具有影响力的数字县域经济综合体。实现一个繁荣的"数字生态共同体"。

县域收益：为县域经济生长输出发展模式（数字经济品牌、数字经济影响力、数字经济领导力）。

政府收益：为政府提升效益（培育新动能、拉动新产业、创造新就业、贡献新税收、提升新环境）。

市民收益：提升居民获得感（安全耐久、健康宜居、绿色节能、智能感知、实用经济、提高居民收入、增加就业机会）。

企业收益：为产业创建大平台（构建绿色发展高质量产业生态体系，一个平台综合集成政策、技术、标准、项目、市场、信息、数据、知识、人才、资本十大资源，政、产、学、研、用、管、投协同创新，构建公共服务平台等）。

第四节　县域数字经济平台实施路径

一、投资模式

（一）投资模式分类

根据多年来在信息化及县域经济建设的经验，以及对城市经营理论、项目区分理论和公共经济理论的研究分析，可以根据项目投资主体、运营主体、收益回报模式的不同，将项目投资模式归纳为以下几种。

1. 政府自建自营

政府自建自营模式是指政府自行投资、自行建设和自行运营项目的一种传统建设与运营模式。项目建设完成后的一切的产权和运营权属于政府部门。

政府对项目进行投资的意义，不仅在于绝大部分基础设施具有公共物品的性质，必须由政府生产或提供；而且在于政府直接投资可以弥补民间资金的不足和融通不畅；还在于政府在金融市场的资金配置上具有明显的"示范"和"诱导"效应。世界各国经验表明，政府资金是县域数字经济基础设施建设的一项主要的资金来源，对于发展中国家来说更是如此。

2. 服务外包

服务外包是指政府将某些非核心的业务如信息基础设施维护、应用系统运维及某些非关键的业务管理环节交由企业和社会机构来负责。政府出资建设，政府拥有产权，企业提供服务，政府每年出资购买服务。

外包内容受制于发展阶段、外包市场成熟度、外包就绪条件和外包依据等要素。从技术角度来讲，网络基础设施、业务系统、网站等可作为外包的重点；从业务角度来看，内部管理、决策支持、非生产性作业等可作为外包的重点。不同发展阶段，外包内容有所区别。信息化建设初期，外包主要集中于平台建设、终端维护和单个部门业务项目开发，进入发展阶段以后，外包主要集中于统一网络维护、共用系统开发等。外包内容可以概括为平台建设和运维、系统建设和运维、业务需求分析和方案设计、基础设施租用、项目监理等。

3.建设转移

建设转移（Build Transfer，BT）是指政府将公用基础设施或基础产业项目交由投资者成立的项目公司融资建设，并承担项目建设风险，项目建成后，政府按协议约定方式分期回赎其项目资产及有关权利的一种投融资建设方式。

建设转移模式的实质是企业先行投资垫付，待项目建设完成后政府回购，资金分期支付。这种模式可以根据企业是否负责运营以及运营的模式，演变为多种投资模式，如建设—运营—转移（BOT）、建设—拥有—经营—转让（BOOT）等。这种模式在 2004 年国务院颁布的《国务院关于投资体制改革的决定》中被明确认可，规定"放宽社会资本的投资领域，允许社会资本进入法律法规未进入的基础设施、公用事业及其他行业和领域"，"各级政府要创造条件，利用特许权经营、投资补助等多种形式，吸引社会资本参与有合理回报和一定投资回收能力的公益事业和公共基础设施的建设"。

4.商业建设运营

商业建设运营是企业投资并通过市场化运作收回投资的一种模式。商业建设运营是一种私人建设运营活动，采用这种模式时，政府部门发起项目，并适当给予少量政策保障，由公司进行项目建设，建设完成之后通过市场化运营收回成本。

在商业建设运营模式中，政府选择并启动合适的项目，私营企业和私有机构组建的项目公司负责项目的设计、开发、融资、建造和运营，并通过向政府或公众提供服务或产品来获取付费，以回收成本和实现利润；在整个过程中政府仅需要进行项目的启动、保障和监管，在财政开支大幅降低的情况下，利用私营部门及其资金就可实现社会公共物品和服务的产出。同时，在项目实施过程中，私营部门和政府机构结成高效率的伙伴关系，各自发挥其优势，提高了公共服务的质量和资金的有效利用率，从而实现了政府、企业、市民三者的共赢。

5. 特许经营

特许经营是指政府按照有关法律法规规定，通过市场竞争机制选择市政公用事业投资者或者经营者，明确其在一定期限和范围内经营某项市政公用事业产品或者提供某项服务的制度。

特许经营模式可以分为两类：一类是企业出资建设，政府给予一定期限的特许权，为企业规避了一定的竞争风险，企业在一定期限和范围内进行经营，期限届满无偿移交政府。另一类是由政府授权特许经营者运营的已建成的某项市政公用基础设施，期限届满无偿移交政府。

特许经营是指建设项目以政府和私人机构之间达成协议为前提，由政府向私人机构颁布特许，允许其在一定时期内筹集资金建设某基础设施并管理和经营该设施及其相应的产品与服务。该模式的核心是特许权，即政府与企业以特许权协议方式约定基础设施的投资、经营及收益之间的权责。

（二）投资模式建议

表 35—1　投资模式一览表

项目列表	服务对象	投资规模	是否具备商业运营价值	投资主体建议	运营主体建议	收益回报模式	建设与运营模式推荐
一、"1495"基础设施建设							

续表

项目列表	服务对象	投资规模	是否具备商业运营价值	投资主体建议	运营主体建议	收益回报模式	建设与运营模式推荐
一个智脑	市民/企业/政府	中型项目	是	企业	企业	政府付费/商业运营	(1) 建设转移 (2) 服务外包
四个中心	市民/企业/政府	大型项目	是	企业	企业	政府付费/商业运营	(1) 建设转移 (2) 服务外包
九大板块	市民/企业/政府	大型项目	是	企业	企业	政府付费/商业运营	(1) 建设转移 (2) 服务外包
五大研究院	市民/企业/政府	中型项目	否	企业	企业	政府付费	(1) 建设转移 (2) 服务外包
二、信息化平台建设							
数字县域GUC编码中心	企业/政府	小型项目	是	企业	企业	政府付费/商业运营	商业建设运营
政务云计算中心	市民/企业/政府	小型项目	否	政府	企业	政府付费	(1) 建设转移 (2) 服务外包
一网统管运营中心	企业/政府	中型项目	否	政府	企业	政府付费	(1) 建设转移 (2) 服务外包
质量溯源管理系统	市民/企业/政府	小型项目	是	企业	企业	政府付费/商业运营	商业建设运营
民呼我应综合信息平台	市民/企业/政府	小型项目	否	政府	企业	政府付费	(1) 建设转移 (2) 服务外包
新型网格化智慧社管平台	市民/企业/政府	小型项目	否	政府	企业	政府付费	(1) 建设转移 (2) 服务外包
新型网格化智慧城管平台	市民/企业/政府	小型项目	否	政府	企业	政府付费	(1) 建设转移 (2) 服务外包
智能招商平台	企业/政府	小型项目	是	企业	企业	政府付费/商业运营	商业建设运营
信息化项目管理平台	企业/政府	小型项目	否	政府	企业	政府付费	(1) 建设转移 (2) 服务外包
政府绩效考核系统	企业/政府	小型项目	否	政府	企业	政府付费	(1) 建设转移 (2) 服务外包
审批知识库系统	企业/政府	小型项目	否	政府	企业	政府付费	(1) 建设转移 (2) 服务外包

续表

项目列表	服务对象	投资规模	是否具备商业运营价值	投资主体建议	运营主体建议	收益回报模式	建设与运营模式推荐
电子档案管理系统	市民/企业/政府	小型项目	否	政府	企业	政府付费	(1) 建设转移 (2) 服务外包
窗口工位管理系统	企业/政府	小型项目	否	政府	企业	政府付费	(1) 建设转移 (2) 服务外包
消费扶贫平台	市民/政府	小型项目	否	政府	企业	政府付费	(1) 建设转移 (2) 服务外包
精准扶贫平台	市民/政府	小型项目	否	政府	企业	政府付费	(1) 建设转移 (2) 服务外包
智慧医疗	市民/政府	小型项目	是	企业	企业	政府付费/商业运营	商业建设运营
智慧教育	市民/政府	小型项目	是	企业	企业	政府付费/商业运营	商业建设运营
门牌管理系统	市民/政府	小型项目	否	政府	企业	政府付费	(1) 建设转移 (2) 服务外包
党政到我家系统	市民/政府	小型项目	否	政府	企业	政府付费	(1) 建设转移 (2) 服务外包
民生智慧监督系统	市民/政府	小型项目	否	政府	企业	政府付费	(1) 建设转移 (2) 服务外包
知识图谱应用系统	市民/政府	小型项目	否	企业	企业	政府付费	(1) 建设转移 (2) 服务外包
智能导办机器人	市民/政府	小型项目	否	企业	企业	政府付费	(1) 建设转移 (2) 服务外包
产业大数据系统	市民/企业/政府	小型项目	是	企业	企业	政府付费/商业运营	商业建设运营
电商公共服务平台	市民/企业/政府	小型项目	是	企业	企业	政府付费/商业运营	商业建设运营
物流配套管理系统	市民/企业/政府	小型项目	否	企业	企业	政府付费	(1) 建设转移 (2) 服务外包
创业支持系统	市民/企业/政府	小型项目	否	企业	企业	政府付费	(1) 建设转移 (2) 服务外包
人才服务系统	市民/企业/政府	小型项目	否	企业	企业	政府付费	(1) 建设转移 (2) 服务外包

续表

项目列表	服务对象	投资规模	是否具备商业运营价值	投资主体建议	运营主体建议	收益回报模式	建设与运营模式推荐
易证通服务系统	市民/企业/政府	小型项目	否	企业	企业	政府付费	(1) 建设转移 (2) 服务外包
产业发展服务平台	市民/企业/政府	小型项目	否	企业	企业	政府付费	(1) 建设转移 (2) 服务外包
中小企业云	市民/企业/政府	小型项目	是	企业	企业	政府付费/商业运营	商业建设运营
云上孵化器	市民/企业/政府	小型项目	是	企业	企业	政府付费/商业运营	商业建设运营

二、实施路径

(一)实施计划

1年：核心智脑先导区

政府提供独立楼宇，作为首期启动县域智脑建设的承载地，并搭建互联网交易中心、融媒体中心和研究院。

3年：数字产业聚集区

组建联合体开发建设数字经济产业基地，联合引进数字基础型、数字服务型、数字应用型项目和企业落地。

5年：数字经济生态圈

完善平台服务和辐射功能，形成县域融合型数字经济发展和专项数字技术应用全国化覆盖，实现经济倍增。

(二)打造"一十百千万工程"

开展"一十百千万工程"（1个县域数字经济平台、建立10个离岸科创中心、开办100家特色产品店、发展1000名数字经济合伙人、发展10000个市场主体），政府牵头整合资源，打造公共品牌，给予一定的创新中心运营补贴及百城百店奖励，为千名合伙人、万家企业落地创业提供最优营商环境和配套支持。

1 个县域数字经济平台：基本项目建设。

10 个离岸科创中心：负责平台科创研发工作，并打造 10 个特色产业。

100 家特色产品店：根据县 10 个特色产业，选择多个本县精英多、经济发展好、区位优势适合该产业发展的城市，每个产业建立十个形象门店，共计百个门店，门店均纳入县域数字经济平台统一管理运营。每个门店要有一个展销厅、一桌特色菜、一个招商办公室。

1000 名数字经济合伙人：由县政府牵头，以推介会、招商大使招募会等活动形式，向县域数字经济平台推荐并引入至少 1000 名本县户籍、在外地各大城市的成功人士、商界精英，或有本县情怀的异地精英，约定招商任务，签约平台公司。他们是县域产业落地其所居城市的推介人或自介人，是方案可以成功运营的基础保障，最终将形成"千人万企"助推县域经济腾飞的蓬勃发展局面。

10000 个市场主体：县域数字经济平台将在全国内，根据各类本县特色产业，融汇"产、供、销"各环节海量资源，整合构建特色产业全产业链模式，将各产业上、中、下游产业供需，全方位赋能千名本县精英。使其充分发挥本城优势、行业优势、人脉优势，可使每名精英在其所居城市，以全产业链竞争优势，招来至少十个产业链相关企业。千名精英将产生万家企业落地所居城市的经济效应。这些企业将注册在本县、成长在异地、税收回本县。

（三）实施数字经济"百城助力计划"

"数字经济百城助力计划"将重点帮助地方政府科学发展数字经济产业，建立数字经济健康生态，搭建起地方政府与产、学、研、投、用的对接平台。"数字经济百城助力计划"将依托"数字经济百城助力计划"专家智库，编制数字经济发展白皮书、地方数字经济发展指南，制定地方数字经济产业发展规划、实施方案，组织国家数字经济政策宣贯培训会、地方数字经济专家咨询会、招商投资对接活动等，助力地方数字经济高质量发展。

编者单位：北京大学时空大数据协同创新中心

作者：吴余龙

编者单位：武汉力龙信息科技股份有限公司

作者：赵龙、陈鹏、马本湘

第三十六章
数字农业高科技创新三产融合机制
促进乡镇经济大发展

——广宁县潭布镇一镇一业番薯产业园实践模式

通过对广东省广宁县潭布镇番薯产业的统一规划以及广宁县兰量紫潭布番薯产业园项目的成功落地，探索出了一条践行一镇一业，实现产业振兴的方法论，即：首先精准定位产业发展的基础在乡镇，找准产业发展的着力点；其次根据乡镇的产业特点，作出产业发展规划，确保产业可持续发展；最后从市场出发，为乡镇产业发展搭建产业链闭环，确保产业发展的路径通畅，促使一二三产业融合发展。

这一科学发展论，对全国各地立足乡镇特色优势产业，推动一镇一业、三产融合发展提供了样本和经验，对解决困扰广东省发展的区域发展不平衡不协调问题也极具参考价值。

第一节 项目概况

一、广宁县番薯产业园的位置及用地范围

本项目以肇庆市广宁县潭布镇为主，把周边的江屯镇、联和镇、排沙镇作为后期扩大种植面积的筹备用地。随着番薯产业的发展，以广宁县周边的怀集县、德庆县等县区为番薯后备收购地区，最终打造以广宁县为中心的地

标性番薯产业区（见图 36—1）。

图 36—1　潭布镇番薯产业园

资料来源：项目组提供。

二、优美的自然环境

潭布镇地处广东省中部偏西，全镇平均海拔 314.5 米，常年积温 20—21℃，是广宁县海拔最高、气温偏低的镇。另外，该镇区域资源和环境对发展特色农业经济来说有一定的资源禀赋和支撑，辖区内两万亩耕地中的重金属、农药残留、激素均为零，酸碱度适中，达到农业部门无公害农产品生产基地标准，其中 90% 的土地达到国家一级自然生态土壤标准，而且土层深厚，雨水充足，耕作性良好，植被茂盛，全镇森林覆盖率为 80.73%，特色农副产品良种覆盖率达 75% 以上，十分适宜番薯生长。

三、便捷的交通

广宁县内有省道 S260 线，省道 S263 线，省道 S264 线，省道 S350 线，国道 G355 线等多条公路，高速 G55 线自北向南贯穿全县。县内设有贵广高速铁路广宁站，交通条件便利。潭布镇交通相对便利，县道 X418 线春中线横贯全镇。县道 X418 线连通国道 G355 线，镇区距离广宁站约 30 千米。

四、潭布番薯干特色历史悠久

一直以来，本地村民都有种植番薯的习惯。根据有关资料记载，潭布镇种植番薯已有几百年历史。在栽培技术上，潭布村民依照农业技术部门的指导来进行科学的肥水治理，以农家草木灰、杂肥为基肥，有机复合肥为追肥，使潭布番薯高产且味道独特，是其他乡镇乃至其他地方所产的番薯无法比拟的。

第二节　规划理念定位及建设内容

一、规划理念

用新思路新发展观全面提升潭布镇番薯产业，集现代化、标准化、数字化、品牌化和科技化五位一体的综合部署规划理念，将潭布镇着力打造成以番薯种植、番薯加工、番薯交易、番薯观光旅游、红色教育和传统文化旅游为一体的综合性、有区域影响力的番薯产业园，充分发挥科技、企业和资本优势，不断引进番薯产品加工新技术、新工艺，大力提升番薯规模化精加工能力，加大番薯系列产品开发，改进生产工艺，不断提升番薯产业的效益。通过开拓市场，提高番薯制品的商品率和市场占有率，将潭布镇建设成"岭南番薯之都"。

二、项目建设定位

根据上述战略理念，项目定位为规划建设综合性的番薯产业园，充分发挥潭布镇本地资源、生态环境和区位优势，打造以番薯种植、番薯加工、番薯交易、番薯观光旅游、红色教育和传统文化旅游为一体的综合性番薯产业园都市小城镇。

主要涉及元素有：(1) 具有 300 年历史传统特色番薯产品；(2) 与时俱进，将科技技术创新植入番薯农业产品种植；(3) 引入数字创新运营与管理。

三、项目建设内容

建设内容主要分为三部分：

一是番薯加工厂。本项目拟租用 8000 平方米厂房作为番薯加工厂；购置番薯处理生产线并进行安装（生产线日处理番薯原材料规模约 75 吨，其中剥离出番薯表皮重 25 吨用于提取微量元素，50 吨番薯肉用于制作切粉）。在首条生产线产能全开的情况下，该项目年处理番薯 27000 吨。后续拟视种植情况在潭布镇增加两条生产线。

二是番薯种植基地。为满足生产需求，项目拟于肇庆市广宁县潭布镇、江屯镇、排沙镇与当地农村合作社合作，提供番薯种苗和种植技术，采取包产包销方式，引导当地村民种植，收购用于加工的番薯。根据番薯加工需求，拟在潭布、江屯、排沙等镇以包产包销的形式与村民合作种植 8000 亩，预计亩均产量 2500 公斤。并以怀集县、德庆县等周边县区为番薯后备收购地区，在项目开展前期番薯产量不足时作为番薯原料来源的补充，确保满足生产需求。

三是农业区块链数字化服务。以服务社群为认同共识作为项目区块链的核心理念，以珠三角城市圈作为项目主要消费社群对象，在健康饮食习惯、购买方式、预制菜投送方法、产品溯源、品相需求等进行生产端、消费端的深度研究，通过区块链的消费倒挂，对生产源头提出改造需求；通过供应链及供应链金融服务，实现消费及资本闭环管理。以重品质、重渠道、重健康发展番薯产业。

四、项目主要技术经济指标

项目主要技术经济指标如表 36—1 所示。

表 36—1　潭布镇番薯产业园技术经济指标

序号	项目		单位	数量	备注
一、主要技术指标					
1	番薯加工厂				
1.1	用地面积		m²	4000.00	
1.2	建筑占地面积		m²	4000.00	2 栋分别 2 层
1.3	总建筑面积		m²	8000.00	
2	番薯种植基地				
2.1	用地面积		亩	8000.00	一期种植面积，二期拟种植 20000 亩
二、主要经济指标					
1	总投资		万元	5000.00	
1.1	其中	工程费用	万元	3555.00	
1.2		工程建设其他费用	万元	219.52	
1.3		预备费	万元	188.73	
1.4		建设期利息	万元	36.75	
1.5		流动资金	万元	1000.00	用于收购番薯原材料，与种植产业园合作预付款
2	总收入		万元	67917.95	
3	总成本		万元	41274.78	
4	税金及附加		万元	631.64	
5	企业所得税		万元	6151.25	
6	累计税前利润总额		万元	24303.81	
7	累计净利润总额		万元	18152.56	
8	投资收益率		%	32.81	
9	税前	财务净现值	万元	9280.73	大于 0
10		财务内部收益率	%	28.28	大于基准收益率 8%
11		静态回收期	年	5.02	含建设期
12		动态回收期	年	5.81	含建设期

续表

序号		项目	单位	数量	备注
13		财务净现值	万元	6284.08	大于0
14	税	财务内部收益率	%	23.04	大于基准收益率8%
15	后	静态回收期	年	5.69	含建设期
16		动态回收期	年	6.82	含建设期

第三节　建设条件

一、聚焦番薯产业

一是运用数字化技术及手段，提升种植效率，使一产传统产业由一年单造提升为两造，在合理安排作物品种的情况下，早植和适当延期收获，适当延长番薯的生长期，有效提高单位面积产量，从而增加潭布番薯的年总产量，有效解决潭布番薯供不应求的状况。

二是建设广东兰量紫潭布番薯产业园，发展壮大"二产"。在推动科技创新、引进深加工项目、延伸产业链上做足功夫。用工业化思维，着力推动潭布番薯延链补链强链，让番薯的经济价值倍增。

三是大力发展和提升三产，利用品牌效应，建立电子商务平台，降低经营成本，提高运营速度，拓宽销售渠道，实施"电子商务平台＋基地＋产业园＋农户"的经营模式，通过网上销售平台扩大销售范围，将具有明显地理标志的潭布番薯销往更远的地区，让更多的人品味到潭布番薯的独特风味，同时也能实现经济效益稳步增长，增加薯民的收入。

二、政府引领、企业帮扶

广宁县政府大力支持引导。近几年，广宁县积极出台完善产业园区发展政策，如《中共广宁县委关于制定广宁县国民经济和社会发展第十四个五年规划和二〇三五年远景目标的建议》《关于印发〈广宁县潭布番薯产业园建设总体规划（2017—2021）〉的通知》等文件，均提出加大力度推动农业现代化发展，优化现代农业产业园和一村一品、一镇一业的发展格局。在当地政府的大力扶持和政策的倾斜下，技术、资本、土地等资源得到进一步整合，从而为项目创造了良好的环境。同时项目属于国家鼓励支持发展项目，符合国家大力发展产业链的战略部署。广宁县潭布镇正以番薯产业为轴，纵横发展现代农业产业链。"纵向"即继续挖潜番薯产业，扩大产量、打开销路、擦亮品牌；"横向"即通过番薯干带动其他特优农产品走出深山，走向市场。

三、打造品牌、扬名国内外

广宁县的潭布番薯享誉国内外。潭布镇出产的番薯因淀粉多、营养丰富、清香爽口而名声远扬。除在国内销售之外，还远销海外市场。多年来尽管未注册商标品牌，却形成无形的品牌效应，每年的产品总是供不应求，市场价格早在十年前就超越了大米的价格，最高达到每公斤 10 元。与其他地域的同类品种比，价格也高出一倍多。潭布番薯是一年一熟，目前种植面积 6000 多亩，亩产 2000 公斤以上，番薯个体最大达 15 公斤，大部分畅销珠三角、港澳地区。

第四节　总体策划

本项目将以一产为基础，开发二产，拓展三产，全面激活要素市场。项目将在政府引导、科技支撑、基金支持、知名农企参与下，发展一镇一业富硒农业产业化经济，并建立起科技农业品牌项目运营管理服务体系，推动一二三产业融合发展。

一、发展特色农业做强第一产业

潭布镇番薯项目，在强化主导产业、保障种植的基础上，要做大做强做优，发展成为"大规模、多品种、高质量、好价钱"的现代特色农业。

同时，该项目还将着眼销售市场，根据市场需求调优产业结构，大力发展订单农业；引进先进技术，培育种植高品质的富硒番薯；坚持传统销售与电商销售相结合，持续活跃农特产品销售市场；根据农产品上市季节，举办多种对接活动，促进应季农产品卖得出、卖得好、卖得远。

二、发展农业加工做优第二产业

要推动农产品加工企业向基地、向园区延伸，把农产品初加工搬到田间地头，精深加工搬到厂房车间，打造产地初加工、园区精深加工的农产品加工产业集群，提高农产品价值。

同时，引入高新技术企业，利用专业人才和先进的技术设备，研发具有高附加的功能性食品以及生物粘贴剂等产品，做到循环经济"变废为宝"，番薯效益"绿色倍增"，真正实现研发与制造的有效衔接，实现产业链向"微笑曲线"两端延伸，提升产品附加值。

（一）与科研单位深度合作，对农产品深度价值进行挖掘

项目种植的优质番薯，经广东省科学院测试分析研究所（中国广州分析测试中心）检测，富含钠、镁、钾、钙等元素，对调节肠胃功能，补充钙质、改善心脑血管疾病和提高免疫力具有一定的帮助。

其中，潭布番薯鲜薯含镁 95.1mg/kg，含钙 131.1mg/kg，丰富的镁元素可以预防心律失常及心力衰竭，具有保护心肌自律性的药理作用，有助于防止心肌梗死、预防动脉粥样硬化、高血压及脑卒、中枢神经系统损伤、各种锥体外系疾病，还能调节肌体免疫功能，增加抗病能力。丰富的钙元素可以促进骨骼发育，对神经、肌肉的兴奋和神经冲动的传导有重要作用。潭布番薯含有淀粉 26.73%，总糖 29.7%，相比其他地区的番薯高。番薯中的淀粉加热后，使维生素 C 得到更好的保护，也增加了 40% 左右的食物纤维，有效刺激肠道；含总糖高，一方面可以为人的正常生理活动提供足够的热量，另一方面咀嚼后甜味、香味更浓，口感更纯正。

（二）通过分离萃取，充分利用农产品中不同成分进行深加工

由广州微量元素研究院提供技术，从番薯皮中提取抗癌元素，生产抗癌食品，主要为抗癌压片糖果；每 500 克番薯可生产 5 粒抗癌压片糖果。在此之前，番薯皮只是简单的加工，用作饲料或者直接作为有机肥，价值大大提升。

提取抗癌元素后的番薯可用于加工番薯制品，包括番薯粉（条）、番薯干、番薯汁等。

新鲜番薯藤和番薯叶，可提炼和粹取纯生物粘贴剂，不含化工粘贴剂的有毒有害和致癌物质。

通过多样化的处理，让番薯浑身都是宝。

三、发展文旅融合业做活第三产业

近年来，乡村游、周边游成了很多群众的出游选择。潭布镇番薯产业园所在的广宁县，是广东省著名的革命老区，拥有广宁农军战斗遗址、彭湃故居、薛六故居等丰富的红色旅游资源。并且项目位于"广佛肇经济圈"，交通便利，客源丰富。按照"产业融合化、园区景区化、乡村旅游化"思路，可以打造集农产品销售和农业观光、休闲采摘、农事体验等于一体的精品农旅融合景区，提升园区效益。

同时，可以因地制宜策划创新，结合当地特色的自然资源和红色资源，打造乡村旅游精品线路，打造集"现代农业＋生态＋休闲＋教育"为一体的潭布镇番薯产业园，将产业基地与终端市场连起来，打造产销融合有机整体。

第五节　数字番薯产业园规划

一、农业数字化的背景

2019 年中共中央办公厅、国务院办公厅印发了《数字乡村发展战略纲要》，其中提到发展农村数字经济，推进农业数字化转型。加快推广云计算、大数据、物联网、人工智能在农业生产经营管理中的运用，促进新一代信息技术与种植业、种业、畜牧业、渔业、农产品加工业全面深度融合应用，打造科技农业，智慧农业，品牌农业，是推动我国农业产业高质量发展的新机遇。

目前我国经济发展已由高速增长阶段转向高质量发展阶段，同时也处于传统农业向现代农业转变的关键时期，2020 年 1 月 20 日，农业农村部和中央网络安全和信息化委员会办公室发布《数字农业农村发展规划（2019—2025 年）》，特别指出加快发展数字农情，利用卫星遥感、航空遥测、地面物联网等手段，动态监测重要农作物的种植类型、种植面积、土壤墒情、作物长势、灾情虫情，及时发布预警信息，提升农业生产管理信息化水平，对我国农业数字化的发展具有提纲挈领的指导作用。"十四五"时期是数字乡村全面"布局"和重点"破局"的关键阶段，紧扣"新发展阶段、新发展理念、新发展格局"的目标与定位发展要求，把数字乡村作为乡村建设行动的重要内容，加快推动数字乡村建设。

二、数字番薯种植基地

广宁县兰量紫潭布番薯产业园项目作为广宁县农业数字化、数字乡村的试点项目，率先在番薯种植基地进行了数字农业的尝试。项目针对番薯种植基地第一期 6000 多亩种植园的土壤 pH 值、含水量、肥力，作物与环境温湿度，病虫害等进行了全方位的监测为番薯种植的保质保量提供了有力的支持（见图 36—2）。数字化种植技术的引入让番薯产量与传统种植方法相比增长了 30% 以上。

（一）5G 高清视频监控

运用 5G 高清视频监控番薯种植现场（见图 36—3），识别人为破坏，盗采果实。后台 AI 人工智能视频识别算法可以及时发现并识别番薯叶子上的病虫害，一旦对比发现异常，直接推送报警给相关人员，让种植管理者与专

图 36—2　产业园基地

资料来源：项目组提供。

图 36—3　番薯园的高清视频

资料来源：项目组提供。

家实时掌握番薯的生长状态。

（二）叶面温度传感器结合物联网

运用叶面温度传感器实时监测番薯叶子的表面温度，再利用窄带、低功耗的物联网将数据传输回管理后台，让管理人员及时掌握番薯的温湿度情况。

（三）数字化种植环境监测系统

项目部署了多达几十套的数字化环境监测系统，该系统里的各种传感器结合 5G 网络实时回传技术对番薯种植环境的各项指标进行监测，例如：种植基地周边温湿度、雨量、土壤 pH 值、持水能力、吸收率，以及对浇灌水的含氨、氮、溶解氧等各项指标进行全方位实时监测，以减少土壤侵蚀、致密化、盐碱化、酸化和被有害物质污染的风险，保持水土质量，为番薯的生长保驾护航。

三、数字番薯加工厂

项目拥有 8000 多平方米的数字化智慧番薯加工工厂。工厂设置有两条番薯全数字化智能生产线，该生产线产能全开的情况下，年处理番薯量27000 吨，与传统手工生产相比产能提高了 5 倍多，人工费用仅为原来的1/8。该生产线具有番薯原材料清洗、去皮、漂烫、风干、杀菌、烘干、切片、成粉、包装等全步骤，全流程自动化处理功能。生产线上的各种传感器与高清监控系统，为番薯加工产品的质量提供了有力保障。同时在加工厂厂房顶部部署了 2000 多平方米的太阳能光伏能源系统，保障了工厂白天的生产用电，还可以给工厂、园区的各类电动物流车、电动汽车充电。实现了工厂的清洁能源保障，让整个番薯加工基地成为广宁县首个绿色环保农作物加工基地。

数字化番薯加工厂的智慧后台管理系统通过建立番薯产品的智能决策模型，为智能化生产、仓储、运输等提供决策依据。其中数字化仓储管理系统、物流配送管理车辆系统让整个物流、仓储供应链管理效率提高了数倍，成本下降了 50% 以上（见图 36—4）。

图 36—4　数字化番薯加工厂仓储管理系统

资料来源：项目组提供。

此外，数字化番薯加工厂也部署了番薯产品 / 食品溯源管理系统，为产品的售后管理，食品安全风险管控提供了强有力的保障。从产品离开生产线，到仓储、发货、物流、分销，最终到消费者手中，都可以通过无线标签技术（RFID）实现全程追溯，一旦有质量问题，随时可以掌握产品的去向，及时回收，及时处理，消除负面影响。

四、番薯产品数字化营销综合管理系统

谭布番薯产品在生产出来后会进行线上、线下同步营销。线上的番薯产品网上商城子系统对客户信息、订单、物流配送、客户评价等进行全面管理。

另外，番薯产品的综合营销管理平台负责对接电视频道媒体与线上销售平台，进行产品展示、新品发布、在线交易等。同时实现包括对手机销售端（掌上商城）的管理，以及后台管理系统的数据对接、统计，按时按需输出各种生产经营数据图表等，并经过大数据分析给管理方、投资方提供重要的

决策依据。在运用了数字化营销综合管理系统之后，番薯产品的销售额比之前的传统营销模式增加了 180%，利润率提高了 35%，有效客户数量增加了 150%。

五、创新高科技"熵减高能活化水"赋能乡村振兴

一是用全新的技术——熵减活水器服务于产业园区高质量的生产及生活用水，将退化、老化的水改变成活性水，在其他因素不改变的前提下，优化水质达到增产和提高品质的目的。将大大提高番薯由从种子到果实的质量，采用绕场共振的技术，制造出管道式活水器，通过谐振，瞬间消除水中的无形污染，从无序改变成排列有序、取向有序、振动有序。水的活性提升，溶解力、渗透力、扩散力、乳化力、洗净力增强。十分有利于植物和动物的吸收，苗壮成长，最终达到增产的目的。

二是将委托农科院扩大产业园的品种：可以番薯为主业，同时经营蔬菜、粮食、养鱼、养猪等多种业态。

第六节　项目效益及启示

一、项目效益

（一）社会效益

项目有利于改善潭布镇番薯产业经营模式单一的情况，提升当地生产管理水平，降低生产和运营成本，提高规模化生产的效率和效益。通过项目实施，拉动当地的社会消费，加快经济建设，增加了当地就业机会，有利于加快当地城市化进程，提高当地居民的生活水平。项目具有一定的盈利能力，随着工业产值的不断提高，不仅为当地政府带来更多的财政收入，还给种植农户带来了种植生产的直接收益，提高了农民的收入水平。

（二）生态效益

番薯产业项目的建设和落地，增加了土地的利用率，改善了农田生产和生态环境，有效提高了植被覆盖率，防止水土流失，保护生态平衡。番薯的种植，改善了土壤结构，提高了土壤有机质含量，有利于绿色、无公害农作物的培养，实现农业生态环境的良性循环发展。番薯产业园的标准化、机械化、产业化运营，既能绿化美化环境，改善生态环境，又能防止水土流失，生态效益明显。

（三）经济效益

番薯产业园项目的落地，启动种植和产品加工，推动本地番薯产业结构的升级，扩大种植规模，进一步完善了番薯产业链，显著提高了产业综合效益，番薯产量由原来的亩产1000—1500公斤，提高到亩产2000—3000公斤，按种植面积23000亩计算，可出产鲜薯4万吨，加工成番薯干1.15万吨；按15元／斤的价格折算，产值可达3.45亿元，实现利润1.5亿元，上缴税金1400万元。后续深加工产品的深化运营，将进一步提高销售收入，带来利润和税金成倍增长，大大地促进了当地经济发展。

二、项目启示

（一）实施乡村振兴战略，必须促进农村一二三产业融合发展

2022年9月8日，广东省红十字会及红十字基金会召开乡村振兴番薯产业专题会议。红十字会融入博爱家园文化，红十字基金会助推一镇一业产业研究项目落地，为项目赋能极大地推进了一二三产业融合发展。

（二）一二三产业深度融合将成为农业供给侧结构性改革新的突破口

近年来，我国农业供给侧结构性改革进行了多项改革尝试，取得了一定效果。在优质农产品供给方面，取得了较大突破。下一步，如何让农民充分受益，让投资者增加收益，将是"三农"领域改革面临的新挑战。

（三）一二三产业深度融合将成为农民脱贫的新模式

产业发展最重要的是赋予农民及其从事的产业自主"造血"的功能。

一二三产深度融合，让农民充分参与和受益，是培育新型职业农民的新路径。

（四）乡村振兴要坚持以产业振兴为核心

一个完善的产业园项目应该是一个包含了农、林、牧、渔、加工、制造、餐饮、酒店、仓储、金融、工商、旅游及房地产等行业的三产融合体和城乡复合体。对农民来说，远走他乡和抛家别亲进城务工牺牲太大，在本区域内多元发展，从多个产业融合发展中获取收益的模式更为可行。

（五）产业园建设要坚持以农为本，提升农业综合生产能力

要保持农村田园风光，保护好青山绿水，实现生态可持续；要确保农民参与和受益，带动农民持续稳定增收，让农民充分分享发展成果，更有获得感。

（六）要有效借助"智库＋平台"力量，建立外循环系统

要打通城市和乡村之间的资源互通和流动通道，促使资源流动，如城市的人才、技术、创新要素由城市向乡村流动，而乡村农特产品、生态环境等要素向城市蔓延，从而助力实现乡村振兴。

指导单位：中国镇长论坛组委会

作者：陈旭、陈建

编者单位：广东一镇一业产业研究院（联合体）

作者：李功强、张晋、吴永萍、胡富鹏、郭斌荣、江艳萍、张乐、
　　　邓刚、黄文海、周龙、李彤、付斌

后　记

本书最初构想诞生于 2021 年的春天，地处粤港澳大湾区的珠江畔，一群多年来跟随着祖国建设脚步、足迹遍布大江南北，一直走在精准扶贫和乡村振兴第一线的策划和规划人激情澎湃地筹划出一本乡村振兴的书，计划把这些年的所思所想及策划规划实践，盘存、梳理、整合，写就成文字，这既是对我们多年工作的总结和记录，同时也是以参与者的姿态，在国家乡村振兴如火如荼的推进中，以一种独特的方式对乡村振兴战略的积极参与和奉献。

于是数月之后的今天便有了这本凝结着群体智慧和共同情怀的乡村振兴专著。此书从构思到编写过程中，几经波折，凝结了编写团队大量智力体力的付出，也倾注了几多心血与汗水。由于时间紧，任务重，此书的理论深度和规划案例还存在不少问题和瑕疵，还请读者多些包容与理解。因为这部书的作者和作者都是志愿者，没有稿酬、没有补贴，在自己的本职工作之余，持续数月全情投入，殚精竭虑为乡村振兴奉献蝼蚁之力，其心可鉴，殊为可贵。

本书的价值意义体现在以下三个方面。首先是现实意义。本书作为一本乡村振兴的理论研究与规划实践的专著，在乡村振兴战略全面推进的时刻推出，具有非常重要的现实意义。乡村振兴是项系统工程，需要整合各方资源，汇集各方力量，众志成城，才能合力推动。而策划和规划是乡村振兴成功推进的一个重要环节。一个科学而务实的规划，可以避免盲目行动，有效整合乡村的内外资源，调动各方力量，有效推动乡村振兴的各项系统工作。

本书在科学理论指导下梳理和总结出的一系列实战案例无疑对我国当下各地如火如荼的乡村振兴具有很好的借鉴和现实指导作用，为在乡村振兴中摸索前行的各级地方管理者、企业家、投资者和参与者们提供可资参考与借鉴的经验教训以及有效的方法与路径。

其次是理论意义。本书汇集了全国各地优秀案例。全国各地优秀设计团队、行内专家学者及战斗在乡村振兴第一线的志愿者们在实践中总结、升华和发展了乡村振兴的相关理论。他们既对国内外的乡村振兴理论进行了系统和科学的研究、总结、思考，也整理和提炼出了数个有价值的规划案例，尤其是国内的近年的实战案例，推动了我国关于"三农"问题、"城乡"问题、"乡村发展"问题等理论的探索与创新、深化与发展。

最后是精神价值。民族要复兴，乡村必振兴。乡村振兴包含了三重含义和境界：其一是血浓于水的家园情怀，是中国社会生于斯、长于斯的血脉与地脉延续；其二是植根于乡土的家乡情结，如乡镇聚落留下的牌坊、祠堂、楼台、书院、田园、古树等景观，体现了人们在自然和人文生态中的恋乡情结和乡土回归；其三是家国情怀，古老的"九州"既是最早的农业区划，也是国家大一统的行政区划，治理国家如同丈量田畴，乡村是百姓安康和国家社会稳定的基石，时至今日乡村存在与可持续发展仍然是中华伟大复兴的重要保障。从精准扶贫到乡村振兴，华夏儿女万众一心，众志成城，战胜困难，实现阶段性目标的过程，就是中华文化核心价值得到发展和发扬光大的过程。

本书可给读者带来以下三点启示。启示一：解决"三农"问题是解决当前我国社会主要矛盾的迫切需要。党的十九大报告指出"中国特色社会主义进入新时代，我国社会主要矛盾已经转化为人民日益增长的美好生活需要和不平衡不充分的发展之间的矛盾"，而这些不平衡不充分最突出地表现在"三农问题"和城乡差别上。新中国成立 70 多年来，我国绝大部分地区实现了经济跨越式发展。但由于地理环境的差异，部分农村尤其是一些西部地区、边疆地区发展仍然滞后。因此解决"三农"问题，是解决目前社会主要矛盾的突破口和关键所在。而乡村振兴战略是我国社会主要矛盾转化下解决"三农"问题的新战略。一方面要实施乡村振兴战略，推动乡村产业、人才、文化、生态与组织振兴；另一方面要发挥各地区比较优势，促进生产力布局优化，重点实施三大战略，支持革命老区、民族地区、边疆地区、贫困地区加快发展，实现城乡人民生活水平大体相当，逐步缩小城乡和地区发展差距，实现中华民族共同富裕共同发展，在2035年全面实现乡村现代化的目标。

启示二：重塑城乡关系是乡村振兴破题的关键。乡村振兴必须重塑城乡关系、推进城乡融合，坚持农业农村优先发展。如何重塑城乡关系是我们下一步在乡村振兴策划与规划中重点要关注和解决的问题。其一要改变"城是城、乡是乡"的城乡空间形态背离问题，以城市群为主体形态，带动城乡融合，在空间形态上实现城中有乡、乡间有城、城乡相间、城乡一体的新型城乡形态，书写区域内城乡共融、各美其美、美美与共的和美画卷。其二要推动城乡联动与融合。产业兴旺是城乡融合的基础，也是区域经济高质量发展的必然选择。城乡联动与融合才是城市与农村共同的出路。我国的第一轮城市化是中心城市化，建设中心城市化的产业聚生能力，融合各方资源集中打造城市群产业中心；农村劳动力大量涌入城市，成就了中心城市化，同时也带来了乡村的空心化；第二轮城市化——城镇化建设是城市的资金、人才、市场、消费等从中心城市和城市转移向小城镇和农村的有序过程。这种就地城镇化，是通过城乡互补，合理配置社会资源，城乡联动的方式实现城乡的互赢。一方面让农民兄弟们能在自己的山水田园里享受幸福的城镇化，另一方面城市人也能享有安全、优质的农副产品，能留住和共享城市人去乡愁的美丽乡村，同时为中华民族伟大复兴打造坚实可靠的基石。

启示三：未来意识形态关注方向——文化艺术、健康养生、养老康复、科技产业。农民不听空话、大话、喊口号，乡村振兴需要实现"四免一态一产业"。免费医疗、免费教育、免费养老、免费住房；保护好生态；要有自己特色产业做支撑。要想实现"四免一态一产业"就必须依托党委领导、政府主导、全民联动、社会力量参与。

乡村振兴在推进过程中一定要避免一刀切，形式主义、官僚主义，盲目跟风。因地制宜求发展，保持民风、民俗、民情、非物质文化遗产的传承。

乡村振兴就地发掘和引入人才是核心。加强培训教育村书记与党中央和国家政策同频，是落实乡村振兴不走样，走共同富裕的关键所在。乡村振兴不是作为一个战略家出主意、喊口号、讲政策，要踏踏实实站在中国历史农民发展和当下农民、农村的需求出发作出科学的推进，助推乡村振兴。主要是以"三个坚持、三个抓好、三项服务"为工作重点。"三个坚持"即"坚持以人为本、坚持公益性、坚持市场化运营"。"三个抓好"即抓好社会资源整合、抓好基础硬件建设、抓好队伍建设。"三项服务"即一是协助政府做好乡村振兴的服务工作，二是协助企业搭建与乡村振兴相关产业对接的服务，三是让百姓能享受到方便、快捷、安全、实惠的服务。实践中，"三个坚持"是指导，"三个抓好"是关键，"三个服务"是目标。做到了"三个坚持"不动摇，突出"三个抓好"，确保"三个服务"落实处，乡村振兴才能持续、快速、稳步推进。

最后需要说明的是，虽然我们一直秉持着精益求精的态度，反复审阅，几易其稿，但由于水平与精力所限，疏漏与不足之处在所难免，敬请各位读者批评指正。同时，再一次衷心地感谢近一年多同人志士们对本书大力的支持和指导！

本书编委会

邓雪丽　李　卿

附件　主要作者简介

编委会主任

　　许鸿飞，毕业于广州美术学院雕塑系，现任广州雕塑院院长，国家一级美术师，2013 年度中国文化部优秀专家，第十三届全国政协委员，中国美术家协会理事，广东省人民政府文史研究馆馆员。从事雕塑艺术创作三十多年，创作了一系列雕塑作品。这些作品动静结合，以诙谐、幽默的雕塑语言，雕刻人们喜闻乐见、趣妙横生的生活情景，深受人们喜爱。对此，国内外数家电视台和各种报纸、杂志等做了众多采访报道。自 2013 年起举办个人雕塑世界巡展，相继在法国、澳大利亚、意大利、英国、新加坡、土耳其、美国、德国、奥地利、秘鲁、哥伦比亚、希腊、西班牙、古巴、日本、俄罗斯等二十多个国家和地区的重要美术馆和标志性广场成功举办 43 场个人雕塑展览。

　　李卿，国家科创养老专家，2019 年中共中央党校进修，从事社区服务、健康、养老工作至今二十余年。在此期间先后编写出版了《家政人员培训教材》《民政干部公关礼仪》《公文写作》等教材和《志愿者服务政策法规概览》《全国养老政策概览》等丛书。

　　曾先后担任民政部中国社工委、民政部干部管理学院社工与志愿者实操部及城乡养老委主任，经济城乡智慧养老研究院院长及专家委员会主任，住建部中房协住宅委养老专家、城乡低碳智慧旅居医养课题组组长等职务。曾为国务院参事室、全国政协、全国人大、中央党校、二十多部委等编写智慧养老专刊。担任《全民健康服务站建设与管理规范》《老年健康服务基地评价标准》评委专家。

　　现任退役军人就业创业促进会专家主任，中国信息协会投融资信息分会沿海经济发展工作部及峰会论坛主任，中央农村领导工作小组农村小康发展研究中心"健康中国建设课题组"专家组副组长，退役军人栏目组总编导等。

编委会副主任

　　何飞燕，北京如是芯科技文化有限公司总经理，上海循态量子科技有限公司北京运营中心执行总裁，湖南威准安防科技有限公司运营总裁，中国国际救援中心应急装备物资保障部北京总部副部长，军嫂网总裁。近几年致力于物联网、3D雷达射频、芯片、量子、观光潜水艇、水下酒店、新能源、应急、保健、养老、青少年红色教育基地及乡村振兴规范研究的落实。

　　李功强，广东一镇一业产业研究院院长、广东省红十字会理事、广东省红十字基金会创始理事、广东省有机农业协会执行会长、中国镇长论坛组委会专家组专家。多年来致力于"三农"领域，助力

乡村振兴，打造一镇一业，推动一二三产业融合发展。

主　编

　　林蠡，理学博士，教授，博士生导师。现任仲恺农业工程学院动物科技学院院长。本科毕业于中国海洋大学，随后在华南师范大学获理学硕士学位，在同济大学研修德语，为德国汉堡大学和中山大学联合培养博士，先后在日本国立水产研究所、德国汉堡大学、美国宾夕法尼亚州立大学、美国莱斯大学、加拿大萨斯喀切温大学留学十多年。曾在广东省海洋与渔业厅工作十多年，任高级工程师，技术推广部副部长，有多年的一线生产实践经验。曾获广东省科学技术一等奖、中国产学研创新奖。为教育部水产学科教学指导委员会委员、中国水产学会常务理事、广东水产学会理事长、广东省水生动物卫生协会会长。

副　主　编

　　江浩波，高级工程师、国家一级注册建筑师，上海同济城市规划设计研究院有限公司院长助理、城市设计研究院副院长、上海乡村责任规划师宝山区指导员、中国城市规划学会城市影像学术委员会副秘书长。从事城乡规划设计与研究 22 年，专注于城市设计、控制性详细规划、城市更新、乡村规划与设计等领域。主持参与各类规划设计类项目300 余项，其中包含村镇类规划设计项目二十余项，并参与汶川地震灾后重建规划、宝兴地震灾后重建规划、定点扶贫规划、援疆规划、雄安新区容东片区规划等国家和地区重大项目及社会援助项目。荣获全国优秀城乡规划设计奖项 7 项、省市级优秀城乡规划设计奖三十余项。

陈璞，研究生毕业于中山大学，高级工程师，现任中国城市发展研究院北方分院院长，曾经作为国家发展改革委、农业农村部、住建部等国家部委咨询规划机构的特聘专家，有着丰富的农业产业与乡村振兴规划设计经验，主持申报多项国家级规划项目。

陈经文，中共党员，高级城市规划师、城乡产业咨询规划师、数字农业和农业产业集群研究者，中新数字集团创始人、深圳市华纳国际城市规划院院长、广东乡村振兴服务智库专家成员。深圳 5G＋乡村振兴专业委员会委员。在实施乡村振兴方面，主张以乡村振兴规划为先，以产业经济和农业特色经济作为乡村振兴发展主轴，以打造高标准农田、集约化经营、数字化管理、品牌赋能等作为乡村振兴新的增长极。二十多年来，曾参与全国各省市县各类城市及产业等规划设计千余件，主持落地政府委托的城市规划和农业产业发展项目三十余项。

总 编 辑

姚长发，中共党员，13 年资深媒体人，新媒体营销顾问，有多年文旅、"三农"行业服务经验，曾服务于华侨城、碧桂园、融创、复星等文旅企业。"最美家乡"乡村振兴系列活动组委会主任、

梦马文旅投资（广东）有限公司董事长、深圳铁信通传媒董事长、传媒联盟副会长、深圳产业地产湘军联盟常务副会长。

李兆敬，现从事物联网溯源系统和 3D 雷达射频芯片项目的研发及相关产业园项目的策划与运营。1994 年被评为全国"创业之星"，先后在《理财》杂志社、中国网络电视台等媒体单位工作；2006 年到团中央策划并负责实施《创业中国大讲堂》等系列活动，在全国各地掀起了创业热潮。多年来，先后组织多名爱国科学家专研"物联网溯源系统和 3D 雷达射频芯片"等技术，可为实现智慧农业、智慧医疗、智慧安防、智慧城市、智慧家居、智慧金融、智慧教育、智慧国防、食品安全、智能制造等提供先进可靠的技术保障。

总 编 审

胡辉伦，中山大学博士研究生，广州大学旅游学院客座教授，硕士生导师。广州中大城乡规划设计研究院总规划师、广州新城建筑设计院院长、广州智景文化旅游研究院院长、广州智境投资有限公司董事长、广东观星文旅发展有限公司董事长、国际文化旅游创新发展研究院顾问委员会委员、广东旅游竞争力评价专家委员会委员、广东省 A 级景区检查员、广东省城市规划专业评审评标专家、广东省规划师建筑师工程师志愿者协会副会长。

曾主持过百项各类城市规划、旅游规划、产业研究、A 级景区创建项目，其中《惠州市旅游发展战略研究》获 2016—2017 年度广东省优秀工程咨询成果二等奖;《珠海市旅游发展总体规划修编》项目获2019年珠海市一等奖。

主要理论著作和论文包括《新时代乡村振兴战略理论研究与规划实践》《新时代乡村振兴规划理论与实践——对话十大经典案例》《特色小镇的创新发展模式与机制探索——以越秀从化鳌头国家级田园综合体运营策划竞赛方案为例》等。

高 级 顾 问

嵇春，国资委党建工作局国企智库委员会专家、乡村振兴与低碳发展指导协调办公室主任、中国集团公司促进会城乡融合指导协调办公室主任、新时代城乡融合发展智库专家。自2017年中央农村工作会议明确实施乡村振兴战略以来，以助力乡村振兴战略为己任，深入学习，积极探索解决"三农"问题的模式及路径。结合多年科技、金融、产业等领域的经验及优势，独创"党、政、产、融、数、文"六位一体的发展模式，力图解决乡村振兴发展过程中存在的问题。结合多年工作实践中对各县域发展现状及需求的掌握和了解，组织创建"城乡协同发展中心""万企联合中心"两大平台，并以此为抓手，以全产业链和集群化形式组织开展多维度、多渠道的融合工作。多次应邀深入一线，给予各地方政府及企业在国家政策、低碳发展、产业融合等方面的综合指导及帮扶，并在党建培训、政策解读、申报指导、低碳发展、基金设立、产业孵化、经济服务等方面组织开展相关工作。通过聚焦乡村振兴试点示范区县（项目）、乡村振兴特色产业集群试点示范基地、全国低碳发展示范城市（单位）、万企兴万村行动工程、百县惠客厅、社会责任推进计划等重点工作任务，以点带面、先试先行，形成示范，树立典范，以党建引领，推动政策与产业在各地有效落实。

金楠楠，国家乡村振兴及城乡融合绿色发展课题组副组长，从事政策领域研究、指导、评审等工作近二十年，曾参与国务院新型城镇化综合改革试点及国家级特色小城镇相关工作。与各部委专家共同参与国家级重大项目及课题的研究、评审、认定等工作。致力于新时代城乡发展、城乡融合、城乡互补、乡村振兴及"三农"法规政策研究以及产业发展战略研究、区域经济规划研究，并提出建设性意见。根据国家乡村振兴的发展和要求，收集整理各地方政府、企业及社会需求，结合地方乡村振兴发展规划，通过组织专家考察指导、研讨评选、专题座谈、开展试点等方式助力地方乡村振兴相关工作的开展。通过多年来不断的深入研究和探索，积累了有关乡村振兴战略目标、城乡融合、绿色发展总体布局以及各项政策协调方面的理论知识及实操经验。

责任编辑：郑海燕　张　燕　孟　雪　李甜甜　张　蕾
封面设计：牛成成
版式设计：东昌文化
责任校对：周晓东

图书在版编目（CIP）数据

新时代乡村振兴理论研究与实践探索／林蠡，曾永浩　主编；江浩波，陈璞，
　陈经文　副主编．—北京：人民出版社，2023.4
ISBN 978－7－01－025526－2

I.①新…　Ⅱ.①林…②曾…③江…④陈…⑤陈…　Ⅲ.①农村－社会主义
　建设－研究－中国　Ⅳ.① F320.3

中国国家版本馆 CIP 数据核字（2023）第 047438 号

新时代乡村振兴理论研究与实践探索

XINSHIDAI XIANGCUN ZHENXING LILUN YANJIU YU SHIJIAN TANSUO

主　编　林　蠡　曾永浩
副主编　江浩波　陈　璞　陈经文

人 民 出 版 社 出版发行
（100706　北京市东城区隆福寺街 99 号）

中煤（北京）印务有限公司印刷　新华书店经销

2023 年 4 月第 1 版　2023 年 4 月北京第 1 次印刷
开本：710 毫米 ×1000 毫米 1/16　印张：34
字数：500 千字

ISBN 978－7－01－025526－2　定价：268.00 元

邮购地址 100706　北京市东城区隆福寺街 99 号
人民东方图书销售中心　电话（010）65250042　65289539